中国近代人物日记丛书

樊　昕　整理

趙烈文日記

第　三　册

中华书局

第三册目录

同治三年（1864）甲子，余年三十有三

正月丙寅

朔旦癸卯（2月8日）　　晴，东南风颇甚，日色不甚明皎

黎明起，爇香拜天，拜先圣，拜十方薄伽梵，拜先祖父母。

敬占本年吉凶，得水泽节。

《易林》曰："海为水王，聪圣且明。百流归德，无有叛逆，常饶优足。不利攻玉，所求弗得。"按与爻辰所见甚符。

世爻月日双扶，又火相于春，虽空不空，入夏以后弥佳。应爻文书逢破而受克于世，世无所制，其将家食乎？妻财、子孙旺相，官爻、兄爻休囚不当令，今年财用必舒，惟官禄未见畅遂。

辰刻仙女庙解维，过孔家函子，此为里河出口孔道。午至宜陵，风甚小，泊。傍晚到界沟。

兄　丶丶　子
官　丶　　戌
文　丶丶　应　申破
官　丶丶　丑
子　丶　　卯
妻　丶　　世　巳空

初二日甲辰（2月9日）　　阴

降日，晨起拜先祖父母。晨发界沟，巳刻到泰步，候黄子春，并识郭兰坡、叶雨岫，皆子春友。饭后候刘近庵先生、绳庵先生，近老康健如前，可喜之至。闻童问渔在此住合盛栈，往候不晤。馆人云

已赴靖江。见邸抄,御史吕序程程奏,克复地方,凡胁从之逆党,其产业可查取入官,以抚恤难民,并豢降众。奉旨交部议。按胁从之人,其中不无良懦,大难将夷,务当与民休息,此说一行,难民未必受益,而罗织交讦,必有被其害者,殊非政体。写金调卿信,寄与银信收条,初四日发,交郑宇恬。椒侄信,同发。黄子湘信,初三发,交子春。家信。初三日发,交张屺堂。刘绳庵先生来。子春要晚间妓席,不赴。

初三日乙巳(2月10日)　　　侵晨微雪,辰后雨

季雨、慎哉易舟先至如皋。巳刻子春遣舆来迓,至其处少坐。候郑宇恬,次候宗湘文,不晤,次候吴晋英,并晤汤润之、张振远,闻德生他适,遂不往候。候乔鹤侪中丞,久谭,候张屺堂观察,不晤。返子春处,再候郑宇恬,并候金力甫。写眉生信。即刻发,交力甫。候徐函叔,不晤,再返子春处。张屺堂来答候,久谭。晚间子春设具饬我,饮散,闻东台汤小秋大令至,要至子春处一谭,三鼓时返舟。本日乔鹤翁、金力甫、郑宇恬皆来答候,未晤。

初四日丙午(2月11日)　　　阴①

写中丞启。即日发,交郑宇恬。振远来访。约赴某肆早食,方欲同行,金力甫、郑宇恬复来候,招今午饭,辞之不可,少坐去。同振远至肆中,晤晋英、汤润之、徐函叔,并识同乡瞿敬生,食扬州面甚佳。午刻同徐函叔至刘近文处,少坐回舟。舆赴郑宇恬、金力甫之招,同座张屺堂观察、宗湘文司马、冯松轩司马、邦栋,洁卿之弟。严△△司马。江西人。席间与屺堂言明燕山身后赙项,均交其存放草堰场垣生息,按月二分利,惟需三月初该垣结帐时方能入本,此垣为现在淮南各场之冠,王子鉴、张屺堂等皆有本钱在内,将来由二人出名,立一契

---

① 阴,稿本作“阴雨”。

及支利手折以为凭信云云。当将带来之三百金交兑讫。申刻，饮散返舟，宗湘文来答候。客去后舟即成行，移泊西门。

录宗湘文语：沿江各卡均归南台，内河各卡均归北台。商人于外江入口时完南厘一次，内河最先处完北厘一次，其馀内河各处照票放行，货未易主，概不重抽。惟通、如间之立法桥为自南至北，自东至西各货远运必由之地，北台有一另收厘局，现在金陵大营加成抽厘，止在沿江而未及内河。若必欲增设，此地尚可推广，计目下已增之厘每月旺时不过万金，即加入此处，总不能得二万金。中堂原定每月协济之数实难做到，惟盐卡均系南台所有，每月课厘二项，向定二万金，目下新章改定，盐务畅旺，收数实不止此，若将多收之数拨归金陵，亦有万金之数，不无小补云云。又言富帮办人甚笃实，甚不满都兴阿之为人，恒言扬营坐食无事，若我为政，五千人即敷防守矣。

初五日丁未（2月12日）　　晴

晨发风逆，傍晚至大洪店三十里，水浅胶舟，良久得行。又五里至某所，水益浅，奴子裸下助推，舟始进出浅处，遂泊。写史士良观察信，初八日发，交吴晋英转寄。庄耀采信。同上。

初六日戊申（2月13日）　　晴，逆风

晨发，二十五里至姜堰，时错午矣。申到白米，距海安三十里，晚到胡家集尚十五里。

初七日己酉（2月14日）　　薄阴，大逆风

晨发，巳刻到海安，舟拥甚，奴子助刺篙，滑落水，幸无事。写吴晋英信，初八日发，交如皋县。黄子春信，托晋英转寄。魏般仲信，托子春转寄。薛安林信。初八发，交慎哉。未刻过立法桥，距海安十里，距如

皋三十五里。大石桥在北岸,进桥水路通东台、盐城、兴化各县邑盐场,即串场河也。江南北及里下河商货往来皆由此,而又为通、如以西,扬、泰以东盐河适中之地,故北台内河各卡之外,此处又设一总卡,重抽厘税。下午又行十馀里,至柴湾泊,尚距城十三里。

祖士稚与刘越石共被卧,闻荒鸡声,曰此非恶声也。因起舞。荒鸡之半夜鸣,世谚以为兵象。当时晋政不纲,贤豪屈抑,故乐天下之有事以见其长,虽固壮士语,非君子所乐闻矣。

初八日庚戌(2月15日)　　阴雨

辰刻舟至如皋,觅见季雨、慎哉舟泊北门外,到此已三日矣。探闻前途至西来庵水道涸断,须起旱往,计程七十馀里,又以天雨不得行,殊为焦懑。夜慎哉于舟中觞我,肴馔皆土物,水虾鲜蛏特美。歌者二人,歌鹂调亦方音也,其声曼以啴。季雨言秣陵陆氏女有姿致,遂召侑饮,二鼓饮散皆去。与慎、季复谈一时许,返原舟卧。

初九日辛亥(2月16日)　　雨

饭后同季、慎至秣陵汤氏家少坐,又至陆氏处,即命作具酬慎哉。慎携汤至席中度曲,清真滑烈,所未曾见。二鼓返舟。

初十日壬子(2月17日)　　阴,雨止

遣雇车成,以泥泞尚难行,许明早至。同季雨书肆观书,无所获。复至陆家。晚赴慎哉招,至汤氏饮,余携陆往,酒酣,季、慎皆奏所长,手足猱捷,颇可解醒。二鼓尽出城,城闭,慎哉索钥至,得开,出。

十一日癸丑(2月18日)　　阴

黎明饱食登车,辰抵蒋庄十八里,午抵袁庄亦十八里打尖,上灯时抵西来庵三十六里。自城至蒋庄,自袁庄至西来路稍干,自蒋庄

至袁庄泞甚。土人云他处皆沙田，此段土膏最沃也。至熊宜斋家，晤宜斋及令子小彦。熊镜人、苏荫阶等皆讶余何事至此，因告之故，益惊诧。诸君多厚燕山，有悲泪者。余以时晚，约明早招燕山胞兄雨香来先告之，后再为计。是晚住宜斋处，与苏荫阶连榻，季、慎舍别室。荫阶之弟叔和最厚燕山，属小彦招之。

十二日甲寅(2月19日)　　大雪，寒甚

燕山家属，妻方氏，苏州人，妾段氏，江宁人。方无出，子二人皆段所生，长名联子，十岁，次名喜子，六岁。方有姊女杨氏安宝，十一岁，前冬燕山偕余度江从上海携来者。又方乳母一人，段母一人，共七人。燕山胞兄雨香及嫂蒋氏向不同住，近始归来胞弟一人，不知名，无赖，流荡在外。方、段素不睦，乳母及母交构之，益不相能。方性朴戆，而段有心计，家贫甚，衣履不完，方又无子，恒郁郁不愿生。余知其家事最稔，遂托燕山遗言，使方、段二人分住，而以长子令方抚养，以慰其心。以方及联子、安宝、方之乳母四人交慎哉携至通州，以段及喜子、段之女三人交季雨携至泰州，恐段知衣食有恃必不承命，因匿中丞集资一说，而以日后生计自任，另为雨香觅一位置以省家口。议定后，辰刻遣要雨香至告之，使先返述凶耗，余及慎、季、小彦诸人继往，致前说以慰安之。方得闻欲死，至此少定，段以二子年幼不忍分之说进，余正言折之，无辞而退。下午复往，申譬百端，二人皆允如议。

十三日乙卯(2月20日)　　雪，寒甚

晨得方氏书，言素爱喜子，而喜子幼不能离生母，因此仍不愿分，并云先夫分住之意，徒患日久不安，今遭事惨极，尚有何心争论云云。余细揣其意，联子向随段之母卧，必伊教之不肯随嫡母去，方恐勉强分定，此子不相贴恋，而段又谢方往事，故有此书。向又闻方

之乳母一愚媪,而段母则狡谲百出。余因设一说使方遣其乳母,而另养段之母于别所,以绝交构之原,如此方可同住。会雨香至,遂属归致余意。午刻,苏叔和来,闻燕山事,极伤痛,愿任其家事之半,言之再三。余始以方氏一分属慎哉,而以其年少,家事不能为政,又客游离家远,颇踟蹰之。今叔和意甚诚,且云衣食事尚小,其子读书已与小彦商明为之训读,为朋友尽力,庶几其后得益云云。余允商明慎哉后复之。下午雨香来,言遣去二媪之说方无不可,段愿遵前议,益知余所料不谬。

接燕山夫人方氏本日信。

十四日丙辰(2 月 21 日)　　　　晴,寒甚

雨香来言,方氏之意欲以安宝妻联子,而段不可,言其年命属虎,恐有刑克云云。余以安宝无所归著,又此女前岁舟中见之,极聪慧,本欲以配联子,以吉凶不相袭,拟日后为之主持其事,今闻此说,即属叔和、小彦往索二人庚造,交季雨推之,甚吉,遂定明日往议此事。方夫人于是三日不食矣,闻余有此意始进瓯粥。同季、慎访熊镜人,不晤。余莲村治,无锡人。来候,久谭,此老喜为善事,颇得乡誉。写魏虎臣总戎信,荐汪雨香往。十五日发,交雨香。写子宪兄信。交小研。

十五日丁巳(2 月 22 日)　　　　晴

黎明,同季雨、小研赴邓期翁及烖老墓致祭,宿草离离,感恻俯仰。两茔台座皆已筑成,今春拟各种树数十株,并加高坟座尺许。辰刻归,雪后地冻,见日即融,泞甚,殆不可步。同季雨、慎哉、叔和、小彦赴汪处议定,以安宝配联子。方称谢,段亦无辞,并以燕山遗款及零碎帮项共四十金分给雨香及方、段各有差。赴熊镜人招饮。属苏叔和觅车,约十六傍晚踏冻成行。

十六日戊午(2月23日)　　晴

前议以方氏一分交慎哉,嗣苏叔和、熊小研欲留之,而慎哉不可,交质于余,遂复偕诸人同至汪处,听方自为计。方愿留此,始定方氏及子媳、乳媪四人交苏叔和、熊小研二人留住西来庵,段氏及子并其母三人交季雨同至泰州之南朱庄,始与苏、熊说明中丞义助之项,将来收到之利按月按人均分,如有不足,方氏一分归苏、熊津贴,段氏一分归余等津贴。午间宜斋设席饯行,傍晚车至,初鼓时冻坚成行。二鼓到苏巷,即叔和家在此,车夫往餐,良久方至。三鼓尽到袁家庄,叩村人户,沽酒煮粥御寒。食后复行,地冻后不泞而坚滑,余车倒跌入道旁沟中,深及丈许,幸无水而草苫藉甚软,无所损。登车复行,到蒋庄天已明矣。月离地尚三竿许,衣上霜凝厚数分,扑之不落。慎哉、季雨僵冻,缩颈不伸,余衷貂衲,(剂)〔颈〕项以下不知寒,乃信此物之贵。

十七日己未(2月24日)　　晴,天气稍和

辰刻到如皋,冻尚合,余借坐慎哉舟中,而以原船让燕山家人。拟至海安,季雨同伊家过坝,赴南朱庄,此舟仍送余至仙女庙。写熊宜斋信,寄去车价银五两。即刻发,交车夫胡幼保手。又将燕山遗物均分二分,一分留交段氏,一分寄交方氏。亦交车夫手。饭后同慎哉至陆氏家,季雨亦至,慎哉设饮以自劳,余与季雨至汤氏共谈甚久。汤年近三十而貌不衰,工画兰,吐属闲雅,幼在秣陵时名噪甚,遭乱至此,地僻鲜佳客,偶与余值,有彼都人士之感。共话江南承平时事,为之凄然。会慎哉招饮,因携之往,座中歌洪稗畦弹词一折,声泪俱下。遂罢座,返舟卧。

十八日庚申(2月25日)　　晴

季、慎复登岸至汤、陆二氏,余不欲往,遂独留舟中。午刻二人

至,共饭,饭后分道解维,慎哉返通州,余及季雨携汪眷西去。行十
三里,柴湾泊。

十九日辛酉(2 月 26 日)　　　晴,顺风

黎明舟行,辰至立法桥,巳至海安,与季雨分手。未刻舟复行,
泊胡家渠。

二十日壬戌(2 月 27 日)　　　晴

黎明舟行,辰到白米,午到姜堰,晚到塘湾,距泰十五里。

二十一日癸亥(2 月 28 日)　　　晴

辰刻至泰州,泊北门。诣书肆观书,无所获。访子春,久谈,饭
后同其友杨心庵杭州人。购物,成后下舟。写字与徐函叔。

二十二日甲子(2 月 29 日)　　　晴,午后阴

晨起,要振远来,共至市中食面,子安亦至。访郑宇恬、徐函叔,
宇恬强留饮,因属觅舟至私盐沟,而以原舟留仙女庙候季雨。访宗
湘文,不晤。至子春处,闻童问渔现在此,作书与之。下午,问渔来,
同在子春处谈彻三鼓,分手返舟。新舟一邵伯划子,已觅至,余仍住
原舟,到仙女庙再换。是日,宗湘文、郑宇恬皆来访,不晤。

接眉生初七日信,已赴皖,约归途候余私盐沟。

二十三日乙丑(3 月 1 日)　　　阴

黎明舟行,辰至沈家渡十五里,未刻至白塔河,盐舟搁浅者甚
众,拥塞河道,不得行。傍晚换坐新舟,排众得出,原舟笨滞,仍在
故处。

二十四日丙寅(3 月 2 日)　　　晴

早发白塔河,过孔家函子,见米船避捐由此起车赴江岸者甚多,

官莫能知。已刻到仙女庙,登岸购物,候原舟,至夜乃至,给雇值已,命留候季雨。

二十五日丁卯(3月3日)　　晴,逆风

早发,巳刻过六闸,申刻抵维扬。逢黄子湘自营中归,因住舟共谈,闻眉生已返泰,作书与之。即刻发,交子湘。在子湘处饭,二鼓时别。

二十六日戊辰(3月4日)　　晴

早发,巳刻到三汊河,见西岸高旻寺故址及碑石尚存。未刻出瓜州口,江平如镜,挽纤行二十里,地名猫儿颈,闻盗风甚炽,有师船住缉。过此入旧江口,仍行内路,酉刻抵仪真私盐沟,共三十五里。写黄子春信。交舟人带回。候杨子木,即留晚饭,并允以炮船送余至营。

二十七日己巳(3月5日)　　晴

写张振远信、季雨信。即刻发,交舟人。杨子木来候,谢之未晤。巳刻换坐炮船,守风未发。杨子木复来,并约岸上午饭。申刻舟行,夜至纱帽州。候刘晓山,炘。即留晚饭后下舟,刘晓山复来答候。

二十八日庚午(3月6日)　　晴,逆风

早发,至划子口少泊守风。午后复行,至通江集泊。写家信、孟甥信,初二日发,交咏如。寄归露油等物。

二十九日辛未(3月7日)　　晴,顺风

早发通江集,巳刻至浦口宝塔下,午刻过九伏州,申刻到大胜关。候咏如、李少山、王雨轩、陈月波,适值霍生奉委至泰在此,殊出意外。夜候冯洁卿。写杨子木信。即刻发,交哨官。

二月丁卯

朔日壬申（3月8日）　　　晴，大风，连日暖甚，今日稍冷

晨偕咏如等进营，巳刻到营，中丞赴钟山督率合围，未返。闻钟山上龙脖子石营已得。遍候诸同事，新至者何璧侯，琮，广东人，候选通判。亦在余处共火食。写家信、孟甥信，交咏如①。寄归地图等，与二十八日信同去。又写方元翁信、刘开孙信、汤衣谷信。俱附家信。晚在何璧侯处谭。

接十二月十一、二十一两次家信。又阿哥十一月十九、二十三，十二月十三，二十一四次家信，又增一侄名长孺，中间失去一信，不知侄生年月日。又孟甥十二月初十、十三、二十一，正月初七、十八五次信。又元徵师正月十六信，又幼静十一月十九信。又开孙正月十三信。又衣谷十二月三信、正月一信。又眉生正月二十三信。又昆甫九月二十一信。又杨咏春十二月二十信。又史士良八月二十九信。董叔纯二年△月△日信。又邓公武二年十一月某日信。又曾中堂正月初六日信。又李宫保十二月某日信。又张屺堂十二月二十九日信。又黄子湘正月二十二日信。又狄秋岩十二月某日信。又中堂十二月十八日行知，又中丞十二月二十八日行知，俱因奉旨简发江苏事。

初二日癸酉（3月9日）　　　雨

饭后，补候诸同事昨未见者。写咏如信，即刻发，专长夫。又霍生信，附咏函。又徐函叔信。附霍函。下午，中丞归自钟山，入谒少谈。晚饭后在汤子镇处谭话。

---

① "交咏如"前稿本有"初二日发"小字。

接咏如本日信。

初三日甲戌(3月10日)　　　阴

饭后诣中丞处,谭半刻。见部臣议覆中堂去年所奏漕务兼郭中丞请裁卫兵议一案,内言天津采米仅及三两二三钱,而外省运米须合四两外,请饬外省仍解折色。又援引胡咏之中丞楚北改折原奏所言,折漕例价之外,随漕等款,仍按数提存,以便后来解运本色之语。请饬外臣于征收折色之时,仍处处为征收本色地步,庶将来不致无从措手云云。按漕运至京,每石脚耗须用十八九两,海运虽大减,亦必至四五两之数,而漕折例价,仅止一两三钱,相悬太远。即胡宫保原奏提存三十一万之数,核以楚省漕额十六万馀计之①,每石将及二两,并例价亦不过三两有零,已属不敷解运。而提存之款,其中尚有南米所节之八九万两,须充南米不敷补拨之用,则兑费水脚二项仅有二十二万左右,所少尤巨。宫保原奏所称,北仓需用米石,即由臣将此项折收银两,照数采买,雇船运交江苏海运局,并归海运,亦断不致缺误。其言不无孟浪,部臣引此,即欲请饬外省预筹正漕地步,似亦未尝通计。既津郡采办价值较廉,何不广为招徕以充天庾,而必规复旧制,以为中饱者计耶? 余向时立论,以为仿古人开中之制,招商入米,津郡给票中盐,而废漕河岁修之制,一举而盐、漕、河三大政皆无馀事。更可收卫田数百万顷,以为养兵之费,其利尤为无穷。欲著论问世,卒卒未果。

又见廷寄光禄寺少卿郑锡瀛奏,请将各直省收复地方无主闲田,给兵耕种,以抵军食及请清查各叛产并作官田给兵等语。交直省各督抚确切查明,就地方情形分别办理云云。

---

① "核以楚省漕额"六字为底本涂白,据稿本补。

又见李少翁折片,常郡守贼勾结丹、句逆首伪忠殿下章王、然王率逆众救援常州,围奔牛官军营垒甚急。十二月初九日,李鹤章、刘铭传等派队往援,得一胜仗。十四复战,大破之,烧毁贼匪洋船一只,塌贼营数十座,援贼尽溃云云。

胡伯坚来候。承矩。写眉生信,交胡君,即刻发。霍生信,附眉。子春信。附霍。彭次卿来访。中丞来答候。

初四日乙亥(3月11日)　　阴

中丞招饮,同座周阆山、曾星田、曾春和。中丞代写楹联,往谢,并晤彭盛南方伯。彭盛南来访。中丞来。写中堂复信,初十日发,交舜臣。又李少荃宫保复信。初十日发,交舜臣。晚在周阆山、何璧侯处谈。

初五日丙子(3月12日)　　阴

代拟何廉舫信一件。晚在阆山处谭。是日江宁吴蔼之来候。邓处亲戚。

初六日丁丑(3月13日)　　雨

写阿哥信。初十日发,交附李信。晚在周阆山处谈。写王少岩信,并沈慎哉银十六两。初十发,交咏如。

接阿哥正月初七信,知新生小侄系十二月初六日,旋于年底殇折。

官造船只供用以禁封捉议

窃见大军征剿粤逆,往来之地多在水乡,涂潦纵横,沟塍交错,中途一遇阻隔,不能依时遄赴。其水道本通,顺流可至者,或以无舟之故,改由陆道。锱重器械,担运滞重,一日之程,必行半旬,军士劳苦,深可嗟悯。甚至事机不及,迟之旦夕,失之期年,兵贵神速,尤为深忌。其有封用民、商船只者,遭乱之后,民无职业,柴刀渔艇,八口所资,一经封捉,生计几绝,商贾之人,泛越江湖,千里求利，赋重息微，少有淹回，必至亏丧。然犹事出因公，岁不数役，小民受患尚浅。至于不法兵勇，假称奉调奉差，封船牟利，每至守汛无事，捐旗四出，上水之船封之使下，下水之船封之使上，专觅重载，反舍空船，使之必不能遵，然后遂其需索。长江数千里，此风靡处不有，因之行旅裹足，不敢畅行，征榷寥寥，物用昂贵，其害还中于官。虽屡奉明禁，而公私真伪，是非难辨，旬日之后，复为具文。上蠹国计，下扰民生，莫此为甚。综上诸弊皆由于官军无船济用之故，征调不能如期，民、商不能安业，利害出入，所关至巨。

伏查顺治十四年，大军方平江西、皖南之贼，郎公廷佐时任两江总督，奏言江南襟控九省，商贾所聚，前者大军经行，以船载兵，估舶因观望不至，宜如江西例，官为造船备用，以苏商困。世祖章皇帝嘉其言深切时弊，下所司议行，民大便之，两江得以渐复旧时之盛。目下军务之重，不啻国初，江南之事，商民之困，亦倍蓰往时。倘荷援引故事，造船专供军用，遇有调发，先期催集，陆兵洗足上船，风帆顷刻，无所不达。军行既利，兵士无所借口，然后严禁封捉，公私船只一例给价，不得恃强乘坐，则行军既无后期之患，道路复蒙晏然

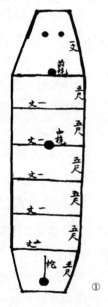

之福，将见帆樯如林，百货坌涌，实于军政、民生均有裨益。其造船制度、价值、多寡之数，粗拟如左，伏候省察。

---

① 钞本无此图，据稿本补。

一、船形仿长龙之制，身宽一丈，长四丈，此四丈中除去船头一丈，稍尾五尺外，中间之二丈五尺隔为五舱，每舱横宽一丈，竖长五尺。分底、面二层，上层支帐住人，下层收放行李、衣包、锣锅、短械、什物，其长枪、旗帜、大刀等件，另放稍上。

一、每船可容五十人，开差之时，除营官有座船者多可暨帮办员弁乘坐，并载帐房、子药外，一营有十二船即可敷衍。若陆续钉造百二十艘，便足十营之用，谅大军调发不过此数。如数至十营以外，应请酌量分起装送。

一、造船工料，粗计每艘二百金，百二十艘须银二万四千两，每年油艌漆修之费亦须二三千金，均须动支公款。

一、此项船只平常交水师营哨分帮照管，调发之时亦于水师内抽拨水勇撑驾，每船五名，以省柁水之费，至荡桨、曳纤、陆兵亦可助力。目下陆师渡江，往往用水师接送，此项兵船由水师料理，劳费无多，谅无不可。

一、另饬各营买雇民间小划各二三艘，秉公给价，停泊本营所扎之水次，以备公事往来之用，其经费无多，可由本营自备。

初七日戊寅（3 月 14 日）　　　阴，大风雨，微霰

见僧邸及曾中堂奏咨各件，去年李世忠部下与陈国瑞部下在下蔡、寿州等处争斗一案，请将苗苴开正部，康锦文革职。陈国瑞部下在正阳与蒋凝学争斗一案，据云彼此俱不知是官兵，以致误斗云云。晚在周阆翁处久坐。

初八日己卯（3 月 15 日）　　　雨

中丞初六赴城北，今日始归。神策门贼中队将许某、伪元帅曹某投诚，献垛二十，先约初六晚动手，为雨所阻。初七复雨，恐事泄，冒雨派队往，甫登数人，而我军误开一枪，为他垛贼目所觉，遂吹角

开炮,事遂不成。先是去冬地道无成后,我军力图合围,断贼接济,约会彭、杨水师雪夜巡江,我军之在钟山前者,每夜各出三成队,绕过钟山,拦截太平门出入之路。于是外粮已断,贼犹时以大股远至句容一带接粮。今正望后,陆续调拨朱南桂等各营,由草鞋夹登岸进扎,相机围守。二十日,有忠逆之子伪二殿下率众东去,经朱洪章等埋伏截击,斩获甚众,于是内出接粮亦甚艰难。而城之东北,中隔钟山,必将山上要隘龙脖子一带据住,方能将山南山北连为一气,否则须从山外包扎,兵力不敷分布。廿一日,忠逆率大队出朝阳门,抵钟山之阳,犯我嘉字营,营官朱洪章等出营,分路夹击,该逆败退。我军从右首截其入城之路,贼纷纷向钟山上夺路狂奔,我军乘势仰追,攀崖直上,遂将龙脖子伪名天保城之石垒二座攻破入守,于是合围之势始定。廿四、廿五、廿六太平、神策二门外九营布置皆定,贼甚慌遽,始有内应之事。然观城内守御尚严,各巨酋之气尚定,恐非旦夕之事尔。

接张炼渠正月二十七日信。

初九日庚辰(3 月 16 日)　　　阴

又李中丞咨到廷寄,去年减成,酌征冬漕,统共起运漕白正耗米十二万二百馀石,随给沙船耗米九千八百三十馀石,仍议由海运津。李于新复地方,即能酌量情形,筹画天庾正供,具见办事认真,深堪嘉尚。又松、泰等属减价折征,酌定每石收足制钱六千四百五十文,一切公用,均在其内。由官买米起运,均照所请行云云。又中堂咨到正月二十七日片,奏湖南本届漕米,遵照部议,仍将折色全数解京云云。又同日奏,正月初六侍贼上窜,陷绩溪县。初八、初九二日,唐义训会同左部下王开琳击贼获胜,克复县城。初十至十四叠剿歙县、南乡之贼,该逆窜至浙界昌化、遂安云云。又同日奏,李世忠请将原守之五河、滁州、全椒、天长、六合等城交出,所部营勇悉听斟酌办理,并已将水勇裁撤,炮位百馀尊,情愿缴捐。臣令其悉遣部众,中有万难遣撤者,官不得过一百员,勇不得过二千人。又据五河县城业已交出云云。入诣中丞处久谭。下午,在周阆翁处谭,晤陈舫仙,并识文辅卿。翼,湘乡人。

初十日辛巳(3月17日)　　　阴

写咏如信。即刻发,专人。傍晚入至中丞处,代拟欧阳晓岑信一件。写晓岑信。即刻发,交刻字匠。

十一日壬午(3月18日)　　　雨

见中堂咨到廷寄,拨防各军,屯戍已久,量拨南岸与冯子材等合力以攻丹、句之贼,使常州贼党失其援应,窜皖之贼亦有后顾之虞。都兴阿坐守扬州,未免髀肉复生之叹,如带兵过江,足资臂助。即着曾迅速奏明饬调云云。午后在周朗翁处久坐。

十二日癸未(3月19日)　　　向晨雪

代拟眉生信一件。写眉生信,十三发,交专足。写霍生信。十三发,交杨子木。

敬占金陵城收功何如,无他螫害否? 得夬之大壮。

《易林》辞曰:"四足俱走,驽疲在后。两战不胜,败于东楚。"

又自占处军吉凶,得大畜之大壮。

《易林》辞曰:"太乙置酒,乐正起舞。万福攸同,可以安处,保我儿齿。"

接孟甥初一日信,接眉生初七日信。

十三日甲申(3月20日)　　　阴,有日色

写杨子木信,即日发,交金足。徐函叔信。即日发,交霍生。入至中

丞处,谭半晌。写家信、孟甥信、王少岩信,还旧欠银十两清。王仙
舫信,湘乡人,安庆厘局。邓翼亭信。即日发,交赵舜臣附排单。

十四日乙酉(3 月 21 日)　　　晴,狂风,下午倏雨倏止

写冯洁卿信,即刻发,专足。送其煤炭银四两。写咏如信。同发。
至中丞处。王小亭副将来候,沈雁门副将来候,鸿宾,长胜营帮带。初
七日首先登城者,言是日事甚悉。贼目许连芳,广东人,于前月杪与
仁字营张诗日处始有投诚之议。初五、六日俱出城至营。初七遣所
辖曹某,安庆人。来为向导。去者长胜营二百人、仁字营二百人、吉
左营二百人,会雨后路滑,三鼓甫至城下,树梯三,高不及城之半,城
中悬巨绲四迎之。甫上七人,而我军不知何人放一小枪,为他贼所
觉,遽吹角放炮,我军登者复下,狼狈凫水而归。明日曹某脱出,闻
许已监押,后闻于十六日用石臼碓舂死。

接冯洁卿、咏如本日信。

十五日丙戌(3 月 22 日)　　　晴,大风

访李静山,约赴去冬为燕山所定之坟山指穴安葬。余先至步拨
局,视燕山遗榇,并答候燕山之兄及吴朴庵等。少刻李静山偕曾季
甫、熊吟先来,同赴山上择穴定局向后归。黄少崑来。

十六日丁亥(3 月 23 日)　　　晴

彭次卿来。入至中丞处,谈半晌,代拟程芳忠军门等信三件。
见李中丞咨到正月十八奏稿,内言常州据逆,自十二月二十一日后
更番出扰。二十七日,由西门过河筑二土营。二十八日,刘铭传攻
毁之。护逆出城援救,营哨各官伤亡数人。二十九日,出扑东门头
卡,张树声、树珊等击走之。新岁以来,该逆于西门外通丹阳、宜兴
大路筑营数十座,我军移扎东、南、北三门,未能合围。戈登与总税

务司赫德自昆山来苏谒见,解释前憾,愿告奋勇,由无锡进剿宜兴。正月十二带队启行,臣饬郭松林六营、黄中元、滕嗣武五营及水师三营,与常胜军会合进剿,刘秉璋、程学启督所部渐逼嘉兴。十二月廿九日,伪荣王廖发受递禀乞降,程学启等屡督小队赴城根侦看,布守甚严,恐其别有狡谋云云。

又见乔藩司呈报四成厘捐,自上年十一月十六起,至本年二月初三该司交卸日止,共收解到银三千五百五两馀,钱三千二百八千馀云云。其名目有龙潭厘卡、口岸厘卡、荷花池厘卡、象山都天庙厘局、周家圩张王港厘卡、通州沿江厘局、仙镇内河米厘局、进口木捐局、通海花布局、如泰靖稽查花布局、稽查花布越漏局、扬属江贩局、泰靖江贩局、通如江贩局、上江报效局十五种。又程学启信,正月廿八破毁嘉兴府城十馀丈,以水师李朝斌搭浮桥迟缓,致贼复聚而死守云云。

十七日戊子(3月24日)　　　晴

访李静山、曾季甫、薛芳亭等。写孟甥信。即日发,交赵舜臣附排单寄。

十八日己丑(3月25日)　　　晴

易仲潜、廖昆元自湘来见访,答候易、廖二君。下午,黄子寿来访。黄南坡来候,中丞同来。答候黄南坡,答访黄子寿。

十九日庚寅(3月26日)　　　晴

代拟莫子偲、马雨农信二件。张仙舫观察来自安省,见候久谭。晚在陈六笙处谭。陈系浔州贵县人,知粤逆起事根由甚悉。先是广东潮、嘉一带流民至广西寄籍者甚多,占籍应试,置田产安居已百数十年,土人皆呼之为来人。来人性强悍,凡种田争水,及锱铢细事,往往与土人口角,驯至械斗,其党类皆生死相结,一呼辄数百人集,土人患之,亦相与结团以御之。命案日闻,官不能禁。杨秀清者,寄籍浔州之首邑桂平,兄弟三人,其二一名辅清,一名慧清,三人皆素无赖,而其叔杨凤英为桂平某科孝廉,故秀清等亦粗识文墨。时来人皆奉邪会名上帝教,持斋礼拜,秀清等与平南之来人冯云山、萧朝贵、韦正等皆为会中魁巨,时常聚众,小小摽掠,称为斋匪,官亦不过问。二十二、三年间,贵县郭北由言城北。地方有来人温姓,强奸土人陈氏女不从,陈女归诉其父兄,往论责之,温恃强反致殴辱。于是二姓寻衅,日事争斗,数年不决。二十七年土人斗胜,尽逐来人,来人无所归,遂合斋匪共匿平南之金匐乡,始有异谋。平南团练往捕获冯云山、萧朝贵二人,解至府城。知府顾元凯素亦持斋好佛,闻案情系聚众持斋,以为不足问,释之。二人既得脱,遂举事。初起时,掠市镇,不敢犯郡邑,见官军迄不往剿,乃于二十八年窜陷永安。事闻,朝廷陆续遣大臣督兵围攻数年。至咸丰二年春,我兵溃,贼弃永安,陷阳朔,攻桂林,猛扑四十七昼夜,不能破,复舍之,而北屠灵川,陷兴安,以达全州,逆氛遂遍天下。而其时粤西皆不知有洪秀全之名。比贼破武昌,始闻有浙人钱江上洪秀全书,然后知之。钱江书中劝以东至金陵,断南北要道,疾趋以袭燕都,贼皆用其言。江不知何许人,两楚盛传其事,江南未尝闻之。或言即钱东平,未知是否。

接莫子偲初六信,寄赠《唐写〈说文〉木部校异》一本。

二十日辛卯(3月27日)　　　晴

谒中丞,闻昨又有约降之钟姓贼目,亦事泄被害。咏如同侯绩卿来,在此饭后乃去。见中堂来咨,徽境击败之贼,由浙之开化等处,绕过玉山至广丰等处。沈中丞饬席道一军跟进,中堂请沈饬江西之军专防湖州一股云云。又咨到廷寄,内因咸丰十一年,苗逆与寿州孙家泰等仇杀一案,饬中堂会乔抚查奏,抄粘寿州绅耆及前寿春镇黄鸣铎等公禀。内载咸丰十年,英夷北犯,苗逆即萌异志,霸占关卡,逼胁良圩,叛迹显然。十月内,胁令寿城各团练赴逆巢下蔡听令,总理防局绅士刑部员外郎孙家泰等相约不往。是月二十八日,遂起逆众千馀,来寿州指名索取孙家泰,并伏奸党城内,为其旧部下徐立壮指出,经练勇擒斩,乃退去。十一年正月初一复率众至,臬司张学醇力主和议,巡抚翁同书亦不敢不从之,遂杀徐立壮,囚孙家泰,坐以擅杀,并欲送与苗逆,孙仰药死。又擒送练总蒙时中,骂苗被害,而苗迄不允和,至九月廿六遂陷城云云。又见李抚咨,正月廿四复宜兴。唐新泉同溧水县曾习三江西人。来候。写吕慎伯信。即刻发,交咏如。

接咏如十九日信,又霍生十五日信,又张屺堂十六日信,又胡伯坚十四日信。又金调卿正月十二信,从江北寄回。

二十一日壬辰(3月28日)　　晴

写霍生信、张屺堂信、胡伯坚信。即刻发,附中丞信便。见中堂咨,因正月廿四、二月初二,宜兴、溧阳经李少帅部军克复,现在东坝不须重兵,咨调鲍军门留三四营驻守,亲率全军进攻丹、句。又因奉到廷寄,多隆阿等奏汉中据贼伪扶王陈得才受金陵逆首伪天王之命,率贼东援,已由石泉、镇安等处窜出。已调僧在豫境遏剿,饬令预防皖北等因,札调训字全军何绍彩防巢县,义字全军普承尧防庐州。

季雨、慎哉来自江北,并偕李少甫、宗涵,江西人,旧在和营识之。杜玉农芳圃,山东武定府人,都司衔千总。来。

接丁仲文某月某日信。

二十二日癸巳(3月29日)　　晴

同季雨、慎哉至营外游览,季雨往寻先墓,顺过伊族祖明功臣宁河王邓愈遗冢，凭眺久之。冢侧神道碑尚兀峙，翁仲、石兽或立或仆，冢前一二武有人拦向占葬，闻本墓八年曾为和营勇夫所发，未及圹，于土中得一瓦罐，中有雄鸡如拳大，尚喔喔有声，少顷即死，不知何异。季雨祖墓已迷踪迹，伊越岭细寻，余及慎哉于山上班荆候之，良久乃至，略睹影响，尚未能审决。因念吾家祖墓，离常郡南郭不远，不知无恙否，心怦怦跃不能止。人家卜葬，总以离城远，不当大路处为佳，吾家子姓，当谨志此二言也。

拟张仙舫等禀批三件，又铸钱局告示、札各一件。

二十三日甲午(3月30日)　　雨

仇涵斋来言，城北各营，颇不守法。江北民渡江耕种，锅铲俱为所夺，与昨所批上元县唐瀹禀辞相同。彭次卿来久谭，亦以外营多不奉法，统帅宽慈重情，军政颇弛，相与忧之。又江东桥所出难妇，陈舫仙部下截留几半，属商舫仙，此后以帮办押送。入晤中丞，告以外间所闻。中丞言各营欠饷过多，勇丁多食糜粥，各统领营官俱愧见之，无缘更绳以法。目下食米将罄，采办无地，更一月不破城，必成瓦解之势。又言夜梦登高山至顶，顾视无返路，进退不可，疑非吉兆。言次神色忧沮，余无言可以慰解。见其案头琐琐，案牍甚多，劝弗劳神，以镇静处之而已。见中堂咨到，奉旨因甘肃北境与山西归化、绥德等城毗连，调都兴阿北去，至该处协同德克额多尔济防守。富明阿亦须调至北省扬防，各兵勇交何人统理等因，复陈一片。力言陈国瑞、詹启纶皆鸷桀之将，不可任以方面；唐训方虽才识稍短，然居心宽厚，熟于战守之务，惟系新奉降调之员，非臣子所敢冒请。请旨另简大臣，以资统理云云。

又见英国新闻纸，洋人欲于苏州买地，李中丞不许，洋人颇怨其不能通融，且言克复苏城藉其力，而今以细事靳之，为无情义云云。

下午，杜玉农言在营中见有一狐，又营门外狼来为暴，民家小孩被食。写霍生信，寄去黄子春字屏四幅。交来递手。写丁仲文信。即日发，交何璧侯。

二十四日乙未(3月31日)　　雨

写李少山、冯洁卿信，即刻发，交季雨下人专送。写家信，即日发，交袁姓便。写咏如信。即刻发，同上。

二十五日丙申(4月1日)　　晴，大风

程柳生招饮。写欧阳晓岑信。初一发，交排单。陈六笙来，中丞来。以衣箱一只交季雨觅便寄家中。

接晓岑十九日信，又孙方才初三日信。

致欧阳部郎书

前刻匠赴皖，曾泐一函，谅蒙察入。辰维兴居百福，游步轻强，为颂无量。

烈自本月初江北旋此后，不暝者二旬，神气荼然，连日服补剂，近稍差矣。秣营军务，自得钟山龙脖子天保城后，南北围师，联络一气，盗粮渐尽，贼情殊为恫惧。初七日统帅亲督城北各营，冒雨薄城，已先登者七人，功垂垂成而为守贼所拒，以致退回。嗣后复有内应之举，亦事泄不成。散省凋瘵已极，满望及早收功，尚可趁春夏之交，诏徕耕作，庶孑遗稍有生全之望。而天意迟迟未许，其可嗟痛。顾大军一日无恙，省城终可克复，遗民终可保全。所至虑者，饷项日亏，出入大数，相距太远。勇丁每月所领，不及一旬之粮，扣除米价等项，零用一无所出。兼之食米将尽，采办无资，勇夫餟粥度日，困苦万状。然各军皆知方之士，从九帅日久，但能长有粥食，犹可无事，若再过月馀，并粥俱无，则虽兄弟子侄，亦不能责其忍死奉法。每念及此，不觉

通身汗下。又各营将领因欠饷过多,无颜以对士卒,故遇细微愆法,不能过为绳切。更虑积以成渐,士气必将懈怠,而悍寇愈逼,死志愈坚,交绥之际,不无可虑。且巨憝未擒,坚城尚在,我军困守,已及两年,成则扫平大难,东南之人皆出水火。万一不成,则不独群黎无更生之望,楚军暴露十年,徒为画饼,天下事尚可问乎!九帅为此日夜焦灼,寝食俱减。加自新春至今,冒风栉雨,无片刻宁处,致婴气痛、腹利诸疾,形容清削,颇非昔比。烈饱食素餐,无可分忧,目击时事如此之艰,忧愧交集,区区之心,亦不啻井上鹿卢,日无定晷。而外间方拭目以俟红旗之至。不知此中情形,安危各半,否泰互呈,收功殊难操券。如何可言!如何可言!

皖中自中堂外,谅亦罕有体察及此,但不知中堂意中作何计处?伏念秣军于苏省之安危,楚军之成败,天下全局之兴亡,皆有关系,不可不思急救之法。自元年至今,我军悉锐城下,已成骑虎之势,故九帅去岁招募新军,意欲一鼓荡平,早奏成平之绩。盖于与其迟久而无效,不若多费而速成之语,反复筹详,至再至三而后出此,非冒昧也。无如城池过大,所招之军,外间见为甚多,至此则仍不敷用。又墉堞高峻,至低之处,犹及七丈以外,贼复工于设守,梯冲百具,无所用之。止可为严守长围,绝其接济,以待自毙之一策。而贼赀未尽,我食先匮,此则非智力之所得济,无可如何者也。以目下之势论之,所短者饷,而非士卒之不用命,若得巨款济目前之急,则我军士气方壮,正可力图功效。查江北地方,自咸丰三年以来,每岁俱有捐借一款,多则四五十万,少亦二三十万,地方历届举行,已成故事。止须札饬粮台,以江宁大军情形,恺切劝谕,捐户虽未必乐从,亦不致过于观望，更先请部照，立与议叙，并可使之踊跃。此事倘荷中堂许为办理，援照成案，必可如数。再能推之江西一省，遴委干员前往仿照而行，彼处虽复有兵警，而腹地无恙，商市颇繁，所获尤必可观。秣军得此一款补苴新旧各欠，略与归给，庶得敷衍时日，与贼共为久计，不致有意外之虞矣。烈非不知各路民力已竭，捐借一事，无异强取，但念害有重轻，事有缓急，蝮蛇螫手，壮士断腕，医师治疾，亟则先表，诚有不及顾也。苟使秣军饷项无亏，以势计之，必有成功之望。俟元凶授首，境内肃清，然后布德行惠，休养生息，尽除横征各款，在吾民有一劳永逸之利，在中堂亦不失爱民之本心，似于政体尚无大碍。烈身在秣军，凡各军之疲困，九帅之焦劳，无不目击，恐皖中知之不若此之详，故敢缕陈以见，此举实非得已。字句拉杂，不敢冒呈中堂，伏祈阅后代陈，不胜至幸。专此肃请道安。不一。

再，此举实系仿照各届成案，按户书捐，本不须发部照，九帅恐对不住捐户，因有请照一层，将来办法仍须跟定历届户捐成案。若一说"照捐"二字，便多寡有无，任人之便，决不能集成巨数，而江北部照委积，并不足歆动捐生，题目一错，办犹不办矣。此议九帅存之已久，虑拂舆情，迄未举行，至今日则有不暇瞻顾之势。且悉江北情形，历年俱有，未即为厉民之政耳。至烈所述窘情，皆系实在，虽隆隆直上之时，作此预语，见者必以为过当。而杞忧所见，不敢不委曲陈达，以俟参决。此事之办否，倘中堂不以为然，或另有良策，非薄识所得窥测，亦未敢固执以为可行也。

二十六日丁酉(4月2日)　　　晴

代拟咨中堂札万藩司稿二件。下午谒中丞久谭。晚中丞来，复诣中丞处。萧信卿军门来。

二十七日戊戌(4月3日)　　雨

晚,中丞来。

二十八日己亥(4月4日)　　阴

写冯洁卿信。即刻发,交夫子。写季雨信,以燕山殡期已定三月初二,约初一日同人公祭,通知之。即刻发,交夫子。

接季雨本日来信二件,又冯洁卿本日来信。

二十九日庚子(4月5日)　　雨

昨夜官军潜挖朝阳门城根,中系三和土,不能施镢而罢。晚招杜玉农、李少甫、程柳生、沈慎哉饮。代拟李季泉等信稿八件。

接炳甥正月十二信,又椒侄同日信,均江北寄回,又眉生十二月廿二日及廿五两信,江北寄回。又霍生十七日信,又宗湘文初八日信,捐送难民局曹银三百两,又黄子湘十五日信,代寄捐项,又郑宇恬十八日信。

三月戊辰

朔日辛丑(4月6日)　　阴

以连日不暝,未随众贺朔。见李季泉信,常郡之贼于二月初旬由圩塘冒雨突窜至江阴、无锡、常熟之交。十二、三等日围江阴、常熟,犯福山、杨厍。攻常官军抽队扎焦店以顾后路,并调恢复宜、溧之郭松林等军旋师驰赴,连获胜仗,解二城之围,并将福山等处之贼驱逐云云。又李申甫信,广德于二月十五日守贼他窜云云。又冯帮办奏稿,白兔、马陵贼垒均经攻破云云。又多将军信,陕西汉中、留坝、襄城、固、洋县等城踞逆分二股,一由兴安府扰楚北,一由商、雒等处犯豫省。刘中丞已将次入陕,多现攻螯屋,两次地道未成,城小而坚,伤亡颇多。又陇右回匪渐尽云云。

代拟多礼帅信稿一件。李少山、张仙舫、冯洁卿、唐新泉、禹汲三及咏如来。张、刘在此久谭。写家信,初二发,交仇函斋。带归手炉等件,并写冯洁卿信。初二日发,交仇函斋。燕山下葬,因雨土湿,不能开圹,改至初九日。

初二日壬寅(4月7日)　　　　阴,大风

见中堂咨会沈幼丹中丞二月十五咨,犯江西之贼,由广丰西南趋至铅山之湖坊镇等处,复由贵溪之上清宫等处内犯抚、建,经席、韩各军轰击获胜。现在贼势将由新城而西,肆窜南丰、广昌,调普护镇前赴扼守,并札继果营,王县丞委由婺源驰赴崇仁、宜黄剿办等因。拟沈幼丹中丞、胡莲舫京卿大任,湖北人。李帅调至粤省办厘。等信五件。见梁总兵洪胜楚北来信,去腊豫省之捻窜入鄂疆随州、枣阳、应城之间。今正官军分路堵剿,驱贼至随州之霸山,遇覆几为所没,幸援军至,得胜,现已缩回豫境,而陕西发贼复从兴安东窜郧郡云云。又沈幼丹信,江西之贼,头股已趋泸溪县,将入闽境,尾队尚盘踞金溪一带云云。

初三日癸卯(4月8日)　　　　雨,大寒如正月时

余冬衣寄归,颇受寒侵,连日不快。文辅卿太守来候。翼,湘乡人。病中阅洪稗畦昇,钱塘人。《长生殿》院本,词笔细腻酣畅,两擅其长。惟酷摹《西厢》、《牡丹》二记,不能脱其范围,转嫌夹杂不纯耳。"骂贼"仿"下书","哭象"仿"长亭","觅魂"仿"冥判",词非不佳,究非自辟之境。

夜,中丞来,见示中堂咨到复左制府咨文,内开:为咨复事,准贵

部堂来咨，二月二十六日据贵阁部堂来咨，扫清歙南及调毛道有铭于正月十七由安庆渡江而赴皖南等因。查正月初十及十一、十二等日，唐义训等剿贼街口、深渡、大周园等处，皆系歙境，与所称扫清歙南情形不符。又王开琳一军十五日在白礁岭大获胜仗。接江西沈抚部院咨，饬调席、韩等军移守婺源、玉山，亦于十六到防。是毛道一军，十七开差，亦未免太迟，咨请查照等因。到本部堂，准此。查同治二年七月富将军至蒙城时，移咨唐中丞有云贵部院实属调度乖方等语，与贵部堂此咨同一声调。贵部堂博学多师，不独远法前哲，亦且近师时彦，实为揣摩有得之语。咨请查照等因。除咨左部堂外，咨请查照等因云云。观之殊发大（剧）〔噱〕。左赋性褊躁，不记人善，因中堂前次奏牍有云，粤逆由皖、浙南窜之路有二，西路泾、旌、石、泰、阜俱已设守，东路昌化、淳安、开化各处已飞咨左分别扼守等语。又此次扫清歙南，歙南即系浙境，大逢其怒，故有此嚣陵之态。其实中堂系指歙县南乡，并非与浙争功也。小人得位，无礼至此，中堂以调侃答之，不恶而严，自是胜人举动。左少时在陶文毅署买属巫觋，托年命之说与陶联姻，遂与闻陶之家事，湘人久齿冷之。中堂初奉命办团，劝捐绅富，令陶子少云出钱万缗，左沮之不得，因是切齿。在骆制军幕，凡与东征关涉各务，无不尼之，兼之书辞傲诞，中堂皆不之校。后因把持及受赃事发，上谕特派钦差严审，赖中堂与咏之宫保力解其事，得不赴质。后朝臣举荐，奉旨询问，中堂又为力保，遂叠放襄办、帮办以至封圻，皆出一人之力。其时颇知感戴，凡事情理相商，辞气亦甚卑约，无何毛羽渐干，故态复作。自去岁至今，横逆之至时时皆有，知者皆薄其为人。而忧时事之艰，当局者不能头目相护，转自相搏击，尤令人殷忧无已。

接季雨本日信。

初四日甲辰(4月9日)　　　阴

写季雨信。即刻发,交来人。黄南翁至营,遣人致候。余前次仅至中丞处答候之,未及至舟,伊即日旋湘,余又因有疾,不能往送,不得已冒风至中丞处,与之晤谈半晌。子寿来候。子春新从泰州来,亦同过候。答候文辅卿。

接咏如本日信。

初五日乙巳(4月10日)　　　晴

入诣中丞处少谭,因难民经费不充,请函商万篪轩方伯。写冯洁卿、李少山信、咏如信。即刻发,专亲兵。遣刺候送黄南坡乔梓。写方兰槎、陶作舟信,又宗湘文、黄子湘、郑宇恬、张炼渠、吴竹庄信。即日发,俱交马递。写黄子春信,交来足,即刻发。写武明良信。即刻发,交武葆初。

接咏如本日信,又季雨、黄子春本日信,又李少山、冯洁卿本日信。

初六日丙午(4月11日)　　　晴

见中堂咨,二月廿七准楚北抚咨,发捻各逆围逼襄、郧,请调水师协剿云云。又中堂二月廿七军情片,有云江西席宝田一军于十一日收复金溪县城,该逆乃由泸溪潜向建昌,此股有八九万人,请饬闽、粤、两湖一体严防,免致变成流寇云云。又左制府咨到二月初二军情各折片,内称正月初八桐乡贼何培章献城,即令率所部扎乌镇双桥,断杭、嘉之路,二十五日破杭州城望江门外石垒三座云云。

同李静山赴燕山坟上开圹。彭次卿来。代拟万篪轩稿一件。

写万篪轩信。即日发,交排递。是日出门冒风,疾复剧。

致万筼轩方伯书

客冬承荷宠招，缘有采薪之忧，未克趋陪筋驺。临行晋谒，复因朱九芗学使旌从在门，不获晤教，种深歉仄。腊杪恭谂特改江藩，顷又闻安抵海陵，吉升视篆，俱以俗冗卒卒，稽迟丹贺，尤切悚惶。

敬维大公祖大人秋毫明察，春脚恩周，工虞钱谷，无一事不悉其情，屏翰储胥，得长才斯皆尽理。金华报最，玉节时持，即在意中，可胜心祷。烈巢覆馀生，盾磨下士，故乡沦陷，触目兴悲。昨岁薄游莘营，适值统帅宏慈，创设抚恤妇婴一局，收养城中脱出难妇婴孺，饬员经理，议定章程，酌筹经费。凡各难民到局，查造姓氏里居亲族及本夫父母年貌细册，一面将大略榜示局门，便人认领，仍与细册一一核对，以防假冒。在局之人，日给米八合及盐菜钱数文，并发絮被冬衣，俾免饥馁。自开局至今，收养不下数千人，其与本夫父母相遇领归完聚者，亦至千数百家之众，湛恩汪濊，万民尸祝。维经费浩繁，公款支持不易，现当严围已合，城中粮乏，驱逐妇女，是以本局所收，为数日多，转瞬大功告成，尤必不可胜计。当此军需匮乏，百务皆艰，统帅外筹攻剿，内忧饷需，实已心力交瘁，此项费用，更属万分竭蹶。恭阅(抵)〔邸〕抄，庶子夏同善奏筹抚恤难民一折，奉旨各地方官多设收养处所，借拨正款筹办，一面倡率劝捐等因，钦此。仰见圣主轸念灾黎，勤勤垂护，中兴气象，莫此为最。伏维阁下胞与为怀，志拯水火，适于衽席未登之日，正值襜帷莅止之时，江左孑遗，莫不额首称庆。窃意通、泰、淮、扬各属官民率皆乐善，前次经烈函属友人，已各解囊为助。惟人微言轻，所及不广，若荷大公祖大人劝谕各属，以平日爱民之政，推及邻封，捐资裹赈，或并劝富户随缘乐助，登高一呼，必来众和。一俟集有大款，移解秝营，俾资办理；否或饬令各属分认收养若干。人数由此间局内核明，实系无可归著之人，备文送交各该处查收存养，二者均俟鉴裁遵办。

以上云云，俱曾商请统帅，以阁下与秝营本属一家，且此事上以推广皇仁，下以保全民类，善与人同，尤可不分畛域。用特冒陈左右，是非可否，伏听大教，无任悚切待命之至。去岁原启一纸，并呈垂鉴。敬请崇安，恭贺任喜，鹄候回玉。〈烈文〉谨启。

再有启者，敝里常郡咸丰十年民团独力守城，受祸最惨。而地方素为苏省最贫之区，现在尚未收复，被兵尤为独久。其遗民幸脱虎口者，大率漂流江北，先经鹤侪先生饬令设局收恤，蒙惠者甚众。惟为日过久，经费告匮，至每口日求四五文而不得者，不可胜算。烈去腊曾至靖江，沿途所见，耳不忍闻，目不忍击。自惟樗薄，无才为桑梓稍分辛苦，五中惭灼，寝食难安。恭谂阁下慈悯逾恒，凡江表一民，莫非我公之赤子，呼吁所向，更有何途？倘荷饬查各局情形，酌垂恺泽，起死人而肉白骨，苟属生知，同深顶戴，烈屑微无以报德，惟有俟收城之日，偕一二父老刊泐贞珉，以垂厚施于永永而已。无厌之求，统希矜亮。〈烈〉再启。

初七日丁未(4月12日)　　　晴

见中堂二月廿七议复皖省停补额兵一折。又李朝斌来信，嘉兴于二月十八日经程学启、潘鼎新、李朝斌等攻复。武葆初来、李静山来。眉生来自江北见候。见鲍帅信，句容于本日寅刻克复。晚饭后，中丞送眉翁来余处久谭，眉翁即下榻于此。见左季帅信，大旨云

天下好事至将成必有一番阻格，如金丹九转则魔怪丛生。目下东南
大局有可指望，而使馀氛得以他窜，贻害完善地方，殊为惜之。嘉禾
赖苏师之力得下，然逆徒糜至湖郡、浙东一带，殊无以防其越佚耳云
云。盖怒嘉禾之功不由己立，遂责苏师之驱贼入其境内，可谓无理
取闹。

接二月廿五日家信，寄到单夹衣等，又孟甥同日信，又六姊正月
十五日信，寄到与克儿答聘物，又槐庭正月十六二信，又何镜海正月
信，为槐庭家作女媒，又武赞臣总戎本日信，又黄子湘二月廿五信，
又刘晓山信。

初八日戊申(4月13日)　　　晴

中丞邀陪眉翁饭。傍晚与慎哉、少甫诸君公祭燕山，余为题木
主。二鼓时，中丞来，见李少帅咨到克复嘉兴奏报折片，程军门学启
受伤甚重云云。又九江镇万泰来信，泸溪之贼于二十一日窜陷南
丰，并扑新城未破，于南丰城外筑四大垒，据守城池，裹胁已十馀万，
掳粮甚多。经官军攻破城外四垒，杀贼魁谭某云云。

接吉松崖信，并银四两送燕山。

初九日己酉(4月14日)　　　晴

天明即起，赴燕山殡舍送葬，辰刻发引，巳刻登位，掩土而返。
钱恒甫来候。芬荣，嘉兴人，子密之侄。张屺堂观察来自江北见候。二
鼓时，中丞来，谭及在吉安时曾搜获伪文，首逆洪秀全实已于七年病
死，翼逆石达开于七年三月由江西境上弃军潜遁，不知所往，后犯
闽、粤，至楚南扑宝庆、衡、永州者皆非本人云云。

接二月十一日、二十日、廿二家信，又四姊二月初十信，又孟甥
二月十一日、廿一日、廿二日信，已同衣谷挪入行台，充《船山遗书》
编校。又衣谷二月初十、廿二日信，又方元徵师二月二十日信，闻畴

侄夭折,不胜为之嗟悼。又昆甫叔正月十四信,又杨咏春二月△日信,又咏如本日信,又霍生二月二十四信,又徐函叔二月△日信,又钱子密二月初二信,又杜小舫正月△日信。

初十日庚戌(4月15日)　　　雨

中丞招饮,陪眉生、屺堂两君饭。见中堂来信,知杭州、馀杭同于二月廿四克复,城贼冲并湖州。又江北捐已允遣员办理,并拟委张仙舫至沪劝捐云云。以燕山续收帮项百七十三两,又前次帮项及用账所存六十一两交张屺堂观察,并前三百两代放草堰场生息,每月二分利,由余处经收转寄。陈舫仙来,以本家铖保陷贼,托遣发探入查。晚中丞来,谭至三鼓。见中堂来咨,饬东征局每月加措饷银三万两,又提沪饷并解金陵,以救眉急。咨内将余致欧阳晓岑信所言此间饥困情形,装头称据某人信函云云,殊为可诧。

接孟甥初一日信,又杨贻亭信。

十一日辛亥(4月16日)　　　雨

写家信、即日发,交赵舜臣附排递。孟甥及四姊信。同发。熊宜斋信,并寄对子二付,茶碗十个。十二发,交张屺堂。王霍生信。十二发,交张。徐函叔信。附王信内。夜,中丞来谭。

十二日壬子(4月17日)　　　雨。夜大雷

见富将军咨,已派四千人并先在镇防之四千人交詹启纶统带,于本月初三渡江,协镇防兵勇攻剿丹阳。又见黄军门翼升二月廿六信,贼于二月初由常州圩塘内窜江阴、常熟。黄于初九日进至江阴,十四抵常熟,该城已被围三门。十七日收复鼌桥、福山等处。分扎长泾、北涧一带,现在该逆麇聚梭山、吴市、花桥、杨库等处云云。眉生、张屺堂辰刻去。彭次卿来。代拟李中丞咨稿及浙藩等批禀共三

件,程军门等信共四件。写眉生信。即刻发,专勇。

见沈中丞二月廿六奏,请将江西茶厘牙税,归本省征收,钦定协济皖省征饷月额等语。缘中堂于咸丰十年受两江之任,由皖北移师皖南,其时因苏皖糜烂,征饷无出,奏请将江西全省茶厘牙税归督臣遣员设局征收济用,奉旨允准。逮今数年,每岁所入,不下百馀万,军需恃为正款。而江西旧设防军甚少,遇有警信,中堂辄派师千里驰援。咸丰十年、十一年之间,贼匪屡由皖、浙阑入江境,俱经中堂调派左帅、鲍帅截剿,驱贼使返,是秋遂报肃清。故虽用江西之饷,而历任抚臣皆视为当然,未生意见。沈中丞于同治元年春间受事,初亦不欲更张,后因中堂厘员干与公事;又九江道蔡锦青请提洋税协解皖台,未候中丞批示,及小人从中簸弄,遂日见龃龉。沈心地端纯,遇事敏练,而局面未免狭隘。本系中堂保荐升任,自以整顿地方,方为不负所举,不当顾恋私恩,引嫌推委,且薄前任各抚之拥位素餐,一无建白。故到任后,增募继果、韩字等营八千人,移调精毅、精捷等军万馀人,各府募守勇五百人,兵数日增,费用无出,始有此奏。平心论之,中堂荐列贤才,原期为国任事;沈之奋发有为,不可谓之越职。惟江西饷需旦迫,而皖台竭蹶尤甚。且中堂于江省军务未尝稍置膜视,则东征大局攸关,沈亦不当以距江省较远,遂生畛域。当此沧海横流,公私涂炭,体国大臣虽彼此如头目手足之相护,犹虑不济,而分崩如此,不能不为贤者责矣。

周朗山之侄滋庭来候。树德。接眉生本日信。

十三日癸丑(4月18日)　　　阴雨,大风

见邸抄,鸿胪寺卿胡家玉奏,为河流北徙请动官项筑堤一折,内称自兰阳溃决,泛滥山东、直隶境内已十年矣。昔之河身,今成平地。臣于咸丰七年由清浦进京,经故黄河摆渡处,见庐舍俨然,浸成

村落。全黄俱由大清河入海，濮、范、寿张等处，河流散漫，一片汪洋。自利津溯流至肥城一带，民埝决口不下三四十处云云。答候周滋庭、钱恒甫。写眉生信、即刻发，交来人。季雨信、同发。朱小山信。十四发，交小八。见左帅咨到二月二十五日奏杭州、馀杭攻复一折，内云二十一日、二十三日蒋益澧猛攻杭州，贼胆已落。廿四日五更，由武林门窜出，走德清一路至湖州，馀杭亦于廿四卯刻窜出至瓶窑镇，官军追击云云，寥寥数语。

接眉生本日信，又孟甥初四信，又衣谷初四、初五信，赠药数种。又晓岑初四信。

十四日甲寅（4月19日）　　　晴

中丞来谭良久。代拟欧阳晓岑信一件。写晓岑信。即日发，附中丞信。见李少荃三月初二信，内云江、常解围，已饬别将扎断归路，穷寇数万，久屯杨厍一带，恐其溃溢，某于初二日亲率围剿，初六、七日酣战两昼夜，俘斩溺毙二万馀人，逸去仅二三千，不致复为金陵、常州、句容外援之患云云。黄子春来久谭。写季雨信。即刻发，交小八。接季雨初十、十三信。

十五日乙卯（4月20日）　　　雨

晨起贺望，中丞有恙，谢客。黄少崑来，张仙舫来。中丞招示中堂请江省厘税仍归督臣征用奏稿，内云臣十年进兵祁门时，因军饷无出，奏将江西通省厘金归臣收用，又因徽、宁饷项支绌，奏拨江西漕折每月五万两，后又请将九江洋税酌提三成，俱蒙允准在案。前年八、九月，臣军疾疫大作，金陵援贼麇至，沈葆桢于此时奏请将漕折归江西应用，未尝一函一咨相商，九江关洋税亦经沈葆桢取充江忠义、席宝田二军之饷，未尝解过一次。去年九江道蔡锦青请拨万五千两解归皖台，沈严札申饬，但有峻厉之辞，绝无婉商之语。目下沈部下之饷发至八成,臣军即厘项旺时不过六成,今年复止四成,若再将厘饷全归江西,是臣军一无所望云云。

咏如来,饭后始去。写方元徵师信,即刻发,交咏如。寄去铜板地图一本。

接张振远初十信,又徐函叔二月十七信,又吴墨庵二月十一信,又盛隽生二月信。

十六日丙辰(4月21日)　　　晴

窦兰泉侍御、堉,云南曲靖人,己丑进士。方存之孝廉宗诚,桐城人,在皖中识之。来候,少坐去,复来久坐。答候窦、方二君。接眉生十四日信。又陈子金本日信。

录窦兰泉语滇事:滇省回民本元初用回兵平滇后,留守其地,遂长子孙,与汉人相处甚安。近数十年,因争产细故肇衅,始有械斗之事。道光二十五年,永昌汉回构乱,旋复平息。至咸丰六年八月,大理府逆回杜文秀作乱,遂踞府城。而楚雄府汉人将回民送至省,大吏以汉人聚众,闭门不纳。汉人散回,旋又议尽杀城中回人,回人皆叛,出城结营自保,省城戒严。始议团练拒守,相持阅月。新任制府吴振棫由川入境,为绅士所误,单骑入曲靖城,回人围之,挟以令团练,于是汉回议和,献该省城街市一条与回民居住立约,自督抚以下皆与议,用印署衔,回人复居城中如旧。而外郡县汉回互杀,官不过问。迤西大理、丽江、永昌、顺宁、腾越四府一厅,回强汉弱,回人占据其地,逐官长,推杜文秀为主,蓄发改制,居然敌国。迤南楚雄、普洱等处,回弱汉强,地方居民自设团练,逐回人皆尽,官赖其力得以无患,征赋一切皆不改。迤东省城及曲靖、昭通、广南等处,汉回之势相平,胜负互有,或和或争,纷纷不定。何有宝者,贵州人,充楚雄县之练勇,当回民初与官绅相拒省垣时,楚雄县佐李某率之赴援,后以战功历保至提督,拥兵恣纵。徐之铭者,亦贵州人,咸丰△年以川皋升滇藩,荐至巡抚,与何结纳,所为不轨。岑毓英者,土司由军功保历滇藩。马复初者,回人大教师,素居省城,与杜文秀虽同类而持两端。同治元年,何有宝为回人劫杀于马龙州,其义子林子青率其部下万馀至川省,张亮荃抚用之,后复叛散。是年冬,杜文秀遣其酋马如龙领逆回二千猝至省垣,入居学宫。总督潘铎往诘来意,遂为所害。后为马复初调解使去。现在省垣尚在,而政令皆马复初及诸回人掌之。迤东各府县皆然。官至亦不戕害,但禁锢之。文移公牍,仍使画行,自巡抚以下,皆俯首听命。新抚贾鸿诏以无兵,留川境不敢入,徐本奉旨逮讯之员,以后任不至自解,朝廷亦无如何。

十七日丁巳(4月22日)　　　晴

访陈六笙、易镜潭、雨村等。贾祥伯江宁人,吴全美委员。来候。刘南云方伯来候。闻萧军门维则部下某营勇丁索饷,萧戮之,合军鼓噪,缚营官闭营拒守,中丞以疾不能往,令彭方伯毓橘往治其事。入内谒中丞,谭及此事,余劝伊宽猛互用,兵士无粮可悯,而但示慰安,惧诸军效尤。中丞见示中堂信,有云廷寄言金陵军心不一云云,不知何人所奏。又湖州之贼复窜广德、宁国,已至胡乐司云云。

接李少泉宫保二月信,又阿哥二月廿六日信,又吴竹庄信。

十八日戊午(4月23日)　　　阴,甚寒,不类仲春气候。阴渗沍阳,非吉事也

彭次卿来,余方卧,遂去。写陈子金复信。即刻发,交来手。

接陈子金来信。

阅《满汉名臣传》八十卷终。此书记载,仅及上谕,于本人事迹,略而不书,其编次前后,既不用科分,又不序年齿,殊为杂乱。其可

记者,另有札本。

十九日己未(4 月 24 日)　晴

连日复为湿淫所中,中满不食,自制方服之。方存之来谭。写陈舫仙、彭次卿信,即日发,交本营值日。写张仙舫信、季雨信。即刻同发,专送。接汪雨香信。苏晴山来候。萧军门信卿来访。

二十日庚申(4 月 25 日)　晴

见李季荃、黄昌歧信,杨厍、华山北角之贼,初六、七痛剿后,俱由青旸窜常州。又程学启伤重下世云云。代拟黄昌歧等信三件,吴漕帅咨一件。写季雨信、张仙舫信。即刻同发,交便寄。陈瑞亭、苏晴山、窦兰泉来。见中堂来信,初旬徽防与窜贼接仗,毛军不利,现围徽郡甚急。又转据左季帅来咨,贼口供称,本月初三、四间,伪听、襄、康等五王由杭州窜至武康境上之牌头镇,图窜皖南。江西戴、梯等四王现在德清候齐,菱湖、双林等股陆续跟进,侍、辅、堵、元等五王欲从东坝赴援金陵,迎洪逆南走,另图生路等因。

接霍生初十日信。

二十一日辛酉(4 月 26 日)　晴

见多帅咨到二月廿四日奏稿:盩厔地方为陕省富庶之区,自回匪猖乱,百姓皆谓城守可恃,多有迁避城内者,是以米粮最为充足。蓝二顺窜陷之后二日,我军赶到合围,无路可窜,拼命抗拒。二十三日,东路地道轰开丈馀,我军一拥而进,孰知该逆于外城之中,修筑内卡,防守更严,奴才头眼俱受枪伤,天色已晚,只可收队。奴才回营后,因血流太多,头目昏眩,势甚沉重。自揣精力难支,恳恩将钦差大臣关防交西安左翼副都统穆图善署理,俾奴才安心调理云云。

又恽抚二月廿四奏:黎平、古州、四塞等处发逆窜退至粤边,仍复窜回铜仁、思南一带，苗教各匪将围铜郡，饬兵在晃州凤凰厅防堵。又江西抚臣咨会发逆窜扰，恐入湘境，亦饬于衡州、茶陵、桂阳、醴陵防堵云云。

又富帅前咨到奏稿，兹又奉到上谕，内言：难民纷纷渡江，捐廉给赈一事，著吴棠、李鸿章督饬藩司万启琛分饬各地方官设法赈济，毋令一夫失所云云。按富帅初抵任，力反都兴阿之所为，变封江为给赈。无论其用兵如何，即此一层，已见用心恺悌。朝廷允准，并饬藩司设法办理，洵为保民盛举。惟都帅奏言奸细则严饬禁度，富帅奏言难民则恩诏赈荒，未免进退无据，皆由柄国之臣，胸无定识，一任外吏转移立说，是非不明，皆不肯用心体察之过也。

代拟多将军等稿四件。又批魏、李二姓讼坟山事一禀。写家信、孟甥信、衣谷信。交赵舜臣附排。冯洁卿、刘吉斋来。徐子恕土镕，常州人，与修睦叔家有亲。来候，从湖南到此觅事，可谓诚矣。惟余来此后，求事者函信不绝，殊无以应之耳。刘心葵，常州奔牛人。高晴山逢盛，常州人。来候。写史士良信，廿四发，马递。何境海信。同日发，附槐亭信内。

接十一日家信，寄来床席、皮蛋等物，又孟甥十三日信，又衣谷十三日信，又六姊正月廿四信，又槐亭正月廿二信，又眉生信，已于十七到泰，又陈子宣二月十二日信。

二十二日壬戌（4 月 27 日）　　阴，大风

王惕来返湘辞行，窦兰泉、方诚之返皖辞行。见中堂咨到三月初六廷寄：豫省张总愚窜至嵩县属之龙王庙，有奔黑溪、乐川之信。汉中发逆窜至西坪，并有水路之贼沿江直下，此指汉江。郑州、新野亦属吃紧。陈大谪一股窜至襄阳所属之榆山一带，欲向樊城、老河口奔窜。僧格林沁已亲统全军至许州一带探剿。金陵城大而坚，围攻

不易,诚恐将士号令不一,心志难齐,曾国藩能否亲往督办,俾各营将士有所禀承云云。写杨子木信,即日发,交陈子金。又一函。即日,交来手。见王可升来禀:金坛于二十日经鲍军克复,(距)〔踞〕逆由定铺绕建平境内至广德、湖州云云。又李申甫三月十七来信:广德之贼,时扰宁邑东境,另有大股以初十日由孝丰横出胡乐司,头目甚多,人数亦众云云。

代拟万篪轩等信八件,又禀批一件。写槐亭信及六姊信。廿四发,马递。黄南坡信、杜小舫信。即刻发马递。眉生信,即刻发,来足。霍生信,即日发,附排递。昆甫信,廿四发,马递。钱子宣信。三十日发,交刘心葵。

接杨子木信。

二十三日癸亥(4月28日) 阴雨,大风,甚寒

写刘小山信,廿四发,交椒生。董叔纯信,廿四发,马递。汤润之信。即日发,交周朗山。同乡高晴山来,李少山来。写咏如信。即日发,交高手。

二十四日甲子(4月29日) 阴

见中堂信,徽防唐、毛二军于十七日大败,唐义训皖南镇。不知下落。徽、休、祁三城恐皆不可保,江西之患弥大,湖南亦甚可虑云云。入谒中丞候疾,遂留共饭。答候刘吉斋、苏晴山。赵锦堂观察连标,镇江人,曾署金衢严道。来候。代拟官中堂信稿一件。写阿哥信。即日发,马递。椒侄因妇疾,乞假暂归。咏如来。

二十五日乙丑(4月30日) 晴

拟吴桐云等信五件。同乡高晴山、刘心葵、徐子恕来,徐留榻营中。

二十六日丙寅(5月1日) 晴

见中堂廿一日来咨,内开杭省克复,汪海洋、伪〔康〕王。陈炳文伪

听王。由德清等县走胡乐司,窜入绩溪,径犯徽州。本日唐镇及毛道两军与贼接战,毛军在东路小挫,退回郡城,该逆遂由休南、龙湾、五城窜走婺源境内,其必由德兴、乐平扰及江西无疑。十四、五、六日,唐、毛两军连次出队截击,幸获胜仗。原踞湖州之李世贤、黄文金各酋,续由老竹岭窜入徽境。十七日唐、毛两军在杨村地方大败,唐镇不知下落,队伍尽行溃散,徽、休两城不知能否保守等因。入谒中丞,见中堂廿三日来信,沈中丞奏请截留厘税一折,已奉旨交户部议准,分半与彼云云。写高晴山信。即刻发,交徐子恕。拟吴仲宣等信稿三件,六合县禀批一件。李少山、冯洁卿来少坐。晚在慎斋处久坐。

二十七日丁卯(5月2日)　　　晴,风日暄和

王少槐、善录,杭州人。俞秋浦渭,嘉善人。来候。

接眉生三月日信,又廿六信。

二十八日戊辰(5月3日)　　　晴

见中堂咨到户部议复中堂淮南盐务运道畅通一折,末开原奏又称应完课银,照咸丰七年奏案征收,按半年奏报一次,并将各处厘金随课并报等语。查淮南科则,每引六百斤应征入奏正课银三两零,又不入奏正课银三两零,统计每引征银六两一钱三分零。咸丰七年,淮盐片引不行,暂改设局收税。每百斤抽银一钱五分。每引九钱,较之课额不及十分之二,现既改复引盐,即应按引征课。乃据奏称,仍照咸丰七年征收,虽因厘卡尚多,碍难加课。但以引盐照抽税章程征纳,为数太少,相应请旨,饬下两江总督曾再将应征课银,悉心妥议,或照从前科则,暂行减半征收。每引仅征正杂课银三两零,已属大为轻减,如以减半征纳,尚难照办。则该督所谓运道畅通,力筹整顿者,其利几何? 嗣后仍俟销路渐旺,即行按照旧额全数征收,以符成案云云。

晚饭后，入谒中丞，少谭。见中堂信，江西厘金事，王少鹤廷尉争以为不当分半与江西云云。闻婺源于十八失守，中丞请调苏军接守东坝、句容，而调鲍军援江西，中堂亦以为然。已咨商李中丞，此举实于大局关裨至重，当此分剖畛域之时，力除人我之见，非湘乡昆季不能设心如此公溥。写陈舫仙信。即刻发，交来人。

接子迎去年九月信，又子巽九月廿四信，又陈舫仙本日信。

二十九日己巳(5月4日)　　阴雨

写子迎信，子巽信。三十发，送大胜关，交刘心葵带去。写张柳亭信，邓季雨信，高晴山、刘心葵信。三十发，专送。写家信，三十发，交刘心葵。寄归药物等。写咏如信。三十发，专足。

见户部议复沈中丞截留牙税一案，折内云查曾国藩军营现在月饷，每月湖北协济银五万，湖南协济银二万五千两，四川协济银五万两，江西协济银三万两，外尚有广东厘金及江苏厘金等款，为数甚巨，均可源源接济。纵各省报解稍有未齐，通盘筹划，亦总可补葺支拄。其江西等税，牙厘拟照该抚所请，即归江西本省经收，分提一半云云。查四川协济，不知何年陈案，自揆帅接江督任后，未尝收到一文，湖北协济仅止湘、恒等营，及旧为李希庵中丞部下之元、亨、贞各营，月解不及一万，江西三万不知何所指，以为漕折耶？则元年早已截留；以为洋税耶？则本未解过一次。惟湖南有协款，亦系东征局自设征收之厘，非由湘省筹办。广东七成厘金，分半与浙外，不及二万，江苏有四万之款，总计尚不过十万而止。乃称为数甚巨，可为糊突之至。即如部内所云，款款有著，亦不过二十馀万。而揆帅部下，月饷非六十万不可，主国计者于外间出入大数毫毛未知，觍然具奏，闻之足令人一笑。

又见左帅详陈攻克杭州、馀杭两城实在情形一折，尾称据各处探报,逆首黄文金、李远继等麇聚湖州,侍逆李世贤及各悍贼图窜江西,因淳、遂各军截断,返窜宜、溧,又因宜、溧已经苏军克复,复窜湖州。是湖州为苏、皖诸逆逋逃渊薮,最为吃重。臣自当殚竭心力,慎以图之。贼在浙境则围攻,贼出浙境则追剿,务将积年逋诛剧寇,聚而歼旃,免致流毒完善地方,又成不了之局。至于机势之顺利与否,则亦未敢逆计也云云。按李世贤虽未窜至江西,而窜至江西者已不下数万,广、建一带蹂躏既遍,尚以淳、遂各军截断为辞,可谓善于文饰。湖州为苏、皖逋逃之薮,查嘉兴克复,馀匪有限,而杭、馀二城则全股冲出,不知将以湖州为逋逃否? 杭、馀克复时,在二月下旬,若移师而西,堵剿昌化一带,闭贼于湖州,何至使大股续窜皖南,贻害无尽。计不出此,乃进兵德清、武康以尾其后,反敞开安吉、孝丰大路,逼之出阱,是前此金丹九转、魔怪丛生之函,所以诟病苏师者,反躬自省,亦可愧矣。而方作在境则围攻,出境则追剿,顺利与否未敢逆计云云,活络之辞,以为卸责地步。嗟乎! 膺重任,负大名,国家倚为梁栋者今若此,吾不知乱之所届矣。

　　又见中堂咨到前准严抚部院抄寄发逆倪�淮信,欲会合张总愚捻股,由豫、鄂赴扰金陵,近复叠奉寄谕,汉南之贼,约于襄、樊等处会齐,悉数东下等因。查发逆馀党会合捻匪,假道皖北渡江而南,抄我围师后路,自意中事。应请彭部堂、杨军门查明渡江各隘,早为布置设守。陆路紧要地方,六安、颍州两城,已派蒋道分营驻防;庐州一城有普镇率义字全军驻防,巢县有何镇率信字全军驻防。惟寿州、怀远,本部堂无兵可派,应请乔抚部院拨兵驻守。此外西梁山如有紧信,应由营务处吴道拨一二营过江扼扎无为州,或可于南岸金柱关等处调派数营,驰赴该处驻守云云。按发、捻东来,大股屯聚襄、樊,虽回援金陵,是其素志,但贼计百出,舍坚击瑕,岂一定不可移之局。官军悉守颍、六一带，贼若从信阳入楚北之黄、麻、罗田，直犯英、霍、潜、太，则我兵反在其外矣。似英、霍二境不可无兵。入谒中丞，论英、霍驻兵事，并以顷拟之《钱荒一得议》上之，久谭始出。于立斋鼎元，金坛人。同李柏长沙人，均智营帮办。来候。

接二十日家信，又张屺堂十九日信，又陶作舟信，又童问渔十六日信，已过大胜关矣。

钱荒一得议

钱者，非粟不可以疗饥，非帛不可以疗寒。古之人何为用之？曰：为政者所以权轻重，裁至贵、举至贱以适于平者也。其术奈何？曰：物贵而钱贱，则上敛钱，敛钱而钱昂，百物抑矣。物贱而钱贵，则上出钱，出钱而钱抑，百物昂矣。故钱者利之柄，如权之有锤，圣人操之，使天下皆禀其平，无畸轻重焉。历稽古之钱法，意悉本是，而四海之大，其理浩瀚，其机百变，或此积而彼空，或此盈而彼绌，虽巧历不能穷其数。故欲笼天下之利而一之，则利十而害亦十，何也？物博而势不齐也。譬之水然，趋下而为平，性也。而溪谷之萦回，有咫尺高下者矣。堤防之遏塞，有内外寻丈者矣。欲夷溪谷、决堤防以使之平，则必泛滥而无纪，非水之不欲平，形格势禁，不得不然也。然则终不平乎？曰：否。溪谷堤防之内，不与外平，而各自有其平，则亦平矣。善为政者，虚者实之，损者益之，就一时而言一时之平，就一方而言一方之平，则有利而无害，此因时制宜之道也。

今之钱法几废绝矣。不采于滇，不购于洋，而铜尽；不铸于京外，而钱尽；其销为器用，毁为炮械者，尤足蠹钱，而钱益尽。他省不之知，苏、皖二境，银向易钱二千或千六七百者，今转而为千二三百矣。顾兵勇之口粮，商民之贸易，皆入银而出钱，乡民虽卖多银,而输官多钱,故道光以前钱患银荒者,今一变而为钱荒。夫银荒之害,输转拨解购之艰,而其病在官,钱荒则日用饮食暗中倍蓰,其病在民。物本贵矣,益之以钱贵,是两贵矣,欲民不病,得乎? 然则如何而可? 曰:益出钱以平之而已。曰物贵当敛钱,今物贵而益出钱,可乎? 曰:物贵而钱贱则当敛,物贵而钱亦贵则不当敛。何也? 钱平而后物可平也。益出钱如何? 曰:急鼓铸以多之,弛小钱以佐之而已。鼓铸之制,直省奏许开铸者十四,而皖不与。然国初仅滇有钱铸成而后运京,谓之京钱,其后始设京局而改运铜,各省皆以事,故逐渐推广,今日之皖可放行也。

各省钱法,惟滇即山采铜,其他或收本境废铜,或买滇之馀铜。今滇铜不可得,而江南兵后民争出器用以易日食,废铜甚易得也,更募商贩洋铜以济之,铜不患不足矣。铜足而鼓铸易,钱多而价平矣。弛小钱之禁,其说如何? 曰:禁小钱,虑其害官钱也。官钱多,禁之可也。官钱虚竭而禁之,则民用益艰矣。小民入市而求盐齑,钱之大小用均也,以银贸钱则相去远甚,是民必不便之也。况今贫民众而富民寡,所取毫厘之末,官禁之而又无钱以易之,民岂愿哉? 然则曷为众欲禁之,曰:是商贾挟资者之为此说也。居货于市而得值多,小钱用之他省不可,则欲禁之矣。夫商贾之不便微,而小民之不便甚,商贾之不便可以本地之钱还用之本地,而小民之不便则一出入而损口食之半,其害轻重甚易知也。

抑又闻之,钱者便民者也,可以节民用也。周景王欲铸大钱,单穆公曰民患轻则作为重币以行。于是乎有母权子而行,民皆得焉。若不堪重,则多作轻行之,亦不废重,是古之制钱专以便民而已,轻重互用而已,孰患其病官钱哉?且二者欲以救一方一时之不足,非为天下计,非为长久计。语曰急则治标,固不必以常法论也。一旦道路夷,钱币畅,则不独小钱当禁,而增设之鼓铸可罢,要非今日之事矣。

三十日庚午(5月5日)　　阴,大风,夜雨

写陶作舟信、方兰槎信、即日发,马递。童问渔信、四月初二发,交张柳亭。张屺堂信。同日发,交专足。下午,张柳亭来,在此久谭、晚饭。李少甫来。

接霍生三月廿六日信,又黄子春三月信。

四月己巳

朔日辛未(5月6日)　　雨

见中堂寄到总理衙门奏称:金陵城大而坚,悍贼麇聚其内,曾国藩等围城之军不下六七万,将士极为用命,而饷需短绌,不能全数开支,现当功在垂成,凡可以设法筹助之处,亟应竭力共图,以期迅速蒇事。兹臣衙门查有上年奉拨轮船回国经费银三十七万五千两,又江海关旧存李泰国处零税一款十一万四千零六十四两,又李泰国交代轮船馀款银四千八百十六两,洋银一万六千七十九元,臣等因李泰国经手各款,尚未报销,轮船又经遣回,自未便再行找给经费。又因户部库款未充,札令税务司将前项各款银两一并解送臣衙门转送户部验收,并知通商大臣李鸿章遵照在案。臣等伏查前此奏请购办轮船,原系为助剿金陵起见,现在轮船已经撤退,而环攻金陵兵众,饷项甚多。江西抚臣又因本省办理防剿,经部复准将从前全归金陵军营江西厘税,划拨一半,是金陵饷需未免短绌。臣等公同商酌,刻

下部库虽尚不免支绌,而金陵攻剿吃紧,军饷尤关紧要,自应移缓就急,先顾此项饷需。所有前项银两,可否全数拨解曾国藩军营,恭候命下办理。倘文到之日,前项业已起解北上,即将此项作为江、皖邻近各省奉部拨充京饷之款,各该省照数划出,于应解曾军营月饷外,就近解交等因。

又片称:轮船回国经费三十七万五千两一款,前据总税务司赫德呈称,已收到三十二万五千两,此内除应找遣回轮船经费银二十四万五百二两七钱外,实存银八万四千四百九十七两三钱,又上海之奉拨五万两,尚未拨出等语。臣等前于三月初一札饬赫德将应找回经费,无庸找给,并令上海未拨五万两,仍遵奏案拨付等因。惟约计前札到日,已在三月中旬,不知该税务司未奉此札之前,曾否已在前款内划出二十四万零找给支领,实难悬揣。约略计算,所有奏请拨付曾军营各款银两,如应付之二十四万,并未找付,并江海关欠拨之五万,业经拨出,则各款共应五十万两左右,即或应付者业已付给,欠拨者尚未拨出,而上海实存零税银十一万四千两零,轮船回国经费馀剩银八万四千两零,又李泰国移交赫德四千馀两,共银二十万两,又洋钱一万六千馀元,尚属有着之款等因。

查沈抚折系三月初九到京,交库部速议,十一日议准分半之请。旋经通政司王拯争以为不可。曾中堂折亦于十九到京,廿一日总理衙门乃有此奏。按沈抚折到时,朝廷自应降旨饬曾中堂妥商复奏,此等大事,枢臣既未谙悉外间盈绌之情,岂有冒昧允准之理,乃旨下而曾中堂折中所陈情形如此,则又不肯居反汗之名,故不得已而有此调停之举。名为骤增大饷,其实无著者居十股之六。窥枢臣之意,非真顾全大局,不过因中堂折中有人心惶惶、恐致决裂之语,不敢担此过耳。如果东南军务实切于心,则前举自然申详反复,以求尽当,安有孟浪以私见爱憎而定允驳耶? 再查轮船回国经费,去岁特沛王言允准全给,此时忽以报销未算为辞,平空扣转,亦殊不足示信异类,恐别有口舌耳。

诣中丞处久坐,并晤陈舫仙。访李静山少坐。写张屺堂加函。附霍生信。黄子春信,同上。寄还银三十两。王霍生信。初二发,交来足。写眉生信。初二发,交王霍生专足。张柳亭在此久谈。写龚允之信,初二,交柳亭。拟取回书籍。写吴竹庄信,寄李绍仔对一付。初二,交刘心葵。夜李少甫来谭。

初二日壬申(5月7日) 　　晴,大风

晨起,中丞遣召入内,示以中堂咨到三月廿一日廷寄。内称该督所部各军,自闻截去江西厘金,人心惶惑,大局深虞决裂,自系实在情形。沈葆桢恳请将该省牙税均归该省经收支用,如窒碍难行,请分提其半,经部臣复奏,准其分半之请。朝廷亦因江西与金陵需饷同一紧急,不能顾此失彼,降旨准行。嗣因通政司王拯陈奏此事,经寄谕曾、沈等,仍当同心共济,以维全局。今曾所奏,既以江西厘税一归本省经收,恐致军心惶惑,著即照所请,江西省牙厘、茶税,仍旧归曾经收,并准沈分提一半,以为本省防兵之用。江西防兵席宝田等军,即无庸曾再筹分济。沈前奏未经先与曾商酌办理,似疑曾不允所商而然。事属因公,各督抚臣同膺疆寄,遇有交涉之件,纵意见稍有不同,亦应往复参酌,以归一是,方为同寅协恭之道。若自恃因公,而各执一是,不肯相下,则均属非是。朝廷本无所用其调停,只恐该督等意见各存,被左右所窥伺,从中播弄,贻误事机,届时纵重治该督等之罪,亦已无及。此次所奏,业经朝廷持平定议,曾、沈务各钦遵办理,毋得各存意见云云。按此旨辞气甚袒沈抚,江、皖之孰急孰缓,不能细加甄别,犹为苦于不知。至于沈之不商明而先奏,

亦以疑曾之不允而然，事属因公等言，曲为体恤，则厚薄之处，言下显然矣。

又见李中丞三月廿六日来书，内言亲督诸军将常州西门外贼营三十馀座蹢尽，遂合长围。廿三日猛攻，轰塌城垣数十丈，逆众以无走路，致死于我，伤亡弁勇千馀，未得爬入。月初仍拟分门再攻。如不果克，待其粮尽自毙，须三五月后云云。拟提总理衙门拨款与李中丞、上海道并提饷委员等咨札四件，又李中丞信一件。入商中丞赴沪提饷需派人去，中丞允之。唐新泉来，俞秋浦来。黄少崑来，同一杨君来候。入商中丞洋银万六千元，宜在沪兑钱，中丞深以为然。晚饭后，入诣中丞处，索观去岁总理衙门撤退轮船折片，此三十七万五千两，系扣算轮船弁勇回国行程须九个月经费，不知何以减成二十四万五百二两七钱之数。再此款本系中国言明发给，今以李泰国经手轮船来中国时费用未曾报销，遂欲扣回不给，恐洋人必有口舌。

初三日癸酉(5月8日)　　　　晴

张仙舫来，赠墨数锭。皖厘局委员苏某来，丁国臣来。志璧，丁仲文之子。写般仲、孝拱信。即日发，交苏晴山。晴山来久谭。晚在周朗翁处谭，见张炼渠三月廿四信，内称此次窜徽之贼，陆续上犯，约十六七万之多，拼命冲突。自毛、唐两军失利后，贼遂蔓延休、歙之间，分窜五岭，自际岭而去，其后股又窜哲岭而去。现在休宁之上溪口①仍有贼踪，尚未退清。祁门为根本重地，距上溪口数十里许，仅有新依两营防守祁城，兵力太单。而金、毛各军俱并力前截，毛军新挫，不可言战。而自祁至休百馀里，无一兵扼守，渔鱼为中道关键，粮道所通，又无营分可以抽拨防堵，贼若旁窜，势必阻绝前军。职署

---

①　上溪口，稿本作"尚溪口"。

道只得赶集祁团,已得千人在各要隘堵截。旬日以来,督率昼夜梭巡,焦灼万分。顷接景镇段道函告,其前股已窜德兴之海口地方,广、玉空虚,殊为可虑。昨据逃出难民供称,湖州仍有胡、黄、李三大股欲窜江境云云。

按逆贼以浙、苏已破,无可久踞之势,且地少人多,粮食不足,故图窜江右腹地。一则乘虚,一则就食。唐、毛二军已败,而不取徽、休者,则以皖南荒残已极,无粮可掠故也。其胡、黄、李大股仍踞湖州,则以牵缀浙师,且为江西、江苏中腰联络之计,其算甚周,其谋甚老。为官军计,则浙杭之贼既已上窜江西,腹地既已蹂躏,不在多此数股,惟有力攻湖州,索性逼令全数上犯,而后撤浙、皖有馀之师,追入江西,与之并骋。贼气中断,金陵逆渠无贼为之接应,而江右得数营重兵,亦可不致蔓延矣。

接椒侄三月廿六日信,已到私盐沟,又眉生三月廿七日信,又王仙舫三月信。

初四日甲戌(5月9日)　雨

拟张炼渠等信稿三件。汤子镇来谈。写眉生信。即日发,交来足。中丞以破贼城外月围,咨令各处。先是,三月初议挖地道,自朝阳门起,金川门止,逼近城根,筑垒四十馀座,远者百二十丈,近者六十馀丈,城上枪炮子密如雨,均系深夜修筑,至三月中旬,一律告成。城上缒悍贼,附城根修筑月围数处,欲挖横濠为阻截地道之计。官军于二十三、二十五、二十六等日夜奋力攻破之,闻贼在城内复筑月城,防范甚密云云。

初五日乙亥(5月10日)　阴

见中堂咨到王少鹤三月十八奏论皖、浙军饷折稿摘抄,内云夫民之不能见远,而各为其私者,情也。沈葆桢所陈事势,今昔不同,亟当变通办理情形，至为委折详尽。沈葆桢自莅任江抚，公忠大著，声望亦最优，绝非挟有他肠，不顾大局者比。而臣以为天下之势犹车然，常首击而尾应。江、皖之形本车辅，苟唇亡则齿寒。当此功亏一篑之时，尤贵通力合作之义。夫皖军之于江饷，臣虽未能晓然，独以愚虑度之，前此全省之力供亿犹虞弗给，岂至此时而半数即可支持？前此数年之久，取携既肯相资，何至此时而须臾又不能忍？若谓上海一区，饷源殷富，乃苏军所自仰，皖军岂能攘臂而夺之食？其他虽有新复地方，或流亡未复，或疮痍殊深，方当亟求赈恤之方，何遽能生筹济之术云云。

按此疏持论最为公允，惟于外间各省盈绌之数，未能了了，故所持尚属空论。然朝臣有此，已空谷足音矣。

见左帅咨到三月十三奏克复武康、德清、石门一折，内称杭、馀克复后，饬杨昌濬规武康，蒋益澧分规石门、德清，知府李耀南等马步七营出孝丰、武康之间，截剿窜贼。二月廿八杨昌濬破上陌贼卡，李耀南破牌头贼卡，进攻武康县城，初四日克之。德清一路探悉陈、汪二逆将由德清窜走，侍逆殿后。初五日，副湘四营、闽字各营分路猛攻城，贼弃城而遁，知州李邦达等进逼石门。初五日，立将县城收复。伪利王、来王一股绕出武康之西，图窜孝丰。初五日，李耀南等出牌头镇截击，该逆向荻铺窜去。正追杀间，听逆陈炳文一股又至，聂邦光率所部横击，杀贼数百，馀逆弃械狂窜，满发老贼陆续逃出者约六七百名。该逆经官军痛击，人心涣散，李世贤、杨辅清、陈炳文等图分窜广德、孝丰，黄文经、李继达等图守湖郡。及见官军逼近，李继达又欲从安吉以窜宁国。臣前因苏、皖诸贼麇聚湖郡，即虑突犯上游，致成不了之局。该逆裹粮而趋，断难持久，若前路各军能力扼奔冲，后面各军复蹑踪猛击，或可聚而歼旃云云。

按折内先云知府李耀南等马步七营出武康、孝丰之间,截剿窜贼,后复云李耀南等攻破牌头贼卡,与杨昌濬会复武康县城。然则李耀南之七营,仍是攻武康之师,而非截窜贼之师,已自说明。其所称初五日截击利、来各股,杀贼获胜,老贼逃出者约止六七百,尤属荒唐。窜皖之贼何止数十万,窜皖之路何止十馀条。仅就武康近城之牌头镇略修其边幅,所杀之贼百分不及一,即据以为自文之计,似乎此股窜贼已戮大半,漏网寥寥无几。苟使朝臣稍有明识,必将皖南奏报之数与之核对,而知其诈矣。至于陈、汪二逆,实为杭、馀巨魁,屡见奏报二贼之图窜,此折亦既言之,乃一则曰苏、皖之贼图窜上游,再则曰苏、皖之贼麇聚湖郡,直欺朝臣之瞆瞆而已,乃并欲一手障天下之耳目。吁,岂可得哉!

在周朗山处晤彭次卿、易晴谷。拟杜小舫等信稿四件。傍晚中丞来谭。晚在陈六笙处谭。

初六日丙子(5月11日)　　薄阴

冯桂亭政先,长沙人,吴竹庄委员。来候。高晴山来,冯洁卿来。拟刘蕴斋等信二件。

初七日丁丑(5月12日)　　阴,晨有微雨

见中堂咨到三月廿五日片奏,身体患病,请旨赏假一月云云。又见四月初二与江西抚沈咨文,内称三月廿八日准贵部院咨,东路防兵单薄,请调精毅、精捷二营原系沈抚。由乐平、德兴迎剿等因。现在徽境各贼股,窜过婺源,势将并趋江西,合之南丰前股已不下三十万,计惟严防赣江以西,不令阑入临、瑞、袁、吉等郡,姑将抚、建、宁都一路除郡城外,暂不置守。其精捷、精毅两军,似应姑留于抚、建,专堵西窜宜黄、崇仁之路。将来鲍军门、周军门等自饶而南,黄军门少春等带浙师自广而南,贵部院所调刘臬司自袁州而东,并力兜剿,得

三数猛仗之后,则三江、两湖之贼无所归宿,散者必多,其悍酋死党亦可驱之入粤。目下贼多兵少,宜〈并〉力保全赣江以西,不令扰及湘、鄂,剿办或稍顺手。大局所关,理合先行商定,免至调度歧异云云。

按此咨实于军势通盘利害,筹划精当。该逆已成穷寇,一人舍死,千夫辟易,官军设守虽备,万不能遏之使返。而其实则屡经溃败,人心崩散,而皖、浙诸军扼守严密,自筹必无生计。故悉力上犯,冲突无前,一至腹里之地,必将乘间图脱。而我据赣江水险以遥遥控扼,弃数邑之地,听其盘踞。贼进无必生,退则必死,决不能如前之狂逞,理势明甚。然后驰锐师以华离之,贼必难支,理势亦明甚。前者徽防见不及此,故有十七之衄。沈中丞于兵机究系所短,复为此循行数墨之举,然后知才识所到,自有优绌耳。

入谒中丞,见示中堂来信,云窜江之贼从婺源横窜遂安、华埠而去,徽、休、祁、黟四城无恙,并云贼多剃发思散云云。又见霆军委员周纲堂致鄂垣粮台委员一信,内因霆军饷项过亏,疑中堂偏厚别营。又以去年九洑州之捷,霆军在江浦,相距数里,而连复和州等城,皆霆军之力。中堂奏保止及水师。又收复东坝,未与雨花台一体论奖,颇致不平。中堂于函内批:沅军今年月饷仅解三成,而霆军五成,实无偏厚沅军之处。九洑州之捷,霆军实未在事,东坝收复,则在霆军未到前数日云云。然于句容复城案内,优与奖叙,并饬鲍帅开列保举,限十日内折报。

又闻昨有逆探出城,经坚字营胡松江盘获,得赤金百七十馀两,胡不之匿,尽以归抚恤局,其介节豪情,实为人所难能,可敬可感。胡系湘潭人,由中丞处什长出身,人极诚朴,官至总兵,见大帅犹执厕役之礼不改。营中夫价有馀,辄持问中丞,此当何所用之,其不贪利如此,尤为湘军之冠。见中堂三月廿五军情片,以襄汉诸河非水师当防,前奉旨令杨、彭一人赴楚北,兹令彭驶赴九江一带防守。按中堂奏事,皆以十二、廿七,兹改廿五,未知其故。

中丞来,余以去岁特授江苏知县,而蒙中丞保举浙江知县,亦奉旨允准。中堂以江苏为余本籍,欲咨请改授,此咨一达,必仍改归浙江,且奉旨发往,势难不去。余既乏宦情,浙江又为今之畏途,故前二月中旬上中堂一函,曾辞不愿办理。李宫保欲为奏改,亦函谢之。兹复请中丞家函中代阻其事,中丞笑言:君才识器局规模已见,终有捉将官里之日,虽高尚无益。复引刘霞仙中丞相拟,言志趣坚定相似,而通达过之。余愧不敢当,且云世路未夷,人心颇僻,中堂及公尚思引退,况在草茅,而敢尝试。中丞始许为陈达。

代拟金逸亭、万篪轩、程尚斋、张炼渠、何小宋、徐树人、彭雪琴信稿七件。万篪轩有信与余,抚恤事许捐资而不肯分养,余复于中丞信中尼之。高晴山来。

接吴竹庄初六信,又张屺堂三月廿九信,又万篪轩初四日信。

(补录)二月中上中堂书

二月朔日,旋抵秣营。祗奉钧答,巴俚之曲,忽赓《阳春》;木桃之报,乃获琼玖。以大府之名贤,讵浅夫之可望,方欲屈雷门而侪布鼓,取织锦以喻编苦,捧诵之馀,汗流踵趾。

入春以来,恭惟中堂道协天时,化成人纪。玄鸟将至,丹桃始华,行庆施惠,用和兆民。八表流欢,蒸黎额手。伏被文告,兼泽惠旨,以〔烈〕愚下,猥蒙特授,本籍非制,欲为回易。窃以蒲柳之材,非可任以楶桷,麋鹿之性,所畏置之樊笼。

（以上《能静居日记》十九）

朔旦辛未,越八日戊寅(5月13日)　　　大雨

见多将军咨到三月十二日奏红旗捷报全陕回务肃清一折,用四六贺体。内称奴才受斧钺以专征,望关陇而进发。惟时同、朝同州、朝邑。以北,蚁聚蜂屯;临、渭临潼,渭南。以西,狼奔豕突。奴才屡战克捷,焚巢扫穴,其有败衄馀党,并即分军进剿。提臣雷正绾等统领步队,扫荡邠、乾;邠州、乾州。副都统温德勒克西等督率马军,会清汧、陇;汧阳、陇州。提督陶茂林驰援凤郡,痛扫狂氛;总兵曹克忠进剿麟游,尽歼丑类云云。又片称该逆大股麇聚神峪河陕、甘交界,陇州、灵石、华亭之间。老巢。二月廿八、九等日饬茂字等营由陇州峡口进剿。三月初一日,将神峪老巢攻破,现已驰抵距平凉七十里之白水镇、六十里之策应镇云云。按陕境虽已无回匪,而大股即在平凉咫尺之地,固原、宁夏处处皆贼,遽用红旗报捷,多公究系武人无识。拟多帅贺信稿一件。

见中堂寄到致李中丞信稿,前段因提饷事,后云自台旌东下握别后,敝处选将治兵,用人行政,皆不能得实在,虚㭷之气,浮烟涨墨,日甚一日。长江三千里无一艘不拽鄙人之旗号,以致中外疑我权重,而不知饷绌兵单,一至于此。拟欲具疏详陈办理竭蹶情形,请钦派大臣督剿,将钦篆、督篆交出,而亦不敢置身事外,别统万人,如咸丰六、七、八、九年规模云云。按中堂近岁主眷日衰,外侮交至,无他,不得内主奥援耳。稽其立朝之初,即已孤特独立,自咸丰二年奉命团练,以及用兵江右,七八年间坎坷备尝,疑谤丛集。迨文宗末造,江左覆亡,始有督帅之授。受任危难之间,盖朝廷四顾无人,不得已而用之,非负扆真能简畀,当轴真能推举也。嗣后平皖而东,声威日甚,内外虽欲从违,震其事功而莫敢为难。同治改元至今,东南大局,日有起色,泄沓之流以为已安已治,故态复萌,以私乱公,爱憎是

非,风起泉涌,辄修往日之文法,以济其予夺之权。数期之间,朝政一变,于是天下识时俊杰之士,皆结故旧,驰竿牍,揣摹迎合,以固权势,而便兴作,外之风气亦一变。顾中堂方夷然不屑,硁硁自守,其奏牍所陈,又多权宜一切之计,疏而不密,人易抵其瑕隙。朝臣初犹不敢吹索,乃渐见宽厚可侮,初则尝试观望,继遂深入显出,不俟功业之衰,内外已无往时敬畏之心矣。故向之假借,本以时事至危而为袖手旁观之计,非因保全大局而有推诚相谅之心也。本以事功赫赫而忌惮之,非有毫末之爱而亲之顾之也。大难既稍夷矣,事功见不鲜矣,袖手之计改而争先,忌惮之心变为慢易,则疑谤渐生,事多牵掣,必然之势,初不因权重之故也。夫人情大抵爱己而憎人,喜亲而恶疏,不独今世然也。王文成抚赣之时,每有奏牍,必与本兵言之,内外协和,故能平峒贼、擒宸濠,克成大功。熊襄愍之在辽东,事事与中枢忿争,卒之身被其害。用知交游不苟,束修自好,乃匹夫介士之操,而非体国大臣所当守也。至于声势招摇,利权重大,则主兵之人无所趋避,且旁观苟欲訾议,何事不可毛举。益谨畏则事益难行,事益难行,则功益不就,徒自缚其手足,适以中谗慝之口,非明识之所宜然也。若具疏辞位,迹近要挟,数事不如意,即废然思返,既非大臣举动所宜如此,而良工不示人以璞,方欲求谅于世,而转授人以可议,亦非计策之善也。

　见中堂寄到北盐章程一本,每引四包四百斤,耗四十斤,正杂课一两六钱,共分十成,皖营五成,临淮四成,漕台一成。厘卡五河、正阳二处,每包六百文,亦分十成,皖营六成,临淮四成。坝价不得贱过三两二钱以内。按西楚定价俱在消岸,故可行。此则定于中途,且楚西能重税,各私北岸则但定价而不能保引地,此层恐有窒碍。又见中堂来咨,襄、樊之贼分作二股,一股东北急窜,执有高脚牌,上书"急救金陵"四字;一股已窜随州、德安境上。札调芜湖金、杜各营渡江守无为州西梁山云云。余意江北之贼尚未入皖境,而江南之贼近在宁国四乡出入。且当徽防新败,官军不振之时,金、芜不可无兵。入见中丞言之,中丞甚然余言。拟吴竹庄等信二件。

接孟甥四月朔日信。

初九日己卯(5月14日)　　　阴

饭后入晤中丞少谭。写咏如信。即刻发,交来人。代拟杨军门信稿一件。杨军门到营,商明九洑洲、中关一带封江,逢三、六、九日开放一次。

接咏如本日信,言封江后票盐重载不便云云。信送杨军门处。

初十日庚辰(5月15日)　　　晴

拟官中堂等信稿三件。诣中丞处少坐。于立斋来,黄少崑来,冯桂亭来,高晴山来。晚在陈六笙处久坐。

接郑宇恬三月廿八日信。

十一日辛巳(5月16日)　　　薄阴

见左季高三月廿八来信,内称杭、馀复后,弟追至安溪关。初二日入省,居民存者老弱妇女,不过万馀,自顷陆续来归者亦不过七八万而已。城中公私荡尽,存大宅数十,馀皆一片劫灰,或墙壁存而门窗去,或只存瓦砾而已。名胜之处,指点犹疑,尸骸纵横,与数千百年陈人同一暴露,哭声相闻,虽欲不哀,弗可得也。德清、武康既下,只馀湖州及安吉有贼。黄文金、李远继、杨辅清三逆势犹鸱张,听、康二逆随侍、戴、利、来西窜,惟听、康仍由屯溪入浙边,经遂安马、金、华、埠诸军处处截杀,仍多窜逸,已饬蹑踪穷追。而侍、戴诸逆则已由歙北屯溪窜入婺源,犯及江西,德、兴、饶、广之间恐无完土。刘克庵廉访四月初可以启行，拟浙军过江西后即以隶之，合成万人，可当一路。惟湖州贼踪未定，淳、遂未可疏防，势难悉数西趋耳。克复省城，美名也，而败贼遁入江西，是移股肱之疾置于腹心，不仅以邻为壑为可耻。忧愤时形，肝气益动云云。

按于奏牍则文饰之，于书函则直言之，内以巧辞固宠，外以直道沽名，人以为诚，吾以为诈矣。

中丞来少谈。拟左季高、冯子材、富明阿、魁玉等信稿四件。见杨军营官杨心纯来信，知丹阳已于初八戌刻克复，并云常州先于初六日收复，未知确否。写张屺堂、郑宇恬信。即刻发，交马递。王少槐来。入诣中丞处少谈。写眉生、咏如二信。即日交王少槐。同上。写孟甥信，家信，因道路跋涉，原拟五月返家，兹欲且缓至秋，商之家中。即日发，附排递。冯桂亭来。晚陈六笙等来谭。

十二日壬午(5月17日)　　　晴

饭后同何璧侯、丁兆兰皖人。至燕山坟上一行。又访次卿，不遇，归途遇之，仍往共晚饭后归。

接眉生来信二件。又张炼渠信。

十三日癸未(5月18日)　　　晴

见蔡少彭三月廿八来信，江西新城之贼，三月十二日已窜入闽境建宁县。近闻已至宁化、南丰，尚负固不出。又见张炼渠四月初四信，窜徽之贼，其前股已过玉山而去，后股尚在德兴境上，络绎不绝。四月初三日，浙匪复窜至老竹岭外淳、遂一带，业已进岭至三洋坑。金坛、丹阳败匪过广德、建平，窜至绩邑、临溪，两股人数与前相仿。屯镇、万安街等处纷纷搬徙矣。

中丞来。拟钱子密、官中堂信稿五件。季雨、少甫、王少槐来。下午，在中丞处久坐，晚饭后出。

接眉生十一信,并寄来监、部照各一张。又屺堂初十信,并先寄汪利金三十两。又吴方厚初九信。

十四日甲申(5月19日)　　　晴

见李中丞咨,常州确于初六收复。拟富将军等信稿六件。季雨、少甫去。孝拱、殷仲自沪来,相见乐甚。即留二君暂榻余室。下午,中丞来谭。赵锦堂观察来,在此中饭。

接阿哥二年十二月初六,本年正月初七、二月初五信。又邹蓉阁正月十三、本月初三日信。

十五日乙酉(5月20日)　　　晴

中丞招孝拱、殷仲饭,属陪。候彭盛南拜寿。饭后同孝、殷二人候帐房文案诸君。彭盛南来答候。咏如、李少山、张仙舫来。咏如在此饭后始去。下午,入诣中丞处久谭。中丞来谈良久,邀至内共饭。

十六日丙戌(5月21日)　　　晴

见富明阿来信,已奏请派兵来此会剿云云。按扬防之兵口粮较足,欠饷较少,纪律甚宽;而此间士气之困悴数倍之,法令之严密数十倍之。方当饷款万紧,军士枵腹以处弹丸如雨之地之时,复来河上之军,饱食而嬉,相形之下,虽有恒之士亦不能无嗟怨,况兵勇皆粗悍之流邪?闻信忧灼不已。入诣中丞处久谈。下午,见李中丞咨到四月△日奏片,内称常郡于十年四月初六未刻失守,于今年四月初六未刻收复,时刻不爽,洵为奇异云云。又请免武、阳两邑三年赋税。全稿另录。又见中堂咨到四月十二日片奏,陈述军饷艰窘情形,并言四川各省之协饷并无此说。未知户部所称协饷甚巨,系据何咨案云云。全稿亦另录。晚间中丞来久谭。

接孟舆初十信，又衣谷同日信，又欧阳晓岑初十日信。

十七日丁亥(5月22日)　　雨

拟富将军等信稿四件。同乡吴邠卿、申祐，住常城麻巷内。张云坡维屏，柳亭子。来。见李中丞咨到四月初九奏称，轮船经费俱由总税务司赫德经理。适赫德以常胜军事来常谒见，臣即逐细传询。据称除已交英国银十三万两，有另外闽海、粤海、九江各关，均尚欠缴，江海关亦无力照拨，是以未能收齐解京。既蒙改拨军饷，现惟上海洋行所存零税规平十一万四千馀两，及银号存关平四万两可以克期提解。其洋银一万六千馀元尚在香港云云。此项现已解到。陈舫仙来少坐。夜中丞来。见邸抄三月十八上谕，多隆阿奏全陕回务肃清一折，未免殊涉铺张，朝廷但求实际，不尚虚文，该将军仍当督饬将士奋力进取云云。

接昆甫三月初九信，又咏春信，又杨子木、冯桂亭十三信。

十八日戊子(5月23日)　　晴

写张屺堂唁信。即刻发，交赵舜臣。早饭后，同孝拱、般仲赴雨花台登眺，余不至此盖十馀年矣。营中瞭台上，见长干塔仅馀瓦砾一大堆，报恩寺有败堵矗立而已。城中瓦屋尚多，伪忠逆府第闳闳甚盛，伪天王府以远不可详睹，鼓楼尚在无恙。午刻，同二君返，即诣中丞处饭，并晤彭盛南。写眉生信。即刻发，交便人。赵锦堂来。写元师信，寄图书二方。写孟甥信，寄洋布一包。即刻发，交赵便。晚在中丞处久谭。

接熊宜初三日信。

十九日己丑(5月24日)　　晴

早同般仲入谢中丞留委。早饭后中丞来久谭。中丞为孝拱饯行,并胡春舫等,武昌举人。为之陪坐。冯洁卿、桂亭来。黄少崑来,以旧作书屏见赠,下午复来。魏凤芝来,般仲之族弟也。写彭盛南信,即刻发,交亲兵。渠约明午饭,欲伴孝拱,故辞之。

接方兰槎十七日信。

二十日庚寅(5月25日)　　　晴

彭盛南方伯再遣邀,巳刻偕周朗山往,陈舫仙、彭次卿、易晴谷先在。少选,中丞至,萧信卿亦至。是日有戏剧,下午先散归。黄根生秩晋,江西人。来候,魏柳南瀛,邵阳人。来候。孝拱为书《四十二章经》、《佛遗教经》见赠。

二十一日辛卯(5月26日)　　　阴

彭盛南来候谢。中丞来少坐。窦兰泉侍御复至金陵来候。拟严渭春等信稿二件。写吴竹庄信。即日发,交桂亭。吴邠卿来。饭后孝拱出营,借马送之。申刻到咏如处,遂访李少山、王雨轩、程月波、冯洁卿等。洁卿已饬肴相候,偕孝拱赴饮,同座魏柳南、黄根生、欧阳新泉。湘乡人。候张仙舫,少坐。访季雨、侯绩卿等于抚恤局。

接吴竹庄十九日信。

二十二日壬辰(5月27日)　　　晴

清晨,轮舟至,委员李名振游击来候,遂借炮舟送孝拱上轮船,并晤陈子舫司马。庆瀛。复坐炮船至大胜关,候禹汲三大令,留余早饭。辰刻返头关,赴咏如招饮,同座李少山。张仙舫来候,其令弟亦来候,季雨来。下午赴少山招食面饭。张仙舫邀饮,辞之。傍晚答候其弟,并候窦兰泉少谈。偕王雨轩答候魏柳南,不晤。吴邠卿、高晴山来。

二十三日癸巳(5月28日)　　　阴,下午大雨,夜狂风飞屋

早至抚恤局,晤季雨、汪雨香。又至仙舫处,复至窦兰翁处久

谈。巳刻肩舆离头关,午刻至江东桥陈舫仙处久谭,即留午饭。饭后回营,顺候易晴谷及其侄诚斋。申刻到营,大雨。入谒中丞,方患下痢甚剧,少谭即出。

接陈子金十二日信。

二十四日甲午(5月29日) 阴

入候中丞疾。见吴竹庄信,鲍春霆全军已拔至芜湖候饷。又闻中堂请假折已回,准假一月。又闻中堂有咨阻富帅助剿。拟富帅等信稿二件。冯洁卿同欧阳薪泉来候。

接孟甥三月廿五信,寄到纱衣等件。又衣谷同日信,又张屺堂二十日信,寄到讣闻。

二十五日乙未(5月30日) 晴

入候中丞疾,已稍愈矣。写中堂启,候疾。即日发,附中丞信。李宫保信、同上。阿哥信、即日,附李宫保信。魏刚己信、王霍生信、黄子春信、张屺堂等信。即日发,马递西盐局。下午入诣中丞处少坐。夜周朗山、沈慎哉来谈。

二十六日丙申(5月31日) 晴

李少甫来辞行,返江北。陈六笙来谈。

二十七日丁酉(6月1日) 晴

中丞要入内观所书字,少谈而出。拟郭筠仙、骆籲门信稿二件。叶湘雯来。郭弼生来。远谟,湘潭人,晓岑之友。沈慎哉辞差出营,送之。写吴邠卿信。即刻发,交来手。见彭部堂四月廿二信,鄂中赖僧邸以四千马队迎头截击,连捷数仗。但此剿彼窜,应山、天门、京山蔓延一片,总拟出江东下。江右玉山、弋阳被贼围攻,虽已解围,而大股已入腹地,逼抚州城外为垒。刘军于浔。水师之扼文昌桥者十六日,力战,胡营官死之。城内只普承忠兵二千,粮虽多而子药不足云云。

见四月初七廷寄,据官文、严树森奏,逆捻自襄、樊败走之后,即前围官军于霸山之捻。复欲北窜,经梁洪胜等军击败,窜向河南淅川之李官桥等处。汉中逆股窜至邓州、新野之交,适与之合,乘虚阑入枣阳县境,而贼尾股仍在河南内乡、邓州等处,其众数十万,蔓延数百里,逆氛颇炽。其地由湖北之安、麻、罗、蕲可达英、霍,由河南之信、罗、光、固可达六安,到处空虚。贼之欲绕豫、楚以扰皖军后路,而解金陵之围,计颇狡毒云云。

拟彭部堂等信稿二件。中丞来,见示城贼傅振纲与陈舫仙密启,大旨言城中秉政之人,已生疑心,甚为防范,其事欲须少缓云云。先是,有湘乡人胡悦喜与傅为亲家,傅伪封列王,列王者,已封而未有名号,次诸伪王一等。其人在忠贼名下颇信任,于二、三月间通信陈舫仙处,欲献城出降。微探其旨,似忠贼亦有异志。余前日在舫仙处密询其事如此。今此信言欲改缓,信中辞气激切,不类哀鸣乞活之人所言,恐其中不尽可信耳。

傍晚同殷仲、湘文出东营小望,适中丞至,少谭,余先入。接十四日家信,又孟甥信,又十七一信,又方元翁十七信,刘开孙初六、十七日信,又衣谷信及十七日信,又杜小舫初七日信,又王仙舫信,又吴邠卿本日信。

二十八日戊戌(6月2日)　　　薄阴,午后晴

吴邠卿来。禹汲三来。魏文卿炳蔚,殷仲族弟。来候。咏如来。写开孙、元师、衣谷信,狄秋岩等信。廿九发,交赵舜臣便①。唐新泉来。

----

① 交赵舜臣便,稿本作"交赵附便"。

见富将军咨到四月十七廷寄，内称富所统江北之军，即可调回扬防，以备截剿楚、豫东窜之贼云云。按此旨发时，富请助剿金陵之军尚未到。接杜小舫四月十二日信，又孙莘畬四月十六信。

二十九日己亥（6月3日）　　阴

吴邻卿辞行赴泰，送之营外。访静山、曾星田、熊吟仙等。写王仙舫信。即日发，交赵舜臣。拟梅筱岩太守信稿一件。

见左帅请饬水师提督杨岳斌督办江西、皖南军务片。内称逆贼分窜江西，东南垂成之局为之一变。而湖城踞逆黄文金、李远继、杨辅清等尚坚持未下。长兴、泗安境上续来常州、丹阳巨股，如蚁如蝇，人数甚众。揣度贼势，盖以湖城坚拒浙军，俾诸逆得从容由宁国、广德、绩溪以分窜徽境也。黄少春一军甫于初八日进歙南一带迎剿林彩新一股，王德榜、刘清亮、刘明珍等已追贼入江西广信、玉山一带，康国器一军又将拔队入闽。统计浙军及新附之众，水陆马步不满五万，而分攻湖州，分赴江西、福建，剿截窜贼，分防各城隘，或数百里，或千馀里，势远力分，深为可虑。窃谓巨股窜入江西，实为腹心大患。前当窘蹙之际，或思由闽窜粤，为暂时舒死之谋。及其窜聚江右，裹胁甚众，必仍狨焉思启，为援救金陵之计。是此时要著，在以全力专注江西，江西如有重兵剿贼，贼不能复犯皖南以赴金陵，金陵久困孤城，亦必不攻自破。刘典新募之军，众寡悬绝，江西将领如席宝田、刘胜详与臣所遣入江将领才智不相上下，恐未能相与有成。惟福建水师提督杨岳斌，胆智超群，秉性忠直，为众情所翕服，与曾国藩、胡林翼共事最久，口不言功，仅令专带水师，实未足展其素蕴。现在金陵水师，杨岳斌非万不可少之人，如蒙委以重寄，令其督办江西、皖南军务，而以刘典为其帮办，则江西之势重，而皖南可以图存云云。

按此折一以见浙兵援江之速,一以见本部人数之单。言常州、丹阳窜贼甚多,则见皖西之受害不由于浙;言湖郡踞逆坚持不下,则以见浙境之过贼无可分邀。而旁敲侧击,复见金陵之兵力甚充,不必视为过重;及曾中堂之用人,未能尽人之长。寸楮之中,凶锋四射,似乎天下舍己之外,更无公忠体国之君子。吁,险矣!

写家信、孟甥信、即日发,附排递。杨咏春信。附家信内。张溥斋广州人,户部主事。来候。入谒中丞少坐。

接魏刚己去秋九月初十信,又刘筱山信。

五月庚午

朔日庚子(6月4日)　　　晴

晨起贺朔,未晤。彭次卿、彭杏南来,刘南云来。中丞觞客邀陪,有戏剧。咏如来,闻季雨有恙。夜复入内观演湘中土戏。

接杨子木四月△日信。

初二日辛丑(6月5日)　　　晴

殷仲有事至大胜关。下午,中丞要入内观剧。椒侄自江北来,同殷仲进营。见中堂寄到廿七日片,已奏请销假。

接吴木安四月△日信,又盛隽生三月十六信,又吴晋英四月廿四信,又张兆奎三月廿九信。

初三日壬寅(6月6日)　　　薄阴

同椒侄入谒中丞,少坐出。中丞复邀赴内,见示杨军门信,已奉督办江西、皖南诸军之命。拟杨军门信稿一件,又咨中堂请奏留杨军门咨稿一件,又拟富将军等信稿二件。

接阿哥四月初七、八日信。

初四日癸卯（6月7日）　　阴雨

京江丁松侪辰军，盐经历，吴晋英荐来①。来候，留之午饭，并邀张溥斋、叶湘文饮。拟何廉昉信稿一件。写盛隽生、吴木安、孙莘畲、徐函叔信。初七发，交张溥斋。

初五日甲辰（6月8日）　　雨

晨起，入内贺节喜，并与同人交贺。诣中丞处少谭，中丞召午饮，有戏剧。下午，咏如、张仙舫来此少坐。拟眉生信稿一件，写眉生信。即刻发，交来差。

接眉生四月廿九日信，将由沪赴浙。

初六日乙巳（6月9日）　　晴，风沙霾日

入内谒中丞少坐。拟蒋芗泉方伯等信稿三件。闻探报禀称，逆首洪秀泉已于四月廿八日彼中之四月廿日。病死，逆子洪督权，实名洪福瑱，云督权者，因伪诏有耶稣基督权世云云而误。已于本月初三彼中之廿四日。接伪位云云，未知确否。

写史士良信，荐叶湘文。初七发，交叶手。写丁松侪信，送扇一柄，对联一付。初七发，交张溥斋。周莲叔长森，六合人，县佐。来候。

初七日丙午（6月10日）　　晴

邀张溥斋、叶湘文等午食毕②，即送其行。下午，中丞来谭，闻江西崇仁、宜黄失守。昔二股浙匪过皖南时，沈抚饬精捷、精毅、继果各军坚堵崇、宜一带，姑弗增广、玉之防，以专兵力。沈不能听。果

---

① 吴晋英，稿本作"吴香壬"。
② 午食，稿本作"早食"。

致逆氛乘虚西窜，中堂促杨厚帅入江，不肯代辞，并饬周宽世由饶州间道入省助守。傍晚，周朗翁要饮。

初八日丁未（6月11日）　　　晴

见中堂咨到四月十九、廿二、廿三各次廷寄，内称：十九日发捻大股现在麇聚随、枣、钟、京等处，又言廿二续窜江西头股，麇集德兴之海口等处。窜逼乐平、弋阳二股由歙南趋华埠，攻扑玉山县城。经官军截剿，乐平边境虽已肃清，玉山亦已解围，而东路贼氛仍未殄灭，西路南丰踞逆负嵎如故。窜建宁福省。之伪王宗出窥广昌，犯尖峰隘，经官军击败，遁向石城、宁化交界之分水坳而去。又言廿三楚军随同僧格林沁马队在随州击败发捻巨股，追至沙冈、白口等处，斩馘甚多。该逆由天门、京山、云梦一带掳掠民船，意图抢渡，均为水师击退。惟发捻前股已窜至信阳州属黄土、平靖两关，距城二十馀里之杨柳河等处，后股由浙川败至板桥，经张曜会同〈色〉尔固善马步各军，截杀甚多。追入楚境郧阳之羊皮滩，叠获胜仗。又言泰宁县被贼窜陷，旋即收复，贼踪扰及将乐县境，延平军务万分吃紧云云。

冯洁卿来少坐。魏进达般仲叔。来候，在此饭。沈鹭卿太史锡庆，慎哉之尊人。来候。

见曾相咨到李抚咨文，内称据总税务司赫德申复内开，奉总理衙门札谕，令将李前税司经手帐目各项，解送贵大臣转解金陵大营，已将银十一万两又四万两，均交应道查收。现又送交银票四纸，其四千零六十四两六钱之票，合狄税司日前交出之十一万，即系江海关旧存零税项下现存之款，今已如数清讫。其四千八百十六两三钱之票，即系李前税司帐内之规银，今已如数清讫。其一万一千八百三十一两三钱之票，即系李前税司帐内之洋银一万六千零九十七元，今以规银合作洋银，如数清讫。其三万七千六百廿一两八钱五分之票,即系轮船经费三十七万五千两项下之银,合狄税司前交出之四万两,共为七万七千六百二十一两八钱五分,计票四纸,共银五万八千三百三十四两零九分。再加狄税司前日所交,总共银二十万零八千三百三十四两零九分。至轮船项下江海关应拨之五万两,闽海关之八万两,粤海关之一万两,共十四万两,均未收到。已到者共二十三万五千两,除交出七万七千六百廿一两八钱五分外,馀银因前奉总理衙门令交前李总税司查收之谕,已于本年三月二十日换取英国会票,自香港寄到英国,交李前总税司查收。旋又奉总理衙门转送户部之谕,是以又复函致李前总税司属将寄去之银如数缴回,一俟缴到,即当转送云云。

接槐亭三月廿一日信,寄到禀中堂稿。

初九日戊申(6月12日)　　雨

黄少崑来久谭。见中堂来咨,江西之贼已至樟树。催杨、鲍军门速往云云。夜,周朗翁复招饮,饮散,少崑在余处久谭。

初十日己酉(6月13日)　　阴

入诣中丞处,谈移时。拟复乔鹤侪等信十件。下午,周莲叔来。陈六笙丧偶,唁之。入诣中丞处少坐。

接眉生初四日信。

十一日庚戌(6月14日)　　薄阴

陈六笙、冯洁卿来。写眉生信,即刻发,交杨子木差。写孝拱信、徐雨之信。附眉生信中。六笙出营,送之。拟史士良等信稿十件。诣中丞处少谈,并晤彭杏南。闻夷帅戈登二、三日中须来此。赵伯镕廷铭,贵州遵义人,江苏句容县、候补府。来候,沈芳培来访。写孟甥信,寄去槐亭禀稿,即日发,交赵附排。沈慎哉、衣谷信。附孟信内。写黄少崑信。即日发,交亲兵。

接孟甥四月廿一,本月初一日信,又张溥斋初十日信,又丁松侪本日信,又阿哥四月廿五日信,衣谷四月廿一日信,咏如本日信,又吕定之初二日信。

十二日辛亥(6月15日)　　雨

晚间苏晴山来久坐。

接孝拱初六日信,廿五抵沪。

十三日壬子(6月16日)　　晴

入诣中丞处少谈。答访苏晴山。写许缘仲信,因闻何子贞来焦山,往探之也。默深先生遗稿皆在伊处,去岁吾为发书与子迎及黄南坡索之而不得。中丞闻其事,拟委般仲赴楚解炮,顺往取讨,将成行矣。昨孝拱书来,云闻伊来下游,故有此函探问。即刻发,交专足。杨贻亭信,前事。同发。刘咏如、冯洁卿信,邓季雨信。同发。入诣中丞处少坐。午间,邀周朗翁饮。中丞邀入内,少谈。中丞来。拟唐中丞等信三件。

见严渭春信,应城杨家河大股发贼由平林市随州南浅处渡过涢水,直逼德安,前股已至应山之太平镇,孝感之张扬店、萧家店等处,后股尚在德郡。四月廿一日舒都统阵亡,德城岌岌。天门皂市之踞逆分窜应城之徐店,龙王集,后股在应天交界之汉川湖,现在孝、黄之北,安、麻之西,无一兵控制,东趋南窜,皆不能遏云云。

夜,苏晴山来谈良久。写槐亭信二件,一件十四发,交赵舜臣便,一件由皖转寄。接四月廿五、廿八日家信,寄到银五十馀金及零物等,又四姊廿六信,又中堂初八信,又冯洁卿本日信。

十四日癸丑(6月17日)　　晴

去年今日到金陵,暑甚,已服绨葛,今尚衣袷。天时不正,兵象也。中丞来，适典谒言夷将戈登即至，并有来函约相见时候。拟戈登复信一件。诣中丞处少谭。拟郭中丞等信七件。亭午，戈登来，中丞派队迎之，留饭而去。另遣二人赴孝陵卫等处瞭望形势，座间屡道洋枪队之好，此间须此助力，方易成功云云。中丞以须请命中堂谢之。窥其意因苏省常胜军已撤，欲到此谋事而已，无他志也。

谒中丞，见示富帅咨到五月初八廷寄，此间亦有而尚未到，内称发捻合股阑入楚疆，麇聚于皂市巡检司等处，扰及京山。复分股，一自章河至随州之南山，一自杨家河至德安，亘延二百馀里。捻首欧老洪率众由白兆山绕出平林市一带，图犯德安，窥伺黄、孝。其黄土关一股，经僧格林沁击败，复由东篁店、广水驿窜至孝感县属之二郎坂、三角山等处。是汉江以北，群盗如毛，亟宜尽力剿洗。惟该逆等以援救金陵为名，故能固结不解，若将金陵迅速攻拔，则该逆失所依附，众心涣散，剿灭必易，是攻拔金陵，洵为目前第一要务。曾国荃率师合围，已经数月，布置自必周妥，著即督率诸军，会合彭玉麟水军奋勇进攻，迅拔坚城，以副委任。金陵城内丑类尚多，不可稍有瑕隙，致令乘间出窜，如由何处冲出，即由何处统兵之员是问。李鸿章兵勇所向有功，现在金陵功在垂成，发捻蓄意东趋，迟恐掣动全局。李鸿章岂能坐视，著即迅调劲旅数千及得力炮队，前赴金陵会合曾国荃围师，相机进取，速奏肤功。李鸿章如能亲督诸军，与曾国荃会商机宜，剿办更易得手。著该抚酌度情形，一面奏闻，一面迅速办理，曾国藩身为统帅，全局在胸，尤当督同李鸿章、曾国荃、彭玉麟速竟全功，同膺茂赏云云。

按朝廷因楚北吃紧，稍觉世事不易，故复着重此间，更与廷寄之外，以示奖重，知难而惧，犹为社稷之福。惟外间事日接于前，而执管者终未了了。如彭帅调赴上游，久经奏报，此旨忽饬中丞与之会合云云,一事如此,馀之不能分明,概可想见。

又见李中丞五月初八日信,内云屡奉寄谕,饬派敝军协剿金陵,鄙意以我公两载辛劳,一篑未竟,不敢近禁脔而窥卧榻。况入沪以来,幸得肃清吴境,冒犯越疆,怨忌丛集,前李攻嘉郡,城贼欲降,李咨商左,左不顾,后李竟成功。左是以有金丹将成,必有魔扰之信,二人之怨,由此而结。左奏疏屡言苏、皖馀贼窜浙云云,亦为此耳。何可轻言远略?常州克复附片,藉病回苏,及奏报丹阳克复,折尾声明,金陵不日可克,弦外之音,当入清听。富将军之浅躁,左制军之倾挤,鸿章不乐为也。又云左公负海内重望,既放浙贼窜江西,不得不牵扯苏、常,又不得不强拉厚庵,心劳日拙,殊觉无谓。为朝廷当大事各顾大局,一听公论,若起而相争,便失和衷之谊,重贻君父之忧,愿甘为人下而不辞耳。

按李奏常州之全股剿绝,而左奏常州之贼窜过浙境,如蝇如蚁。李不起而与之争,亦度力不能操必胜,姑为公宽之语,以示正道,非能尽忘之也。然左之诈谲可耻,李实矫矫,不可同日语矣。

写家信,寄归法帖、书、衣料、拜匣、药物等件。又孟甥信。十五发,交咏如。写莫子偲信,同发。眉生信。即刻发,交若卿。拟李少翁、晏彤甫书稿二件。

接眉生信,又黄少崑十二日信,送孩儿参一大包。

十五日甲寅(6月18日)　　晨大雾,饭后有日

晨起贺望。陈舫仙、文辅卿来候。黄少崑来。咏如同李、张、冯三人来。咏如留此同饭。赵舜臣处见中堂来信,贼初四日尚未至樟树,周宽世兵已到省城。杨军门放陕甘总督,仍办江西军务,多将军因伤作故云云。下午,吕庭芝耀斗。来自皖,在中丞处,中丞招余往晤,遂返,久谈,留榻余室。中丞来,同至内晚饭。定之谭至三鼓

始卧。

接十一日家信，寄来衣包等件，又孟甥、衣谷十一日信，又方元翁十一信，又眉生信。

十六日乙卯(6 月 19 日)　　　　晴

晨同定之赴内早饭。写黄子春、王霍生信、即刻发，交赵舜臣。孟甥信。即日发，交赵排。写阿哥信，十七发，交吕庭芝。寄去扇、墨。龙翰云、湘乡人。章旦卿瑞坦，湘乡人。来候。

接黄子春信。

录庭芝语："今上初即位，从热河还京，弘德殿师傅李鸿藻扈从。庭芝曾于其时晤之，仰问圣性如何，李讷讷良久，乃言姿性平常，亦不乐攻苦，为皇子时，以李责课严，欲乞假入内，李不可，怒掷书于地，李强使俯拾，久乃勉取书起。今既登极，臣主之分严，规范稍难矣。"

庭芝又言，文宗梓宫抵京时，今上迎奉，曾得仰瞻仪表，举止端重，寻常御殿，接见臣工，亦拱默如成人。母后略知书，不能连贯，圣母通文义，且储育圣躬，故政令多出圣母，母后唯诺而已。惇王福晋，圣母妹也，故惇王不与议政，而往往持大柄，恭王无如之何。去岁曾疏言，亲贵不当专政，意殆有在。恭王颇谦和，接见僚属，下至各部院司员，咸与之周旋，狎者或杂以戏笑谐语。去岁恭王参侍郎某怀金谒见，其人桂良之戚，恭王福晋母家中表也，向与王密。是日至门，适有中使至，而王未下直，中使与之候王甚久，乃返，翼日遂劾之。

枢直诸臣，文祥字柏川，最有节操，才亦较优。宝鋆善谐谑。曹毓英为人长厚，而出门不辨南北。部院诸臣有给事中赵树吉，字沅卿，四川人，清介绝俗，甄尘不以告人，遇事敢言。农曹王文韶，杭州人，长奏牍，去岁议复江苏减漕疏出其手笔云云。

十七日丙辰(6月20日)　　晴

早答候龙翰云、章旦卿。午间,具馔觞庭芝,兼要朗山、柳生、殷仲。饭后陪庭芝入内辞行,遂送之至营外返。拟叶观察等信稿三件。见中堂本月十一咨到与李中丞咨文,内称鄂贼由孝感之小河司延及安、麻境内,逼近皖疆。请速派劲旅前往建平、高淳、溧水等处接防,腾出钧字、升字及湘新后、祥后等军渡江分扎舒、桐各处,以备不虞云云。又中堂十二日咨到江西帮办军务刘臬司典禀批,内叙该司禀称:贼踞南丰者如故,后至之贼于四月十六至抚州,经官兵击败。十八日退窜金溪、泸溪。二十日到建郡扎东、北两门。二十二日破万年桥卡。二十三日分股往龙龟渡、三眼桥、高岭。二十四日午刻破宜黄。二十六日窜至崇仁县,巳刻入城。后股踞扎万年桥。现在卫民军回抚郡,祥字营在建城内,继果营扎抚城南门,精捷营扎西门,精毅营扎城内本司。查崇仁距樟树仅百五十里,难保其不窜来抢渡,因饬克勇三营扎临城东门外,与樟树战船联络。三营扎临城对岸中州,与吉安通气云云。又见张凤翥、王德榜、万泰等信,四月二十五日麟逆攻弋阳,经王德榜击败,五月初一尚在弋阳未去。侍逆前窜铅山之湖坊、陈坊,已筑垒盘踞云云。

十八日丁巳(6月21日)　　晴

拟徐树人中丞等信稿十七件。魏柳南来。

十九日戊午(6月22日)　　阴

黄昌歧军门赴皖,盛言李宫保之关切皖军及各军炮队之利。中堂遂奏请李来会剿,并咨请先派炮队赴金陵,故此间亦有此咨。拟李宫保咨文一件。见中堂咨到四月二十日廷寄:都兴阿调补西安将军,授穆图善为荆州将军,命都兴阿督办甘肃军务,雷正绾帮办军

务。穆图善凛遵前旨,令萧河清、姜玉顺所带步队八千人一并驰援
楚省。多隆阿步下马队,除酌留拨给都兴阿外,其馀悉令常星阿统
赴僧格林沁军营。僧格林沁现驻随州,穆图善亲率各营赴楚,兵力
益足,务将楚境逆氛扫荡。刘蓉已派英毅六营赴楚,亦可归官文调
遣。刘蓉所部之湘果十四营,现屯汉郡,著将各路馀匪搜捕净尽。
都兴阿现带重兵赴定边一带,著即攒程前进,与雷正绾会商妥办。
雷正绾现在围攻平凉,谅可得手。蔡逆一股经刘蓉派令湘果各营,
会同李云麟击剿,闻已败窜郧西,著责令该京卿跟踪蹑剿,不得稍留
遗孽云云。

　　魏文卿来访,少坐。是日足胫疮剧,不得行立。

二十日己未(6月23日)　　　薄阴

　　晨未起,中丞送到中堂信,函内附沈幼丹中丞一函,内云贼窜至
宜春踞城,初虑其西犯樟树,乃止在近地打掳,不敢离城。现在赣江
盛涨,亦不虑其偷渡。而浙、皖境上之贼,探闻徘徊不进,意在复窥
浙东。是该逆刻刻不忘金陵老巢,恐如庚申年之狡计,诱官兵调援
他处,卷甲重返,不可不防。周军门宽世应请缓赴省门,由广、饶一
带进剿,邀贼往来之路云云。按此间窜江之贼,实系丧败之馀,无能
为役。若官军得力,不难剿洗净尽。虽沈信云云,该逆渠魁不无畜
此狡计,而众心涣散,未必能然。沈前听误传贼到樟树,即仓皇征
调,见其不至又轻视之,非用兵之道也。拟中堂咨一件,奉到廷寄,
咨明金陵攻剿情形,请为具奏。

　　薛云锦元启,河南人。来,张玉坡来。写家信、四姊信、孟甥信。
即刻发,交赵舜臣附排递。刘晓山信。即刻发,交苕卿。

　　接季雨十七日信,又吴平斋十七信,寄到石刻数种。又许缘仲
同日信,知何子贞来下游之信不确。又杨贻亭同日信。

二十一日庚申(6月24日)　　　薄阴

写张仙舫信,即刻发,交云坡。龚允之信,同上。杜小舫信,即日发,交赵舜臣。吴平斋、杨子木信。同上。下午,曾劼刚自皖来过候,傍晚复来谈良久。

接张柳亭四月廿二信。

二十二日辛酉(6月25日)　　　薄阴

劼刚来。中丞亦来。拟陈太守烺等信稿三件。刘伯起萌震,直隶人,殁甫之侄婿。来,留住余处。写刘咏如信。即刻发,专差。

二十三日壬戌(6月26日)　　　阴

高晴山来候,辞行。刘伯起去。曾劼刚来。中丞来。写刘玉山信。即刻,交刘伯起。周朗山考功以所藏《西崦访菊图》属题,吴墨井笔也。图中铜井、灵岩、穹窿诸胜,余己未、庚申避嚣木渎,皆熟游地。

齐天乐

　　碧溪红树幽闲地,前踪梦中缥缈。邓尉花开,灵岩树古,都被馋眸看饱。雨林烟篆,记真似丹青,往时曾道。展卷重逢,比清游未逊多少。　　人间凡事有尽,况蜗庐偶托,陈迹全杳。屦化吴廊,钟埋晋寺,只许青山难老。他年一棹,向涧上高居,结茆须早。涧上,高士徐枋所居,余尤乐其幽邃。寄语山灵,且移文漫草。

二十四日癸亥(6月27日)　　　晴

魏柳南来。张云坡来。写吴平斋、许缘仲信。即日发,交张云坡。

见李中丞五月十七片奏,内称:钦奉五月初八寄谕,李鸿章所部兵勇攻城夺隘,所向有功云云。见前臣于攻克常郡后,未敢遽议协剿金陵一则。臣部兵将苦战经年,伤病疲乏,未得休息,若遽令远出,诚恐再衰三竭,无裨大局。一以曾国荃全军两年围攻,一篑未竟,屡接来书,谓金陵所少者不在兵,而在饷,现开地道十馀处,约有数处,五六日间可成,如能及早轰开,自必无须协助。又叠准曾国藩咨缄,属令派兵接防句容、东坝、溧水、高淳各处。又准左宗棠咨商拨兵迅规长兴,以掣湖州贼势。臣因湖郡贼氛尚炽,实为苏省切近之忧,应先派劲旅,进规长兴,协取湖郡。俟湖州克复,门户稳固,然后分兵会图金陵,方无后顾之虑。是以拣派郭松林等会攻长兴,现已进逼城根,势难掣动。而苏、常新复各郡县,内防湖州窜匪,外堵金陵来路,节节设守,未可一处空虚。常胜军裁遣后,英酋巴夏里等方以淞沪腹地空虚,日与饶舌,臣固未可远离,臣之兵力亦仅勉支堵剿。至臣部炮队向称得力者,一则常胜军炮队洋弁二三十人,经戈登撤遣,顷始派员接管,须操演三五月,渐求精熟,方可派出攻剿;一则程学启炮队,现带往长兴;一则刘铭传炮队,大炮少而小炮多,可以攻营劫寨,而专攻一城尚不敷用。前攻常州时,臣调齐三军炮队,分门合攻,月馀乃下。金陵城大而坚,洪、李各逆负固老巢,非嘉兴、常州可比,曾国荃地道如轰不开,必须炮队协助,则臣处所有炮队须全调前往云云。

按此折明以此间不愿会攻之意入奏,而冷眼觑定,不至此间地道无成,急迫求助之时,不来会攻。噫! 可谓坚矣。

又见李复中堂调防建平、高淳、溧水三处咨文,内称湖州贼氛甚炽,时图内犯。苏、常各处濒临太湖,不得不分兵屯守;东坝至溧阳百馀里,又设守兵万人。目前别无大支,可以腾挪出境,惟刘镇句容十四营,尚可分拨,应饬就近酌派数营接防溧水,并调况镇文榜二营接防高淳;至建平距广德较近,必须五六营乃可替守。应请俟湖州克复,苏、常撤防再议云云。

按中堂调守三处,李应其二而实仅以况镇二营塞责,似太无香火情矣。黄昌歧军门到营,盛言吴军之锐,中丞颇不平之,与相诘难甚久。

接咏如本日信,又黄子春十二日信,又李宫保信。

二十五日甲子(6月28日)　　晴

曾劼刚来候,辞行,闻中堂有至此之说。与劼刚论史例,劼刚云家君恒言今人好诋古贤,往往忘其原本,如《史记》项羽不当用本纪,孔子不当用世家,攻之者甚多。不知本纪、世家之名本出史迁,渠心中自有定例,后人安得诋之耶。余云本纪者,本所纪也,仿《春秋》经文而为之本末,改编年之法,以体例须严,当从简略,时事不能尽载本末,故以列传笺之,亦犹《春秋》之有三传,诸经之有训诂也。后人不明其义,而以帝王正统,方许用本纪,馀止可用列传。以本纪为尊崇之辞,此一误也。项羽当秦已灭、汉未兴之时,实尝主宰天下,史氏因其纪而纪之,无所用其予夺,而后人以为羽闰位不当有纪,此二误也。世家者,列国之君,子孙世及,封土各分,政令由己,其事与本纪不相涉者也。史迁以为孔子未登王朝,亦与本纪无涉,而德盛庇远,必能及其子孙,故列于世家以寓其先识。而后人议其僭诸侯之称,不知世家亦非尊名,此三误也。自荀悦、袁〔山〕松二《汉纪》出,取史文缉缀之,不分本纪、列传,体例颇为混淆,实则为寡学者取便而已。而后人遂有编年、正史之分,不知正史未尝不编年。此四误也。史法之亡,亡于读史者之无识,即一名目,尚不了了,馀尚能知耶?

下午,中丞来。周莲叔来候,辞行。

二十六日乙丑(6月29日)　　晴

昨夜因神策门月城有地道已达,中丞赴城北督攻。黎明火发,遥见城北烟雾四塞，枪炮声连绵不绝，未知得手与否。又见城南西角，贼悬一红边黑心大旗，城下之划船尽集泊河干，疑贼号令欲走也。巳刻，炮声渐寂。亭午报至，闻神策门月城轰去外皮，其内面矗立不倒，仍不可攀援而登。而昨夜将有此举，本营及外营齐队，灯火人声，贼久知之，已严兵以待，烟火甫尽，万枪齐列，官军将近数十步，受伤已数十人，不得进而返。下午，闻中丞已至七瓮桥，精锐马队营此地，正对正阳、朝阳两门城角。先是，守贼某等通线于黄少崑，言其所守地衺延约三里，愿缒官军献城，今晚四鼓当举行。

二十七日丙寅（6月30日）　　阴

黎明闻中丞已归，昨晚告奋勇者精锐马队、崑字、智字等营。至四鼓赴城下，已悬四索，我军登者三十馀人，至正阳门，门三重，皆有闸，已启其二，其三亦缴起数尺，我军忽有鸣枪数声者，他贼闻之，遽吹角警众，我军弃闸奔下，智字营哨官某已与亲兵数人从门入闸，闭不得出，事复败。先是，城北、城东各营攻毁长毛月围，加工开挖地道，贼守法甚谙，遥望官军所扎先锋垒之处，知其下必有地道，即遥度其处，先从城内挖一直道透出城外，然后分头横挖暗濠，官军或三穴两穴并进，约其所占地面之宽狭为横濠长短，如其数以俟之，十不失八九。金川门一带刘连捷等所开三穴，今月廿二、三日皆斗穿。神策门以北，张诗日等所开两穴，二十日斗穿。正当神策门朱南桂等所开六穴，被贼斗穿五穴。廿六早所轰者系五穴中之一穴，加修用之，馀尚一穴可望。其龙脖子以南及朝阳门一带，惟朱洪章等所挖尚可指望。其馀李祥和、熊登武、陈万胜等各营所挖之穴，均于十九、二十、廿一等日抵城根时，被贼横道斗穿。萧孚泗、萧庆衍等五穴，去城尚远，据此情形，地道未能奏功，尚不如内应足恃。前昨二夕之事，惜不得同时并举，使贼不知所备耳。

入谒中丞,方卧未晤。见张炼渠十七信,湖州黄文金大股出窜孝丰、安吉,分股窜至广德,或由临安、新城内犯杭省;或由昌化、绩溪上犯徽境,均未可定。入谒中丞久谈,并晤彭杏南。中丞谭昨事,殊懊闷,余亦强为譬解而已。拟徐树人中丞等信稿九件。写咏如信、李少山信。廿八发,专亲兵。写万篪轩、张屺堂信,廿八发,交赵舜臣。又龚孝拱信。廿九发,马递。中丞来,目及鄂贼已至蕲水,此邑去皖边咫尺,余劝中丞请中堂调鲍帅渡江迎剿,盖鲍适至九江,与广济、黄梅一水之隔也。

接眉生廿一日信并诗四首。

二十八日丁卯(7月1日)　　　晴

入内诣中丞处少谈。拟富将军等信稿四件。同乡史静伯纬恩,士良族侄。来候。汤曙村本地人,去年曾到此。来候。中丞邀入内,见示李中丞咨文,解米万石,抵四、五月饷之不足。米甚霉变,不可用,中丞盛怒,欲返之,属作咨仍交原委员带返。少刻复要议究可还之与否,余因劝且忍耐收下。咨文告以此米难于支放,拟令售变得价,照数扣抵协款,如售变无路,即作为抚恤各局赈款云云。中丞允之。解米委员张凤翔来候。拟李抚咨文一件。入诣中丞处少坐。晚复入内,为抚恤事,至帐房熊吟仙处。中丞来。写眉生信、即刻发,交苕卿。黄子春信,寄还张处祭分银八两。即刻发,交黄绍箕便。

接咏如本日信,又杨子劭十四日信。

二十九日戊辰(7月2日)　　　阴

汤曙村来。拟毛制军等信稿三件。写才叔信,即日发,附毛制军函内。左孟辛、仲敏、槐亭等信。三十发,交般仲。霍生、屺堂信,即刻,交舜臣。孟舆信,内密件。并家信。同上。诣中丞处。浙省解到中丞养廉银万三千金,悉充正饷还米价。

三十日己巳(7月3日)　　　阴,大风

见中堂咨到廿二日与中丞及彭侍郎会奏稿。内称苏、常攻克之后,臣本拟咨请李鸿章亲来金陵会剿,特以该抚系封疆将帅之臣,又值苦战积劳之际,非臣所敢奏调,是以未及具疏上陈。函询臣弟曾国荃亦以师久无功,愧悚无地,不敢更求助于人,近于畏难卸责、始勤终怠者之所为。乃两月来百计环攻,伤亡至四十馀人之多,所挖地道十馀处,已被该逆从内穿透三洞,此外亦难奏效,饷项奇窘,尤为可虑。闻苏军开花炮,信无坚不摧。臣于五月十一咨调苏军之来句容等处者,就近助攻金陵,然犹未敢请李鸿章亲来也。今幸钦奉寄谕,饬李鸿章亲督各军西来会剿,臣已恭录谕旨,具咨加函,催请李鸿章刻日驰赴金陵,与曾国荃会商剿办。前接李鸿章来函,言苏军太劳,宜少休息,待会克长兴、湖州,再行选将拨兵,助攻金陵等语。然使仅请派将前来,其知者以为怜该抚之过劳,信苏将之可恃。不知者以为臣弟贪独得之美名,忌同列之分功,尤非臣兄弟平日报国区区之意。合无吁恳天恩,饬催李鸿章速赴金陵,不必待七月暑退以后,亦不必待湖州攻克之时。金陵早收一日,天下之人心早安一日,俾发捻东窜,不至掣动大局,饷项奇绌,不至更生他变,实为至幸云云。

按少帅前致中丞信,力言不来,黄昌歧军门至皖为之游说,则告中堂以苏军炮队之利及口粮亦止半关,无贫富相耀之虑,并言但得中堂一纸书,即无不来。其五月十八奏片则又明指中丞有信,不须其来。而十八、九日间中旨,忽云饬令李鸿章不分畛域,不避嫌怨,迅速会剿之语。则京都权要处必先有信,言此间之不愿其来,此一事而机械百出,语言处处不同,其图望大功,日夜计算,心计之工,细入毫芒。中堂此疏,不望有功,但求无过,其辞气之卑约,不独自雪

无专功之念,而李之骄亢,已隐然言外。处功名之际,固当如此,即论手段,平直无奇,实则高李数倍,不可不细细体味。

拟应观察宝时等信稿二件。史静伯来。写阿哥信,即刻发,交史便。杨子劢信,同上。家信。即刻发,交般仲。中丞来。昨晚和字、振字、崑字等六营,攻破钟山龙脖子下之贼垒,伪名地保城者,歼贼颇多。此地去城不过△△丈,垒前更有坚屋一所,若得之,则用以潜攻尤易。今午前,贼抛火弹焚之。

接季雨本日信。

六月辛未

朔日庚午(7月4日)　　　阴,下午晴

余以疮剧,未起贺朔。唐新泉、禹汲三来。张仙舫、魏文卿、咏如、李、冯等来。夜,中丞来久谈。

初二日辛未(7月5日)　　　晴,大风

见中堂咨到五月初十廷寄,沈葆桢奏:侍逆由金溪犯抚州,仍败回金溪,此四月中旬事。复自抚州窥建昌。伪王宗由新城、泸溪入金溪界。林正扬由石城、宁都折而西趋,为瑞金、雩都、兴国兵练所击,南入福建之宁化。陈炳文尚在弋、贵之南乡,汪海洋于陈坊、湖坊筑垒,尾队出没弋、铅交界之黄沙港。金坛、句容窜贼复至德兴。

又十七日廷寄,官文〈奏〉:天门、应城等处贼匪猛扑京山县城,向宋河奔逸至马平港,窜向德安西北之洛阳店、桑树店一带。现在京、天、应城已无贼踪,皆自应山之广水、孝感之小河司桥店一带,渐近云梦,有自小河溪分窜黄陂、黄安边境者。官文现调成大吉马步十营为游击之师,联络石清吉、杨朝林堵剿,拨李喜溢等防潜川、汉

口。另从蓝二顺向山阳、镇安等处窜逸，伪启王一股扑郧西县城，梁作楫等率军击败，与蓝二顺勾合，计二万人，由小路窜至陕西。出大峪口，踞尹家卫地方，去西安止数十里。

又十九日廷寄，曾国藩奏：侍逆攻破万年桥卡，大支疾趋而西，叠陷宜黄、崇仁两县，即在崇仁缮城掳粮，为久踞之计。贼势如此披猖，沈葆桢何以尚无奏报云云。

见蔡锦青五月廿三日信，知鲍帅已于廿一乘船赴豫章，马队亦到湖口。又闻湘北发酉程正坤等悔罪投诚，并愿自备两月口粮，剿捻立功，经黄冈绅民禀呈办理云云。

拟乔中丞等信稿六件。般仲奉差赴湘，午刻下船。槐亭堂弟陈少堂来自苏州，至此途中再遇肱箧，甚狼狈，倾囊资之。刘德生长沙人。来候。接阿哥五月十一日信，欣悉三宝桥祖茔无恙，为之喜跃，茶山路及宜兴坟茔探视未返。又闻房屋已毁，前言尚在者误也。

初三日壬申(7月6日)　　　晴，夜大风雨

我军得地保城后，更前筑垒，距城不数丈，贼堵之甚力，连争三夜，损精锐三四百人。营官总兵陈万胜被火药焚死，哨官总兵王绍义被炮子穿腹阵亡，皆极得力好手。拟丁观察等信稿四件。张佑之观察景蕃，苏州人，十年识之李伯盂处。来候。黄亮甫大令来访。

初四日癸酉(7月7日)　　　晴

晨答候张佑之，刘德生。答访黄亮甫。张佑之来辞行，复往送之。在周朗翁处久坐。写咏如复函，即刻发，交来足。寄雨信。即刻发，交来足。至中丞处久坐。写咏如及李少山公信，为苏省米事。即刻发，专足。晚饭后在汤子镇处少坐。

接五月二十三日家信，又四姊、孟甥同日信，又衣谷廿三、廿七信，又杨咏春、沈慎哉五月十七同日信，又咏如本日信。

初五日甲戌(7月8日)　　　　晴,大风

苏晴山以疾求诊。诣中丞处少坐,并晤易晴窗。拟吴漕帅等信稿三件。写家信,孟甥、四姊信,又衣谷、咏春信。即刻发,交赵附递。胡仁斋宝晋,苏州人。来候,陈瑞亭来。

接孝拱五月廿八日信。

初六日乙亥(7月9日)　　　　晴

早往视苏晴山疾。陈瑞亭来。写龚孝拱信,寄夏布、扇子等物。徐雨之信。廿七发,交许缘仲。中丞邀入内议前米事,以八千石交两县供给乡民,俟秋收征还,以二千石入抚恤局。

初七日丙子(7月10日)　　　　晴,大风

苏晴山来。冯洁卿同萧某韶,湖南人。来候。拟恽中丞等信五件,又批二件。陈少堂返湘尚未成行,复来访。邀汤子镇、朱星鉴、吴瑞生饮。入诣中丞处少坐,又至帐房。

初八日丁丑(7月11日)　　　　晴

早至苏晴山处。陈少堂来,早饭后去。见中堂咨到戈登来信,内开六款:一款云南京官兵劲勇努力,惟军火有缺,恐打破南京,长毛之军火甚多,倘被冲出,反为误事。现在江苏洋枪狠多,可以调来。二款云江苏抚台有几只轮船,如调一只来,教他管南京中关对江,以免外国人进城通商。三款云常胜军已遣散,本提督一因中国靠有洋枪队,而不令自己官兵习学,到底不能;二因月饷浩大,恐后来统领兵弁不能管带,反贻后患。四款云英不准帮官兵打长毛,所以江苏炮队兵官俱撤。五款云上海地方及凡各口英国通商之处,须招官军常住把守,所有英兵可调回本国,亦不必设洋枪队,用外国人管领,以其用钱贰费,且恐请不出中用的外国人,反贻后患。惟英国

操练之法，须翻绎中国文字，以便中国人易晓，依法操练。倘得技艺精熟万人，分置江苏、安徽、江西、福建四省，仍由督抚自行专管，随便调遣，于中国人大有益处，即外国亦甚欢喜。六款云训练之人，自系中国派出总兵大员，倘不熟习外国之法，或听其延请外国人或六人、八人从中帮办，亦当加优保举，以示鼓励云云。

按其语意，颇关切中国之事，三、四、五、六四款去夷兵，募本兵以守各口，自系今时切要之事。凡通商各口，日与异类相处，口角争竞，在所不免。无兵以镇压之，是以中国事事诡随，日见其弱。各洋人心中意中，亦以为宜有此举，但不肯言耳。戈登自以于中国有香火情，故遂及之。此条亟宜听从。一、二两款增军火、驻轮舟以图金陵，亦于剿局甚有关裨。戈登于去岁苏省之复，为李中丞临时遣开，不能无望，今来宁、皖，中堂、中丞皆极礼貌之，意尤感戴。且见苏省之裕，金陵之绌，故有此挹注之谋，其实亦公心而已。而二说亦亟宜用之。其第五款本为五子款附外，兹删润仍为一款。惟广东、浙江俱系通商省分，而其所云驻兵之处独不及之，未审用意所在。

又中堂咨到五月廿三廷寄，官文奏发捻前股由黄陂窜逼汉口，经水陆官军扼要布置，贼踪远遁。其孝感、云梦之贼，复由黄陂、麻城注意东趋；陈得才一股亦向罗山、麻城全数东下。官文现派成大吉、杨朝林、石清吉、周凤山各从黄陂、麻城迅速前进，并拔营至孝感一带督剿云云。

见邸抄五月初八日上谕："古今治乱得失之源，圣贤身心性命之学，莫备于经，君临天下者，所当朝夕讲求，期有裨于治理。著倭仁、贾桢选派翰林十数员，将四书五经，择其切要之言，衍为讲义，敷陈推阐，不必拘泥排偶旧习，总期言简意该。仿照《大学衍义》体例，与史鉴互相发明。将来纂辑成书，由掌院学士装帙进呈，以备观览。

钦此。"

按帝王之学,经义毕该,惟选择敷陈,恐使圣言转晦。自邱文庄《衍义》一书,识者已议其狭陋,况今日咕毕之士,欲使之点窜谟典耶?朝臣皆章句陋儒,所陈亦尘羹土饭,其不足以辅植圣资可见之矣。

初九日戊寅(7 月 12 日)　　　晴,午有微雨

访苏晴山。早食汤饼甚饱。至汤子镇处一谈,并晤禹汲山、朱星鉴等。闻地道开挖时,中必有灯火,其烟气上灼,草色萎黄,贼于城上望见,即从其处迎挖,无不相值。

初十日己卯(7 月 13 日)　　　阴

至中丞处少谭,复至苏晴山处。拟李中丞等信稿六件,又批一件。王峰臣军门可升,永州人,驻守溧水。来候,下午复来久谈。神策门地道一处已透月城,抵老城下。贼抄挖至月城边,更在我地道之下,昨晚遂自用火药轰倒月城,将官军地道进路压断,官军在地道内者压死八人。官军愤极,遂于龙脖子下筑炮台十馀座,轰打一日夜,贼守垛者不能停立。拟于此处堆草包上城,传令各营每勇一名交柴一担,共五六万担,约十二取齐。中丞今晚仍赴东面督攻,余劝宜四面设法同攻,以掣其势。写张炼渠信。即日发,附中丞函。

十一日庚辰(7 月 14 日)　　　晴,大风

闻龙脖子开炮,已将城垛打平,各营挑柴堆积,贼竟不能拒。又闻明晚太平门内应献城,地堡城下及神策门均另有地洞举发,南西各门俱扎筏,俟举动时渡濠猛攻。

十二日辛巳(7 月 15 日)　　　晴

吴瑞生来。下午,闻龙脖子下地洞尚未成,而神策门地洞须来

日同发。太平门内应则约十五,今日惟堆柴草而已。

接万篪轩初八日信,允先垫捐款千金,付难民局。

十三日壬午(7 月 16 日)　　晴

写中丞信,劝以破城时先扎城垣门洞,且弗下城角逐,及先遣人伏夹冈、高桥等及东南门淳化镇、东北沿江各路,以防越佚。又劝申戒纵戮。即刻发,专人。拟吴竹庄信稿一件。写家信、孟甥信、元师信,开孙、衣谷、杨见山、谢俊生等信。即日发,附赵排。闻草堆已及城半,而鲜草鲜芦,俱为日晒干瘪,复须添草。贼以城上不能跕立,皆架梯城内,握枪以俟外人之登者。傍晚传言,贼欲从通济门、洪武门出,以冲老营,盖系极著,胜则掣我师攻剿,掣不能动,则从东南路他窜,正余早间言宜防之路也。时中军亲兵传令出六成队,留四成守营,而兵勇贪破城功利,皆违令赴前敌,中军至无一人。中丞派营务处易良虎司后事,其意见与诸兵勇同,竟不过问。

江北专差某坐船赴营,行至石埠桥左右,遇龙下江中取水,声如千万爆竹,水腾沸而上,时舟已泊,犹断桅覆舟,漂一人。

写张屺堂信、万篪轩信。即刻发,交张来足。接初七家信,又克儿来禀。又〈初〉六日孟甥信。衣谷初六、初九日信,又杨见山、张屺堂初九同日信,并燕山存项账一纸,找息银一两馀。

十四日癸未(7 月 17 日)　　晴

写咏如信、季雨信。即刻交专人。亭午,晤彭次卿。闻草堆高与城齐,而初起手时本离城五丈,今令各军于堆上放枪,以拒贼之倾泼火药,一面掷下草捆,填满此五丈地面即可上城,惟草尚不足,飞饬再办云云。下午,闻自城北归者言,神策门地道今早已发,月城轰为平地,而内城未动,我军奋登,贼用火药数十桶排掷,伤亡至三百馀人,竟不能进,贼复拒守。二鼓时,又传贼已于聚宝门外,搭造浮桥三道,意图冲突,派队跕墙守御。是夕中军亲兵,颇有归者。

接咏如、季雨本日信。

十五日甲申(7月18日)　　　晴

唐新泉、禹汲三、李少山、冯洁卿、张凤翔来候。见李少泉宫保来咨,已派刘士奇、潘鼎勋、刘铭传、周盛波等二十馀营来助攻,十六拔营。中丞在龙脖子行营,接此咨传示众将曰:"他人至矣,艰苦二年以与人耶?"众皆曰:"愿尽死力。"是日草堆尚未成而已枯,贼时掷火蛋,官军防之甚严。又堆高齐城,碍山上炮路,遂移炮数尊堆旁,仰轰城上。信字营李臣典所挖地堡城下地道,今晚告成。

十六日乙酉(7月19日)　　　晴,下午雷雨,少选即止,天色仍皎然无氛气

黎明传言贼缒城出,钉草堆旁炮眼,伤官军守者,追之不得。辰刻,贼放火焚草,草燃,在中军望者皆懊叹。俄顷有亲兵至,言贼四鼓时出钉炮眼未成,焚炮营内火药数桶。会中丞自至前敌,逐去之。巳刻望城北烟焰已救熄。少选,又一人至,言地堡城地道已装药,各营俱齐队,午未间发火,众闻之复鼓舞。午时正刻,余在房内闻地道发隆隆如雷,趋至外,用远镜窥视,见城北烟雾塞空,蔽钟山下半不见。约一饭顷,见城内龙广山顶皆官军已登,少选,旗帜漫山而下,灿烂如撒星。又少选,山足下屋火起,又少选,城中火大起,伪天王府前火骤发冲入云,则贼藏药处燃也。时南门外官军皆扬旗排立城上,贼亦扬旗拒之,又少选,通济门一带火起,又少选,南门军皆渡濠从旧缺口登,城上贼遁。又少选,南门军分二支,东西循城去,又少选,西门外贼垒火起,又少选,中关拦江矶贼垒火起,城定已破,众欢声如雷。

申刻将尽,忽报中丞回营,余偕众贺。中丞衣短布衣、跣足,汗

泪交下，止众弗贺，出传单示余，命作奏。始知居前锋者为武明良、刘连捷、朱洪章。火发时城崩凡二十馀丈，砖石飞落如雨，各军为石击伤数十名。烟起蔽天，时东南风，吹烟过北，刘、朱为烟所蔽，不见缺口，武原派三队接应，在稍后见之，跃马先入，贼死拒，官军一拥皆上，先踞龙广山。朱洪章与伍维寿等与贼战山下甚苦。刘连捷及张诗日等循城而北，逐杀守贼至神策门，适朱南桂、梁美材梯攻而入。武明良、萧孚泗、萧庆衍等循城而南，逐杀守贼至聚宝门，适陈湜、彭椿年从旧缺口登。陈湜之部焚西门营，水师焚中关营，城遂陷。

拟折稿一件，中丞及杨制军、彭侍郎会衔。中丞前奉旨令克城之日，与杨、彭共奏故也。入内呈交中丞手。酉戌间，望城中火光烛天，回想吾里及苏省陷时，景象不异。生世不幸，逢此多艰，既以干戈将定为喜，复以昆冈一炬为悲，五中纷乱，惝恍无主。

傍晚闻各军入城后，贪掠夺，颇乱伍。余又见中军各勇留营者皆去搜括，甚至各棚厮役皆去，担负相属于道。余恐事中变，劝中丞再出镇压，中丞时乏甚，闻言意颇忓。张目曰："君欲余何往?"余曰闻缺口甚大，恐当亲往堵御，中丞摇首不答。至戌末，余见龙脖子至孝陵卫一带放炮，知有窜贼。时城虽复，而首逆未就擒，悍党李秀成、林绍璋等咸不知下落，大事未为了当。余复于卧榻摇中丞起，请派马队邀截。中丞不以为然。卧良久起，张灯取余所拟奏稿，增删略尽，录出一通，复命彭椿年拟一稿，并属余商酌。余言回营一层不必提，且诸将战功，此次既系奉旨，仅奏大略，则随折应保人员，皆当由中堂续再详奏。中丞言曰："不必取巧，似近讳饰，至各将功绩，我处不奏，中堂必不肯详告，是负诸人矣。"皆不允。遂发缮写而自复卧。

至四鼓时，城北来报，有马贼二百馀，步贼千计，假冒官军衣装，并携带妇女从缺口冲出,守汛者崑字及湘后左右营精锐大半在城内未返,馀皆疲顿,不能阻之,仅杀数十人。出城后由孝陵卫福字李泰山、节字萧孚泗等营卡门出,亦莫能遏,其众投句容路而去云云。报者不敢惊中丞卧,余以意度之,伪酋必在其中无疑。余时观文案,诸友缮折未竟,闻报不禁浩叹。中丞与彭毓橘正闭门酣卧,急叩门请之起,商定折内增数语,为后来地步,中丞称善,并飞札马队营官伍维寿追剿。余仍出,视折缮就,天已明,即包裹发递,余始卧。

十七日丙戌(7月20日)　　　　晴

天明时写万箖轩、张屺堂、杨子木信。即刻发,随折差递。

上中丞条陈四事:一、请止杀,喊令各归各馆,闭门候查,派队逐门搜查,分别良莠审办,既全胁从,复可得真正贼首。一、设馆安顿妇女,毋使尽遭掠夺。一、立善后局。一、禁米麦出城。中丞允后三条,而缓前一条。时城中伪天王府、忠王府等尚在,馀王府多自焚,贼呼城中弗留半片烂布与妖享用。官军进攻亦四面放火,贼所焚十之三,兵所焚十之七,烟起数十道,屯结空中不散如大山,紫绛色。亭午,二伪府皆烧。下午信至,中丞派马队追贼者已回。言贼出实二三千人,官军飞追不及,仅获一人。言伪幼主洪瑱福、伪忠王李秀成已皆去。

写霍生、殷仲信。即刻发,附捷报。拟禁止米麦告示及善后局札各一件。又通谕各营齐队、分汛救火、剿贼谕单三件。傍晚谒中丞,以伪酋皆走,请速告知中堂,商定续奏,弗落人后,中丞不可。咏如、李少山来。接阿哥十三日信,喜闻茶山路宜兴圹皆无恙,踊跃大快。又李致勋正月内信。

十八日丁亥(7月21日)　　　　晴

晨起,中丞请入内商令照昨语咨中堂,并咨详细情形,因言伪主之走已审。余忆三月间占收城事，得《易林》辞曰："橐置山巅，销锋铸刃，示不复用，天下大欢。"是成功决也。而此次攻法，实从山巅下手。又同占伪酋成禽与否，辞曰："四足俱走，驽疲在后，两战不胜，败于东楚。"昨夜出者皆马队居先，四足也，步队在后，驽疲也，城内外凡二战而得脱。无语不验。结末云云，或至东坝成擒耶？

拟中堂咨稿一件，凡数千言。丁松侪来，遗古炉、笔房、羽扇，未纳。中丞因余创言善后事，遂并委余同办，余辞之。拟骆制军、官中堂等信稿四件。写霍生信。即日发，交丁松侪。杨子木、黄亮甫国光。来候。是日火尚盛。

接张振远初十信，又杨子木十七信，渠已来此，家中代复也，又季雨本日信。

十九日戊子（7月22日）　　晴

上中丞条陈善后事：一、埋尸以减疾疫。一、开江口诸坝以清水泉。一、善后局派亲兵。馀数条与前复，申广之而已。

获伪幼主玉玺二方，皆五寸馀，金玺六寸馀。玉玺厚二寸，上为桥纽，刻龙。金玺厚不及寸，上为盘龙昂首，制度率略，刻语尤俚，大可喷饭。又昨日擒伪松王陈姓，浔州人，言伪天王实于四月内死，或言知事不谐，吞金而绝，或言病死。幼主年十六，昏愚无能云云。

城中贼至今犹多据守者，四伪府官军至者多为所害。缘贼自问必死，设守颇密，而官军图利获，多散行也。今日调大队往攻，尚未得捷。嘉字营武赞臣来候，言及城中事，搜曳妇女，哀号之声不忍闻。余因言善后事，武君愿倡为之。少选易仲潜来候，与武君语正同，亦愿倡为。且云与嘉、赞二营及所统先、几二营先搜所掠妇女，勒回遣散，余皆拜之。下午，易有信至，言中丞所委善后总办彭毓橘、陈湜、彭椿年、易良虎等皆不愿办此事，并诋之为不识时务，属邀黄少崑来主其事，余诺之。

傍晚追贼马队营官伍维寿至，言在淳化镇擒得伪列王李万材，供称幼主与忠酋出城，分作二队，幼主与王长兄等为前队，已去远。忠酋与璋王、顺王、幼西王、幼南王、信王等为后队云云。当令带路追至湖熟大桥边，将伪忠王等一起酋目，全行杀死，缚李万材归。中丞命据作咨，余以口语未可凭为疑，中丞强之。余继念咨与中堂尚无碍，遂拟稿一件。

是日文案委员有至城，见人幼子甫八岁，貌清秀，强夺之归，其母追哭数里，鞭逐之。馀诸委员无大无小争购贼物，各贮一箱，终日交相夸示不为厌。惟见余至，则倾身障之。文案宋君生香喟然曰：“此地不可居矣。”写易仲潜信。即刻发，交来足。拟杨制军等信稿六件。

接易仲潜本日信。

二十日己丑(7 月 23 日)　　晴

闻生擒伪忠王至，中丞亲讯，置刀锥于前，欲细割之。或告余，余以此人内中所重，急趋至中丞处耳语止之。中丞盛怒，于座跃起，厉声言：“此土贼耳，安足留，岂欲献俘耶？”吒勇割其臂股，皆流血，忠酋殊不动。少选，复缚伪王次兄福王洪仁达至，逆首之胞兄也，刑之如忠酋，亦闭口不一语。余见不可谏，遂退。少刻，中丞意忽悟，命收禁，延余入，问当如何，且言此人缓诛亦可，吾恐有献俘等事，将益朝廷骄也。余言献俘与否，不必自我发。但此系巨酋，既是生擒，理当请上裁决。譬如公部将擒之而擅杀之，可乎？不可乎？中丞无以应。因命备文咨曾中堂，言萧孚泗追擒，其实方山百姓所缚也。

咏如、唐新泉、黄少崑来，共议善后事，三君皆在局也。少崑初有推委意，余激之，遂允力任其事。约明日邀各总办随办，会于易仲潜所封公所。下午，少崑来久谈。余闻前月廿七日内应事系黄所为，因询始末。黄言始通关节，系一廖姓，去年随其主朱某投诚出城，在黄营充勇，今春偶言及与守通济门之伪目某善，遂遣同往通信，出入必由智字营卡，故智字营官李金洲亦与闻之，事已久矣。每黄营内曳五色旗，则伪目至营议事，与约者人甚少，缘贼力皆往东北防官军地道，余处不过数十人。此数十人皆通外，议定缒官军百人上城，助开通济门土塞，招纳大队。廿六日，中丞轰神策门地道未成，甚懊丧，黄因请举其事。是日晚派黄营精锐百人上城，而令智字营数十人代接上方桥断处以过兵。智字营即往接桥，见城上不拒，知事可靠，因萌争心，分其半扼桥上，弗使黄三人进，分其半径至城下，内应者下索，上十馀人，忽一勇误放一枪，众惊自溃而下，乱伍退回。过桥一哨官跌溺水中，黄时尚与智字营相持，见事败亦返。李金洲故充中丞厮役，昵之，因谮黄观望不进，且云廖实贼谍，中丞怒诛廖，斥责黄，黄不敢见者数日。至月杪破伪地堡城，黄之勇浮中湖先登，让功与他人，怒乃得解。黄又言中丞差官军中左右厮役名差官。至外营，皆礼之甚恭，有易某至黄处，黄饮之酒，未与共坐，大诟而返，与其党日夜谮诉，诬以为通贼，中丞颇信之云。

晚同周朗山至伪忠王处与谭良久。自言广西藤县人，年四十二，初在家甚贫，烧炭为业，洪逆至广西，诱人入会，拜上帝，从者甚众，皆呼之为洪先生。渠起事时即被掳胁入内，在石达开部下，至金陵七八年后，始封伪王。余询逆首才能及各伪王优劣，皆云中中，而独服石王，言其谋略甚深。余问："在伪朝亦知其不足恃耶？抑以为必成也？"曰："如骑虎不得下耳。"余云："何不早降？"曰："朋友之义，尚不可渝。何况受其爵位，至于用兵所到，则未尝纵杀，破杭州得林福祥、米兴朝皆礼之，官眷陷城者，给票护之境上，君独无所闻乎？"

余曰："事或有之,然部下所杀,视所纵者何啻千百倍蓰,为将者当令行禁止,如尔者安得无罪,而犹自言之耶?"曰:"此诚某罪,顾官军何独不然!"余曰:"以汝自负,故与汝明之,使汝惺悟耳。军中恒情,岂责汝耶?"余又问:"十一年秋,尔兵至鄂省南境,更进则武昌动摇,皖围撤矣,一闻鲍帅至,不战而退,何耶?"曰:"兵不足也。"余曰:"汝兵随处皆是,何云不足?"又曰:"时得苏州而无杭州,犹鸟无翼,故归图之。"余曰:"图杭州,曷不在赴江西之前? 而徒行数千里无功,始改计耶? 且尔弟侍王在徽,取浙甚便,而烦汝耶?"曰:"余算诚不密,先欲救皖,后知皖难救,又闻鄂兵强故退,抑亦天意耳。"余又问:"洪秀全今年甫死,而三五年前已见幼主下诏,此何礼也?"曰:"使之习事也。"余又问:"城中使今日不陷,尚能守乎?"曰:"粮尽矣。徒恃中关所入无几,不能守也。"余曰:"官军搜城,见米粮尚多,曷云无食?"曰:"城中王府尚有之,顾不以充饷,故见绌,此是我家人心不齐之故。"又曰:"今天京陷,某已缚,君视天下遂无事邪?"余曰:"在朝政清明耳。不在战克,亦不在缚汝。闻新天子聪睿,万民颙颙以望郅治。且尔家扰半天下,卒以灭亡,人或不敢复蹈覆辙矣。"李又言:"天上有数星,主夷务不靖,十馀年必见。"余征其星名度数,则皆鄙俚俗说而已。余知其无实在过人处。因问:"汝今计安出?"曰:"死耳。顾至江右者皆旧部,得以尺书散遣之,免戕贼彼此之命,则瞑目无憾。"言次有乞活之意。余曰:"汝罪大,当听中旨,此言非统帅所得主也。"遂俯首不语。余亦偕众出。

拟冯督办信稿一件。

二十一日庚寅(7月24日)　　　晴

少崑来,邀赴善后局,余以不与其事,不赴。拟李军门等信稿六件。是日城中火渐灭,犹一二处未熄。尸骸塞路,臭不可闻。中丞令各营掩敛其当大路者,曳至街旁草中,以碎土覆之,馀皆不问。

二十二日辛卯(7月25日)　　　晴,午后雨,夜复雨

拟李宫保等信五件,拟招集流亡告示一道,又札冯洁卿等收铜锡稿一件。禹汲三、朱星鉴来,言禹遣亲兵看屋,为外营兵斫几死,朱星鉴巡查亦几被杀。又乱兵夺唐新泉衣,不与,欲斫之,会黄少崑至,禁之而止。武葆初来,言城中遍掘坟墓求金,属余言之中丞示禁。入谒中丞,未晤。冯洁卿来。

接十二、十四家信。又孟甥十五信,又添一女。又衣谷十二信,季雨本日信,叶湘文、姚彤甫二十信,又陈子金信。

二十三日壬辰(7月26日)　　　晴,夜暴风

至中丞处,言城中掘坟事,中丞即饬弁勇往查。拟富将军等信稿七件。苏晴山来谈,疾已瘳,遗余羽扇一,受之。汪子庆赠佳砚一,却之。傍晚咏如来,在城数日,局尚未设,诸总办一人不至。惟陈舫仙尚云:"如有事须我,我在南京一日,决不惮劳。"黄少崑在城候诸人一日,不至而去。计破城后,精壮长毛除抗拒时被斩杀外,其馀死者寥寥,大半为兵勇扛抬什物出城,或引各勇挖窖,得后即行纵放。城上四面缒下老广贼匪不知若干,其老弱本地人民不能挑担,又无窖可挖者,尽遭杀死①,沿街死尸十之九皆老者,其幼孩未满二三岁者亦斫戳以为戏,匍匐道上。妇女四十岁以下者,一人俱无,老者无不负伤,或十馀刀、数十刀,哀号之声达于四远,其乱如此,可为发指。中丞禁杀良民,掳掠妇女,煌煌告示,遍于城中,无如各统领彭毓橘、易良虎、彭椿年、萧孚泗、张诗日等惟知掠夺,绝不奉行。不知何以对中丞? 何以对皇上? 何以对天地? 何以对自己? 又萧孚

① 尽遭,稿本作"尽情"。

泗在伪天王府取出金银不赀,即纵火烧屋以灭迹。伪忠酉系方山民人陶大兰缚送伊营内,伊既掠美,禀称派队擒获,中丞亦不深究。本地之民一文不赏亦可矣,萧又疑忠酉有存项在其家,派队将其家属全数缚至营中,邻里亦被牵曳,逼讯存款,至合村遗民空村窜匿,丧良昧理,一至于此,吾不知其死所。是日作大木笼,纳忠酉于内,另一笼差小,纳伪王兄。写眉生信、金立甫信。即刻发,交来人。是日,城中尚有火未灭。

接眉生、金立甫信,又季雨本日信。

二十四日癸巳(7月27日)　　　薄阴,下午大雨

咏如昨榻周朗翁处,早间来谈。拟万篊轩等信稿二件。中丞以余十六日劝中丞仍赴前敌弹压为不相谅,又十八日檄善后札为不恭,向咏如言之颇怒。余自问心事耿耿,辩之恐生迹,遂置不问。拟郭松林等信稿五件。

二十五日甲午(7月28日)　　　晴

拟批禀一件,挽联一件。中丞见招,入内少谈,色甚忸怩,有“读书太少,义理不能制血气”之语,暗指昨事,余亦寓意谢之。亭午,中堂至自皖,入谒,众麇至,不能致辞而退。中堂巡捕桂实之、成振堂来候。吴春海鸿恩,四川人。来候。

接孟甥廿二日信,衣谷同日信,又元翁廿一信,又杨子木信,寄茅术廿斤。

二十六日乙未(7月29日)　　　晴

中堂来答候,中丞亦至,谈良久而去。黄昌歧、陈舫仙来候。阮榆生来。李淑卿、程月波、咏如来。中堂、中丞邀饮。代中堂拟挽联一付,拟方存之等信稿二件。下午,潘聚垣、屠晋卿、宣城人。张笛帆

长沙人,二人写奏折。等来候。晚李眉生、庞省三际云,河间人,二人拟批。来谈。同至中堂处,谈移时。十六日折已奉廿一日批回,另有旨外,明发上谕一道,廷寄一道,恩泽俟逆首下落。

接张云坡六月朔日信,又毛尚贤四月廿日信,又张仙舫信。

二十七日丙申(7月30日)　　　晴,下午暴风雨

眉生、庞省三来候,答候中堂随员诸君。下午,杨子木、许缘仲来候,答候之,谈少顷。拟富将军等信稿二件。访潘聚垣少谈。写家信、孟甥、元翁信,寄归夏布等。廿九发,交杨芳山。写张仙舫信、寄雨信。廿九发专人。

接眉生廿七日信。

二十八日丁酉(7月31日)　　　晴,下午暴风雨

庞省三来谈,吴春海太史来候辞行,答候送之。雷实卿怀宁人,自言其先尊讳俊①,字云屏,与先君换帖。来候。黎志彪来候。

入诣中堂、中丞处少谈。闻洪秀全尸已至,死两月矣,尚未腐坏,中衣皆绣龙,头秃,须已微白。先是营官陈寿武得伪宫人黄氏,通州人。指引掘出,其为伪主逆骸无疑。

许缘仲来,赠痧药等,转施难民局。晚张笛帆来谈。接衣谷、晓晴廿一同日信,又般仲十四日信。

二十九日戊戌(8月1日)　　　晴

拟何廉昉等信十五件。同乡史贤希来,在此午饭。傍晚同贤希过潘聚垣处少坐。中丞来邀晚饭,谈至初鼓尽而出。是日,中堂出门未返。写眉生信,初一发,交来足。写许缘仲信。初一发,专人。是

---

①　先尊,稿本作"尊人"。

日,焚斩洪逆〈之〉尸。

接眉生廿六日信,又张仙舫、季雨本日信。

七月壬申

朔日己亥(8月2日)　　　　晴

以家忌未出贺朔。黄少崑同咏如来。禹汲山、薛芳亭来。张凤翔来候,雷实卿、黎汉西来候。黄子春来自泰州,闻霍生病甚危,后幸得愈,在泰与人多不洽,处境至难。如何如何? 傍晚中堂归,遣邀过谈良久。复在眉生处少谈。冯洁卿来。

接莫子偲十九日信。

初二日庚子(8月3日)　　　　晴

至眉生处少坐。许缘仲、杨子木来。拟宋侍郎等信稿十一件。下午,见二十六日廷寄,以未见续报攻破伪城,恐有中变。且以中丞大局粗定之时,不当遽返老营,辞气颇严。中丞来,闻李少山于昨作古①,可伤之至。王雨轩来。晚至中堂处久谈,拟即将李秀成正法,不俟旨,以问余。余答言:"生擒已十馀日,众目共睹,且经中堂录供,当无人复疑,而此贼甚狡,不宜使入都。"与中堂意同。

初三日辛丑(8月4日)　　　　晴

至潘聚垣处少坐。同乡朱华庆观光,宜兴人。来候。代中丞拟李臣典祭文一首,挽联一首。又李少山挽幛联一付。史贤希今日出营去。傍晚浴,疮病弥年,不复近水,今幸小愈,浣濯甚快,安得纯灰百

---

① 作古,稿本作"作故"。

斛，并涤胸中块磊耶！

初四日壬寅（8月5日）　　　晴

张仙舫来，谈至下午方去。拟官节相等信稿十六件。中丞得邓薌筠先生遗印二方交余，属返其家。傍晚，入与中堂、中丞久谈。中堂具奏初七发。洪秀全已伏冥诛之事，及李秀成先行正法各情。先是，余言洪秀全伪遗诏似关紧要，中堂以外间所闻，系四月二十日，前奏已言之，而伪诏则系六月十七日，月日不符为疑。嗣自拟奏稿，遂言伪主实四月二十日服毒死，秘不发丧，而城内贼党，城外官军，纷纷皆知。至六月十七日不得已始下伪诏。以为得之伪宫人黄氏之口，一面将遗诏与伪玺并呈，其说颇合拍，而中丞以为失之纤巧，不如不呈。余因索伪诏观之，则大谬不然，乃叙癸亥年六月十七天父降凡之事，与伪主之死，绝不相俦。且事隔一年，尤非月日不符之比。因白中堂，寝前议。是晚伪王兄福王洪仁达伏法。

写万篦轩信。即刻发，交舜臣。

接衣谷初一日信。

初五日癸卯（8月6日）　　　晴，热甚

吴竹庄来，在此早饭，久谭。中丞亦来，共谈半晌去，竹庄晌午去。赵伯蓉廷铭。来候。黄子春来，坐至下午去。

闻外营诸人言，此次廷寄甚严，由于前折云伪城甚大之故，以为余罪。按旨中以中丞遽回老营为责。彼时中丞初归，余见各营纷乱，恐有中变，谆谆劝之再出弹压，坐是逢怒。余原奏稿寥寥数语，并未叙及回营一层。中丞亲笔稿逐细详叙，始有"赶回老营"之说，及后又属删定，余力言此四字可去，中丞艴然，以为不必取巧，余安能固争。仅将下文"令官军环城严守，四路搜杀"，改作"环城内外札定，兼扼各路要隘，冀使无一漏网"云云。以见中丞之归，非图休息，

乃为防贼之窜，庶冀周旋语病。中丞及余稿亲笔俱存，非妄言也。惟"伪城甚大"云云，则的系余添。时已四鼓，缮折将半，中丞与彭毓橘联榻酣卧，而外报窜出三百馀骑，步队千人，报者不敢惊中丞之卧，向余备言始末。余私忖伪酋必在其内，事关重大。况金陵城内伪主名酋，非他城可比，断难掩饰。且中丞孤立无援，又多怨忌，难保无人指摘。此次已奏明歼灭净尽，日后如何转湾，故于梦中撼之使起，再三商订，增此一节。下复云"万一城大兵单，窜漏一二，臣自当严饬各军尽力穷追，会合前路防军悉数擒斩，免致流入他方，复贻后患"等语。以见城破之后，贼力尚强悍如此，则防范不严，尚为有辞可说。不求有功，先求无过，问心不为不苦，若辈悠悠之口，何足与辨！所恨中丞厚待各将，而破城之日，全军掠夺，无一人顾全大局，使槛中之兽，大股脱逃，幸中丞如天之福，民人得忠酋而缚之，方得交卷出场，不然，此局不独无赏，其受谴责定矣。虽章奏一字不认，容能免朝廷之查问耶？况忠酋生得，而民人转被诛求，则伪幼主之得出，安知非民人惩前车而纵之使去，尤足令人眦裂。至此次廷寄忽加厉责，其中别有缘起，余知其约略，而未敢臆断，大抵朝廷苟无奥援，将帅立大功于外，往往转罹吏议。不然去年苏州之复，李公原奏明言忠酋从小路搭桥而去，今春杭州之复，左公原奏明言贼倾城先走，皆奏入而恩出。于此奏何如，而以笔墨为罪耶？君父之前，立言有体，虽近世捷报，大半虚辞。然亦必稍有根柢，不敢全然诳语。不然，两公皆长于作奏，何不以生禽入告耶？

　　见伪书敬避字样，称洪秀全之父母为君王父、君王母，其父名镜。又伪士阶条例更改科举之法，有英士、杰士、达士之名，颇多考订。最可笑者，历代之主，皆称为侯，如唐太宗为唐太侯，玄宗为唐玄侯，明太祖为明太侯之类，令人喷饭。其书甚多，皆洪仁玕所为。

仁玕系半通秀才，首逆之族兄，咸丰四、五年间，尚流落上海，或知而捕之，遂入贼中。甚信任，贼之政令，为之一变，一切参用文法，诸宿将多不服，贼势益衰，盖由于此。

接眉生初二日信，又宗湘文六月廿七日信。

初六日甲辰(8月7日)　　　晴。立秋

写家信，寄夏布、法帖、香珠等。即刻发，托张仙舫觅便。写张仙舫、邓季雨、史贤希信。即刻发，专送。黄少崑、苏晴山信。即刻发，专足。冯洁卿来。

伪忠酋李秀成伏法，渠写亲供五六万言，叙贼中事，自咸丰四五年后均甚详。虽不通文墨，而事理井井，在贼中不可谓非桀黠矣。中堂甚怜惜之。昨日亲问一次，有乞恩之意，中堂答以听旨，连日正踟蹰此事，俟定见后再相复。今日遣李眉生告以国法难逭，不能开脱。李曰"中堂厚德，铭刻不忘，今世已误，来生愿图报"云云。傍晚赴市，复作绝命词十句，无韵而俚鄙可笑，付监刑庞省三，叙其尽忠之意，遂就诛。中堂令免凌迟，其首传示各省，而棺殓其躯，亦幸矣。

傍晚诣中堂、中丞处久谈。

初七日乙巳(8月8日)　　　晴

拟乔鹤侪等信稿二十四件。中堂属余看李秀成供，改定咨送军机处，傍晚始毕。折中声明李秀成自知必死，恐中途不食，或窜夺逸去，转逃国法，故于当地凌迟处死云云。是日中丞入城，择定房屋，筋乐大醵，扬州拘到伶人一伙。印得伪金、玉玺，文三纸。

初八日丙午(8月9日)　　　晴

咏如、吴竹庄来，久谈。下午，得悉恩旨，中堂封一等侯，中丞一等伯，官相、李抚亦一等伯，馀尚未至。缘此信系富帅咨到廷寄，结

衔如此,本处尚未奉到也。入内贺喜。余笑言:"此后当称中堂,抑称侯爷?"中堂笑云:"君勿称猴子可矣。"大噱而出。少选,中丞归,复诣贺。

接初一日家信,又孟甥初三日信,殷仲六月廿六信,又季雨本日信,谢俊生六月廿七信,又袁桐君六月廿九信,又杜小舫信。

初九日丁未(8月10日)　　　晴

依健庵刺史来候,唐新泉同来。午偕眉生、省三入城内[①],过长干桥,桥未毁,但无栏楯耳。入城循秦淮西行,至伪侍王府,钓鱼台汪氏宅也。又至伪英王府,水西门张氏宅也。英府拟中堂居,侍府拟中丞居。在滕副戎处食点心,出城。是日所经历仅城一小隅,房屋焚毁,此方尚不为多,死尸已十去八九,犹臭秽不可堪。张仙舫、王雨轩来,不晤。吴竹庄,邓季雨、侯绩卿、史贤希、汪子卿来,惟季雨留住此。

接黄子春六月二十日信。

初十日戊申(8月11日)　　　晴

见颁到恩旨:中堂加太子太保,中丞太子少保,俱双眼花翎。李中丞双眼花翎。彭、杨太子少保,轻车都尉。僧王加一贝勒。官相一等伯,世袭罔替,双眼翎。骆帅轻车都尉,双眼翎。萧孚泗一等男,双眼翎。李臣典一等子,双眼翎。入内称贺,便衣不行礼。见李中丞信云湖口桥截杀净尽,诸将所报,恐未甚确。此间迄未奏报,惟据各营禀报,幼主已至广德,处处皆有其说,但不知人数多少耳云云。沈慎哉来,在此午饭。拟杨制军等信稿二十五件。中堂属重看李秀成供,并分段,将付梓。刘文楠来久谈。傍晚至中丞处久谈。

---

① 午偕,稿本作"同"。

中丞归志颇切，自言非疆吏才，局量褊浅而急躁，太无学问，又各事务规模条例，绝不当行。余云："量未尝不宏，但过急则有之；至事务之规例，其小焉者不足经意。公为国名臣，岂有乐志林泉之理，所愿遇事益求详慎，自无悔吝矣。"中丞改容纳之。

接初六日家信。又孟甥、依谷初五、六日信，又眉生初四日信，又魏刚己六月十九信，又张屺堂初一信，张炼渠六月二十信。

十一日己酉(8 月 12 日) 晴

巳刻同椒侄、调卿进城，赴中丞招饮，有泰州唤来梨园侑觞。下午出城。眉生来自扬州，同至中丞处晚饭剧谈，金眉生、李眉生共坐。黄子湘来，与眉生偕往余处。魏刚己、张溥斋到营，遣刺索夫马，无以应之。

接吴木安信、霍生信，又张屺堂初四日信，寄来汪燕山利折一个。

十二日庚戌(8 月 13 日) 晴

眉生同子湘去。中丞邀再入城观剧，未赴。李眉生来谈。傍晚入内与中堂、中丞谈少刻。在李眉生处少坐。沈慎哉来。

十三日辛亥(8 月 14 日) 晴

签阅善后章程一过。忠醭使廉，字鹄皋。遣候。杨子木来。在李眉生处晤万篪轩，久谭。张仙舫来，同至周朗山处少坐。宗湘文、刘晓山、于竹虚实之。来候。拟官节相等信稿九件。傍晚入内久谭。

接丁松侪初七日信。

十四日壬子(8 月 15 日) 晴，下午少雨复止

时旱久，乡间田耕者皆龟坼，天之降祸靡已，如何如何！眉生、子湘、子春、季雨、魏刚己、张溥斋等来，宗湘文、薛云锦、汤曙村来。子湘先去，子春、眉生、湘文以次去，刚己、溥斋、季雨末去。刘文楠

来。是日客竟日不止,神为之疲。季雨云薛筠先生坟墓被刨,棺木盖被斧裂,殉物无多,皆取去,骸骨未动,余闻之惨然,拟即为料理。傍晚入内于中堂处为刚己求开复,蒙允可,谈良久。省三来久谭。

十五日癸丑(8月16日) 晴

张仙舫来,余尚未起,遂去。黄亮甫来,入诣中丞处。在省三处晤少崑,遂邀之来余处谈。冯洁卿、赵伯雄、杨子木来。拟左制军等信稿五十五件。见左来信,有逆子洪瑱福迎入湖州,辅、堵各逆假以号召之说。写眉生信。即发,交来人。庞省三、李眉生来。中堂来谈至二鼓尽去。写李伯孟信。十六发,附折差中堂差官王廷贵,湖北人。接眉生本日信。

十六日甲寅(8月17日) 晴,下午阴雨

庞省三来。写魏刚己、周朗山信,各赠二肴。即刻发,专人。同乡丁听彝来,久谈,饭后去。里中复后,渠从江阴口至家住七日,城中情形,惨不可闻,尸骸遍地。渠到时为五月底,距破城已五十馀日,尚未捡拾,臭气四塞。房屋俱被兵勇占住或毁拆,莫敢发一言。守城系张树声所带△字营,分把四门,不准乡民入内,每日尚四出往乡村有人处吵扰。乡人或强者缚兵勇来城声冤,辄以土棍之罪罪之,民益无聊。城民归复旧业者,兵勇居其屋不与,乃议纳赎,比金至则割偏舍一二楹与之。所设善后局仅供金夫支应之役,馀俱不能问。知府李仲良下车无他善政,于门外榜施痧药,两县尤噤不敢出声。李中丞复城时,祷于关侯,故善后各员日日奔走武庙而已。乡间弥望无烟,耕者万分无一。虽有三年之复,而民实不能耕,虚被恩旨。李少泉闻人言兵勇不戢,辄大怒。锡人杨艺芳[①],其年侄,素所〈信〉

---

① 杨艺芳,稿本作"杨艺舫"。

任，一言及之，遽曰："不必言，吾皖人皆当诛。"杨战栗而出。自常以东及松郡道路，剽掠无虚日，杀人夺财，视为应然。

丁又云，今春三月，在浙省绍兴，居民皆已复业，萧山诸境民船夜行，橹声相应也。杭省百废俱起，复城未两月，已议及海塘，各郡之漕皆减定，颂声大作。以此观之，左公吏治实胜李数十倍，虽心术未能坦然，而民被大德，他眚不足言矣。

诣中堂、中丞处少谈。接咏春十一日信，又开孙信。

十七日乙卯(8 月 18 日)　　　雨

拟赴头关，为李少山作吊，借马于少崑处，而雨甚，中止。省山、眉生来此剧谈，午食后去。入内至中堂、中丞处少谈。

十八日丙辰(8 月 19 日)　　　晴

万篦轩来候。诣中丞处。巳刻出营，赴彭次卿处作贺，少坐即行。未刻到头关，先在张仙舫处少坐，易服后，到少山处吊奠毕，至咏如处，与咏如、听彝等话谈，遣邀季雨，以病未至。饭后到冯洁卿处，并晤勒少仲、方镝。孙子佩，尚绂。久谈。觅张佑之舟不见，又至张仙舫处，晤其幕客李少伯。

接张凤翔本日信。

十九日丁巳(8 月 20 日)　　　晴

在冯洁卿处饭。张仙舫招下午饮。同咏如过江，至抚恤局晤季雨，并晤其同乡胡君等，少坐而返。闻中堂到莲花堤下舟，同听彝往候之，并晤刚己、溥斋、仙舫、张佑之、宗湘文等。下午中堂、中丞及眉生、省三等赴黄昌歧席，返舟，因候送中堂，揖毕，至眉生舟，易衣少坐。眉生闻抚局有女子王氏甚美，欲纳为妾，强余同行相看。余自去岁至今未入抚局内栅一步，因闻此女为侯绩卿占据，谣言藉藉，并云已携出局,亦欲往察真伪,遂许之。傍晚到局,查知此女尚在,密询季雨,则侯绩卿实与有约。余因属眉生亲往看,颇以为可,而其女不愿从之,其说益信,顾未可张扬,姑偕眉生返舟。是日即榻其舟中。

接魏刚己本日信。

二十日戊午(8月21日)　　　晴

早起,中堂来谈,以续奏李秀成已行正法一片见示。言臣在皖时声明该酋应如何办理,到营察酌具奏,到后知其被缚时,民人助之,杀伤亲兵某某,又已入囚笼,而伪松王陈得风尚为跪拜。臣以其人心未去,党羽尚坚,故决计就地正法云云。辰刻,辞中堂下舟,顺为丁听彝说项,蒙允可。棹小艇回头关,晤张仙舫,借其舆,又晤咏如、听彝少坐。写李眉生信,托魏刚己事。即刻,交丁专送。巳刻行,候黄昌歧贺喜,不晤。候陈舫仙贺喜,即留午饭。舫仙性坦直,与谈甚洽。出所市城中物见示,价俱昂,而无一佳者,即此便可喜。未刻进水西门,过莫愁湖,十年前风景,恍然心目。将近城,贼筑贯珠二垒已废,穿垒而过,入城不半里,即中堂行署,伪英王府也。逢黄子湘,停舆小语,候万方伯篪轩,久谈,并候杨太守子木。俟宗湘文、于竹虚、武镜汀诸人不至,遂候魏刚己、张溥斋,少谈。刚己出其姬人及其令爱画幅见贻,秀色殊异。候黄少崑于善后局,并晤黄观伯、武楚臣,久谈。出城道过废伪忠府,墙高蠹天,(褱)〔袤〕延数百步,故江宁府署改造而扩充之也。傍晚到营,晤陈六笙,自江右返,少谈。入诣中丞处少谈。

接眉生十八日信。

二十一日己未(8月22日)　　　晴

拟恽次山等信稿二十三件。见七月十一日廷寄,内称御史贾铎奏,请饬曾国藩等勉益加勉,力图久大之规,并粤逆所掳金银,悉运金陵，请令查明报部备拨等语。曾国藩以儒臣从戎，历年最久，战功最多，自能慎终如始，永保勋名。惟所部诸将，自曾国荃以下，均应由该大臣随时申儆，勿使骤胜而骄，庶可长承恩眷。至国家命将出师，拯民水火，岂为征利之图。惟用兵日久，帑项早虚，兵民交困，若如该御史所奏，金陵积有巨款，自系各省脂膏，仍以济各路兵饷赈济之用，于国于民，均有裨益。此事如果属实，谅曾亦必早有筹画布置。惟该御史既有此奏，不得不令该大臣知悉等语。

又内阁奉上谕：户部奏请将军需报销变通办理一折，著照该部所请。所有同治三年六月以前各处办理军务未经报销之案，准将收支款目总数，分年分起开具简明清单，奏明存案，免其造册报销。其自本年七月起，一应军需，凡有例可循者，务当遵例支发，力求樽节，其例所不及，有应酌量变通者，亦须先行奏咨备案，事竣之日，一体造册报销，不得以此次特恩，妄生希冀云云。

富将军前日来此，托言查看旗城，其实僧王有信，令其查访忠酋真伪及城内各事。泊船水西门，见城上吊出木料、器具纷纷，颇有违言，逢人辄询伪忠王是否的确云云。幸此人留之半月，经中堂亲询口供，众难伪造，又夷人及各路来人见之者甚多。然犹众议如此。若本日戮之，即剖心视众，无以明之矣。见各路信，江西之贼经鲍帅于七月初四在浒湾剿击，大破之云云。

拟吴漕帅等信稿三十三件。杨子木、张佑之、黄少崑、魏柳南、彭椿年等来。傍晚至帐房晤曾星田等，乞米，又诣中丞处，方定营员功次，余以椒侄家累重，不能远离，乞保䂮务佐杂，留两淮，中丞允之。周朗山来久谈。写季雨信、咏如信。即刻发，交来手①。

———————————

① 来手，稿本作"来人"。

接季雨二十日信。

记破城事:六月十五日,地道将成,是夜二鼓,有狂人突至中丞前,口言有红须人、白须人令我来销差,言委办之事已做到云云。众以为奸细,曳出之,犹嚷此二语不止。发火后,官军方欲驰入,倏钟山上有云如山,压官军阵上,拥护而进,一时若有神助。又临发前半刻,不云而雷者三。破城后,伪天王府有烟焰起,忽见金光一道,自伪府出,直掉入半空而没。少选,城南复有白光如之。此皆众耳众目所共闻睹,爰志其异。

（以上《能静居日记》二十）

二十二日庚申(8 月 23 日)　　　　晴,下午少雨

刘文楠来,下午甫去。写阿哥信。廿三日发,附李中丞信。写李中丞贺信。同日发,交赵排递。

二十三日辛酉(8 月 24 日)　　　　晴

见江西探信:初十日,周宽世克复东乡县。十一日,刘典克复崇仁县。拟万篦轩等信稿十一件。写张屺堂信,即刻发,交杨子木。霍生信,附张。吴木安信,附张。眉生信。即刻发,交杨子木。见左制军折,伪幼主洪瑱福六月廿一日到广德,廿六日遂入湖州。

二十四日壬戌(8 月 25 日)　　　　阴

唐新泉来,言城中各军尚纷乱不止,兵勇互相掠夺,时有杀伤。本地人有自泰州挈眷来者,兵勇利其妻财,指为馀党,搂其妇女,括其囊箧而去。泣诉于唐,唐不敢问,唯唯惭谢而已。

禹汲三来少坐。写咏如信。即刻发,专送。魏刚己来,谭至下午

去。写家信,寄归炳甥监照及孟甥、衣谷、开孙、咏春、晓岑信。二十八日发,交赵附排递。拟刘馨室等信稿三十四件。

接张溥斋本日来信。

二十五日癸亥(8 月 26 日)　　　晴

中丞来久谈。霍生来自泰州,相见甚喜。季雨来。写周阆山信。即刻发,交来人。子宪二兄来自江北,同在此饭,饭后,同霍生、季雨进城,余顺至雨花台为李祥云军门作吊。申刻进城,至黄少崐处,不晤,晤黄冠北,约是日下榻渠处。复偕霍、季访黄子春、魏刚己、张溥斋,均晤。回至黄冠北处饭,饭后复至子春处少坐。

接周朗山本日信,又叶湘文某日信。

二十六日甲子(8 月 27 日)　　　晴

早饭后同季雨至万竹园一游①,池塘尚在,轩榭皆荒。内室以文楠为梁栋,罘罳悉付一炬。土山仅存老木二株,池东紫薇孤花正著,为之神怆不已。还至善后局晤少崐,与霍生、季雨等皆在少崐处饭。就少崐乞得营役十人,帐房二架,交季雨后日赴中丞公墓修理。饭后同两君候朱焕文军门、武赞臣军门、武楚臣观察,贺喜,复同登清凉山翠微亭。自承平时亭已欹侧,今犹如故,亭外丛木皆薙,放眼特旷,心胸为之一豁。他日得如此一区,结茅以老,虽死何憾。酉刻至妙相庵,途过小仓山房,已鞠为茂草,庵独完善,则少崐保全之也。少坐啜茶。邻有花匠,故佣作诸名园,呼话往事,殊不欲闻。日暮返善后局饭冠北处,饭后与少崐谈片刻。是夕与霍生同榻冠北处。

---

①　游,稿本作"看"。

二十七日乙丑（8 月 28 日）　　　阴, 下午雨

早饭后至刚己、子春处。同季雨、霍生至城西南隅访凤台故址，又看屋二处。亭午偕霍生返营，子宪兄先在，下午冒雨去。霍生留榻余处。诣中丞处少谈。

接孟甥十六信。

二十八日丙寅（8 月 29 日）　　　晴

检点归装，拟先付便人带皖。本地人黄叟家修。来，在此午饭。汪雨人来自宜兴。冯洁卿来。张溥斋来，少谈即去。拟朱九芗学使等信稿三十一件。是夜霍生榻余处。

接阿哥二年八月二十五日信，又本年四月二十七日信。为雨人事。

二十九日丁卯（8 月 30 日）　　　阴, 微有日色

早至中丞处少坐。汪雨人来，仍返宜兴，赆以四金。陈笙白廷华，湖州人，陈子舫之侄。来候。写陈子舫信。即刻，交汪雨人荐之。子宪兄同周景璇来，周即返江北，宪兄拟赴皖。饭后霍生去，奉札仍赴江北。拟许缘仲等信八件，写缘仲信。三十日发，交陈笙白。汤曙村来候。罗茂堂来。写家信，三十发，交子宪。带归行李。

接许缘仲二十一日信，又陈子舫十六日信。

三十日戊辰（8 月 31 日）　　　阴, 下午雨

子宪二兄来。中丞来少谭。答候罗茂堂，顺至李明山处少坐。陈笙白来。写咏如信。即刻发，交子宪。拟杨制军等信稿四件。

八月癸酉

朔日己巳(9月1日)

晨起贺朔。张仙舫来久坐，赠古玉小勒二枚，分一与椒侄。下午微疾困卧。接杨子木七月信。

初二日庚午(9月2日)　　　　晴

季雨、咏如来，陈月波来，张屺堂、金力甫、严坤安汝翼，湖北人。来。屺堂在此久坐，赠抄本《说苑》一部。同屺堂至中丞处饭，午饭后重至中丞处告辞赴皖，拟明日行。史贤希来，周朗山来。拟万篦轩等信稿二十四件。写魏刚己信。即刻发，交来人。

接眉生七月廿六信，魏刚己本日信，又函叔七月廿二信，武镜汀七月信。

初三日辛未(9月3日)　　　　晴

拟郭芸仙中丞信稿一件。张屺堂来，同至中丞处饭，饭后同出营。申刻至头关，晤咏如、振远、贤希，又武赞臣、楚臣等。萧信卿、陈舫仙等来咏〈如〉处辞行，相晤，托疾未往送。贤希是日返皖，托带行李冗件。屺堂在咏处晚饭，先返江北，余亦拟游维扬。

初四日壬申(9月4日)　　　　阴

写刘晓山信、金力甫信。交振远，即日发。写赵舜臣信，椒侄、伯甥信。即刻发，交孙〈荣〉。写禹汲山、唐新泉、黄子春信。即日发，专人。至张仙舫、冯洁卿处少坐。周阆山来谭。是日疾少瘳。

初五日癸酉(9月5日)　　　　阴

寄雨来。写伯、椒信，中丞信。即刻发，交来人。下午，到周朗山船上一行。

接伯甥、椒侄初四日信。

初六日甲戌(9月6日) 雨

冯洁卿来。

初七日乙亥(9月7日) 雨

杨子木遣炮舟来迓,拟晴明即行渡江。

初八日丙子(9月8日) 雨

咏如进城至中丞处。写家信,即日发,交轮船。又写伯甥、椒侄信。即刻发,交程宝山。饭后下船开行,顺候黄昌歧军门。闻湖州已于前月廿七日收复。酉刻,舟出北河口,泊拦江矶贼故垒下,登瞩移时。垒以石围,约数十丈,重堑环之。西北炮台上一炮甚大,上有"顺治十一年钦差总督广东等处某某造,重三千斤"字,其姓名刓不可识,约略末一字是泰字也。傍晚进草鞋夹,行六七里,近燕子矶泊。此道自咸丰二年闱后与吾兄偕行,今十四年矣。人生一饭食顷,信哉!拟明早游燕子矶。

初九日丁丑(9月9日) 薄阴,顺风

拟游燕矶,而舟人扬帆不欲卸,遂默然过,不呼余起。枕上闻岸民呼噪逐蝗,实已睡醒。辰刻过摄山,山下屋舍犹有存者。望对岸六合方山,顶平正方,其前一山平直如一字,再前二山并起,尖圆如若女子乳,山形并怪。已见仪真青山及山外沙洲,今纱帽州,疑古之迎銮镇矣。午刻抵洲岸,问刘晓山不在,访王少槐,谈次,知张振远尚在此。少刻张至舟,同下舟,少槐亦至,访晓山之婿张子寿宛平人。及子穆之友许召存,仪真人。并晤子穆之子名永昌者。未刻别振远,行到仪真私盐沟少泊,复行,晚到朴树湾。井舍鳞比,炊烟缕缕甚

繁,乱后有此生聚,知扬防将士虽无功,未可尽非耳。是水去扬州不及百里,余经历江湖,独未之过也。

初十日戊寅(9月10日)　　　晴

辰过三汊河,读《续通鉴》至宋南渡时用兵事,史家张扬,俱不可信。郇琼言南北将帅优劣甚确也。赵鼎言高宗世成见一段尤为定评。午刻至扬州拢船,步由东关门入,到左卫街觅见眉生公馆。眉老方疾,先晤其侄立甫,并晤褚甹臣。同饭,饭后入眉内室久谈,留榻盘桓。下午,同金立甫、石似梅、袁薇生师鬈。同看街肆,过辕门桥至教场茗饮,皆咸丰二年旧游处,阛阓尚在,光景则百分不及一矣。夜,眉老盛设。

接吕定之七月△日信。

十一日己卯(9月11日)　　　晴

早起同立甫、似梅等食扬州面,归途逢孙澄之。于竹虚、实之。张菊甫福年,屺堂弟。来候,余便衣出谈。刘文楠来候。孙澄之来访,适褚甹臣招游棣园,遂偕往,先诣褚处同行。此园饧贾包氏业,余前游此,已嫌其金粉气太重,今采藻俱落,徒有荒秽,益不足观。孙澄之强邀过饮其家,见古钱甚夥。宗湘文、于竹虚复在眉处相候,朱春舫知余至,亦诣眉所,而余不得归,遣谢之。湘文寻至,少谭而去。

十二日庚辰(9月12日)　　　阴雨

写张屺堂、武镜汀、宗湘文及霍生、振远信。十三发,交立甫。连日眉生皆扶疾出就余谈,甚畅。余以有隐志,就谋买山计,承厚诺,此事成就甚大,能无感邪。眉又出明人影摹宋苑本《如来十大弟子像》及杭州僧六舟手拓新安程氏彝器古钱三大卷见示,皆艺林之宝。午复盛设邀饮,同座褚甹臣,刘晓山来候,亦同座。于汉卿昌遂,竹虚之叔，文登人。来候，并邀明晚饮。

十三日辛巳(9月13日)　　雨

眉老来谈，至午未去，中食馔益美。惜连日脾困，不能多食，寒士命薄，可为一噱。下午孙澄之至，傍晚同赴于氏招，晤同乡龚少卿丙吉。及李润田。座中见于所藏北宋槧《嘉祐集》、《梅花喜神谱》，皆黄荛圃百宋一廛中物。

十四日壬午(9月14日)　　雨

眉老出谈甚畅，余连日食困，微有恙，而主人旦晚肴设至精，强为举箸，益增疾矣。下午，孙澄之同贾祥伯来候，少谈去。夜，眉复来谈，见九帅与渠信，湖州、广德于廿七、廿九叠复，江西听王等大股投诚，馀匪窜宁都，惟皖北颇猖肆，调刘南云、朱南桂、朱洪章赴剿。又九帅前由中堂奏片陈疾乞归，奉旨深合出处之道。惟荩臣谋国，尚未斟酌尽善，著揆帅传谕存问，且在金陵休养云云。辞气可怪。

十五日癸未(9月15日)　　中秋。雨，下午晴，夜月甚皎

眉老来，见示皖中信。帮办陈国瑞叛，可为怪事，皖北一时恐将纠葛不了。又回疆回子作乱，已据迪化州，中外文报不通，廷旨命杨厚帅赴任，而以江右事付鲍超。眉老来谭良久。写扇赠眉老及其子大定、其幼女七姑。眉亦写扇为赠。

写徐雨之、龚孝拱信。即日发，交眉老。下午，于汉卿来候，龚少卿来候。晚，眉生饷余，同坐孔改庵、孔宥函子，山东人，十年在苏识之。褚萧臣等，谈至三鼓后散。

余又读道光六年回疆用兵时上谕抄本，见其赏功之优，实逾伦等。而彼时广东各官及汉口盐商备资助饷皆不受，可见物力之富。然行师万里外，而兵不过万人。彼时赏功，又有内府令牌一种，每面

当五、当十、当二十、当三十两,事毕照给。今无此制矣。

夜四鼓,复出观月,天宇澄彻,悔不在焦山度节也。接屺堂本日信。

十六日甲申(9月16日)　　　晴

孙澄之来,朱春舫来候。眉老来痛谈,并赠佳画二册,饭后下舟。申刻行,二鼓至瓜州。

十七日乙酉(9月17日)　　　晴

巳刻解维之七号口小泊,上岸一行。下午金力甫舟至,同赴焦山,访陈笙白、杨艺亭,皆晤之。同游松蓼阁、自然庵,地擅山东面最胜处,一望寥泬,殊畅祎期。晚赴杨艺亭之招。许缘仲观察知余至,属陈笙白来约移居自然庵,以时晚未允之。写眉生信,十八发,交力甫。杜小舫信。同上。

十八日丙戌(9月18日)　　　晴

早同金力甫登岸,诣许缘仲处,祝其太夫人寿。张屺堂已至如约,并识金芗圃观察,周子佩太守,金名以诚,杭州人。周名辑瑞,湖南人。同午食已,余应主人招,赴自然庵小住,候轮舟之至。金力甫先返扬州。金芗圃、张屺堂到自然庵久谈。下午,芗圃去。余少卧,与屺堂登山极顶四面亭,下山顺过避风庵,望松、蓼二山。此庵余前游未到,庵中遇信长老,旧吾常天宁寺僧,识余,恋恋有香火情。傍晚至缘仲处,主人盛设觞余,所饮酒为未乱以前绍兴女儿酿,殆希世物矣。烹饪之精,歌吹杂作,高楼临江,明月将起,恍不知身在尘世。饮至三鼓,浮白数十,陶然而归。至自然庵,解衣甫欲卧,而轮舟至,疾起觅舟往趋。缘仲、屺堂等皆来送。子刻离山,到七号口上船,鸡再号矣,解装殊不成寐。

十九日丁亥(9月19日)　　　晴

辰刻舟行，午过江宁，申过芜湖，傍晚到荻港，舟不住轮，度夜半可到，遂不卧。四鼓抵岸，舟人吹号，有小舟来，接赴岸上茅舍驻足。

二十日戊子(9月20日)　　　晴

黎明呼舆进城，至家，家众未起。遣邀衣谷、孟舆于书局中，遂同访开孙，识其弟允仲，与偕归，至佛神祖龛前行礼。候塾师谢俊生及子宪二兄。子可来，少谈，闻元翁已入幕府。饭后酣卧至夜。

二十一日己丑(9月21日)　　　晴

早起，同子宪兄、谢俊生谈。谒相久谭，以中丞信来，颇悒郁不平，属余切函排解。候方元徵师、钱子密、蒋纯颀、程伯敷、曾劼刚、周缦云及欧阳晓岑于书局，并晤李芋仙及衣谷、孟甥。开孙来。写中丞信。廿二日发，交曾中堂。下午，元翁来答候。赴开孙处晚饭之招。写槐亭信、六姊信。廿二日发，交开孙之弟允仲带湘。

致曾宫保书

宫保伯中丞阁下：昨日悬弧之辰，天色澄霁，气候暄燠，世说以是占人寿考福泽，信而有征。〈烈〉虽不在左右，东望高旌，欣忭无量。

拜别后，初九离头关，十一到扬州。眉生病中，不能同游焦山，邀留过节，十六成行，十七至焦山，晤屺堂及许缘仲观察。十八趁舟，二十到皖，道途托庇一切无恙，足纾垂注。

濒行见阁下湿恙未愈，六淫之疾，湿恒中脾，而脾制于肝，木不达者，土受其侮，则湿愈难除。意公之患殆由郁伊既久，大气菀而不畅之故乎？当春夏之际，悔咎交集，不独公憔虑旦夕，如某者亦为扼腕不置。至大功既成，群议如扫，而窥公之中，若以簧鼓馀论,犹未释然。当乐而忧,蒙窃惑之。夫以老巢独克,名酋生擒,公之功业烂然,亘古无二。公以三十持旄,四十而成大功,一门之内,躬桓并锡,际遇之盛,亦亘古无二。最难处者,功名之会,自古名将力争于原,一吏得操其短长而议之,往往功高而赏不行,而公捷书一闻,群以侯伯之赏不为厚,众议之孚,尤世罕有。至于中外之人,或者不满于公,所言者细故,所指者末事,此如浮云之翳太空,顷刻之间,消弭无有,不能损公光焰于毫末,何足置于胸哉?且以天之宰育万物,祁寒暑雨,尚有怨咨,况在于人。

昔唐之郭、李并为名将,并造中兴之业,世所并称,而其末途甚异。郭宽而不整,李严而微褊,故治军则李优于郭,若处世之道则径庭矣。郭当肃、代之世,屡出屡入,任之之事则如素有,夺之权则若本无。至人发其父墓,犹引过自责,而不理仇怨。是以功名全备,福泽及远。李当守太原、战河阳,岂不赫然在郭之上,而以愤激不忍之故,比身后尚有馀议,此其事可不深长思哉?公之功名,自视若平平,至千载之后,青史之上,何郭、李之足并。所贵持盈保泰,益自谦损,思古人所处之难,慎终求全之不易,夐辠百倍于今,则向之介介不能尽忘者,有不云彻席卷也耶?

〈烈〉接近已久,见公任事之勇,致力之专,用心之厚,皆大过于人,所以成大功、尸大名、受大禄,非偶然也。然而径情直行,不为回曲以避阻阨,如水之流,直则易矶而多激,鲜萦纡渟潴之致。鄙心日夜图维,念之不能去怀。公之惠爱于某不可枚举,今虽暂违,敢私所见而不贡之于公乎?古人事君,则愿其君比隆尧舜,享国长久。某事阁下,亦愿阁下名德福寿,度越今古。故土壤之微,以增泰山而不自愧,恃其心之不欺,亦恃公之能谅而已。狂瞽之罪,何暇计哉!某休息两旬,再庀行计。公求归未可,大约一时不能如公之志。秋杪趋秣,更陪戎幄耳。

专肃恭介千秋,敬请台安,不尽缕缕。

接槐亭七月初六日信。

二十二日庚寅(9月22日)　　　晴

开孙来。至方元师处,见表嫂赵氏及元师幼子子耿。憬。丁听彝来,开孙来,李眉生来久谈。蒋莼顷、钱子密、程伯敷答候,皆未晤。写许缘仲、张屺堂公信,即刻发,交文报局。眉生信,伯房、椒孙信。即刻发,交杨芳山寄金陵大营。

二十三日辛卯(9月23日)　　　晴

秋分合祀。下午,邀开孙、听彝、贤希、谢俊生、子宪兄、衣谷、孟甥来馂馀。杨咏春来候,即同座。余有疾未陪,饮散邀诸君入内室谈。

二十四日壬辰(9月24日)　　　晴

欧阳晓岑来答候,刘伯山、毓崧,扬州人。莫子偲来候,均以疾未见。

二十五日癸巳(9月25日)　　　晴

方元翁来,同过开孙少坐,与开孙至古董肆,顺访晓岑、伯山、衣谷于书局。午饭后子宪兄及谢俊生皆来,同入茗肆少坐。余畏风,与衣谷先回开孙家,谈至二鼓,开孙赠珍玉一。胡云浦、长芝。刘纯甫来候,未见。

接金陵寄回七月廿七,本月初三、初九三次家信,又寄回孟甥本月初一、初四日信,又伯甥十八日信,又寄回衣谷初二信,又霍生初十信,又寄回杨见山初八信,又李宫保信,许缘仲十六信,又陈笙白初四、十五日信。

二十六日甲午(9月26日)　　晴

胡云浦来,未见。方元师、邓逸亭来,亦未见。

二十七日乙未(9月27日)　　晴

槐亭来自长沙,闻六姊等皆无恙。候桂实之、杨芳山、张汉秋、唐子寿、潘聚垣、洪琴西,并晤琴西之弟。谒中堂久谈,蒙允为刚已开复。访元徽师。候王子云,不晤。候胡云浦、杨咏春、丁听彝,在咏春处饭。又候汤诗林,又答候莫子偲,又候王少岩,又候勒少仲,不晤。返寓,开孙来,饭后与槐亭同去。

写伯房、中丞、眉生信。即日发,交芳山。杨贻亭、张屺堂、王霍生、张振选、魏刚已信。二十八日发,交文报局。

二十八日丙申(9月28日)　　晴

开孙、衣谷、子可诸人来。下午邀槐亭、元翁、开孙、衣谷、子可、孟甥等饮。丁听彝、刘纯甫来。

二十九日丁酉(9月29日)　　晴

勒少仲、陈小圃来,未晤。李壬叔、张小山来。下午,欧阳晓岑来,史贤希亦来。

三十日戊戌(9月30日)　　晴

张佑之来候。杨咏春来,开孙来。早饭后同槐亭候文报局厉斌堂,又同谒相送行,未晤。槐亭先归。余又候元翁、子密、莼顷、伯敷、陈小圃、杨芳山、张汉秋、唐子寿、洪琴西、潘聚垣等,杨、张、唐、洪、潘不晤。答候张佑之,即留久坐。午饭后候李壬叔、张小山、华若汀,并逢龚春海。又候恽纨香、廖再卿,不晤。又候史贤希,并晤衣谷。

又答候邓逸亭,候王仙舫,邓晤王未晤。又答候刘纯甫,不晤,又谒
候相久谈。归寓,开孙、诗林、衣谷、子可皆在,孟甥方设饮。晚到开
孙处赴其招,饱不能食而归。

接槐亭七月初三日信。

九月甲戌

朔日己亥(10 月 1 日)　　　晴

王仙舫来答候。开孙诸人来。下午欲至元翁处未果,午后元翁
来谭。

接伯甥八月廿三日信,又椒侄同日信。又寄回孟甥八月初三日
信,又寄回王仙舫八月信。

初二日庚子(10 月 2 日)　　　晴

同槐亭赴古董肆买香炉三、玉一。欧阳晓岑来,衣谷来,洪琴西
来答候。恽晼香来答候,未见。衣谷招饮于开孙处,余先归,开孙赠
香炉一,最佳。

初三日辛丑(10 月 3 日)　　　晴

子宪兄成行,赴皖南金逸亭处,送之西门外。顺访王仙舫、邓逸
亭。同槐亭、子吕、逸亭茗,又同槐至元师处,未晤。下午到开孙处,
元师、听彝、贤希、谢俊生、汤诗林、衣谷、子可等皆在。诗林饮诸人,
初鼓余先归。

初四日壬寅(10 月 4 日)　　　晴

槐亭趁轮舟由沪至浙,送之东门,设饯文报局临江亭子,并邀元
师、开孙、衣谷。元师亦是日行,方守行李不至。饭后至元师舟送其

行,复返江亭,至晚轮舟不至,衣谷愿伴槐宿城外,余及孟甥先归。
程尚斋、张佑之来候,未值。

初五日癸卯(10月5日)　　　晴

槐亭趁轮舟未得,复归。候杨见山、王虚斋、龚春海、方存之,
龚、方不晤。复候喻总戎觐勋,吉三,宁乡人。程尚斋、洪琴西、何小
宋,璟,广东人。喻、程、洪不晤。赴晓岑招饮尚早,复访杨咏春、莫子
偲。下午再至晓岑处,晤何丹臣,识杨蕴山、玉辉,岳州人,太平府知府。
黄容台,际昌,湘潭人。饮至初鼓时归。槐亭复至城外候船。

初六日甲辰(10月6日)　　　晴

晨起到东门,槐亭尚未行,伴之至(庭)〔亭〕午归,顺至开孙处少
坐。喻吉三答候,久谈。诗林来,王虚斋答候,未见。开孙同诗林复
来。写伯甥、椒侄信,即日发,交〈何〉小宋。与眉生、季雨、冯洁卿信。
同发。何小宋来答候,未见。

初七日乙巳(10月7日)　　　晴

孟甥回言槐亭已于昨晚成行。衣谷、开孙、刘伯山来,晓岑来,
诸人皆欲先行,余不能速,亦不牵曳使后也。晓岑、伯山先去,开孙、
衣谷在此饭。

初八日丙午(10月8日)　　　晴

廖再卿来候,不见。莫子偲来辞行,不见。胡云浦邀今日饭,不
赴。何小宋邀明晚饭。

初九日丁未(10月9日)　　　重九。晴

候莫子偲送行,不晤。访王少岩,久谈。检点藏书。开孙、衣谷
来,史象若来,方存之答候,未见。傍晚赴何小宋之招,同座晓岑、开
孙、王少岩、丁听彝等。写王霍生信,接写张振远信。初十午刻同发,交

来足。

接霍生八月信,振远八月廿八日信,又槐亭初六日信。

初十日戊申(10月10日)　　　晴

检点书札。衣谷来。

十一日己酉(10月11日)　　　晴

开孙见招过谈,衣谷亦在,同至古董肆,又同至咏春家。晤咏春、听彝,又同访诗林,仍同返开孙处,至晚归。张佑之来,不值,欧阳晓岑来,不值。

十二日庚戌(10月12日)　　　晴

检点书箱,拟明日先交欧阳晓翁书局船携赴下游,遣刺邀晓翁、喻觐勋、王少岩、王仙舫、汤诗林、邓逸亭、刘纯甫明下午饭。文报局陆伯吹来。丁听彝来。何小宋来候,久谈。开孙来,衣谷来,晚饭后去。

十三日辛亥(10月13日)　　　晴

天时久旱,谚云:"重阳拗不过十三,如十三无雨,则冬必苦干。"未知验否? 检点书箱下船。徐韵生维城,丹徒人,常州识之。来访。邓逸亭、刘纯甫、汤诗林、欧晓岑、王少崖来赴招,是日与开孙公分,二鼓客去。

十四日壬子(10月14日)　　　晴

开孙来,同访徐韵生、张佑之、史贤希、杨咏春、丁听彝,史、丁未晤。在咏处饭,诗林亦来,同访晓岑、衣谷,并晤喻觐勋。下午归,史贤希、诗林先在,衣谷续至,邀诸君小酌,二鼓散。闻沅帅已奉旨开缺,马方伯新贻补浙抚。

十五日癸丑(10 月 15 日)　　　晴

同衣谷访刘伯山、杨见山、方存之,杨未晤。诗林来,与余易帖。亭午邀开孙至,同至市楼小饮。傍晚同访贤希,闻晓岑已下舟,开孙、衣谷皆与同行者,衣谷即去,开孙匆匆归检行李,余亦罢归。

汤彝铭,号诗林,行五。道光丁酉年十月初三日生,湖南长沙益阳人。

曾祖礼昆。祖义立。父鹏。母氏罗、罗。慈侍下。

兄佶昭、俶昭、寿铭。弟鼎铭。妻王氏。子显允、文允。

接邓伯紫七月廿七日信,又与吉止信十二页,又槐亭初七日信,又子宪兄十二日信。

十六日甲寅(10 月 16 日)　　　晴,暖甚,单衣觉燠

开孙等成行,起迟未及送。陆伯吹来。

十七日乙卯(10 月 17 日)　　　晴。午间先雷后风雨。夜复有

雨,雨急而暂

十八日丙辰(10 月 18 日)　　　晴

龚德生念修,表兄龚允之之子。来候,未见。刘纯甫来访。午后访王少岩,答候龚德生,又候陈新泉,濬,福州人,安庆府,丁未进士。并逢何小宋。访咏春、诗林。

十九日丁巳(10 月 19 日)　　　晴

陈新泉来答候,方卧未见。诗林来,亭午同至市中,遂入旗亭小饮,傍晚归。咏春赴临淮,来辞行。

二十日戊午(10 月 20 日)　　　晴,暖甚

徐韵生来访。

二十一日己未（10 月 21 日）　　阴，风雨，始有秋意

饭后访徐韵生，不晤。访杨咏春，送行，又访汤诗林，诗林赠玉玦一。

二十二日庚申（10 月 22 日）　　晴

二十三日辛酉（10 月 23 日）　　阴，饭后晴

写徐韵生信。即送。苏春林来，不晤。

二十四日壬戌（10 月 24 日）　　阴，夜雨

汤诗林来，同至市中，得刻竹笔房一。又同至一家，饶有花树，堂中列屏十二，穿碎珠为山水、树木、人物，巧夺绘画，为目所未睹。留其家茗话，下午归。

接徐韵生本日来函①。

二十五日癸亥（10 月 25 日）　　雨

检粗重行李，拟先交厘局带宁。写邓逸亭信，先是沅浦中丞有信与厘局，属为尼行计，今以川资尚绌，往取五十缗。邓逸亭来，郭弼生来。接伯甥初三、十七日信，又季雨十六信，知觅屋已成，屋主陈姓。又椒侄十七日信，又沅浦中丞初三信，又金茗卿初二日信。

二十六日甲子（10 月 26 日）　　雨

写沅浦中丞信，椒侄、伯甥信。即日发，托何小宋。写张炼渠观察信，寄去抚恤公启十纸。即日发，同上。写六姊信，寄去槐庭家信。同上。

二十七日乙丑（10 月 27 日）　　晴

史淦生智悠，贤希之弟。来候。

---

① 来函，稿本作"来字"。

二十八日丙寅(10月28日)　　晴

候王少岩、喻觐训。又候何小宋,贺其补授臬司之喜。喻、何未值。

二十九日丁卯(10月29日)　　晴

喻觐训来,允以炮舟相送。王少岩答候,未晤。

十月乙亥

朔日戊辰(10月30日)　　晴

何小宋来答候送行,未见。龚德生来辞行,未见。望拜先茔。写喻觐训信。即刻发。

初二日己巳(10月31日)　　晴

方存之来访久谈。张佑之来,未见。

初三日庚午(11月1日)　　晴

诗林来。孟甥为雇行舟成,甚大,与四姊处同舟。

接衣谷九月二十二日信。

初四日辛未(11月2日)　　晴

命奴辈检发行李。候王仙舫、邓逸亭,辞行,复假五十缗。至舟一观,虔甥在舟收物。候城尉宋、袁二人,答候史淦生并辞行,候王春帆,均不晤。候何小宋辞行,并晤黄容台。候喻觐训辞行,不晤。下午两家眷属下舟,余留寓中,理未尽诸物。

初五日壬申(11月3日)　　晴

检行李尽,即访诗林辞行,久谈,虔甥亦至。候张佑之,辞行。

访邓逸亭，再取三十缗。朱春舫观察过皖，晨至余舟，往答候，不晤。张佑之来候送行。夜邓逸亭来候送行，同上岸至其寓少坐。喻觐训遣炮舟相护，炮舟哨官潘某来见。沅帅于金陵奖案内以花翎直隶州保叙，余今日始易顶戴。

初六日癸酉(11月4日) 晴，逆风

喻觐训来候送行，久谈而去。亭午解维，将夜时，行四十里，至鸭子港泊。

初七日甲戌(11月5日) 晴，逆风

晨行过拦江矶、太子矶，舟人赛神，江中安流之所，无或顾盼。遇矶险则争刑牲求祷，甚矣感之克爱也。午至枞阳，风大泊舟，忽遇般仲舟至，亟命连艅过谈，并晤王壬秋，别已四载，谈话尤畅。

接董子中九月信。

初八日乙亥(11月6日) 晴，逆风

晨发枞阳，夜至老州头，至大通尚十里，炮舟行迅不相值，时晚风劲，遂孤泊。闻行舟言，沅帅已至大通。

初九日丙子(11月7日) 晴

晨至大通，赴沅帅舟谒谢久谈。候潘伊卿、刘洁斋，复候随行诸君。沅帅遣邀再谈，问出处之计。余答以恩重位高，久闷林泉，非笃斐之道，愿俟疾休，待命即出。般仲亦来诣帅所，坐久，遂与同出，各返行舟。夜复至沅帅处，值王壬秋先在，沅帅出相国所赠寿诗十三章见示，携归和成。

接炳甥初二日信。

曾沅浦宫保功成返里，恭和相国原韵送行

唯古人铙唱之音，激扬壮浪，而诗之《东山》、《采薇》、《杕杜》诸

篇,抑又情辞悱恻,婉转慰藉,何哉? 观其分则於铄,震越不可一世,安知亲诸身者,荼蘗难喻耶? 知之弥深,其音弥苦。然百里之驾,无讥九十,乐又何可言尽。烈不获从行,赋此以侑尊酒,公其怡然举之矣。

江流浩浩拥坚城,氛祲宵连象阙横。百族衣冠尽涂炭,非公谁与赋重生。

东征跬足已三年,不服才雄服志坚。为语儒人漫操笔,轻将成败说由天。

米盐琐琐学寒酸,辛苦持家百事难。自识量沙滋味后,始知云路等泥蟠。

吴越连镳各总师,当王心事遣谁知。夏师一败郑援绝,祸乱将裁识此时。

雨花台上卷黄尘,长干里中无一民。十载王师曾未到,用兵韩岳果如神。

淮水方山次第来,鸡鸣龙尾绣幡开。虚怀敢道前人误,落日凭临旧将台。

露宿兼旬待决机,焦愁何异处严围。巨霆一发千骑骤,亲见归来泪满衣。

千顷提封掷下泉,欲将鸿雁废诗篇。可怜五斗盘胸烂,始易金陵万灶烟。

斩馘何曾及二髦,湛恩妇孺亦同叨。名贤事业从头记,不数人间汗马劳。

茅土恩深拜玉书,方辞旄节谢真除。江湖廊庙平生事,一例丹诚总不虚。

畏途削迹乍抽身,盎盎胸中万物春。冷暖从来心自印,题评久付道旁人。

　　时乱请缨初许世，功成长揖却还家。归涂笑指长江水，坎止流行听两涯。

　　双桨安流无险蟻，一尊清酒沃群疑。即今小顿扶桑驾，何似当年揽辔时。

附原作十三章：

　　九载艰难下百城，漫天箕口复纵横。今朝一酌黄花酒，始与阿连庆更生。

　　陆云入洛正华年，访道寻师志颇坚。惭愧庭阶春意薄，无风吹汝上青天。

　　几年橐笔逐辛酸，科第尼人寸寸难。一剑须臾龙变化，谁能终古老泥蟠。

　　庐陵城下总雄师，主将赤心万马知。佳节中秋平剧寇，书生初试大功时。

　　楚尾吴头嗑战尘，江干无土着生民。多君戡定同安郡，上感三光下百神。

　　濡须已过历阳来，无数金汤一鞞开。提挈湖湘良子弟，随风直薄雨花台。

　　邂逅三才发杀机，王寻百万合重围。昆阳一捷天人悦，谁识中军血染衣。

　　平吴捷奏入甘泉，正赋周宣六月篇。生缚名王归夜半，秦淮月畔有霏烟。

　　河山策命冠时髦，鲁卫同封异数叨。刮骨箭瘢天鉴否，可怜叔子独贤劳。

　　左列钟铭右谤书，人间随处有乘除。低头一拜屠羊说，万事浮云过太虚。

　　已寿斯民复寿身,拂衣归钓五湖春。丹诚磨炼堪千劫,不藉黄金更铸人。

　　黄河馀润沾三族,白下饥民活万家。千里亲疏齐颂祷,使君眉寿总无涯。

　　童稚温温无险蟻,酒人浩浩少猜疑。与君同讲长生诀,且学婴儿中酒时。

初十日丁丑(11月8日)　　　晴

亭午到沅帅舟,沅帅将行,余拟雇小舟送之安庆,遂归检料行李,遣眷属大舟东下。下午,追沅帅舟至荷叶洲头,帅舟已泊,遂亦同住。在壬秋、殷仲舟中晚饭。又至帅舟少坐。

十一日戊寅(11月9日)　　　晴,大顺风

早发荷叶洲头,午到池口,傍晚过枞阳,初更过李阳,三鼓泊安庆城下。

十二日己卯(11月10日)　　　晴

早过沅帅舟,代酬客。晤马雨农学使、刘南云方伯、喻觐训总戎、郭慕徐部曹及它客甚多。返舟少息。遣招诗林,闻已返泰,今早成行,为之惘惘。亭午沅帅舟行,往送。沅帅患湿疾,医者治之不中理,形状狼狈,余欲再送至上游,帅坚执不可。分手之际,怅然无已。帅言阁下相爱,无异骨肉,当佩君言,他日总有面目相见云云,各洒泪而别。下午,余舟亦返,行至傍晚,泊李阳口。沅帅为人笃厚无比,任事之勇,为事之敏,亦世希有。惜举动失之稍轻,遂增瑕累。然君子之过,人皆见之,固不能与消沮闭藏者同日语也。

十三日庚辰(11月11日)　　　晴,逆风

早发李阳,辰过枞阳,酉至大通。遇诗林舟,与王少岩之子苌卿

共乘颇促,遂邀诗林过余舟。访潘伊卿、鸿涛,湘乡人。刘洁斋,侨祥,吉安人。未晤。初鼓时,二人来答候。

十四日辛巳(11月12日)　　　晴。午前顺风,午后逆风,傍晚风厉,夜有雨

早发大通,辰至铜陵夹,舟人买柴,小泊复行。申出丁家洲口,傍晚收荻港下板子矶,风浪震憾不息。

十五日壬午(11月13日)　　　阴

大风,舟不行,与诗林登陆茗饮,亭午归。下午又登板子矶,见新碑一通,云今年二月十九四鼓,此山震荡良久,不知何异云云。

十六日癸未(11月14日)　　　晴,逆风

早发板子矶,辰过旧县,未过栅港,在三山夹,对岸可至无为州,申末到芜湖泊舟。

十七日甲申(11月15日)　　　晴

早发芜湖,午过梁山,申过采石,初鼓时始泊和尚港。上距采石二十五里,下距烈山二十里,港口有山,土名马尾山。

十八日乙酉(11月16日)　　　晴

早发和尚港,十里至铜井镇水口,小泊复行。午过三山,申至头关,候冯洁卿,知家眷船昨日过头关,已放至棉花堤中关一带。又闻中堂奉旨进剿皖、豫、楚三省边境捻贼,而令李少荃署江督,事殊咄咄可怪。返舟后冯洁卿来答候,客去后,舟复行。夜泊棉花堤,逢眷舟,伯甥已在舟中。

十九日丙戌(11月17日)　　　辰刻后晴,逆风

早放舟中关,至盐局候张仙舫,不晤,晤李少伯。写张仙舫信,

借其局中隙地安顿粗重,并借其舟迎眷属至城。缘坐舟大,不能行也。即刻发,交孟甥处。亭午,坐原来小舟至水西门,途遇仙舫,过舟少谈,言及中堂进兵事。仙舫云江督天下大缺,枢廷部臣衣食所系,安肯令湘乡公久居。此语诚然。酉刻到城,令伯甥监押行李,余先进城,谒中堂久谈。问沅帅病状,复言及近事,意殊寥落。退后即赴新寓,在南门之西殷高巷三步两条桥,屋颇华整。房东陈姓,此屋原为一范姓所占,陈姓之戚胡云生挽余居之,欲借余力为之屏除。适沅帅欲代觅屋,余即指索,饬范相让,其租直等尚未议。诗林亦至余寓,觅椒生,出游未返。闻霍生居不远,遂偕诗林访之,亦不遇。少选椒生归,又少选衣谷偕壬秋来,寄雨亦来,同晚饭后去。写眉生信,寄梨一筐。即日发,交诗林。

接阿哥九月初七、初十两信。又眉生九月十九信,本月初七信,又盐务一本。又邓伯紫四月信,又张屺堂初六信,又刘小山信,又吴邠卿信,又家子仁八月十八信,又朱菉卿信,又熊宜斋八月廿三信,又张柳亭信,又余莲村八月二十信,方兰槎信,又沅帅九月十日保案饬知。

二十日丁亥(11月18日)　　晴

叶湘文、子可、衣谷、霍生、邓载公、嘉纂。殷仲、魏凤芝、何璧侯、孙澄之、张小伊、咏如陆续来。傍晚,家眷到城,四姊同南阳君先上岸。

二十一日戊子(11月19日)　　晴

迎祖先神主、影像来寓,家属毕至。至中堂署访元徵师、钱子密、蒋莼颀、程伯敷、陈小圃、屠晋卿诸人,又访霍生,不遇。谒中堂久谈。中堂初欲携李少翁部下行,而留沅帅部下交李节制。余力陈客主之势,且将士不相习,中堂允即改派。余又言,楚军皆饥疲,此行赴楚，人皆知为西北之权舆，必当惮行，又江督既卸，筹饷益艰，以一无事权之大帅，挈数万劳苦快望之卒，为万里远征之举，所关安危至重，中堂为国重臣，不当避小嫌小疑，而置后患于不问。为今之计，宜遵旨卸江督，而奏明军务善后之不易，楚军之不宜于北，为朝廷一痛快言之，庶几体国之谊。中堂虽是余言，而亦未之从也。

答候邓季雨、载公、孙澄之、张小伊。访开孙，不遇，又访咏如，并晤听彝、开生、衣谷、般仲、壬秋。同壬秋访李眉生，不遇，复返赴咏如招饮，夜归。

接阿哥十一信，又李绍仔先生八月十四信，又张振远九月二十六日信，又丁松侪信。

二十二日己丑(11 月 20 日)　　　晴

谒李少荃宫保，久谈。访欧阳晓岑、张筱山、杨见山、刘伯山、李壬叔、王壬秋，并晤李芋仙、莫子偲。返寓后，周钧甫、赵仲固执贽，朗甫之子。来，邓铁仙、载公、开孙、衣谷、季雨、霍生陆续来。李眉生招饮，未赴。熊宜斋来候。

二十三日庚寅(11 月 21 日)　　　晴

吕亮臣懋采。来候。汪雨香、开孙、衣谷、王壬秋、张啸山、李壬叔等来。朱伯诗来候。写眉生、屺堂、宗湘文、金力甫、张振远信。即日发，交椒孙。

二十四日辛卯(11 月 22 日)　　　晴

候苏晴山、陈桂秋、罗茂堂、袁陶泉、杨伯昂、熊宜斋、镜仁、小研、何璧侯、禹汲三、唐新泉、黄冠北、万篪轩、庞省三、杨子木、陈瑞亭、黄少崑、王雨轩、程月坡、朱伯诗、孙海岑、方元翁、刘咏如、魏刚己、般仲等。李眉生来候，不值。赴晓岑之招，同坐莫子偲、李眉生、王壬秋、汤衣谷诸君，初更散归。壬秋赠楚北新刊舆图一部。汪虎溪来。

二十五日壬辰（11 月 23 日）　　晴

杨伯昂来答候。方兰槎来久谈。熊宜斋、镜仁来答候。写阿哥信，廿八发，交李宫保。槐庭信，廿九发，交罗茂堂。喻觐训信，同上。王少岩信。同上。子可来，苏晴山、陈桂秋来答候，刘晓山来候。至书局送王壬秋行，不晤，晤晓岑少谈。复觅壬秋，至刚己处遇之，开孙、衣谷皆在，少坐返。陈瑞庭来答候。写眉生、屺堂加函，于汉卿信。廿八日发，交椒孙。

接眉生廿三日信，又屺堂廿二信，又诗林同上，又般仲本日信，又德生十二信，又周朗山九月信，又于汉卿信。

二十六日癸巳（11 月 24 日）　　晴

洪琴西来候，未见。万篦轩来答候，未见。罗茂堂来答候，久谈。

接槐亭初三日信，已至杭州。

二十七日甲午（11 月 25 日）　　晴

写方兰槎信、汤子镇信、陈瑞亭信。均即刻发。写张仙舫信，送手卷一轴，文徵明字。即日发，交椒孙。访壬秋，送行，并遇黄少崑、李壬叔。少刻，才叔自都中来，觅余至壬秋处，少坐偕归，谈至下午去。汪子庆来，程月坡来答候，霍生来，汤子镇来候。椒孙赴泰州，壬秋入都，二人同去。写槐亭信。廿九发，交罗茂堂。

二十八日乙未（11 月 26 日）　　晴

才叔邀过咏如处谭，早饭后即往，先过开孙处，遂偕二君市中茗饮良久。访李眉生久谈，复至咏处，借咏马归。顺访孙澄之、张小伊等,晤孙澄之。又访殷仲,并晤衣谷。又访霍生,咏如先在。又访罗茂堂,不晤,遂归。霍孙、殷仲来。写曾沅帅信。十一月初三日发,交罗茂堂。接阿哥十四日信,又槐亭初六日信。

致曾沅浦宫保书

宫保伯中丞钧座:

皖垣叩送鸿旌,兀立江涯,怅然无已。本日东下,于十九抵秣。廿一日在爵相处见十四(早)〔平〕安信,语句之间,意气自若,为之一慰。旋闻十六日即至九江,比想度鄂达湘,风程顺利,道体轻安无恙,奚啻一日百祷。公所苦固剧,然治法必先固本元,积劳之后,岂任瞑眩,此尤私心轮转,急欲陈之左右者。

大军到湘后,安插遣散,已各就绪否?闻盐引畅旺,鄂垣等处薄有所资,想敷分给,一切忱系之至。烈在皖成行,到秣登陆,及室内器物,莫不叨公厚惠,感戴之私,言之犹难尽意,岂笔墨所能馨写,惟有合家顶祝而已。

专肃布臆,敬请钧安,伏祈垂鉴。不一。

二十九日丙申(11月27日)　　晴

早饭后候魏柳南、凤芝、莫子偲。遂至开孙处,并晤黄亮甫、盛隽生、魏殷仲。同开孙过咏如。与才叔少谈,复同开孙谒中堂,少坐。答候洪琴西,候杨芳山、张汉秋,不遇。至元师处,并晤勒少仲、李雨亭、宗羲、夔州人。蒋莼顷。答候汤子镇,不晤。访朱伯诗、孙海岑。答访汪虎溪,不遇,返寓晤霍生、衣谷、苏晴山。晚饭后开生来。是日汪虎溪来,不晤。

接丁听彝八月十二信,又张仙舫廿八日信。

三十日丁酉(11月28日)　　晴

张仙舫来候,邓载功、季雨来。族侄审安自山左赴试来候。同季雨候张小伊、胡云生,又候陈虎臣。艾,石埭人。晚访霍生,不遇。

接阿哥九月十九信,又邓伯紫七月廿七信,又方幼静信,又槐亭九月初九、十七日两信,又子宪兄九月信。

十一月丙子

朔日戊戌(11 月 29 日)　　晴

魏柳南、熊小研答候。祀宅神。毛子瑶来,黄少崑、张佑之来候,不晤。

初二日己亥(11 月 30 日)　　晴

陈虎臣来答候。谒相。候周缦云。答候张仙舫。访开孙不值。马子逊、汪虎溪来,冯仲梓光通,述甫之子。来候。请熊宜斋晚饭,邀苏晴山、汤衣谷陪。写眉生信,即刻发,交刘小山。写刘小山信。即刻发。袁伯襄熙赞。来,不晤。

接眉生十月信,又六姊十月初七日信,又冯述甫信。

初三日庚子(12 月 1 日)　　晴

莫善徵来候。相国是日交江督印,李宫保接印。访兰槎不值。朱伯诗、开孙、殷仲、衣谷来,方兰槎来。汤全人世伩,雨生先生之孙。来候。

初四日辛丑(12 月 2 日)　　阴,大风

庞省三来答候。至衣谷处,复至咏如处,晤开孙、才叔、听彝、庄仲求、吕椒孙等,同候陈炳然、清照。赵仲固、段省余、绍襄。周钧甫、吕亮臣、杨思赞诸人,衣谷亦来,又同赴市中饮。饮后又至赵审安、徐士安等寓内。访何璧侯,少谈。刘伯山令郎公甫寿曾。来候,张子

厚载福。来候,霍生来。

接眉生初二信。

初五日壬寅(12月3日)　　　雨

黄冠北来答候。陈炳然、段省余来答候。到开孙处,又同访才叔,偕茗饮。复至咏如处少坐。访眉生,少坐,再至咏处,眉生亦至咏处见觅,少谈各散归。是日相国奉旨,仍还江督任,李宫保回苏抚任。写眉老信。即刻发,来足带归。

见邸抄,洪瑱福在江西石城县荒谷中拿获,该逆虽系洪秀全之子,么魔小丑,无庸解赴京师,着在江西省城凌迟处死。沈葆桢赏给一等轻车都尉,鲍超一等子,左宗棠一等伯。

初六日癸卯(12月4日)　　　阴,微雨

答候刘小山,不晤。访才叔于〈其〉新寓,同早饭后至贡院前看主试入闱①。后访何璧侯,答访马子逊,皆不遇,复至才叔处少坐。访开孙少坐,同访衣谷,不遇各归,衣谷来。宗湘文、吴木庵、何璧侯来候,皆不值。

初七日甲辰(12月5日)　　　阴

审安侄来。写莫子偲、善徵信,即刻发。写宗湘文信。即刻发,交来人。胡云生来答候,何璧侯来。下午答候宗湘文,又访罗茂堂。返寓,咏如来谈,至三鼓去,赴贡院前送考。

接宗湘文本日信。

初八日乙巳(12月6日)　　　雨雪甚寒

---

①　主试,稿本作"主司"。

初九日丙午(12月7日)　　　阴寒

早饭后访方兰槎,久谈,并晤许缘仲观察、凌小南太守。焕,庐州人。返寓,开孙来,陈六笙来候。汤子镇、衣谷来,程柳生来候。写阿哥信。即日发,交方兰槎。

初十日丁未(12月8日)　　　阴雨

谒相国久谈。余以市中钱色太坏,禁之则钱价愈昂,请即设局铸钱,及趁冬干挑浚河道,又淮盐改复仪岸出口,请募人打造屯船,事皆允行。复谈及沅帅功成后,中外多信浮议,不能相谅。余对自古功名之会难居,将帅奏绩之后,多为文吏挂议,陈事历历可数。方今朝局,于外务未甚了了,而尚顾惜清议,犹为今胜于昔,若悠悠之谈,不足置诸怀抱耳。相国盛叹余言之善。

至元师处,并晤子密,闻场题为"叶公问政二章",二题"有馀不敢尽",三题"汤执中立贤无方"。诗题"桂树冬荣得风字",系曹子建《朔风》诗。余始约略言是《文选》句,元师以为东方朔《七谏》"好桂树之冬荣"句剪裁出之者。子密狂搜始得出处。访开孙并晤其弟萱孙,新自汴来,赴试不及。在开孙处饭后,咏如亦来,同至贡院前接考,俟才叔出,少谈而归。写眉生信,十一发,交来足。写金调卿信。同发。

接阿哥初三日信,又眉生初七日信,又椒孙十月三十日信。

十一日戊申(12月9日)　　　阴雨,雪,甚寒

柏梁联句,俚直无文,不相贯串,未知其佳处安在。后人以为雄健古质,无亦是古非今之见,强为之说者欤。又古诗往往句法、字面、用事接连数句不少异,若在今人必以为重复而非之,益叹古人易为,今人难为也。偶阅《南濠诗话》,志此。

十二日己酉（12 月 10 日）　　大雪甚寒

下午霍生来，沽酒与之御寒，二鼓时去。

接喻觐训初七日信。

十三日庚戌（12 月 11 日）　　晴

下午至衣谷处，不遇。与晓老谈，并晤杨见山、刘伯山。至开孙处，并遇般仲、衣谷，留午饭后归。

十四日辛亥（12 月 12 日）　　阴，甚寒

何璧侯、汪子庆、王寿山泰州人。来访。衣谷来，凌小南来答候，以方家祭，不晤。霍生来，余以微疾早卧，不晤。接沅浦宫保十月廿四信，在武昌发，病已稍愈。又接眉生信。

十五日壬子（12 月 13 日）　　阴

答访汪子庆、王寿山，少坐。至开孙处，并晤霍生、子可、孟甥久谈，至晡后归。

十六日癸丑（12 月 14 日）　　阴雨

写椒侄信、幼静信。即日发，交来足。候杨达庭，又候罗念桥。星祥，湘乡人，制字营官，前次派勇担米，故谢之。又答候陈六笙，已赴汉口。至元徵师处久谈，闻李少荃宫保在闽疾甚，写信与相国多鬼语，可异之至。访洪琴西、潘聚垣，晤洪。访莼顷久谈，返寓逢雨。

接罗茂堂本日信。

十七日甲寅（12 月 15 日）　　阴

方存之来候，刘光山铭照，近庵先生嗣子。来候。周钧甫来候，辞行。审安侄、盛隽生来。熊宜斋、镜人、小研、苏荫阶来辞行。至周钧甫、熊宜斋、苏荫阶等处送行，皆不晤。陈桂秋来，衣谷、苏晴山来

少坐,同至苏寓,并晤霍生。

十八日乙卯(12月16日)　　雨

写眉生信。即日发,交刘小山。吴木庵、余逸斋同乡余冰翁之孙。来。候刘小山少谈,至开孙处,不晤,访才叔,与偕归。下午邀方兰槎、汪虎溪、才叔、开孙、萱孙饮,至二鼓时各散。

接刘绳庵、汤伯温信。

十九日丙辰(12月17日)　　阴,下午雪

刘小山、杨子穆来候久谭。写汤伯温信。即日发,交刘萱生。答候方存之、张佑之,张已返皖。访莼顷、元师,并遇兰槎。写眉生、小山信,即刻发,交小山。霍生来。接眉生十七、椒侄初五信。

二十日丁巳(12月18日)　　午前开霁,午后复阴

熊小研来。写才叔信。即日发,访开孙,并晤衣谷、才叔等。下午返寓,季雨、苏晴山、衣谷来。

接才叔日信。

二十一日戊午(12月19日)　　晨晴,渐复阴晦

谢俊生来,于霁堂茂才,金坛人。来候。接方兰槎本日来信。

二十二日己未(12月20日)　　大晴,寒甚

下午丁听彝来,邓载功、铁仙来。霍生来,晚饭后去。写眉生信,即日发,交刘小山。写宗湘文、金立甫信。

接阿哥十月廿八日信,又张屺堂十九日信。

二十三日庚申(12月21日)　　晴,甚寒。冬至

晨起礼佛及常祀神。同孟甥谒相国,未晤。候元徵师少谈,候开甥、季雨、咏如、才叔、般仲、衣谷、欧阳晓岑、李壬叔、张啸山、杨见

山,返,合祀远祖血亲于寓堂。霍生来候,殷仲来答候。下午,邀霍孙、衣谷、季雨及其弟铁仙、载功、孙澄之来饮。李壬叔、张啸山、杨见山来答候,方祭不晤。

二十四日辛酉(12月22日)　　晴

壬叔来少谈。访衣谷、殷仲,同至季雨处,邀同游清凉山及城北古宁庵原址。傍晚归,顺访徐雪村、华若汀。

接眉生二十二日信。

二十五日壬戌(12月23日)　　晴

叶虚谷来候,祖咸,湘文之兄。叶湘文来访。访才叔,并过开孙、衣谷、听彝及盛德生、吴木庵,德生顷从江北至,榻咏如处。同开孙、才叔、德生茗。访李眉生、黄冠北二观察,少谈返寓,顺访贾祥伯。钟麟,本城人。晴山来。晚饭后,才叔、衣谷来。

接王壬秋先生初五日信,寄诗数首。

二十六日癸亥(12月24日)　　晴

吴木庵来。答候叶虚谷、湘文。访刘小山、何璧侯,答候程柳生,皆不晤。答候子穆太守,久谈。候才叔送行,并晤德生、衣谷、开孙,同赴市坊茗,复至咏如处少坐。同开孙、殷仲、才叔访季雨、霍生,各少坐,复同返吾寓,晚饭后去。

二十七日甲子(12月25日)　　晴

写沅浦宫保信。即刻发,交罗茂堂。至水次陆力甫先生枢舟作吊,回忆壬子秋闱前谒公督署,人事迁变,可为浩叹。公勇于任事,百务称治,属承平日久,人不知兵,黄州之败,失于量人,彼时贼顺流而下,势同建瓴,故自岳州以东无一城得完,秣陵不守,未可独为公罪。通中刮骨,身亦随殒。细人方以生前微憾再三周内,其可痛矣! 湘乡公宅心仁恕,于公改殓之日,遣官临视,身面凡有数伤,欲据为奏恤。呜呼! 君子小人之分,度量顾不远耶?

归途顺候朱伯诗、孙海岑、潘彝卿、王雨轩。返寓后才叔、德生来,同至其寓,晚饭后归。接丁松侨初十日信。

致曾宫保书

望间奉到前月二十四日惠书,敬审道体康复,行达鄂垣,曷任欣慰。公前服峻剂,颇露委顿,自爵相以次,无不忧之尼之。乃竟奏功旦暮,即此持志之坚,非恒辈能及矣。刻下想早抵珂乡,角巾私第,从古贤哲之所愿望,一时名彦之所骛趋,公皆于身亲之。虽心同古井,犹为澜动。自公行后,无亲与疏,去思之声遍于江浙,使〈烈〉闻之,喜怅交集,益知惠政感人之深,每不于当前取验也。

〈烈〉携负弱小,聊且安居,苟生偷活,都无成算。王路未夷,群情日易,褊窄之性,阅世愈灰。昨少荃宫保垂劝筮仕,非不拳拳,而自审薄劣,内乏真实过人之具,外无和谐应世之长,与其遵路而覆车,何如临歧而顿辔。虽知意美,未敢领诺。惟食指繁众,口腹累人,跧居尚未能决。它日倘得薄田数顷,聊供饘粥,披发东轩,啸咏终日,毕生所图,无有它望。公简亮素心,知之最笃,万有一分息肩之日,当肃械奉告,期相印证耳。

二十八日乙丑(12月26日) 晴

写张子厚信。即刻发,交苏晴山。陆津门式毅,力甫先生三子。来候谢。潘彝卿来答候。钱撰初来候,未晤。霍生来,同至咏处,是夕在其家公分请才叔、德生、听彝,二鼓时散归。今日寒暑针低至二十八分,在中国南方为最寒之候矣。

二十九日丙寅 (12 月 27 日)　　　晴

写张屺堂信,即日发,交咏如。写熊宜斋信。即日发,交杨子木。访才叔,送行,并晤开孙、殷仲诸君,又同至开孙处,并晤钱揆初。又同赴相国招饮,座客何子贞、李申甫、莫子偲并余等三人。傍晚席散,复至咏如处,少坐归。才叔已于下午成行。

三十日丁卯 (12 月 28 日)　　　晴

方兰槎来,衣谷来,邓载功同其戚张子和来。下午,德生同刘子运来,晚饭后去。同衣谷、孟甥至霍生处,并逢晴山,二鼓归。接眉生信。

十二月丁丑

朔日戊辰 (12 月 29 日)　　　晴

写眉生信,即刻发,交来人。写才叔信、张振远信,同发,托眉寄。刘春庵信。十△发,交△△。候何子贞太史,遇之季雨处,并晤开孙、殷仲。次候李申甫都转、李眉生观察,皆不晤。访铁仙、载功,次访衣谷、晓岑,并遇善徵,久谈。复访李壬叔、张啸山。同衣谷至南门大街一行,返寓。刘晓山、王少槐来候,鲁秋航秉礼,湘潭人。来候。是日禹汲三、唐新泉来候,未晤。写阿哥信,寄去坟田房单契。即日发,交兰槎。

初二日己巳 (12 月 30 日)　　　晴

候兰槎,送行。谒李宫保,未晤。答候钱揆初,勘,无锡人。并候钱芝门、杨藕舫、施叔愚,各少谭,返寓。苏叔和同汪雨香来访。至开孙处,并晤殷仲、凤芝、何子贞,少刻衣谷亦来。下午,同衣谷至凤芝寓，复偕二人访何璧侯，少坐，同衣谷返寓。霍生、苏晴山来，晚食汤饼后去。

接罗茂堂初一日信。

初三日庚午（12月31日）　　阴

衣谷来，余请改书祖先神主衔称，在此竟日。钱芝门、施叔愚、杨藕舫来答候。善徵来候，开孙来访，李申甫同黄少崑来答候，久谭。洪瀣如福，歙县人。来访。下午，衣谷去。晚饭后开生、霍生、陈桂秋来。

初四日辛未（1865年1月1日）　　晴

访莼顷不遇，遂访子密，少谈，并晤元师、程小圃。答候鲁秋航，答访洪琴西，并晤潘聚垣。访杨子木太守。至咏如处，未晤，访刘晓山久谈，候禹汲山，不晤。杨达庭来。

初五日壬申（1月2日）　　晴

钱揆初来访，候刘伯山，送行，并晤衣谷、晓岑、李壬叔、张啸山、杨见山诸君。访钱揆初、芝门等，送行，皆已去。至开孙处，同赴市中茗，并晤德生、季雨、衣谷，叶湘文亦来开孙处。下午同问子可疾，返寓，衣谷来少谈。

初六日癸酉（1月3日）　　晴

谒李少荃宫保，送行久谈，复劝余仕，并代计家室之用，意甚殷厚。开孙来，邓铁仙来。下午赴晓岑招饮，座客何子贞、杨见山、衣谷及余，二鼓归。

初七日甲戌（1月4日）　　晴

衣谷来，禹汲山来候，德生、吴木庵来，刘晓山来候。季雨来，晚饭后同访苏叔和。

接六姊十一月初二日信，又槐亭十一月二十日信。

初八日乙亥（1月5日）　　　晴

刘晓山来候，萧敬孚、穆，桐城人。苏毅庵求庄，桐城人。来候。答候萧敬孚，并候黎纯斋，均不遇。访黄冠伯，闻李眉生得新宠，与冠伯往贺，见新人颇闲雅，并晤李申甫。访莼颃。至元师处久坐，闻诗林抵家后病瘵而卒，殊可痛悼。其为人浑厚，作事绵密，何以不永年之故，深不可解。访咏如、德生少谈，又访衣谷不遇。返寓开孙、衣谷先在，霍生亦来，初鼓时陆续去。

接阿哥初三日信，已赴常、宜谒见各墓无恙，现修恭毅公茔。又孟辛九月十七日信，又禹汲三本日信，送到燕山坟地定价五两批案。

初九日丙子（1月6日）　　　晴

时小岑来。德勋，山东人，外姑时宜人之侄。同孟舆甥谒相，未见。访杨子穆太守。至开孙处，并晤叶湘文。返寓，湘文来。

接金力甫初四日信。

初十日丁丑（1月7日）　　　晴

写曾沅浦宫保书，即日发，交罗茂堂。李少荃中丞书。十五日发，交杨芳山。程宝山来候。

十一日戊寅（1月8日）　　　晴

廖云清副将来候。董椒侄自海陵将赴皖，过此。下午，杨卓庵来候。衣谷来。

《续资治通鉴》百四十四：宋孝宗淳熙元年六月，诏议祫祭东向之位。初，吏部侍郎赵粹中言：前代七庙异宫，祫祭则太祖东向。绍兴五年，董弅建议，请正艺祖东向之尊，下侍从、台谏集议。既而王普复有请。时臣叔父涣任将作监丞，据引《诗》、《礼》正文，乞酌汉太公立庙万年、南顿君立庙章陵故事,别建一庙,安奉僖、顺、翼、宣四祖,禘、祫、蒸、尝,并行特祀;而太祖皇帝自宜正位东向,则受命之主,不屈其尊,远祖神灵,永有常祀。光尧皇帝深以为然。今若别建一庙为四祖之庙,或祔天兴殿,或祇藏太庙西夹室,每遇祫飨,则四祖就夹室之前,别设一幄,而太祖东向,皆不相妨,庶得圣朝庙制,尽合典礼。诏礼部、太常寺讨论。旋别建四祖庙,正太祖东向之位。

按:此深合礼制。国朝太庙追崇先祖即用之,不知当时礼仪定于何人之手?

十二日乙卯(1月9日)　　　　阴

访罗茂堂久谭,并访袁陶泉,不晤。访莫偲翁久谭,并晤何子贞太史。答候唐新泉、刘晓山,唐未晤。答候苏毅庵,访黄冠伯,并晤万篪轩方伯,久谭。至咏如处,同咏如、德生到开孙处少谭归。金调卿自江北来,来候。何子贞来候,未晤。

十三日庚辰(1月10日)　　　　阴

写六姊信。十五日发,交罗茂堂。薛芳亭来候。开孙、德生、衣谷来,同访霍生,少坐归。金调卿来。

十四日辛巳(1月11日)　　　　阴

写万篪轩信。即日发,交咏如。方元翁、衣谷来。至开孙处,同至咏处少坐,衣谷亦至。同开孙、衣谷赴元翁招饮,初鼓时归。金调卿来。写眉生信。即发,交来人。

接眉生来信。

十五日壬午(1月12日)　　　　晴

龚春海、之棠。吴子让嘉廉。来候。写孟星信。即日发,交罗茂堂寄王壬秋家,转寄湘乡。苏叔和、何璧侯来候,辞行,椒侄今日赴皖,与何同行。答候何璧侯，不晤。写阿哥信，即日，附李宫保信发，交杨芳山处。写槐亭信、十七日，交黄冠北。邓伯紫信、同上。邓公武信。十六日发，交钱子密。是日揭晓秋闱，才叔、丁听彝、吴木庵及审安侄诸人无一隽者。

致孟星书

孟星大弟先生足下：

今秋般仲去，曾函书属仲弟奉寄。自春来不得吾子缄札，遇马子逊，知已谢事南海归。比获秋暮信，兼展读家件后尽根委。吾子遨游不乐，将归进修，以吾子之力而入于道，由决龙门以注大陆，不俟终日矣。然绎吾子之书，其言激而志怒，外释矜躁，而内无容与之象，视道甚易，若可取携，以己之成就，与世挈长短而改其为，是犹胜人之心也。

夫道若大路，然坚吾轮轴，良吾骖驷，中路而进，不舍昼夜，则北尽玄野，南穷炎徼，由户庭也。有或激之，舍正路而入蹊径，其行之缓，则荆榛牵轮，瓦砾刺蹄；其行之急，则触大石、挂大木，不至马僵车覆不止矣。故君子之于道也，藏焉休焉，息焉游焉，与之孳之，自少迄老，终不去是。达以期行，穷以期守，出处于是，寝寐于是，饮食于是，不以通而偷怠，不以塞而进趋。不可以一日无，不可以一日有，不可以一日寡，不可以一日多。浮士好名，诩而不知其当，夸而不知其乡，其弊诬；竞士喜进，饰厉以取誉，矫制以骇俗，其弊伪；敦士守朴以为美，景灭而不移，其弊陋；锐士屡进而屡退，欲达而无径，其弊孤；高士鄙俗以自建，遗污而独处，其弊野。皆非道也。非道而骛之，则是骋逸足于山介，而不知其堕在跬步也。

抑君子之于世也，无容心焉，外以待吾求，而内不拂性，时行则行,时止则止。适而达弗之喜,适而穷弗之怒,非弗喜也,非弗怒也,知人与我之相值,若或操焉,弗可必也。且无成之与有成,其位无定常也。拥万兵,堕百城,位执珪,贵则贵矣,美则美矣,以之言成,犹剑首之一映也。吾食吾食,寝吾寝,无越吾之范而离其真,谓之不成,不可也。大以成大,大之上无等也,小以成小,小之下无尽也。鷃雀抢起樊篱之下,不逾咫而息,鹏之南也,运而九万里,飞鸣而已矣,饮啄而已矣。赋形之异焉耳。鹏不以黾勉而大,鷃不以苟偷而小。今贵鹏而贱鷃,是人目之有大小,而非鷃、鹏之有大小也。鷃将悠然受之乎? 将奋臂作色而怒乎? 吾不可以易人目之大小,而可以泯吾心之大小。

吾子试置身五达之冲,而宅心四极之野,于道若将迎焉,若将舍焉? 于世若有就焉,若有违焉? 以徘徊其身而蓄养其心,则一饮啄皆道也。荡而与牧豕者游,有道存焉,何仲尼之为异,悉达之为高,又奚闭门独处深山寂历之为耶? 不然者,将过而失中,远而离于经。千金之弩,穿的而过,犹中也,擎几弗正,则旁注洞垣,达墙横决,而不知其所。窃为吾子凤虑之,惟吾子正焉。不宣。

十六日癸未(1月13日)　　　晴

答候何子贞,不晤。候开孙拜生,与共茗良久,德生、衣谷、孟舆皆至,余以耳疾畏风先归。金调卿来候,宋生香来候。闻沅帅于十一月初九抵湘省,十三离省,十五抵湘乡,病已痊愈。寄惠亲书屏对各一付。写本家子慎信,即日,附邓公武信内。写熊宜斋信。即日发,交苏叔和。

接才叔初七日信,又万篦轩本日信。

十七日甲申(1月14日)　　　阴

写金立甫信,即日发,交调卿。子宪兄信,即日,交黄冠伯。丁松侪信。同发。张仙舫来,以疾未晤。季雨、衣谷来,以四姊明日生辰,晚间预祝。

接槐庭初七日信。

十八日乙酉(1月15日)　　　阴雨

晨起,为四姊生日礼佛。开孙、衣谷来。刘晓山来候。苏晴山来,傍晚同访霍生。

十九日丙戌(1月16日)　　　晴

杨贻亭来候,邓载功来。至开孙处,并晤德生、刘子运,同赴咏如处一走,复至开孙处饭,又同咏如访禹汲三,不晤,又同访霍生,少坐归。金调卿来,不晤。

二十日丁亥(1月17日)　　　晴

咏如来,答候刘晓山,送行,并答候金苕卿。

二十一日戊子(1月18日)　　　晴

谒相国,觉其事多未久谈。访小侯劼刚,并识其弟栗诫。候洪琴西,唁其母丧。答候龚春海、吴子让、徐雪村,并晤华若汀。访黄少崑不晤,访季雨亦不值。访开孙少谈,返寓。孙海岑来候。答候薛芳亭。访霍生,闻其有客未留。访晓岑,并晤普钦堂,方谈,顷闻眉生来自江北,在吾寓相候,遂归。与眉生剧谈,即留榻余处。刘晓山、金调卿来,在此晚饭后去。

二十二日己丑(1月19日)　　　晴

眉生早食后即去谒客。写屺堂信,廿三日发,交眉生。写许缘仲信,同日发,交罗茂堂。吴竹庄信,寄去九帅屏对。正月中发,交杨芳山。叶湘文、丁松侪来访。

接椒侄十一月十二日信,又屺堂十九日信。

二十三日庚寅(1月20日)　　　晴

程敬之国熙,歙人。来候,杨子木来候。邀眉生饮,德生、咏如、开孙、霍生、衣谷作陪。席散,眉生去,今晚下舟返扬。晓岑来。赴万箧轩招饮,同坐两眉生及潘伊卿、陶鹤亭。初鼓返,祀灶。

二十四日辛卯(1月21日)　　　晴

邓铁仙来。访霍生少谈。访邓载功、铁仙于其祠屋,同赴闹市一游,得翠玉扣带一,返寓。下午,答候郭星槎。仲龄,湖南澧州人,运盐委员。答候程敬之,不晤。访咏如并晤开孙、德生诸人。同开生访晓岑,在其处饭,傍晚返寓。

二十五日壬辰(1月22日)　　　阴

过年与四姊处共供佛菩萨。霍生、衣谷、铁仙来,馂供物。写张屺堂信,即日发,交丁松侪。写李眉生信,即发。傍晚又写眉生信,并和诗四首。即刻发。

接李眉生本日信并诗四首,又接刘吉斋十一月二十四日信。

和李五观察却扇诗四首

眉生新得莫愁,以《却扇诗》索和。顾新人都雅,眉生已无愁矣。而余路人,乃为之愁,何耶?昔郑小国,介于两大,余爱眉生,不得不然也。眉生姑酌酒为我破愁何如?

　　尹邢别院各香居,任尔周旋跬步馀。应是江南功绩最,帝恩新锡短辕车。

　　日日晶帘愿不唐,休听鸳瓦夜流霜。已从官阁开香阁,七市真连善法堂。

运策从来胜弄兵，前波未必后波平。轻言夫婿堪师友，遮莫萧郎太放情。

十幅红绡障锦铺，绣文紫凤蹙天吴。试搴宝帐弹明烛，何事新人学小姑。

二十六日癸巳(1月23日)　　　晴

过年与四姊处同敬神，季雨、铁仙、载功来饮福。下午访开孙，同访李眉生，不遇，同至咏如处少坐，又同访魏刚己。傍晚返寓。

接宗湘文初六日信，又金力甫十一月三十日信。

二十七日甲午(1月24日)　　　晴

微有恙。写晓岑、子偲等公信，即刻发。又李眉生信、同上。金眉生信。即日发，交来足。

二十八日乙未(1月25日)　　　晴

接武镜汀信，贺年。

二十九日丙申(1月26日)　　　晴。除夕

邓载功来，季雨来，霍生、衣谷来。傍晚诣佛前行礼，影象前设祭。自余蒙患难，岁时伏腊不得成礼者凡四年，无室家之安亦如之。今岁器物粗备，余得亲奉肴俎，皆湘乡公之赐也。祭毕，家人欢宴。复诣四姊处行礼，又命炳甥亦祀其先于寝室。季雨、载功、魏刚己来辞年，魏未见。二鼓余先寝，接灶神，命儿辈行礼。

（以上《能静居日记》二十一）

同治四年（1865）乙丑，余年三十有四

正月戊寅

朔旦丁酉（1月27日）　　　薄阴，雨

　　寅刻起盥洗，卯刻爇香拜天，拜先圣，拜十方佛如来。卯末诣相国曾公处谒贺，次至元徵师家，次答候魏刚己，次至邓氏宗祠行礼，返寓。

　　敬占本年流年，得随之震。甲午旬。

　　酉金动爻，世、应泄气，官爻复化退神，宦途虽多助，未必利也。惟妻财双持，世、应助以丑土，流年财运，随处皆有。

　　《易林》曰："骊姬谗嬉，与二孽谋。谮我恭子，贼害忠孝。驾出喜门，商伯有害。"

　　辰刻诣影像前献汤，巳刻诣常祀，佛前、灶前供糖圆行礼。次诣影像前供糖圆行礼。次诣周氏影像前行礼。次与四姊贺岁，次家人贺岁。邓载功来候。午刻诣影前上饭行礼。霍生来贺。酉刻诣影像前行礼。周、李诸甥为余暖寿，饮至初鼓时席散，各归高卧。是日，客至者皆未见。

　　接张振远去年十二月信。

初二日戊戌（1月28日）　　　午前晴，午后雨

　　辰刻起献汤，本日上供皆如昨礼仪。元徵师同子耿来贺岁。家

人以余降日，祀寿星。咏如来，开孙、衣谷、善徵、季雨、霍生皆来贺岁、拜寿，留食汤饼，至下晡始散。是日外客亦未见。

初三日己亥（1月29日）　　　阴

辰刻献汤，巳刻献早膳，午刻落供如常仪。是日亦未见客。

接汪燕山夫人去年十二月初十日信。

初四日庚子（1月30日）　　　薄阴

早饭后，答贺陈虎臣、胡芸生、王霍生、苏晴山、薛芳亭、罗茂堂、袁陶泉、陈又桥、欧阳晓岑、汤衣谷、杨见山、张啸山、胡雪樵、陈桂秋、莫子偲、善徵、伯巙、仲武、张绍京、黎纯斋、程柳生、禹汲三、顾玉书、马玉堂、唐新泉、叶湘文、方小圃、刘开孙、邓季雨、黄冠北、刘咏如、盛德生、程宝山、李眉生、万篯轩、庞省三、程敬之、金鹭卿、宋也如、杨子木、陈瑞亭、谢晋生、钱子密、恒甫、潘彝卿、王雨轩、程月波。返寓。写金力甫信。即发，交子木。

初五日辛丑（1月31日）　　　晴

早饭后，答贺孙海岑、陈小圃、杨达庭、蒋纯顷、钱子密、程伯敷、张迪帆、鲁秋航、潘叙垣、屠晋卿、杨芳山、张汉秋、王子云、倪镜帆、桂实之、成振云、史光圃、周缦云、邵子龄、汤子镇、徐雪村、龚春海、华若汀、吴子让、黄少昆。顺至元师处谢寿，又至咏如处饭，再候魏刚己，返寓。写陈小圃信、杨芳山信。即发。衣谷、德生、张啸山、杨见山、李壬叔、刘作山昆季、程宝山来。

接族兄国培修睦大叔子，字维桢，又字仲纪，行四。去年十二月信，又史贤希去年腊月二十二日信[1]，又龚允之去年九月十二日信。

----

[1]　腊月，稿本作"十二月"。

初六日壬寅(2月1日)　　晴

魏子莹进义，殷仲族叔。来候。候李芋仙久谈。答候魏子莹。访晓岑久谭。候魏凤芝不晤。候开孙，遇之途，同至谢俊生处，重返开寓，并晤汪梅村孝廉。士铎，本地人。硕学，著有丧服等说及舆地之学。候何镜海不晤。至咏如处，同咏如至开寓，并晤元徵师、向伯常、叶湘文，在开孙处饭后返寓。节相是日枉顾未晤。

接眉生信，又杨芳山本日信。

读《胡文忠遗集》卷三，载：计调兵一千名，每月口粮米价银二百四十九两，此系贵州米价低贱之数。盐菜银九百两，兵丁长夫银一千五百两，此系道光末年新章。加以暂支之行装银二千两，文武员弁、跟丁月支银两，兵丁例外犒赏各费，初次一月总需六千两有奇。二月以后，除去行装，亦需四千两有奇。

初七日癸卯(2月2日)　　雨，夜雪

屺堂来自江北，见候久谈。至开孙处少谈。谒相国谢步，返寓。下午赴刚己之招饮，座客晓岑、开孙、眉生、何镜海、李芋仙、周葆生湘潭人。及余。其姬人辛氏小璁出见，本秦淮水榭人，工绘事，貌尤明艳。

初八日甲辰(2月3日)　　阴

答候张屺堂，并晤张厚甫。熙龄，眉生之甥。访季雨，少坐返寓。何镜海、李芋仙、张屺堂、欧晓翁来，治具款之，二鼓时始散。

接眉生信。

初九日乙巳(2月4日)　　阴。立春

罗茂堂来候。衣谷来，在此早饭。张仙舫来候，咏如来。赴李眉生招饮，同座晓岑、镜海、芋仙、子偲、啸山、壬叔、见山、开孙，初鼓

时归。

初十日丙午(2月5日)　　　阴

答候张仙舫,不晤。答候杨贻亭、黄少昆,均不晤。候汪梅村孝廉,答候汤全人,不晤。访刚己,道遇子宪二兄,知偕金逸庭观察来此。返寓。下午复访晓岑,不遇,在衣谷处少坐归。

接殷仲去年十二月十八日信,又问渔去年十二月信。

十一日丁未(2月6日)　　　晴,夜大雷雨

自去年腊月天色甚暖,阳气不藏,民多喉舌之疾。雨雪不降,冬苗枯槁。立春适三日,而雷声大作,皆冬行夏令之眚也。

早饭后,候子宪二兄,并候金逸亭观察。国琛,常州人,久在湘军,以战功名。答候张仙舫,久谈,并晤朱伯诗。候蒋纯卿、向伯常,不晤。答候朱伯诗,同游鸡笼山,余不登此十四年矣。旷观亭已毁,十庙并无遗瓦。下山后,顺九眼泉、莲花桥而南,答候杨卓庵,少谈,复候莫善徵,不遇。往游伪宫,乃道遇之,并骑而入,门外左右各一街楼,相距止一箭地。楼中为影壁,影壁北正中一楼,楼北为第一门,尚宏敞,上书"真神圣天门",门内数十武又一门,大小如之,上书"真神荣光门"。门内一河,上架石梁,栏陛皆刻龙。水北左右二亭,亭北正中伪殿,重檐圆顶,楹题皆泥金绘龙,中设暖阁,如官府堂皇之制。而大殿内为穿堂甚长,以北皆毁折,零甓满地,但白石甬道,限以败垣,矗立可辨层次耳。自穿堂以后,至末层尚七八进,最后则三层大楼,梁柱已尽,壁上形迹尚在。大致规模狭隘,多拆并民居而成,满壁绘画,尤寒陋可笑。

至善徵处午饭,适何镜海亦至,傍晚同归。顺访晓岑,少坐返寓。子宪二兄在寓晚饭,将雨乃去。接子迎去年信。

十二日戊申(2月7日)　　　晴

金逸亭来答候,久谈。下午,赴晓岑之招,同座何镜海、莫善徵、周宝生、魏刚己、李芋仙、李眉生、衣谷、开生及余,二鼓时归。写史贤希信、毛子容信。十三日发,交何镜海。

十三日己酉(2月8日)　　　薄阴,夜雷雨

赴何镜海之招,即送其行,并晤开孙、李芋仙。谒相国,乞假归省坟墓,相国详问家计,劝余出仕。余因告以李少翁欲为出奏改省之说,相国曰"此吾责也"。候曾劼刚,久谈。返寓,子宪兄先在,少选,开孙、霍生、刚己陆续来,孟甥邀共饮食后去。

十四日庚戌(2月9日)　　　阴,大雪甚寒

十五日辛亥(2月10日)　　　雪

写眉生信。即发,交来足。

接眉生信。

十六日壬子(2月11日)　　　大雪,大寒,寒暑针二十六分

下午,冒雪赴咏如、开孙之招,座客金逸亭、方元翁、子宪兄、德生,初鼓归。

接服生兄去年十二月十六日信。

十七日癸丑(2月12日)　　　大雪,大寒,寒暑针二十四分,为罕有之事

同家众筑雪桥一座,四姊及内子等剪纸为莲花九朵合成一灯,无不逼肖。下午,仇涵斋来。

雪桥,依宋人禁体

叱鼍曾记穆南征,鞭石犹赊海上程。一夕仙游疑月近,唐玄

宗玩月,道士罗公远掷杖成大桥,色如银。五更人迹比霜清。散杯不
跃孙王马,植杖堪听邵子莺。吾道平通无险塞,莫将冰岫比
峥嵘。

九莲灯

　　焜煌不让烛龙前,十丈花开锦绣连。移种合从清净海,交
光已现刹尘天。同归假[①]示三生别,我佛接引,有上品三生、中品三
生、下品三生之别,实则生佛一性,本无深浅,随顺俗情,示有区异而已。
破暗全凭一火传。群羡金台咫尺地,慈航更有藕如船。

十八日甲寅(2月13日)　　　　晴

开孙、子宪兄来。下午,邀衣谷、霍生、苏晴山、子宪兄饮,霍生
不至。

十九日乙卯(2月14日)　　　　晴

写眉生信。即刻发,交德生。邓铁仙来答候,季雨来,刘松岩方伯
来候,郇膏。未见之。下午,同四姊及家众畅饮、观灯。

二十日丙辰(2月15日)　　　　阴

答候王叶唐,锡珪,云南丽江人,张仙舫同乡,介仙舫候余。答候刘松
岩,久谈。至元师、开孙处,子宪兄、晓岑、衣谷处。下午,邀金逸亭及
德生、咏如、元师、开孙、子宪兄饮,元师不至。

二十一日丁巳(2月16日)　　　　晨雪,午后阴

李勉庭兴锐,浏阳人,安徽知府,元年识之。来候。至霍生处久谈。
答候罗茂堂,未晤。答候李勉庭于莫子偲处,久谈,并晤涂朗轩、朱
仲武。张炼渠来候,未晤。邓季雨、载功来看灯,初鼓后去。

---

① 假,稿本作"殷"。

接阿哥初七日信，拟移家常熟而自至金陵。又槐亭初六日信，又李少荃宫保信。

二十二日戊午（2月17日）　　　晴

拟日内赴里门省墓，昨接阿哥信，知在常相候，故行计益急。是日检点行李，部署家事未毕，刘松岩方伯来约明日同行，趁轮舟至江阴进口，许之。下午，衣谷及子宪兄来。三鼓，霍生、苏晴山来送行。写眉生信。廿四日发，交七濠口洋行。

接阿哥初三日信，又服生兄去冬十一月信。

二十三日己未（2月18日）　　　晴，下午阴

晨起谒辞祖先神主，早饭后出门。答候张炼渠观察，未晤。至相国处辞行。访元师、鲁秋航、杨芳山、蒋纯卿、钱子密辞行，并晤开生，亦于是日奉差赴淮安。出水西门坐小舟赴江口，孟甥同行归里小试。下午至下关候张仙舫，留食点心后，出江至草鞋夹登轮舟，刘方伯已先在。少选，发火舟行，顷刻至燕子矶，矶石壁立江中，恍如鸟翼，近望甚亲切。刘公来余房内久谈。晚间轮船主李协戎树勋振名，淮安人。邀饮。是夜行至仪征泊。

接审安侄初七日信。

二十四日庚申（2月19日）　　　晴

晨发，辰刻至镇江泊舟，舟人买办火食。巳刻过焦山，刘公来久谈。写槐亭信。即日发，交刘松岩。傍晚抵江阴口，二鼓觅小舟下轮船进口，托江阴县沈俊卿封一座船，为方伯傔从坐去。彷徨河中，至三鼓始遇一舟经，持行李登之。至南门外舟住，方伯仅索舟四艘，而从人加增至二十五艘。甚矣，检下之难也。

二十五日辛酉（2月20日）　　　阴

早饭后，同孟甥步访沈令君，已送差东去，遂返舟。孟甥复访其

子安伯,去至下午归,同祝受谦来,不晤已七八载,话乱离事,相与太息。江阴城民去十分之五,乡民东乡死者最多,城屋留十分中半分。沈安伯遣一舟来送余至常,余嫌其太华,却之。少选,沈安伯及其署友郭秋山、冯厚斋来访。是日雇昨坐舟成,与论日不论路,以至里无馆舍,须舟中住宿也。二鼓尽解维,乘潮由小路行,河道浅涩,一夜仅二十馀里。

二十六日壬戌(2月21日)　　　晴

天明至荣田镇,舟人赴籴,镇上市井未见,沿河民居、树木犹有全者。午刻到长寿村,傍晚至北渚,上灯后到堰桥,街市甚闹,有厘局在此。闻此地本无市口,乱后锡邑人徙居此者甚多,又江北商贩多从此赴苏,故遂成聚落。今日见两岸田有麦苗者,约十分一二。

二十七日癸亥(2月22日)　　　薄阴,顺风

早发堰桥,辰至白荡圩,居民棹舟取草荡中者,橹声轧轧盈耳,知此方犹今之乐土矣。南望惠山,秀色如昨,因与孟甥言吾邑濒太湖,有蒲溪、龟山之胜,他日得终老其地,无复他望。

宋官制以京朝官差摄外僚,皆奉使勾当,而无守土之主。本朝则以阶官奉使,本之于明,而实与宋无异,但少一京职耳。因读宋、元鉴,志此。

巳刻至高桥,遇顺风,行甚速。午刻至洛社,桥已毁。申刻到横林、七墅堰,酉、戌间到白家桥,桥皆未毁。泊舟文成坝,七墅堰尚有开字六营在此,沿塘皆有炮船分布防守,河身浅狭,大非昔比。两岸民居荡尽,亦无耕者,草莱满田,惟横林一带一二处有人放火烧草,似有开垦之意。

二十八日甲子(2月23日)　　　阴

晨命舟子移泊城内,问知文成坝嘴之东仓桥坍倒,又城内筑坝

开河，不通船路而止。早饭后，同孟甥登岸，进东门诣止安公大宗祠、恭毅公专祠展谒。屋宇尚在，墙壁倒缺穿破，御书楼平毁，旁积瓦砾如山。享堂空敞，神牌、神橱俱尽。不得已，向北壁叩首而出。有祠仆杨步云，族兄卫生所招，问知阿哥尚未至，遂命之导至卫兄处，途出唐家湾余家旧宅，但有解瓦，并无败堵，门外高柳皆薙，街道间隔，不可复识，学旁二本家宅平毁。

同之卫兄寓迎春桥恽宅，有局务他出，嫂氏卧疾未出，见其妹一人。出卫兄寓，拟候全叔，未数武，遇金逸亭仆，知宪兄同逸亭起早亦于昨至寓局前崔宅，遂往少坐。同宪兄至马三步全叔家，道逢杨用明，须鬓皤然，少谈而别。全叔及叔母、与弟共三人；邢叔已故，叔母及两妹亦三人，两房仅偰临街屋二间，行医糊口，形状槁瘁。坐良久，辞出。候善后局董事庄俊甫辈，数语即别。访刘萱生，不晤，交开生信于馆人处。候顺吉叔家于青果巷丁宅，顺叔出外无信，见叔母丁氏狼狈尤甚。过西庙沟至董氏一看，门屋略存梗概，馀悉平地。候仲雍兄家于打索巷口徐宅，兄先已故，侄在乡贸易，次侄甚不肖，而嫂氏甚贤，束之不许出，均未见。二嫂及侄媳△氏，侄孙△△，计一家五口，又△△兄家寡嫂一人同居，光景虽贫寒，似较振作。

出同宪兄著饮于肆，市物点饥。全叔亦至。余以合族孑遗无几，请以祠产、茔产垦荒赡族，余愿捐资为倡。宪兄喜甚，全叔颇迟疑。余强之约今晚至卫兄家抄联单细号来示。复候寅二叔家于化龙巷，叔久客汴，叔母程氏，有三弟，长名长生，嗣素诚叔，后陷贼得脱，现在家；次德生，次通生，俱在江北亲戚处，故止二人。所居屠氏系素诚叔之婿。素诚叔久故，叔母刘氏死于难，最可悲悯。在其家久坐，并识族长蓉圃叔祖，系元丰桥分，年三十馀，名悦善。以天晚，拟明日往谒。同宪兄返金逸亭寓，命取行李入城，与孟甥皆榻其家。

写阿哥信。廿九发，交信船。刘萱生来。全叔来言细号无可查。

本日所历城厢各处，从文成坝至城下皇亭毁尽，上有废垒，东岳庙、玄妙观、天宁寺及夹道民居，悉成白地。太平寺尚馀塔身，天宁寺后已有僧盖屋一进。从东门至学场屋尚夥，惟少市面。县学仅馀石华表及泮池石桥，棂星门内为贼丛葬，已毁掘尽，一望坑坎。从学旁唐家湾至迎春桥，民居十存其三，毁伤南段为甚。从迎春桥至浮桥，小河沿马三步、惠民桥，光景似旧不异，生意亦同。龙城书院已改文庙，从千秋坊、甘棠桥南头大街至西瀛子，民居十减二三，生意市面十减其九。从青果巷至西庙沟南不甚动，从西庙沟北十八家村一段焚燹最甚，空地周围几一二里，西庙钟楼寺俱毁。从周线巷、青云坊以北不甚改，四浮桥茶肆点心较佳于昔，化龙巷如故，长生巷里面已空。通观街上生意本地人十居其九，城工、河道、文庙已俱建，善后不为不认真矣，余抵岸时始愿殊不及此。

二十九日乙丑（2月24日）　　雨

晨起，同逸亭、宪兄、孟甥至市早食，馒头美甚。食后返寓，陈炳然、段省余来候。全叔来。下午，邀全叔、宪兄至祠堂议修理，余以行囊不裕，仅拟将敦睦堂中间收拾，制止庵公、恭毅公、裴尊公、副使公神牌，暂安奉祀，及修筑围墙，重辟祠门而已。馀俟异日。

至已生弟家，弟久故，嗣子定宝远出，其庶母抚其女在祠屋内住。又同至蓉圃族祖家久坐。族祖母李氏及族祖胞侄惠湘叔均未见。见祖姑母，嫁屠氏者。族祖设食相待，余因请赴市中小饮，顺至方宅、周宅一看。方宅前二进不动，大厅穿破，上房大楼七楹仅存后墙一堵，零甓满地，都不可识，后进尚有屋架。周宅古藤根株尽伐，书楼已毁，前进四间尚完。方氏老宅前后俱如悬磬。汤果卿、李绍仔俱挈家归，汤居前厅之旁院，李居周宅之四间。俱往候之。

至市食馆，偕蓉圃叔祖、全叔、宪兄久谈，及垦田事、修祠事。叔祖喜悦愿为，亟可其说，因以所撰议及章程呈览。饮散返寓。是日所历东门街、下塘、北岸等处，房舍尚有，居者甚稀，北岸大致未改。

垦复祭产先赡族众议

伏查兵部公大宗祠、恭毅公专祠，向有副使公所设祭产百四十馀亩，由副使公分下五、六两房世世经管，以奉岁事。又兵部公、恭毅公茔田七十馀亩，归通族轮管以供祭扫，后以逐年两戊祀典及修理所费祠产不敷，而茔田祭扫之外稍有盈数。经族长率众公议，并归祠产，永远择人一手经理，冀费用稍裕，以资弥补。不意立议之后未久，即遭兵燹，公私涂炭，我族人舍身殉义者不一而足，田庐荡析，旧业全荒。今幸王师克复，郡城重睹天日，我族人在常者，孑遗之众仅二十馀人，栖止俱无，日食不给，当此大难之后，谋生无路，深虑日就零替，似续之计，将不忍言。而二祖祠宇倾颓，仅存间架，目击心伤，无涕可洒。计修理祠宇，赡顾族众二大款，非巨数不办。而族中殷实无人，难于设措，仅此薄田数亩，亟当开垦成熟，然就使如愿，亦复有限之数，修祠则不能赡族，赡族则不能修祠，顾此失彼，断无全策。古语有云：两利相形则取其重，两害相形则取其轻。族众乃祖宗数百年元气所培，祠宇则子孙一朝之物力可复。况祭祀者祖宗，奉祭祀者子孙，子孙失所，神于何托？《诗》不云乎："惠于宗公，神罔是怨，神罔是恫。"子孙获安，祖宗始克攸宁，以享祭祀，其理不爽。我族人三旬九食，顾拮据以奉䋲纇之献，祖宗在天之灵，必将隐痛而不忍歆享之矣。更或不幸有甚于此，则虽祠宇峨焕，其孰执笾豆以奔走庭下乎？历观往史，国家遭遇灾礼，每罢郊祀。在经则有凶荒杀礼之文。知事无大小，俱可通权达变,不在执一而论。窃拟先筹垦荒之费为数差轻,集之稍易,将祠田照数清出,定法招垦,所有岁入,尽以赡族,修理祠宇姑俟日后,即两戊祭祀,春冬扫墓,亦以从省为贵,一筵之设,四簋、六簋而止,贵展诚敬,不在观美。俟十年之后,修养少瘳,再议变通,庶几斤斧之馀,少留萌蘖,丁众渐蕃,蒸尝不失,合族幸甚,宗祐幸甚。其招垦经用一切章程,粗陈于后:

一、议清产。兵部公茔址三亩六分,茔田十四亩六分八厘。恭毅公茔址十七亩七分,茔田五十八亩三分,祠田一百四十亩零,二房新捐田四十亩零。共茔址二十亩零,祭产二百五十亩零,应将所有契据联单归并一处,照宪章呈县请勘给还管业,无单无契者取具田邻保结办理。

一、议招垦。查溧阳所办官垦每四十亩,招佃一人,每日给米一升五合,钱二十文,发至五个月秋苗成熟为止。籽种、耕具在外,计须米二石二斗五升,价值宽估作钱十千文,零用钱三千文,耕具、籽种约亦三千文,共十六千文。租入业七佃三,今照此法为主,参以本地舆情,酌量办理,总以不出一千六百文一亩为度。现田二百五十亩,约费至四百千文可望成熟,一年之后即为永利。

一、议岁入。吾常每腴田一亩可获三石,照佃三业七之例,当得二石一斗。惟祠田未必尽皆膏沃,从少计数,每亩至微以七斗为率,二百五十亩共有百七十五石之入。苏属现办租捐每米一石捐钱八百文至三百文不等,江阴捐钱三百文,吾常总不出此数,约计五十馀千,除米十馀石,计存一百六十馀石。

一、议分派。吾族遗众老幼男女不过百馀人,除有业之人不计外,实须赡给者不过三十人,从宽以每人四石而论,费米百二十石,尚可馀四十馀石,别作正项支用。

一、议择人。田事举行,必须有人经理,今定正手一人,副手二人,不拘房分,不论行辈,必择朴劲廉明、能任劳任怨者,将前项产业契单凭据对众查明,交令一手经管,凡目下清产招佃,日后收息分派,概听作主,而副手助其不及。惟族众宽馀者少,谋食不给,使之全力为公,抛荒生计,若无补苴之法,难乎为继,酌定于馀米内提米二十石,正手十石,副手各五石,稍资津贴,其应得之米仍照数分派。

一、议蒙养。吾族以读书为业,相承数百年来未尝废失,今大乱之后,族众无力及此,恐日久之后气习难改,应于族内酌延一人,专课各家幼童蒙读,于馀米内酌提十石作为脩脯,其应得之米仍照数分派。惟必须聘请族人,不及他姓,以期利无旁渗。以上五条钱米出入之数,均系约略言之,仍须临时变通。

一、议岁祀。祖宗蒸尝为合族大事,修举原难稍缓,今于无可奈何之时,行此必不得已之举,惟霜露时改,而蘩藻弗陈,子孙何以为情。应于馀米数内准酌多寡称力厚薄以奉诸墓、二祠之祭,止贵诚敬,不务丰腴,子孙在家者虽无衣冠必集。

三十日丙寅(2月25日)　　　阴雨

晨同逸亭诸人早食于市。返寓,复同逸亭乘马出候本府钱,不晤。次候刘子逊不遇,次候阳湖令黄亦不遇。次至善后局答候陈炳然、段省余,晤陈一人。次候武进令方,又不晤。次至萱孙处,复不遇。更至善后局,孟甥亦至,少坐,偕候陆子丰,晤之,少谈,余先归。蓉圃叔祖来,值余出,与全叔在文元茗肆相候,因往坐谈良久。全叔许抄初出祠田细号于卫生兄处,抄茔田细号于殿英兄处,约余自宜归后酌量次第举行。少刻子宪兄至,同赴叔祖招,食于昨肆,食散复茗。余捐囊资修祠及分助族众,即请蓉祖、全叔、宪兄督修及分致,交讫先返。写家信。即日发,交陈炳然。蓉祖来见答,并候逸亭。刘子逊同萱孙来,子逊别已九载,相晤甚乐,谈至初鼓时去。寅二叔家长生弟来,约同余至茶山、三堡桥及观庄、宜兴扫墓。

二月己卯

朔日丁卯(2月26日)　　　阴,夜雨

黎明即起,束装出城下船,顺至杨用明处少谈。出东门,过天宁寺遗址,见寺僧垦地聚材,砖石堆积甚夥,知寺兴复不久,为之叹羡。辰刻至舟,巳刻同长生族弟登岸扫墓,命舟人移至御史桥候余。方欲成行,适坟仆王荣德入城担粪,遂使前导至三堡桥。芝庭公、云浦公、守田公、伯渊兄及绶姊茔以次祭爵,虽松楸尽斫,而坟墓如故,喜悦不胜。祭毕,同长生弟至其家墓为设祭。次至清凉寺前访外祖方永康公、舅氏闽县公墓,设祭如之。次至茶山恺宜公茔,祭爵如三堡桥,墓亦无恙,坟仆尚馀陈富保一人。祭毕,遂由教场坝下舟,移至西门外新桥泊。

初二日戊辰(2月27日)　　　阴雨

晨起,至城内访刘萱孙同茗,并邀逸亭、宪兄,孟甥至。张柳亭已挈眷返,闻余在此,亦来同茗。巳刻散,下舟。余即日由观庄赴宜兴,闻道路尚棘,逸亭遣弁二人护行。舟旋解维,西门一带焚烬如东路,石龙嘴尚在,城渡桥未毁。午至游塘桥,业拆断桥顶,两岸尚居民数家。申至丫河,赴宜塘路桥已毁,入湖口三洞桥犹在,有小市。过三洞桥,舟子因时晚路生不肯行,遂泊。

初三日己巳(2月28日)　　大雪

晨发,由西滆湖之北里路行,午刻至茶食镇,三十里,未刻至市桥头,约十馀里。止安公、恭毅公坟茔在焉。停舟雪霁,觅土人蒋姓为导路,约里许,至墓祭扫。止安公墓有碑一通,无馀物。恭毅公墓在其西,华表、牌坊、石兽、翁仲、栏柱、御祭碑四通俱全。墓昨岁为土匪所发,幸遗殖无恙,阿哥同族人下乡修理如旧,求贼不得主名,子孙隐痛宁有已耶! 祭毕后默祷恭毅公,乞阴相垦田事、求贼事。申刻返舟,观庄离此地七八里,止安公兄弟之后四、八两房居之,向有三百馀丁,乱后止存男丁十七人而已。酉刻舟行,夜泊牛郎庙,离市桥十馀里。本日所行,绕西滆湖之北之西计程近六十里路,辽阔殆有七十里,途间但见野鸟闲鸥①,寂无人迹,村落亦俱被毁。

初四日庚午(3月1日)　　细雨

晨发,辰刻至丰义镇,市颇大而久望无行人,至求菜茹不可得。未刻,过野城隍庙,港汊甚繁,皆滆湖以南支流,舟行不得总径,欲觅人问路,而竟日不见一客舟。申刻至一村,登岸访探,但见白骨狼藉丛莽中,或以桶盛尸,皆未久之饿莩。一村民屋,计不啻百馀家,觅半日,仅睹一妇人与二幼童糜粗粝为食。向前问路,尚能指示。如所说,复行良久,有大水在前,茫无畔岸。幸有炮船守口,复往问津,始知即宜兴之西氿,去宜不远矣。舟子以逆风不敢出口,仍由芦苇中觅里路行。至上灯过一市,居然繁会,问其名,为高湾,去塘路冀陵桥仅三里,盖从宜之西北复至宜之东北,绕路约二三十里。土人见余舟旗械纷然,疑兵至,皆闭门欲遁,余以乡音再三慰藉而后定。

是日所行,计程亦不下七八十里,由滆湖西南至东南两日之路,

---

①　闲鸥,稿本作"喧腾"。

历金坛、溧阳近界,周长荡湖、滆湖而包之,宜其荒远若此。

初五日辛未(3月2日)　　　阴,下午见日。夜疾风暴雷,甚雨

晨发,辰刻至宜北门外七里牌,棹楔甚多,皆无恙。旋至三里牌,砖塔孤立,旧有民居在下,已毁。巳刻到城,沿城市屋尽爇。舟入东关,泊东大街巷口,此地旧为本城闹市,已一无所有。登陆访汪雨人,雨人去岁赴营后一直未返,可为惊诧。其家房舍仅存间架,贫悴可悯。其尊人、堂上及前室苻氏均殉义,重慈亦病殁,续娶路氏独支门户,幸赖妇父路子坦为之经理。与路谈良久,同观吾家旧居,门屋仅存一间,其后存厨屋一进,馀皆焦土。屋后小楼,余所修整,晶窗敞启,而艺兰其下,与南阳君居之,今馀颓墙、窗空甚大而已,为之怃然。复同至南门族伯家屋内一视,尚有门户墙壁,后为异姓居之,中进败堵下一人僵卧作癫语,因不视而出。同路子坦去茗饮,时松字、勋字共十三营由东坝赴苏道过此,狰狞载路,居民皆爇香门外,战栗俟过。余适亦携戎卒二,市人或识余,窃视私语,不敢问。茗良久下舟。荆溪令厉君学潮,定海人。来候,厉去岁莅此,甚爱民,时议办租捐,抗言不可,得罢,民感之次骨云。

读唐余知古《渚宫旧事》五卷,孙渊如订辑《三辅黄图》一卷。

初六日壬申(3月3日)　　　阴,夜雨

路子坦来答候,同至长桥下肆中食馒头,视往时甚劣。复同往茗肆茗饮,有居人为郭松林所部松字营所苦,来诉其渠,旋见持令往缚,余畏嚣而出,未知究竟,然城中乱自若也。同路子坦至其家,道登西城望铜棺山色,慨然有丁令威重来之感。路话乱离事,塞耳不忍听,遂返舟。遣刺谢厉明府。午刻,舟赴东山,至山椒,数乡民匿丛苇中,见余舟旗械,奔迸四散。急命去之,而令导者为土语以慰。至港内,众犹遥立不敢近。中一人识余,径来前,问之则故坟仆俞东

福之邻王安大也。问墓道安无恙，问坟仆，则被贼掠去死湖州，其家已无噍类矣。前后村数十姓，存十馀人，乞食四散，村屋皆败堵。登陆，因命为导，路径不改，而荆榛翳翳，满地皆野豕足印，山中大小松以株计，无虑千万，今一望童秃，行次已神怆欲泪。比至墓展拜，不觉涕之盈把矣。幸墓安稳，周视无损，辄又喜跃。祭毕，遣人从先返。寻觅半晌，见一界石仆地，旁一小坑，疑野兽窟穴，探之浅不盈尺，知非是而罢。酉刻下舟，是夜泊此，拟即以王安大为坟仆，令明日雇夫来添土。

初七日癸酉（3月4日）　　大雨终日

巳刻，王安大来，言已集夫，但雨大不可动手，如何？余令冒雨为之。早饭后持盖登山，督夫役担土增坟旁高尺许，扶所仆界石，填土坑，手植小树一株，以志山向正中。酉刻归，重裘湿透，然得于风雨中伴吾亲半日，亦人子乐事也。是日，舟仍泊不动。

读《史忠正集》四卷。

《续通鉴》一百九十三《元成宗纪》。时初建南郊，翰林国史院检阅官袁桷进十议，其第四议曰后土即社也，"作后土即社议"。按此说与余意同。袁桷记有集在武英殿聚珍板中，拟查阅。

又"八月己酉朔，太史言是日巳时当食二分有奇，至期不食"云云。按郭守敬《授时历》，后世以为至精，行之未久，即有如是之误，历数之不易言如此。

初八日甲戌（3月5日）　　雨霡，旋复大雨

拟再登岸，会雨大，袜履昨已湿透，不复能行。辰刻，开舟旋城，命奴子邀路子坦至，并属代雇肩舆，答候荆溪县，令君以昨晚送兵差至明方卧，尚未起，予知其连日困乏，遂不惊之，即下舟，复与路子坦少谈。路去舟行，申刻到和桥，舟人恐前路无宿处，遂泊此地，为自

宜至常中道市镇最大处。今西岸阛阓颇复，东岸尚仍焚燹之旧，有奇字七营驻此。

初九日乙亥(3月6日)　　　午前雨霰交作，并微雪。午后雨止

黎明发和桥，辰过五洞桥，有戈船守口。午至寨桥，尚馀十馀家。申至万塔镇，少进为十五洞桥，亦有戈船，桥中洞已倾。酉至丫河，沿途大桥多存者，而民居毁荡殆尽。行一日，河中不见一本地船，塘岸不见一行路人，野田尽生芦苇，光干无茎叶，识者名之曰直蝶芦，土荒则生之云。夜至常州西门外泊，遣长生弟返城。

垦荒赡族议单

立公同议单。某等今为族众被乱后生计无聊，公议将坟祠祭产垦荒经理，收其岁入，为赡恤之用。本族长幼均各意见相同，即拟措资举办。维创始之初，百凡不易，若不先定章程，恐日后致成棘手。为此酌议款目五条以为准则，凡我族众，悉皆书名于后。

一、将所有田业归并敦睦堂。查坟田本系公产，祠田则系大房独置，故坟田向由合族轮管，祠田则由大房独管。维自咸丰年间合族公议，已将两项之田归并一处，不论房分，择人经理。今又增入二房所捐之数，共计田二百五十馀亩，不为菲薄。但恐族众或执人我多寡之私见，日后必资口舌，应将所有新旧田业并归一处，作为赵氏敦睦堂公众永远世产，所有租息目下分给族众，将来改作别项正用，均听大众公议。往日捐田及目下捐垦之人，不得出而武断。

一、设立敦睦堂账簿、图记。财货出入，必资簿录，方免讹舛，尤必须图记以为凭信，应刊"毗陵赵氏敦睦堂记"一方，交本堂经管人处，设立大簿一本，将所有契单凭据抄写齐全，逐页盖

用印记，存留族长处，每年秋戌祭日取出，对众翻阅一过。其契单原件即存本堂经管人处，遇有新旧更易，照簿点数交兑。另立租簿，按田产坐落地方，每处一本，亦逐页盖用印记，存留经管人处，每季收租以此为凭。佃户如不见此簿，私完他人之手者，虽多不认。目下招垦即将此语注明承揽内，以期无误。再立出入账目钱、米各一本，亦逐页盖用印记，存留经管人处。现在发钱招垦某户领过若干，将来秋成收缴某户还过若干，别项正用开销若干，归入钱簿。每季收租某户若干，分给族众某人若干，归入米簿。春戌祭日对众销算一过。

一、定分派数目限制。凡族众仕宦在外者不给；家业完善者不给。有执业，或幕或商而家道艰难者半给；虽无执业，而家中男丁多、女口少，可自营谋者半给。惟实系贫苦之人或妇女无靠、男丁尚幼者全给。每年收成后除净赋税租捐出款，再除祠堂荐祭若干，坟茔展视若干，蒙师脩脯若干，其馀实存之数按照应给之人数匀为若干分，公平派给。另提四分为经管人薪俸，一体随岁入之数升降，以示鼓厉。其族众应给应否，或全或半，本年秋戌祭日族长率众公议，不得凭臆妄断，本人尤不宜弃礼争论。

一、合族规条禁约。赵氏族众凋零已极，此举原为培养元气而设，如族众不以此举为然，宜即对众声明，另筹妥法。倘目下不言，日后故生枝节，于中搅扰及经管人背公取利，非时下乡预支米麦，致坏租风，或族众逾分向经手人强行借索等情，又族众得有糊口而乃趋向下流，不习正务，不守家规者，均非吾祖子孙，族中不论何人均许指摘。如果属实，即公议停给分米，俟改过后再行减半给发，二年无过，仍准照给。惟有意搅扰及经手取利者永不再给。

一、将来仍〈收〉还产业,作祠祭之用。此项田亩本以奉祖宗岁祭,非为子孙糊口起见,今移缓济急,原属不得已之举,如果邀天之幸,地方从此无事,十年之后,吾族诸人自可渐定脚跟,断不须仍借此款资其日食,应于本年开荒之日起议定以十年为满,届时收回岁入之款,作修理祠宇坟墓、恢复两戌祭典之用。其族众除寡妇、无子、子未成丁者酌量赡给外,馀人一概停止。

初十日丙子(3月7日)　　　薄阴,下午见晛

移舟小西关内,至浮桥惠明桥泊。关口觅渡桥、城隍庙前一带房屋存者尚多,率二十馀家中有一家有人居之,城隍庙已毁。辰刻登岸,约宪兄、孟甥来食肆,闻阿哥尚未至,逸亭已至乡间,而蕙生兄来城。食后同宪兄至蕙兄处久谈,拟同至祠堂及族长处,适道遇之,复来宪兄家,见议单以为甚妥。遂请全好至,同茗,约明日下午再会立议。子逊同吕盛伯来访。子逊家现住长沙东茅巷。

十一日丁丑(3月8日)　　　阴雨

登陆至宪兄寓,子逊已先在,属偕孟甥候余食肆,而与宪兄策骑至祠堂看工。复至麻巷候张柳亭,闻已至苏,遂至食肆与子逊等久谈而罢。至长生弟家久谈,返宪兄处,道遇服生兄、审安侄自江北归,同至寓。逸亭闻余至,已上城,各久谈,即偕服兄、审侄分写议单各一纸,下午毕。同至茗肆晤蓉叔祖、全叔祖及服兄、宪兄、蕙兄、长生弟、审安侄,各书押毕散。至宪寓,逸亭复下乡,余亦定明日赴苏觅阿哥,宪兄同余行,而以垦田事属服兄、蕙兄二人。孟甥留常候试。

十二日戊寅(3月9日)　　　阴,下午复雨,北风吹面如冰

晨起,宪兄来邀,属鞴马至,上岸至全叔家,晤观庄本家如德叔。

止安公兄弟四、八两房后也。两房乱前男丁百四十馀人，今存十七人而已。次至阳湖县前北唐家湾一观，顺访丁光荣，其宅昆甫家，余曾居之数日，其屋尚未大改。阳湖县存大门，晏公庙已毁，太平里一带俱无居人。至宪兄处，知今早寓屋后进坍塌，左间居四人，三人已起，一僮卧处适留一架未倒，右间拴马四匹亦无恙，知微命有或司之者。晤服兄、蕙兄、杨子春。访子逊，其宅仅留厅堂、书室数间。少定，借笔写家信。即日发，交逸亭专足。拟至开孙宅内一观，无路可入，墙缺窥见空洞无物。复返宪寓。下午同下舟，服兄、蕙兄、孟甥送至舟，申刻舟行，夜泊七墅堰。

十三日己卯（3月10日）　　阴，夜复雨，逆风甚大

晨发，辰至五牧，午至高桥，未至无锡，泊舟西门外。同宪兄至城内一观，市面房屋约略如宜兴，居人稍众。申刻复行过南门，见南禅寺已毁，而塔上相轮阑楯俱无恙。傍晚至新安，夜泊望亭，有营驻此。自过锡邑，两岸渐见林木。

十四日庚辰（3月11日）　　晴，逆风

黎明舟行，辰至浒关，两岸赤地，关尚未设，有洋枪队驻此。舟中望天平、灵岩，如见故人。巳刻至枫桥，夹岸万瓦，今无一椽存者。亭午至城，泊太子码头。桥外市井颇复，桥内至城门皆荒土。同宪兄上岸，入阊门，自中市至皋桥已毁，间见一二家起屋开店。皋桥以东及磨龙街等处，居然复旧。路遇苏友薛安林，同行良久分手。余至衮绣坊，候紫卿族兄，知阿哥挈眷于前月杪赴常熟，而留长庚读书紫卿家，从殿英族兄教读，呼出见之，较前长成，渐有静气，可喜之至。并晤殿兄及伯厚大兄次子增三子元，紫卿兄长子吉如，次子镜如。又入见九叔嫂韩氏、伯厚大嫂吴氏，皆乱后来依紫兄者。伯兄家狼狈殊甚，令人心恻，幸长侄孟农名忱，笔下通达，可望继起，近已入都，

家属在紫兄处日食粗有,差可无虑耳。在紫兄处食粉糍充饥,仍复下舟。路将十馀里,紫兄鞴马相送,约明早移舟葑门再会。归途顺觅薛安林,与之一茶。傍晚下舟,道遇柳亭,数语而别。写阿哥信,寄常熟。即刻发,交紫卿兄。

十五日辛巳(3月12日)　　　雨

晨移舟入娄门,至葑门泊新学前。早饭后同宪兄到紫兄家,与紫兄议垦田事,颇以为可而难其费,议未成而罢。紫兄邀到族四兄、亦字子卿,名世荣。五兄字裳华,名庆荣。来晤。闻族人之在苏者现计男丁十七人,衮绣坊、醋库巷、十全巷凡三宅,相去咫尺。余携谱至,属诸兄补续数十年内人口生死年月、名字。

下午,谒少荃中丞久谈,论及善后,余请疏开徒、阳运河以通商贩。中丞云已举行。余复请吾郡童生院试在本城或镇郡办理,免借苏棚以恤寒士,蒙允由邑绅酌办。既又以恭毅墓事,倘得的贼求饬行严办,及本族殉难男妇求奏请建立赵氏忠节专祠,俱荷许诺。中丞复询余出处,余告以相国亦允代奏改省之说,中丞问余二处意何所择,此语颇难作答。中丞又言,能免引见方好,至出奏何人主稿当商之相国,但足下履历须与我一纸云云。余唯诺而出。次候刘松岩方伯,少谈。时已傍晚,仍至衮绣坊赴紫兄招饮,二鼓始散。

十六日壬午(3月13日)　　　雨

撰本族请建专祠禀。巳刻,至元妙观前访张柳亭,不遇,访其居停李秋亭,金镛,无锡人,与阿哥相熟。亦不遇。同宪兄在茗肆久坐,观前市面转胜往昔数倍,观亦无恙。午刻至紫兄家,与定议垦田事费四百千,紫兄任其六,我任其四。

刘松岩方伯来答候,未晤,送盛席一筵,取至紫兄处,邀紫卿兄及子卿兄、裳华兄、殿英兄、子宪兄、吉如侄、长庚侄晚饭,二鼓冒雨返。是日缮写本族苏、常二处殉难男妇清单凡四十三人，其不知下落者人数尤众，俱不得书。又托紫兄删润余履历一通，少帅面索，不可不与，邯郸故步，恐自此而失矣。

本族殉难男妇请建专祠禀稿

为本族殉难多人吁恩援案奏请建祠以慰忠节事：

窃职同族自七世祖明兵部车驾司主事、国朝诰赠资政大夫都察院左都御史讳△△，六世祖△△，太子太保、户部尚书谥恭毅讳△△之后，子孙世居常州府城内，男妇不下二百余口。长房族曾祖讳觐男，迁居苏州，子姓亦不下六七十口，恪守先业，两地俱称望族。惨自咸丰十年，金陵大营兵溃，逆贼东犯，常郡首当其冲，郡中守御奔迸四散，各绅士鼓率义民，登埤死拒，六昼夜力竭不支，城池沦陷，贼氛益炽，苏郡相继不守。其殉义各绅衿士民均蒙设局采访，请恤在案。

维时职族除仕宦幕游在外者，两郡约计男妇二百余人，城破之际，或巷战捐躯，或闭门殉义。男子则九死以报国恩，妇女则一瞑以全名节，婴锋蹈刃，视死如归。赍志黄泉，于今数岁。恭遇官保爵宪大人董统鹰扬，大张挞伐，军锋所指，氛祲全消，区宇荡平，重瞻天日。职与同族孑遗扶曳来归，吊死问伤，逐加详考，两处男妇目下仅存七十余人，其殉难之确有征据者至四十三人之多。其余在外病故及不可考者，尤难偻数。七世之泽，不绝如缕，伤心惨目，酷痛难言。

伏维宪台恫瘝在抱，胞与为怀，以与民休息为抚集之端，以扶植纲常为教化之本。劝农树谷，生者既蒙肉骨之恩；阐没彰幽，死者不吝旌闾之请。湛恩汪濊，讴颂充途。血气之俦，同深顶戴。

查职疏族阳湖县举人赵起全家殉难,曾蒙两江督宪曾奏请建立专祠,奉旨允准。各郡县被害诸家遵例办理者历历可数。职族事同一律,定蒙矜闵。为此具禀缮写殉难男妇名数清单,吁求照察,可否援照成案,奏请于常郡祖居地方建立赵氏专祠,以慰忠节之处,伏乞宪恩核夺施行。存殁同深衔结。再赵振祚业经另案奏请赐恤,此次吁建赵氏殉难诸人专祠,理合汇载,俾得同沾异数。谨于清单内一一注明,并祈宪鉴。切切上禀。

十七日癸未(3 月 14 日)　　　　大雪甚寒

写李宫保信,送请恤禀及履历,信中称谓仍以山野自居。即日发,托紫兄送。张柳亭同李秋亭来候,久谈,并约夜间饮。至紫卿兄处辞行,紫兄赠珍玉一串。赴子卿四兄之招,先候裳华五兄,不晤,后至四兄处晤之,并识靴之大兄、屺堂三兄、春生侄、慎生侄。饮至傍晚始散归,以泥泞不复赴李秋亭招。

接阿哥十五信,知尚在常熟未行,住小东门步道巷嫂氏戚姚瓯亭家。

十八日甲申(3 月 15 日)　　　　晴

晨命移舟娄门。写欧阳晓岑信。即日发,交刘方伯。早饭后复令舟人移阊门,赁舆赴抚署谒辞,中丞以疾尚未起。问诸幕府,则兰樵已入都,馀人皆在高卧,遂拟再至。答候李秋亭、张柳亭同茗,柳亭赠玉琴轸一,玉质甚白,土花如胭脂新渍,可为异物。重赴抚署,闻今日谢客,遂属典谒代谢代辞。中丞复派戈船护送渡江。候钱揆初、杨藕舫、施叔愚、周子逊、凌小南、刘听襄诸君。同揆初游拙政园,园为蒋氏故业,今归吴氏,故又称吴园。忠酋建伪府于此,城复后即为抚署,其门阁规模皆如承平官府之制,与金陵各伪府异。厅事之东建四层高楼,望城中远近皆睹。其下四围建屋,宫居其北,今为客堂,西南东诸幕府所居。此以上贼所新置也。园在其后,清池缭曲,丘壑甚多,座落不下数十处,布置落落大方,树木卉草尤众,不愧为吴郡诸园之冠。壁嵌沈归愚记,明末已曾为洪、王二镇将所踞,更数主而后蒋氏得之。彼时茶花最甚,吴梅村有拙政园茶花诗,今无一株存,知此园已屡更尘劫。中丞政务傍午,不暇事游览。园屋无人居,厮养卒颇狼藉其中,事物已颓损十之五,揆初颇为致叹。余则以为名园胜地,皆众生福力所造,故牟尼蹑足,瓦砾化为七宝。吾人方日处坑坎,何暇计此耶!

别揆初出,复候刘松岩方伯,辞行久谈,即赴阊门下舟。宪兄另雇舟返常,而余至常熟,宪兄明早行。写孟甥信、庄俊甫信,言本郡院试事[①]。沈俊甫信,以孟甥孑寄,属为照拂。即日发,均由宪兄交孟甥转寄。中丞所遣戈船哨官蒋参将来候。遣招薛安林来,同茗渡僧桥下,此故吴中歌舞地,今寥寥一市而已。

十九日乙酉(3 月 16 日)　晴

写家信,方元翁信,即日发,托钱揆初寄。写揆初信。即日送。早饭后进城买物,途遇里中杨凤来,已多年不见。同薛安林茗,又至观前遍历书肆、古董肆,旧时阊门市井俱移于此,故颇见繁盛。实则浮面生意,外观虽美,往时一肆至数十万者已绝响矣。访柳亭不遇。写子宪兄信,寄银三十两,补修祠不足之数及垦荒经费。即日发,交艺兰堂管帐潘姓转交柳亭带常。复遇书贾张大林,言胥门市屋多坏,拟开店观前云云。闻狮子林尚无恙,欲往游,不果。仍同安林茗,良久,下舟。下午答候蒋哨官。

---

① 试,稿本作“考”。

二十日丙戌(3 月 17 日)　　　晴,逆风

早发苏州,亭午至野肠泾,为常熟半道,望虞山已苍然满目矣。申刻到常熟城,泊小东门上岸。阿哥现同嫂氏、幼侄借居姚家,嫂氏母家与姚至戚,向偕姚共住,嫂氏以兄有远行,故来依母家也。至寓,与阿哥相见,粗道阔悰,次侄长吉出见,聪慧茁壮,异日必能克家,甚可爱。入拜嫂氏,盖初见也。少坐出,并候冯式之、宝训,嫂之胞兄,元年上海曾见。姚朴园、杭州人,十年崇明曾见。张雨生本邑人,十年崇明曾见。等,晚饭后下船。

二十一日丁亥(3 月 18 日)　　　晴

写李少翁信,以余在此有耽搁阁,谢炮船使归。即刻发,交哨官。移舟大东门,阿哥来舟,同至城内茗肆,冯式之、张雨生亦至。茗散游虞山,登山顶清风亭,望东西两湖春波甚渌。下山,至仲雍墓、言子墓。余十年二月来此,棹楔峨焕,今石柱卧草中矣。闻方塔寺罗汉亦失,三灾风火,不独人世然邪!夜,老兄觞我,客姚朴园,其侄蓉生、张雨生。二鼓归。

二十二日戊子(3 月 19 日)　　　晴

辰刻阿哥来舟,冯式之亦来答候,同至寓,复至张雨生处,见石谷《江山无尽图》长卷,为今之重宝矣。又见兄所藏石鼓拓本颇好。是晚冯式之邀饮,坐客增徐子诚,亦本地人。

二十三日己丑(3 月 20 日)　　　晴

晨至阿哥寓,约是日同行赴秣。午间张雨生招饮于钱氏酒肆,饮散下舟。雨生、朴园、式之送行,遂同游西湖,登剑门山,访拂水庄,时已曛黑,山风砭骨,不竟其幽而返。诸客皆在余舟宿。

二十四日庚寅(3月21日) 晴,顺风

黎明客去舟行,午至华市,过南涠,绕顾山行,申刻到荣亭,酉抵江阴,泊南门。写沈俊甫信,托觅江舟。即刻送。

二十五日辛卯(3月22日) 晴

沈俊甫来邀饮,复来候。同阿哥候祝受谦,旋赴沈俊甫招,同席直隶秦端甫少尹。未刻下舟,移至北门江口换船,舟甚小。写子锡、蕙生、子宪三兄信,孟甥信。即日发,交俊甫。

二十六日壬辰(3月23日) 晴,顺风

辰刻舟行,至四圩港,舟子上岸取物,少住复行,申刻至口岸泊舟。是日以风邪微恙。

二十七日癸巳(3月24日) 阴雨兼霰,逆风

舟勉行至三江营泊。遣人问路,知此间内路可通扬州。拟雇内河船前进,以有恙畏风,江舟无拦蔽故也。

二十八日甲午(3月25日) 阴,大风

雇内河船不得,遇金力甫局友、同乡石浩泉,铭章。邀至其局暂住,遂偕阿哥登岸赴局,力甫在扬州,其家眷在此。石君颇殷勤,是晚扫榻相处。闻魏虎臣总戎亦居是地,遣邀谈话,三鼓后去。是日疾尚未瘳。

二十九日乙未(3月26日) 晴,大风

拟赁舆起早至扬,魏虎臣强留午饭后观剧,复盘桓一日。

三月庚辰

朔日丙申(3 月 27 日)　　晴

早同阿哥、石浩泉食肆中。余借马赴扬,留阿哥且住。辰刻离三江营,巳刻至中闸。余昔年奉方淑人由江北归,经由此路,倏忽已十三年矣。自此至张网沟二十里,夹道皆桃园,着花尚早。行江南数百里不见林樾,此虽空干,亦觉可意。道旁儿风筝交午空中,烟光明蔼,绿麦覆野,乃知人间尚有春色。胸次益悦,振辔疾驰,抵张网沟,入市茗饮。茗家有梅数株,花正繁缛,复为留连良久。七里至仙女庙镇,时已届午,于市稍买食饫饱。复行,过董家沟桥、石洋沟桥,皆长十馀丈。至万福桥,咸丰初年,雷帅以减扎营在此,其时断桥为险,至今未能修复。候渡良久得过,离扬州尚十里,将军大营扎东关外路口,今全军已撤,仅旗兵数十人而已。酉刻到扬,入东关,至眉生寓,知眉生已赴淮安,约一二日可返。晤力甫、调卿。解装且住余去年所居之室,眉生重为点缀,锦卉相错,焕若荼火,征途得未曾有。是夜力甫设饮,座客蒋干卿、纯卿之兄。施汉臣。眉生之戚。

初二日丁酉(3 月 28 日)　　晴

早同力甫、干卿食扬州面,复同调卿至市一行。方小东长泽,桐城人,江苏知府。来候。午饭后同力甫至仙女庙嬉游,并邀小东同行。傍晚到彼访本处人史花楼,兆霖。即留榻其家。是晚史花楼盛设款客,以乐女侑尊,三鼓始散。

初三日戊戌(3 月 29 日)　　晴

早饭后同方、金、史三君至市。午间,方小东招饮于顾氏家。饮散,又往观剧。晚间金力甫复见觞。

初四日己亥(3月30日)　　晴

同人拟晚间演剧,小东自能登场,节目曲喉擅名最久。是午先召伶人按谱选曲,约至顾氏为通夕之饮。晡间先至市与诸人茗良久,傍晚,方欲理料,而市人坌集,地不可容,拗兴而罢。仍至史氏饮。

初五日庚子(3月31日)　　晴

辰起,早食后谢史君归,余与小东先发,顺候宗惺甫,不遇。行至万福桥,见眉生来使,知于昨晚归。入城相晤畅谈,并晤褚萧臣,于汉卿遣邀盛德生至,谈至二鼓后去。写阿哥信,遣舟相迓。

接阿哥初四日来信。

初六日辛丑(4月1日)　　晴

晨起,眉生至,共谈老释名理甚畅,自戕老没,余久不得此抵掌之乐。下午,出候德生、褚萧臣、方小东、于汉卿、丁松侪,晤于、丁二人。小东来,傍晚去。晚饭后同调卿至德生寓,与德生、褚萧臣久谈,二鼓归。于汉卿来久谈,闻昨夜泰州城内有贼劫州署,州官松亭受伤,斩关而出。

初七日壬寅(4月2日)　　晴

眉生来谈。撰诗林挽联,写小秋信。即日发,交金力甫。同调卿至市购物。德生来,方小东、史华楼来。傍晚同小东至华楼寓,晚饭后归。

诗林挽联附跋:

皖公山月照深杯,把酒谈心①,赠玦果然成永诀;

---

①　谈心,稿本作"论心"。

燕子矶风送归棹,出门洒泪,将梨何意竟长离。

诗林贤五弟与余订交皖上,脱玉玦为赠,旋同舟至秣陵,君遂东下。先是已患消渴,过梅根水时,购新安雪梨盈筐,日噉数十枚,余深相戒,乃归未浃旬,竟以不起。余行役卒卒,不克效古人素车白马之谊,书此寄悬灵右,以志哀感。

初八日癸卯(4月3日)　　　　晴

午间,阿哥自三江营至。杨子木太守来候。下午,同阿哥及金调卿至教场茗。访吴介存侍御,台寿,镇江人,以救胜克斋削职。观米南宫真迹四纸,奕奕有生气,始知古人不易到,寻常米帖真糟粕也。又见示二疏,一争不当为夷人诛田兴恕,贵州人,此同治二年毁天主堂事。一请奉天垦田。持论俱卓卓。至德生处少坐。晚眉生觞阿哥及余,同饮方小东太守、吴次垣观察、台朗,介存兄,同案被褫。介存侍御。

初九日甲辰(4月4日)　　　　晴

同阿哥、盛德生早食市中。黄子湘自秣陵返,来候。方小东来。题史忠正祠墓遗址图。饭后出谒客,答候杨子木,次候许缘仲、张屺堂两观察,次候李雨亭宗羲。都转。张赴淮未返,馀俱晤之。刘晓山、孙让卿元超,湖州人,江苏知府。来候,许缘仲来答候,史花楼来。写张屺堂信。即日发,交眉生。晚赴褚鼎臣招,同座阿哥及眉生、德生、小东,二鼓散归。是日杨子木遣舟来送余返秣。

题史忠正公可法祠墓遗址图,为史花楼大令作

芜城三月东风恶,烟雾冥冥马前落。春裘扑去五斗尘,却入幽居看花萼。主人史君忠正裔,宇内风流遍交缔。倾尊不愁东溪竭,甘脆珍腴咄嗟继。重君贤豪意气多,为问先迹今如何?君手一图告我说,一自蚁逆狂逞戈。名梵胜宇荡焉尽,高者为

陵下者阿。祠庙倾颓乌雀集①，古梅作薪驴马驮。衣冠一抔封
鬣在，冥冥似有神物呵。王师三番扫腥窟，我亦两次诛荒科。
营营运甓缭垣立，礼堂莫创时则那。方驰荆湘下材木，终愿旧
宇重巍峨。我闻斯言一太息，堂构能肩即英特。忠正觥觥敢辞
赘，独令君贤信家克。我昨东还吊邦族，物业荒凉泪盈目。尚
书祠墓半存没，先恭毅祠墓屋舍半毁，今稍缀缉而已。修葺已艰况兴
筑。羡君牛刃恢有馀，愧我驹辕俨同促。披图一一记颠末，伫
看名祠连夏屋。他年伏腊烹羔豚，当策单骑观饮福。

初十日乙巳（4月5日）　　大风雨

辰刻辞眉生，下舟返秣。李雨亭来答候，遇之途。候武镜汀分
司。祖德。答候孙让卿、黄子湘、刘晓山、方小东，武、黄、刘不晤。在
小东处饭，午后复候同乡庄子湘太守②、史干甫司马，史未晤。至钞
关下舟，阿哥亦来。申刻舟行，夜到三汊河泊。

十一日丙午（4月6日）　　晴，顺风。夜雷雨

辰至瓜州出口，午过仪真，未到纱帽州。风狂，小泊复行，申到
东沟泊。

十二日丁未（4月7日）　　阴，大风，舟泊不行

早饭后同阿哥观澜江岸。下午风愈甚，口外覆舟至六七，幸土
人牵挽，得不伤人。

十三日戊申（4月8日）　　晴，顺风

早发东沟，辰过划子口，午过五龙山，入草鞋夹。未进下关口，

---

① 祠庙，稿本作"祠堂"。
② 午后，稿本作"饭后"。

申到旱西门,与阿哥步还家。家众皆好。晡食后同访季雨,不遇,晤载功及时小岑。德勋。又访衣谷,并晤晓岑,少谈归。开孙同张振远来,衣谷亦来。伯房胞叔李子济来,现寓此。

接何镜海二月初二日信,又丁松侪正月△日信。

十四日己酉(4月9日)　　晴

谒相国,见示初二日所奉廷寄,询及九帅病体,令其入都陛见。相国覆奏,言“臣弟所患,业已大减,维尚有不寐之症,臣已遵旨传谕,其能否入都,令其自行具奏,由臣转递”云云。余言九帅出山,必宜少缓。相国言当于家函中尼之。又言余改省事,少帅近有信至,相国日内拟即为出奏。余云烈出处之计,本无成算,荷相国及少帅盛意,未敢牢拒。然仍愿追随相国,庶不致冒昧登场,贻讥举主。相国颔之。

候方元徵师,久谈返寓。早饭后复至开孙、咏如处觅阿哥,并访振远,少坐归,顺访魏刚己。返寓后遣邀开孙、衣谷、振远、刚己、张溥斋来食馄饨,二鼓后散。

接眉生信。

十五日庚戌(4月10日)　　晴

般仲来候。访霍生、黄子春不遇。访善徵,方欲出,未及谈。访开孙,有他客亦来谭。访咏如,并晤霍生、王雨轩、张振远。返寓,道遇张溥斋、郭星槎及衣谷。同至溥斋寓,开孙、般仲、阿哥皆至,下午余先归。善徵来访,未值。

十六日辛亥(4月11日)　　晴

写张仙舫信,遣取所存木器。即刻发,交炳甥去。时小岑来,罗某逢谦,湖南人。来候,未晤。写李少荃信、即日发,交眉生专差。眉生信。

即日并交来差。张溥斋、郭星槎、杨小山、守仁，山西人。来，黄子春、魏刚己、王霍生来。

接眉生信。

致李宫保书①

苏垣渎谒，仰荷垂光接纳，关爱非常。前于途次缮丹申谢，谅经照察。拜别以来，敬维道体凝和康强，逢吉至祷至祝。公勋德崇隆②，无可裨益，第政务殷委，过劳神思，所愿清静暇悦，珍摄为贵。明张太岳寿某王文以为，五岳四渎能兴云雨、利百姓，则民愿之千万岁无替。区区之心，岂异是邪！

烈渡江后迤逦西行，今望始得抵秣，仗藉威德，道途无恙。笾仕一节，闻节相已拟片稿，其如何措语未及详知。或云公曾有函商定，总之此举造端台右，导源积石，敢忘昆岭之滥觞。即烈出岫无心，他年仍服衡茅，亦永戴生成于无已耳。

再，此次归途传闻，西饷征求甚急，想擘画多方，更增劳勚。适与同舟友人闲论及此，因忆湘中现行官运馀利悉数归公，楚西两岸似可仿行其法，惟盐本必需力筹。目下开节之方，有饷票、铜运二宗，易为而利博。爰撮群说，附便录呈台览。如有可采，当再续陈详细也。

十七日壬子(4月12日)　　　　晴

殷仲、溥斋来。四姊移居间壁，送之，至其家少坐。写许缘仲信。十八发，交时小岑。时小岑来，未晤。写刘松岩方伯信。廿九发，交罗茂堂。

---

① 书，稿本作"信"。
② 隆，稿本作"重"。

代相国拟史忠正公祠扁联:

> 开济臣心
>
> 晋宋划淮同,成败空留当局恨;
>
> 衣冠抔土在,英灵应感中兴年。

十八日癸丑(4月13日)　　　晴

写方元翁信。即刻送。衣谷同子可来,元翁同陈小圃来候。闻昨接初八日廷寄,不署议政王字样,莫不惊诧。欧阳晓岑来候。写金力甫、史花楼、宗湘文信。二十日发,交眉生专足。善徵来,在此晡食,同候霍生、子春久谈,傍晚归。在四姊新居少坐。

十九日甲寅(4月14日)　　　晴

德生来自江北,同开孙、衣谷来。写善徵信。即刻送。霍生来。晚饭后至善徵处久谈。

二十日乙卯(4月15日)　　　晴

写眉老信,即日发,交来足。写汪虎溪、龚允之信,龚孝拱信,寄地图一部。廿一发,交炳生带。下午,同阿哥访衣谷、晓岑、开孙,张溥斋亦至,同至开孙处久坐。又访咏如、德生,咏未晤。又访刚己不晤。写善徵信。即发。

二十一日丙辰(4月16日)　　　晴

写孟甥信,服、蕙二兄信。即日发,交炳甥。至四姊处。衣谷来,潘伯盈本地人,年伯木君先生子,妇翁子期先生之妹夫,己酉年识之。来候。张溥斋、德生、咏如、开孙来,同至霍生、子春处久坐,并晤刚己。

读《李二曲集》卷十五"富平问答"。

门人问:"孩提爱亲,谓之良知,以其不虑而知也。尝思之,孩提爱亲,似只为乳,如早委之乳母,则只爱乳母,而反不知有生母矣。

若从乳起爱，不过口味之性耳；欲从生身处起爱，似非学虑后不能也。"先生曰："知爱乳母，而不知有生母，乳为之也，非天性之本然也。及其一知生母，而尚肯爱乳母若生母乎？吾恐虽百乳母，终不肯易天性一日之爱矣。若谓由学由虑而后然，则甫能言而便知呼娘，亦孰使之然乎？"

愚按：良知即性善也。爱母则爱，爱乳母则爱，此之谓良知，此之谓性善。才有分别，便是学虑后事。念亲者必以鞠育、顾复为之，是天性之恩，不外报施之道。惟母爱子，有不容已之情，而子之恋母，亦有不可加之极。乳母之推干就湿，虽与罔极之恩迥乎天壤，然谓其爱由于口腹，便非良知，此皆意识揣度之言，而非天理本然之善也。原答以为有知而不爱乳母，能言而便知呼娘，是诚学虑后事，恐未足明此问矣。

二十二日丁巳（4月17日）　　晴

至邓载功处，欧阳晓翁处，并晤令孙子明。至莫善徵处久谈，见王石谷《毗陵秋兴》画卷，丛树千株，权桠各极其妙，色尤艳丽。惜绢本易坏，已有折断处。访李眉生、黄冠伯久谈，次访庞省三不晤。至咏如处，闻阿哥同衣谷、德生、溥斋在食肆，往觅同食，至下晡散。至元翁寓，又至幕府，并晤咏如。并访莼顷、子密、陈小圃、程敬之、鲁秋航、潘聚垣、蒋、陈未晤。返寓，初鼓后德生来。

二十三日戊午（4月18日）　　薄阴，夜雨

写沅浦宫保信。廿四发，交罗茂堂。下午，衣谷来，季雨、苏晴山来。黄冠伯来答候，王慎庵来。旌德人，元年识之，业茶。

致曾宫保信

岁杪不远千里寄赐台翰，真力弥满，以知道体之充，挚意缠绵，不啻兼金之锡。拜领之下，为之起舞，为之神往。嗣知腊初

为长公子毕姻,遽听后时,遂荒礼贺,惶悚曷任。

新正乞假旋里,省视先垄,征途往返,今月望始抵石头。恭闻廷旨劳问,天语温渥,属在知爱,莫不欣忭。当此多事之秋,六诏三危,同时未靖,投艰遗大,自在意中。公受国厚恩,致身五等,横流沧海,击楫奚辞。第大臣出处,惟以安天下、利社稷为指归,故上必能以诚求,而后下可以诚应。方今事会虽艰,旁求未切,则进退之际,且当养重。公明识超最,未悉以为然否?

去岁少荃官保垂劝簮仕一节,后〈烈〉陈明中堂,亦许代奏。虽登场无意,事属唐捐,而篱落孤株,姑谢邻园之溉。密切之爱,用敢布闻。

二十四日己未(4月19日)　　　阴

访蒋莼颃,少坐,赴咏如之招,同座元、开、德及余兄弟。晡赴魏刚己、般仲之招,同座开、衣及李芋仙。晚饭后复访善徵,久坐。

接眉生二十二日信。

二十五日庚申(4月20日)　　　晴

季雨来。访陈虎臣久谈,又至四姊处少坐。写眉生信。即日发,交来足。至评事街咏如处,阿哥、衣谷、开孙先在,少谈[1],散归。

二十六日辛酉(4月21日)　　　晴

同阿哥游妙相庵,顺访晓岑、咏如、溥斋,邀魏刚己、溥斋、小山同行。道中复访朱伯诗,并遇季雨,又答候潘伯盈,然后至庵。坐面山楼上呼酒觞诸君。下午去至魏般仲寓,少坐返。衣谷来。

二十七日壬戌(4月22日)　　　阴

李芋仙来,李眉生来答候,衣谷偕芋仙在此食馄饨。

---

① 少谈,稿本作"谭少颉"。

二十八日癸亥(4月23日)　　　晴

王少岩来候。写紫卿兄信。廿九发,附刘方伯信。答候王少岩,并晤霍生。返寓,复赴李芋仙之招,同座晓岑、王梅村、荫福,正定人,工程局委员。魏刚己、张溥斋、衣谷及余兄弟,至下午散。又至黄子春处,并晤开孙、德生、德生之弟隽生。傍晚归,顺过四姊家少坐。

二十九日甲子(4月24日)　　　晴

欧阳子明来候。写眉生信,寄去韬项,并刘小山信。即日发,交郏二。季雨来。候罗茂堂不遇。赴黄冠伯招,同座俊质堂达,内务府人,新放九江道。王少峰朝伦,福建人,粮道。两观察,潘伊卿、陈瑞亭。席散至咏如处少坐,并遇开孙、衣谷。

候孙澄之,久谭。时英、法二国来立码头,余以和约载明长江通商,不逾三口,疑其故。澄之言三国中,惟花国立约最早,英国次之,英约中载有此语。比法国立约时,上海惟薛焕一人,法人知其疏愎易欺,遂去此语,而于第六条内增入江宁,俟官军将匪徒剿灭后,大法国官员方准本国人领执照前往通商一语。其事与英国第九款持照游历内载江宁俟城池克复,再行领照等语相混,薛不之察,遽许之。今该国持约而至,其英、花各国则又以约中一国有利,各国均沾之说为凭。当事竟无以拒之,可为太息。

访善徵不遇。答候欧阳子明,不晤,晤晓老及方仲舫。黄子春来。接子宪二兄初五日信,又眉生二十七日信,又刘小山廿六、廿七两信。

四月辛巳

朔日乙丑(4月25日)　　　晴

季雨来,陈虎臣来久谈。衣谷来,晡食后同访霍生,不遇,又访季雨,亦不遇,遂返寓。

初二日丙寅(4月26日)　　　晴

衣谷来,德生来,开孙来在此晡食。衣谷又来。同开孙至魏刚己处,见宋燕肃《江干雪霁图》,虽不能定其必真,而峦头树法皆绝妙。又见元陆复梅花立幅亦甚佳①。又同开孙至其寓,并访咏如、溥斋,皆不晤,遂归。庞省三来答候,不晤。

友人寄视三月初八日事奉朱谕内廷王大臣等同看,"朕奉两宫皇太后懿旨,本月初五日据蔡寿祺奏,恭亲王办事徇情贪墨,骄盈揽权,多招物议,似此重情,何以能办公事? 查办虽无实据,事出有因,究属暧昧,难以悬揣。恭亲王议政之初,尚属勤慎,迨后妄自尊大,诸多狂傲,倚仗爵高权重,目无君上。视朕冲龄,诸多挟制,往往暗使离间,不可细问。每日召见,趾高气扬,言语之间,许多巧妄陈奏。若不及早宣示,朕亲政之时,何以用人行政? 凡此重大情形,姑免深究,正是朕宽大之恩。恭亲王着无庸在军机议政,革去一切差使,不准干预公事,以示朕曲为保全之至意。至军机处政务殷繁,着责成该大臣等共矢公忠,尽心筹办。其总理通商事务衙门各事宜,责令文祥等和衷共济妥协。以后召见引见等项,着派惇亲王、醇郡王、钟郡王、孚郡王四人轮流带领。特谕"云云。

闻蔡系江西人,醇邸之党。然此事不过借以作引,其恭、醇二邸衅隙已久。醇邸福晋,圣母之妹,故圣母右之,而母后则颇倚信恭邸。谕中暗使离间之语,其故可想。醇邸素性轻慓,疾其兄之专权,久有耽耽之意。去年曾上疏请与诸王轮流带领引见。盖惟此差可出入内廷,帘前面对,视军机议政为尤重也。朝廷之不能长治久安,

---

①　立幅,稿本作"立帧"。

余与沅帅恒言之,今果然矣。晋之八王纷争,元之宗室谋统,可为寒心。

接二月初十、十三家信,从常州寄回。又四姊二月初九信,同上。又炳甥二月初十信,同上。又孟甥三月初十信,于其家信内知槐亭尊翁已于正月廿四作故。又椒侄二月十九信。又槐亭二月十六信。又子宪兄三月十一、廿八二信。又金逸亭三月初十信。

读《宋元通鉴》二百二十卷终。

初三日丁卯(4月27日)　　阴

汤乐民禄名,雨生先生之子。来候。同阿哥访季雨、孙澄之,偕游乌龙潭。余又访咏如,不晤,至殷仲米局,阿哥偕二君及陈虎臣已先在,少坐,至潭上寻四松园、惜阴书舍遗址,复登翠微亭一眺而归。孙澄之邀饮市中。复至殷仲处久坐。归途顺候汤子镇、咏如、德生、善徵、晓岑,晤德生、善徵,各少谈,返寓。

初四日戊辰(4月28日)　　阴

善徵来久谈。访咏如,复遇善徵。友人寄示恭邸事云:蔡梅庵得讲官后,于前月底上一折有八条。初四日又递一折,则专参恭邸揽权纳贿,而以丁侍御所言天象证之。初五日召见醇邸、艮相、倭仁艮峰。两芝相、瑞常字芝生,周祖培字芝台。朱桐翁、凤标。王笑山、发桂。吴竹如、廷栋。殷谱经兆镛。等将折发交。初六日传蔡至内阁询问,初七日复奏,复召对,遂发下朱谕,令向南书房承写,写毕由内阁咨交军机处。旨意中前数行系蔡折语,以下则全与原折无与也。大约商之已久,触事而发,蔡折不过其引耳。初八日,惇邸折谓议政未有大误,至语言容止系家庭间事,请仍令在军机。仍发交军机传旨会议,照折中所说详议。军机传旨甚舒和,而外廷诸公则云与召对之言不甚合,现定十四日再议,待醇邸自陵工回也。此次复奏,自当稍有转环,然前番谕旨已不可追矣。

邸政近年声名殊损,皆由好谀恶直,所以不闻正言。然此举于大局殊有关系。现在军机召对,皆由诸王分日带领,更莫赞一辞矣。蔡折八条:广言路,勤召对,复封驳,振纪纲,正人心,整团练,除苛政,复京饷。发下会议,须十四后再议。内振纪纲一条,则历数劳崇光、骆秉章、刘蓉、李元度、曾中堂、曾沅帅、薛焕诸公之短。其人不满公论,而其言足以摇动,亦可怪也云云。

写虔生信,附槐亭信内。槐亭唁信。即日发,寄常转寄。子宪兄、紫卿兄信,炳甥信,金逸亭、薛安林信。即日发,交逸亭专勇。

接眉生初二日信,又刘玉山信。

初五日己巳(4月29日)　　　晴

写何镜海信。即日发,交方仲舫。同阿哥答候汤乐民,又同访晓岑、衣谷,阿哥留坐。余访潘伊卿、开孙、蒋莼颀、元翁、鲁秋航,各少坐。谒相国未见,访劼刚,少坐归。写眉生信。即日发,交来足。

初六日庚午(4月30日)　　　晴

邓季雨来,同赴凤台山,寻六朝古迹,有芙蕖沼,正在山下,碧波潋滟,不下乌龙潭,小山绕之,眺望甚远。过山访凤游寺遗址,有卧钟在草际。复至万竹园一看,零落益不如昨。返寓,德生来言明日赴扬。写眉生信。即日发。

见三月十六日上谕,"惇亲王、醇郡王降调,通政司王拯、御史孙翼谋先后陈奏恭亲王虽经获咎,尚可录用各折,当交王公、大学士、九卿、翰、詹、科、道会同详议。兹据礼亲王世铎、大学士倭仁等复奏,恭亲王咎由自取,惟系懿亲重臣,应否任用,予以自新,候旨定夺。恭亲王着仍在内廷行走,并仍管总理各国事务衙门,钦此"云云。

接眉生初三日信,又金若卿初三日信,又史花楼信。

初七日辛未（5 月 1 日）　　晴

候查吉人，详考，泾县人，前清河县。乞为次子清胪等种牛痘。访罗茂堂久谈，又答访薛芳亭，又至霍生处，不遇。傍晚至衣谷处，阿哥先在，并晤杨见山。又访李壬叔、张啸山，少谈归。

接六姊正月廿一信，又三月初一家信。扬州寄回，又椒生正月初七信，又稚循二月十二信，袁桐君二月初七信，陈笙白二月初一信。俱同上。

初八日壬申（5 月 2 日）　　晴

早饭后至南门大街看屋。王慎庵来，陈子金来，季雨来。同阿哥至霍生处久谈，并晤杨卓庵、王雨轩。

读《李二〈曲〉集》终。宋儒性理本从释氏入手者多，至姚江而益近。先生用力于致良知，刊落一切，直指心原，竟与佛门棒拂键槌了无异相，然其真实处自是龙象踏空不受捉缚。国初诸大老如顾亭林先生辈，先生直以文士视之，观其函中意可见。集中语录为胜[①]，直往直来，无不尽之意，文辞非所喜，遂亦不足观矣。

读《晋书·载记一》。刘元海。子和、刘宣。

晋武时，孔恂等谏用刘渊，似有先识。夫鬼有所归，乃不为厉，唯人亦然。是以令辟雄主遇枭桀之才，用之唯恐或失，非独求助，先以弭乱也。彼浅薄之夫，乌知之哉！

刘渊起事而托汉之名，君子知其大业之不成矣。夫为天下者，才高则众下之，德溥则民怀之，非可勉强假借者也。以渊之雄，而摧坏晋由拉枯朽。既有天下，而后守之以顺，孰敢不从，何汉之足附哉？于以知其中之不足矣。

---

① 语，稿本作"记"。

渊始起事，云合响应，而究未出冀州一步，盖实文士之偶傥者耳，非必命世之才。晋俗慕虚声，僭伪、盗贼亦然。

读《载记二》。刘聪。子粲。

初九日癸酉(5月3日)　　　晴

钱子密来候。亭午，霍生来，同至王雨轩处午饭，又访潘伊卿，少坐，又同至陈瑞亭处作贺，并晤咏如。下午，访开孙少坐，又访欧阳晓岑，并晤子春。接眉生初八信。

读《宋元通鉴》二百二十卷终，接读《通鉴》首卷。

《晋·载记三》。刘曜。元海族子。

初十日甲戌(5月4日)　　　晴

请查吉人来为儿子清眝种牛痘，刺两臂外廉各四处，甚速而易。邓季雨来。写眉生信。即日发，交来足。

《晋·载记四》。石勒上。

十一日乙亥(5月5日)　　　晴。

立夏节。吾乡俗以元麦、樱桃荐先，而此间觅之不得，荒残可知。邓载功来。方元翁招至市中小食，有开孙及阿哥、子可亦在，下午散。在开孙处久坐，同至衣谷所，又同至季雨处，赴其招，二鼓散归。

今日偶谈试帖，有近事可笑者，录之：同治三年，朝考诗题为"江南江北青山多"，状元张之洞有句云："垂帘隔翠鬟。"适犯时事而语似轻薄。又某诗起句："西望家何在？扁舟永不还。"全不切题而衰飒太甚，均奉申饬之旨。又忆吾常某庠生素以工诗称，岁试题为"舟行无人岸自移"，首句云："转眼江山换。"此则极意刻划而忘检点者，均可一粲。而此中往往可知人品局。潘芝轩发轫之始，试题为"一壶千金"，中联云："但得全身术，何妨善价沽。拍浮依样好，上下与波俱。"一生相业，有如绘画。每科中旨命题，又可知一时休咎。宣宗中年，考差出题云："五更残月有莺啼。"景象惨淡可畏，莺、英同声，不久召西人之衅。文宗出题，无不寒俭，至可异者，某试题用杜诗云："泠泠修竹待王归。"已兆热河之事。吁！可畏已。

《晋·载记五》。石勒下。石弘，张宾。

十二日丙子（5月6日）　　　阴，下午微雨

亭午，衣谷来，同至凤台寻眺，归，又少坐去。傍晚，至苏晴山处，少坐即归。接眉生初九日信。

《晋·载记六》。石季龙上。

《载记七》。石季龙下。子世、遵、鉴，冉闵。

十三日丁丑（5月7日）　　　阴，亭午复晴

写眉生信，十五发，交秦升。又一件。同发。查吉人来。写张屺堂信、熊宜斋信、史花楼信。同发，交眉生。

十四日戊寅（5月8日）　　　　晴

季雨来。下午般仲来，邀饮未赴。孙澄之、黄子春来。晚饭后，善徵来久谈，将以明日赴六合新任。

闻城中盗案甚多，哥老会伙党潜藏城内，莫能究诘。街上遍贴暗号，一狭长纸条上书云："劝君莫打三春鸟，子在巢中恋母啼。"下印图书一方，系"我尽我心"四字，不知用意所在。昨日局员查夜，至查出令箭一支，明目张胆，可为骇惧。而当局者方纷纷撤兵勇，追截旷，或又以裁汰时不还欠饷为能。吁！恃一时战胜之势，以若辈为可欺，不知信义一亏，民心日竞，其贻患为无已时也。闻鲍军已变于江西，后之蹈此者，不知祸起何日，辛苦以成功业，而儿戏败之，可为

太息流涕。

接芷卿兄初五日信，又眉生信，又张屺堂初九日信。

十五日己卯（5月9日）　　　阴

写眉生信、即日发，交秦升。张屺堂信，同发。接褚葂臣信。

《晋·载记八》。慕容廆。裴嶷。

《载记九》。慕容皝、廆子。翰、阳裕。

《载记十》。慕容儁，皝子。韩恒，李产。产子绩。

慕容恪围段龛于广固，诸将劝恪宜急攻之。恪曰："军势有宜缓以克敌，有宜急而取之。若彼我势均，且有强援，虑腹背之患者，须急攻之，以速大利。如其我强彼弱，外无寇援，力足制之者，当羁縻守之，以待其毙。兵法十围五攻，此之谓也。龛恩结贼党，众未离心，济南之战，非不锐也，但其用之无术，以致败耳。今凭固天险，上下同心，攻守势倍，军之常法，若其促攻，不过数旬克之必矣，但恐伤吾士众。自有事以来，卒不获宁，吾每思之，不觉忘寝，亦何宜轻残人命乎？当持久以取耳。"乃筑室反耕，严固围垒，遂克广固。

按：恪胡夷之将，知用兵耳。而勤勤爱民如此，欲不兴得乎？且其言于兵法，亦明划之至。凡此皆可师法，非泛泛之论也。

《载记十一》。慕容暐，儁子。恪，皝子儁弟。阳骛，皇甫真。

十六日庚辰（5月10日）　　　大雨

时晴日已久，天气干燥①，此雨洵为甘霖。

《载记十二》。苻洪，子健，健子生。

苻生使阎负、梁殊至凉州一节。按载记者，一国之事，尊与本纪虽侔，而宜简则同，此等辞费，入列传尚可。

———————————

① 干燥，稿本作"干熇"。

《载记十三》。苻坚上。

《载记十四》。苻坚下。王猛。苻融。苻朗。

群臣谏坚南伐，坚曰："吾终不以贼遗子孙，为宗庙社稷之忧也。"又曰："朕忝荷大业，巨责攸归，岂敢优游卒岁，不建大同之业。"

按：坚之致败，徙族类亲异种也，伐晋之举，非尸祸之端。观其此言，虽圣主令君勤天下之心，岂逾之哉？使其伐晋而胜，遂至混一，则书之史册，不与谟诰同风也哉？夫坚之世，伏莽深矣，坚虽不为大举，或以死丧，或以饥馑，稍一动摇，皆足以启戎覆国，于伐晋乎何尤。昔仲尼不以人废言，吾于此篇亦愿不以事废言也。寿春之败，纯是天意，岂人事也哉！

十七日辛巳(5 月 11 日) 晴，下午复阴，微雨

丁松侪来候，查吉人来候。下午同阿哥至晓岑处少坐，又至刚己处，并逢开孙、衣谷，晚饭后归。

《载记十五》。苻丕。苻登。索泮。徐嵩。

《载记十六》。姚弋仲。姚襄。姚苌。

苌闻慕容冲攻长安，议进趋之计，群下咸曰："宜先据咸阳以制天下。"苌曰："燕因怀旧之士而起兵，若功成事捷，咸有东归之思，安能久固秦川。吾欲移兵岭北，广收资实，须秦弊燕回，然后垂拱取之，兵不血刃，坐定天下。此卞庄得虎之义也。"

按：此所谓略也。谋胜勇，略胜谋，取天下为人君者，必有度越大众之处，虽馀闰亦然，不可强也。

十八日壬午(5 月 12 日) 雨

欧阳子明来。勒少仲来候。遣邀开孙、衣谷、魏刚己、般仲来饮，并留子明，下午去。

十九日癸未(5月13日)　　雨

王慎庵来。接眉生十七日信。

二十日甲申(5月14日)　　雨

季雨来。写眉生信，即日发，交来足。写子宪兄信、金逸亭信，即日发，交潘伊卿发递。写曾沅帅信、廿一日发，交罗茂堂。陆子授信、同上。六姊信。同发。

接汤小秋初四日信，又杨子木信，送鞍辔一付。

二十一日乙酉(5月15日)　　阴

洪琴西来候，未晤。访晓岑少坐，又至开孙处，并晤衣谷。谒相国，贺其次子栗诚吉夕之喜，并贺劼刚，逢彭雪琴宫保，少谈。至元翁处、莼卿处各少坐，并逢周缦云侍御。又至开孙处谈片刻，又访张溥斋，即返寓。魏柳南太守来候。

接眉生信，又德生十七日信。

二十二日丙戌(5月16日)　　晴

亭午，同阿哥至凤台登眺方返，开孙来邀过市家饮，四姊亦见召有事。先至四姊处少坐，遂赴开孙之约。同座晓岑携令孙子明、阿哥及衣谷。饮散在开孙处久坐，傍晚归。陈舫仙廉访来候，不晤，霍生来亦不晤。

是日闻鲍军兵变详细。先是鲍帅奉旨赴甘肃，请假由川省本籍绕行。其勇分二起，头起鲍自带，已先入川。二起八千，宋国永带，过江西时，索饷鼓噪，捆缚营官，裸辱其妻女，戮伤粮道段起。西省城门昼闭，搜括得银二十馀万金，与之而后定。由西赴楚，沿途不堪其扰。四月初六日，过鄂省六十里金口地方，各营齐心，不肯开船，必要还清欠饷百馀万，方肯赴甘。宋国永无计约束，旋即一哄而溃，并结队大掠，窜至咸宁县，将一县官杀完，闻已至江西义宁州界。楚督、西抚已俱奏报，而中堂得信，既不闻奏，复不遣员招抚，事殊不妥。

二十三日丁亥(5月17日) 　　晴

出水西门，候彭雪琴宫保，已行不晤。答候勒少仲，并遇唐新泉、鲁秋航、张笛帆。答候洪琴西，并候汤子镇、周缦云。又答候陈舫仙，并候潘伊卿、查吉人、汤禄名，均不晤。候霍生，贺其接眷至此，并候禹汲三、朱星鉴、刘松岩。又答候魏柳南，返寓。写眉生信。即日发，交来人。史花楼信，寄还朝珠一盘。褚鼐臣信，杨子木信。同发。邓载功来。四姊来。

接中堂本月廿二札，已于本月十六日附奏，赴浙以同知酌量改补云云。又李少泉宫保初三日信。又眉生廿一日信，又史花楼信，寄到朝珠一挂。

（以上《能静居日记》二十二）

二十四日戊子(5月18日) 　　阴

汤子镇、王雨轩来候。开孙、衣谷来。黄子湘来访，旋去。开、衣二人在此晡食，傍晚去。霍生来。

《晋书·载记十七》。姚兴上。

《载记十八》。姚兴下。尹纬。

《载记十九》。姚泓。

二十五日己丑(5月19日) 　　雨

傍晚至四姊处少坐。

《载记二十》。李特。李流。李庠。皆特弟。

《载记二十一》。李雄,特子。李班,特孙,藩子。李期。雄子。李寿。特侄,骧子。李势。寿子。

二十六日庚寅(5 月 20 日)　　阴,微雨

谒相国,谢奏改省,谈吾郡文学事移晷。访劫刚少坐。候陈舫仙,并晤罗茂堂。赴欧阳晓岑之招,同座邓守之、程颖芝、吴芝生、朱子典、开孙及余兄弟,饮至傍晚归。

二十七日辛卯(5 月 21 日)　　晴

下午访杨卓庵,少坐,又访杨达庭,同归为家人治疡疾,又同至四姊处。

接眉生信。

二十八日壬辰(5 月 22 日)　　晴

写李少翁信,廿九发,交眉转。眉生信,同发。曾劫刚信。即发。欧〈阳〉子明同其友尹和白湘潭人,善画。来。下午访开孙,阿哥、衣谷先在,溥斋、咏如亦来,傍晚归。

接曾劫刚本日信。

致李宫保信

日昨祇奉手答,敬审大贤以天下为己任,不敢稍自暇逸,天之笃畀必厚其钟毓,用能自强不息,贞固以济巨艰。曩者谬贡,几于姑息之谈,愧怍无量。天中节届,伏惟台候百福,增高继长,至所图颂。承谕盐务,楚岸滞消,西局亦难加引具征。洞悉蹉纲,虑善以动,查楚岸之滞,由于盐色太低,不敌川盐之洁,而定价既巨,取厘亦多,致成窒碍。今盐价、厘金,皆奉官曾相国会商,减去每引银三两,已大为松动。运办之时,只须酌加价值,认真色粒,而于船价、囤栈诸费节省抵补,则脱手自易。此

楚运情形也。西岸引固难加，自前年开办已来，已请运二十二万引，截至本年八月止，正敷两纲之数。丙寅新纲十万引，尚未准商预认，如提出五万引作为官运，同一纳课缴厘，于官、商皆无触背，消额亦不假外求。此西运情形也。运本每五万引，必须二十万两，诚如尊示，别筹尚无把握。铜事似属可行，然招徕兴复，动需时日。而盐事必须目下举行，方及冬初菜市，殊为缓不济急。且办成亦止得半之道，或将楚运稍缓，以俟此款盈馀，作为成本，其西运亦无可藉。再四思维，盐务一道，取多用宏，若体察商情，与之同利，开节之方，不无思路。公明猷睿发，谅能先烈有见，不日粗列条陈，续呈台览耳。专肃云云。

　　敬再启者：鹾务之事，烈数年剽窃，未得深知其要。忆去冬秣省接晤，公曾询及金眉生都转踪迹，谅必备知其人。此君久住淮扬，于鹾务知之熟烂，闻不日省墓禾郡，公如不吝前席数尺之地，必有以副雅意。至铜事，渠前曾经办，亦可就加询问。仰知用人行政，别有鉴裁，故不私其痂癖。如荷采录，当以一函将命也。期塞清问，忘其冒昧，即希台亮。后启未发。①

二十九日癸巳(5月23日)　　　晴

访舫仙、晓岑，均途遇之。访子明、衣谷，均少坐，返寓。开孙来，衣谷亦到。舫仙来答访，久谭乃去。开、衣在此晚食后去。邓载功来。

三十日甲午(5月24日)　　　晴

载功来。亭午至四姊处少坐，又同阿哥访衣谷，并遇张小山、杨见山。又同至开孙处，溥斋亦至，方元翁、子可亦至，同至市饮茗良

---

①　钞本无"敬再启者"一段，据稿本补。

久。又同开孙访刚已、殷仲,少谈,散归。

接炳甥信,又廿七日信。又虔甥二十三日信,又一件。又殿英兄初二日信。又子宪兄信,寄到苏抚奏建赵氏专祠札。又紫卿、裳华诸兄初二日公信。又金逸亭四月廿六日信。

五月壬辰

朔日乙未(5 月 25 日)　　　晴

张仙舫来候。至四姊处少坐。写金逸亭信,子宪兄信,即日发,交来手。又写虔生信,即日发,交来人。炳甥信,子锡、卫生两兄信,殿英兄信,紫卿诸兄公信。同发,附虔生信内。朱星鉴、禹汲三来候,衣谷同黄子春来。同子春访舫仙廉访,并晤潘伊卿、王雨轩,初鼓归。衣谷复来。

接沈子焕夫人四月信,寄到册页等件。又沈子焕令叔鉴亭家藻。四月信,寄到册页、砚台等件。

初二日丙申(5 月 26 日)　　　晴

杨达亭来。答候张仙舫,次访李眉生,皆不晤。候黄冠北,贺其奉委楚北督销,晤之。至市楼与阿哥、开孙、衣谷、子可同食散后,又至咏如处,复至开孙处,傍晚归。李行之副戎镇安,扬州人。来候,未晤。

接眉生四月信,又四月日信,又善徵四月三十信,又褚蕭臣四月信。

初三日丁酉(5 月 27 日)　　　晴

子可兄弟来,周朗山来自苏州见候,衣谷来,均在此晡食。周朗

山、开孙来，晚食后乃去。是日闻僧邸追捻至山东曹州地方阵亡，奉
急旨召曾相国督师北讨。

初四日戊戌（5 月 28 日）　　晴

上灯后季雨来。是日见报单，僧王追贼至曹州草楼地方，于四
月廿四夜为贼劫营，顿时被害，部将郭宝昌、陈庆云皆身受重伤，不
知下落。接眉生初一日信，又张屺堂四月廿九日信，又槐亭三年七
月廿六日信，又孟辛二月三十日信。

初五日己亥（5 月 29 日）　　晴。天中节

荐角黍后至四姊处贺节。写眉生信，即刻发，交来足。张屺堂信。
附发。同阿哥至开孙处，元翁、子可、衣谷皆在，同饭后，又同谈至下
午归。四姊来。

接六姊四月十三日信。又中堂初四日札，奉旨到浙后遇同知缺
出，酌量改补。

初六日庚子（5 月 30 日）　　晴

早食后至相署，候开孙至，同谒相国久谈。相国首问北上何策。
余等对以北方团练遍地皆是，抚之则为吾用，疑贰则为吾仇。以中
堂声威，遐迩钦仰，必能令其詟服，但不可违其性。且捻贼流窜无
定，与粤贼大异，团练之法，即是坚壁清野之法，尤不可废。至马队
宜增，粮路宜讲，南勇不肯去，须募之徐、淮一带，而将领必宜携往。
相国俱唯之。见示招抚霆营溃勇告示，时赴川霆营既变于楚，而驻
闽霆营复擅至江西索饷，告示恳痛，然恐无裨饥哗耳。相国劝余赴
浙筮仕，余未可。至幕府晤钱子密、蒋莼颇、程敬之、陈小圃等，并晤
吴竹庄、勒少仲、庞省山。又至元翁处少坐。答候周朗山，于其舟少
谈。又候吴竹庄，不遇，乃识何廉舫栻，江阴人。于其舟中，咏如亦在，

少谈而归。遣邀开孙、衣谷至,午食。食罢,霍生来,刚己亦来,复晡食后各去。写沈鉴亭信,子焕夫人信,初七发,交来人。寄洋十元。

接眉生初三、四、五日三信,又武镜汀信。

初七日辛丑(5 月 31 日)　　阴,下午雨

候晓岑送其行,将游维扬也,遇李芋仙、壬叔,又至其孙子明处少谈,并晤尹和白。访陈舫仙少谈,访孙澄之,并晤贾祥伯等。至开孙处,阿哥已至,在其家饭后,同赴衣谷处久坐,并晤晓岑、芋仙、刚己等。又同开孙等至南门市。写眉生信。初八发,交来足。是日黄冠北来辞行,未晤。

初八日壬寅(6 月 1 日)　　大雨

亭午,季雨来,言吉止堂弟公武从湖北挈眷至,因蹑屐访之,坐半晌归。衣谷来,二鼓时去。

接眉生信,又丁松侪初三日信。

初九日癸卯(6 月 2 日)　　阴雨,午间见日

冒雨乘舆答候黄冠北,送其行,已去不晤。答候李行之,不晤。至开孙处,阿哥、张溥斋陆续来,在开孙处饭,饭后衣谷亦至。下午同至魏刚己处,少坐归。写眉生信,寄去张屺堂处经折一个。初十发,交来人。

初十日甲辰(6 月 3 日)　　晴

邓公武、载功来,在此午饭。开孙来,同赴衣谷处少坐,同至南门市,复返衣谷处,少坐返寓。

十一日乙巳(6 月 4 日)　　晴

邓载功来。陈舫仙来候阿哥,缘前以阿哥荐与代笔墨故也。下午,同阿哥至开孙处,不晤。访张溥斋亦不晤。乃遇衣谷,遂同茗良

久,偕过刚已少坐,复偕归。

是日闻相国奉旨,直、东、豫三省文武员弁悉归节制。李少翁署江督,奏事仍与相国会衔。捻逆现在曹州,蔓延郓、钜、范、濮之间,并闻相国有改驻济宁为驻徐州之说。

写陆子授公信,十三发,交元翁。并六姊信。同发。接龚孝拱四月廿六日信,寄赠初印段《说文》一部,印宋本《东都事略》一部,初印《隶韵》一部,及洋糖、茶叶等。又张屺堂初七日信。

十二日丙午(6月5日)　　晴

李行之来候,未晤。开孙、衣谷、苏晴山、王霍生来。傍晚,同开孙至衣谷处,二鼓归。

十三日丁未(6月6日)　　晴

子锡二兄同杨子春二兄来自常州。写左孟辛信,即日发,交陆子受处。龚孝拱信,即日发,交节署附递。伯房甥信。同发。般仲来,周缦云来候。同般仲及阿哥访衣谷,不晤,访开孙亦不晤,至刚已处皆遇之,并晤张溥斋等,二鼓归。

接炳甥初八日信,又虔甥、宪兄初六日信,又龚孝拱三月初二日信,又蔡庆培四月廿四日信。

十四日戊申(6月7日)　　阴

同阿哥访黄子春不遇,晤杨卓庵,少谈。访开孙,半路遇之,同至其家。又同访张溥斋、郭星槎,仲龄。偕茗。衣谷来,下午复返开处。傍晚归,途遇黄子春,同过陈舫仙,并晤文辅卿。叶湘雯来,不晤。闻今年状元崇绮系蒙古人,此本朝未有之事。

接眉生十二日信,又一件,白折一扣,又刘小山初七日信。

十五日己酉(6月8日)　　晴

子可、衣谷来。写眉生信,即日发,交来足。刘小山信。同发。文辅卿来候。向伯常来候,未晤。

十六日庚戌(6月9日)　　　晴

方董之培深,方端伯之子。来访。至四姊处。季雨、公武、载功同方董之复来。陈舫仙来即去。是午薄设约杨子春、邓氏昆季、子锡兄及方董之午食。开孙、衣谷来。咏如来,已奉旨特放湖南辰州府。写张屺堂信。即发,交咏如。咏如托言认办仪岸食盐也。同开孙至其家,魏氏昆季、张溥斋等均来,夜饭后归。

接眉生十四日信。

十七日辛亥(6月10日)　　　晴

至四姊处。方存之来候。写眉生信。即日发,交来差。同阿哥访李芋仙、炳煦村、江宁驻防湖北思南同知。汤乐民、王霍生、叶湘雯、方董之、晤炳、王及王处禹汲三、吉松岩,馀俱不晤。又同入贡院登明远楼一眺,返寓。张溥斋、黄子春来。答候文辅卿、方存之,皆不晤。

十八日壬子(6月11日)　　　晴

访陈舫仙久坐,并晤文辅卿、潘伊卿、王雨轩。至开孙处,阿哥亦至,同过张溥斋久坐,复至开孙家。下午同至南门街,复同返吾寓。刚己来,与诸人傍晚散。写眉生信,即刻发,交原便。又一封,十九发,交来差。交郑润川店房李姓原抵借契二纸,契价一百四十千,又十千。原租约二纸,抵借契,内载入他日须与借契一并收回。与杨子春手。

接眉生信,寄到汪燕山存款五百十六两零捌钱三分。又接眉生日信。

李宫保信加片

前函待寄,顷即闻总制三江之命,已派劲旅航海迅行,用舒宵旰。维时东、直两省千里震惊,雄旌荡发,不啻从天而降。节相得藉以从容布置,公之兼为师门筹者,亦可谓无微弗至矣。兵事四起,饷务愈殷。前陈盐务两端,尚有未尽。大旆莅止,再当面罄。铜事亦有人愿办,不无小补也。

十九日癸丑(6月12日)　　　晴

邓载功、陈舫仙来,衣谷、魏般仲、方董之来。

二十日甲寅(6月13日)　　　晴

黎明得佳梦,有还山之兆。披衣起送子锡兄、杨子春旋常。出利挪借汪款,归置负郭之田,即交锡兄经理,此事如遂,大有遂初之机矣。候杨达庭,少坐。至相署,迟开孙至,同至元师斋头少坐,并晤衣谷、咏如。谒相请从行,相国复谆劝出仕,余未即诺。退访曾劼刚,复承命来劝,亦未之可。访鲁秋航少坐,又至元翁处,并晤子可,衣谷亦尚在。钱子密转达相国意云,开孙、惠甫愿行,其意殆以奏调人员,未可无故分手,然惠甫则已算安放,渠才力仕途亦宜诸君幸力劝之。元徵、开孙不得不往,当别位置云云。余初计北行艰远,受德有素,未敢惮劳。今相意云然,岂可重使为难,致来恋栈、伐檀之消。遂即承命,然顾念往素,又怆然难任矣。邀元师、开孙、衣谷、子可、子耿及阿哥市中食午餐,〈餐〉毕,到开处久坐,霍生、般仲、溥斋、郭星槎陆续来。下午离开生处,访善徵不遇,又访晓岑,久坐,复访季雨,少坐。

二十一日乙卯(6月14日)　　　晴

朱仲武孔扬,苏州人。来候。访陈舫仙不晤。至四姊处少坐。邀开孙、衣谷、溥斋来食馄饨。至魏刚已处,少坐归。

接熊宜斋四月二十三日信,本月初四日信。

阅四月初八日上谕:"文麟奏古城于二月初九被回匪将地雷轰

陷,此股逆匪攻陷城池,屠戮百姓,实为罪大恶极。前已调派关内大兵十数万克期出关,大伸挞伐云云。又十五上谕:朕奉慈安、慈禧两宫皇太后懿旨,本日恭亲王因谢恩召见,伏地痛哭,无以自容。当经面加训诫,该王深自引咎,颇知愧悔,衷怀良用恻然。自垂帘以来,特简恭亲王在军机处议政,已历数年,受恩既渥,委任亦专,其与朝廷休戚相关,非在廷诸臣可比。特因位高速谤,稍不自检,即蹈愆尤。所期望于该王者甚厚,斯责备该王也不得不严。今恭亲王既能领悟此意,改过自新,朝廷于内外臣工用舍进退,本皆廓然大公,毫无成见,况恭亲王为亲信重臣,才堪佐理,朝廷相待岂肯初终易辙,转令其自耽安逸耶? 恭亲王着仍在军机大臣上行走,毋庸复议政名目,以示裁抑"云云。

二十二日丙辰(6 月 15 日)　　　薄阴,晡后雨

汪雨香来。同阿哥访晓岑及尹和伯,并晤开孙、殷仲、衣谷、杨见山、李壬叔。傍晚晓岑来访。初鼓后访舫仙,少坐,又访善徵,久坐。

接伯紫正月十九日信。

二十三日丁巳(6 月 16 日)　　　雨

同阿哥赴开孙、衣谷、殷仲之招,饯行也。同座魏刚己、张溥斋、方子可,饮甚畅。散后至溥斋楼上少坐返寓。写舫仙信、即刻送。眉生信。廿四发,交来差。

接眉生二十二日信。

二十四日戊午(6 月 17 日)　　　晴

衣谷来同早食。谒李宫保,与屠晋卿、张笛帆、李芋仙同见,问盐务官运筹本有无思路。予以榷务中魄力甚大,军需万紧,未始不

可设法。会人众，不竟甚谈。复问阿哥踪迹，有恋恋香火情。候罗茂堂不晤，返寓。孟舆甥来自常州。写眉生信。即刻发，附昨信。下午，霍生来，衣谷亦在此未去，同晚食。陈舫仙、文辅卿来辞行，谈次于延请阿哥之说不提一字。其始求才于我，继复面约甚坚，终竟寂然而去，楚人沐猴而冠，信哉！

接六姊五月初六信。

二十五日己未(6月18日)　　　晴

般仲、刚己来。谒相国送行，未晤。候鲁秋航送行，少坐。至元徽师处少坐返寓。刚己尚未去，般仲亦来。刚己在此晡。开孙偕衣谷来。欧阳子明来，辞行返湘。

二十六日庚申(6月19日)　　　雨，午后晴

候罗茂堂送行，值其祭旗，立马观少刻而返。候陈舫仙、文辅卿送行。次候潘伊卿，闻其祖母之丧，唁之也。晤文、陈，陈仍不提前事，但面有愧色，相对口翕张而已。余知其内惭，不坐而出。拟今日起早赴扬送相国行，会雨，改明日。同乡陆祖庚、鼎文。王建愚兆骐。来访，傍晚同阿哥、孟舆往答之，并访张溥斋，晤开孙、衣谷，复同返开孙处坐至二鼓归。曾亮卿行恕，江西人，闻余于汪燕山。来候。

二十七日辛酉(6月20日)　　　晴

元徽师来。出旱西门外，舟中送相国行，久谈而出。候钱子密、程伯敷送行。旋至般仲处，少坐返寓，复至四姊处少坐。阿哥同元师在市中茗，寻往少谈，知阿哥今日谒李宫保，复约相从司文件，颇为一慰。午刻肩舆由内城出朝阳门，过明故宫，阙门、御桥皆在，规模未为宏大。未刻至孝陵卫，戊午春旧游地，沧桑几历，村舍尚有馀烬。出舆少坐即行，绕钟山尾而东，冈峦错落，一望雄阔。申至麒麟

门,酉至东流镇,山下一池,波色如玉,叱牛四起,新秧已插。嗟乎,安得终身于此,富贵何有哉! 借田家宿。

接眉生信二件。

二十八日壬戌(6月21日) 阴雨,大风

早发东流,遥望花山,两峰不异庐山双剑,摄山、龙潭各巘嶪自成结构,不与凡山伍。东阳镇西有小湖,风起激滟,望若绵渺。至镇早食复行,午至龙潭,云重欲雨,命舆人攒行。龙潭山下一小峰离立,上有石浮屠,其下芦苇,接江濑凡数十里,此盖古来在江中板子矶之列也。过此至螺蛳沟三十里,蒲荷夹道,新花正著,皆白菡萏香也。到市稍度,风涛甚恶。登纱帽州岸,宿仪真东码头。

接眉生二十七日信。

二十九日癸亥(6月22日) 晴

早发仪真尚细雨,至新城早食。午后到扬州城外,十馀里皆陆田,高平远阔。春间在仙女庙归见东郊亦然,谓之广陵,古人命名诚不苟也。访眉生并晤德生、方小东等。下午至市中,偕张振远、盛德生、徐函叔、余逸斋等茗。傍晚归于眉生处下榻。

闰五月

朔日甲子(6月23日) 晴

早食后,候褚鼐臣、张屺堂、方小东、杨子木、丁松侪、徐函叔,晤丁、徐,并识李文辉。江西德化人。返寓,邀振远来,德生、方小东亦至,同眉生处午饭后至振远寓,又同诸君及同乡瞿敬孙、余逸斋、盛道生茗饮。下午归,途遇李芋仙,知相国舟已至瓜州。返寓晤咏如,

复同至振处少坐。接孟甥二十七日信。

初二日乙丑（6月24日） 晴

腹痢微恙。在眉生处阅邸抄，殷兆镛参论江苏捐务，有粪担捐、妓女捐之目，并云恃功朘民，言殊恶赖。张屺堂来。盛德生来，同眉处饭。钱子密来。下午雇舟成，即下舟。至咏如舟，晤张屺堂、何丹臣、李芋仙。傍晚同李、何放舟至五台山相国舟中晋谒，方卧未晤。到劼刚舟少坐，复送李、何二公回东关，仍至五台山泊。

初三日丙寅（6月25日） 晴

晨起谒相国，少谈即出。闻余从陆来，故致饩甚厚。早饭后候屠晋卿、程伯敷、张笛帆送行。下午，屠、张、程来答候。钱子密来谈。遇彭笛仙，嘉玉，长沙人，前日在节相舟中识之。知余于何镜海处，雅相慕，过舟谈少顷，送至其舟，并晤徐季恒。眉生舟至，过其舟谭话，并晤钱子密、陈舫仙。

接儿子实初一日来禀。

阅李长衡流芳，嘉定人，明天启时处士。《檀园集》，景象冲淡，为诗文不求工，专以陶写性情为主。足知其胸次之宽，虽千秋亦非所慕也。

初四日丁卯（6月26日） 阴，大风

辰刻相国舟行，复解维送之。道遇黎莼斋、向伯常舟，即过候送其行。午刻至邵伯镇，住舟候彭雪琴漕帅、黄昌歧军门、曾劼刚小侯于其舟。劼刚出相国见赠字一幅，书素所诵习古人诗五首，书款"弟余其相爱，可谓诚挚"。忆乙卯、丙辰之间，初从节旆，李次青方伯即劝余投贽门下，且云出自公意，余未之可，至今十馀年，屡荷特荐，且豢养之恩迥出寻常，例以古人感恩知己之说，既不可以自外，而公学

问节操师余甚优,徒以功名之会,不敢托于昵近。今违离在即,嫌疑已无,素心可以一伸矣。旋晋谒,即致此意。公略谦让,谈次及立身之本,以净明心地为急务。余言不独儒门圣贤如此说,即释氏立教,尤汲汲于此。又及学问,云常郡绍传先辈学业,当在足下与开孙诸君,不然有断绝之虑矣。余对心力薄弱,为世事所娆,往往废业,而处境复不能不奔走尘俗,恐负盛爱,奈何!公为颦蹙曰:"仆亦未尝无志,亦同此患,不独君辈也。"谈复少顷,辞谢而出。余维相从已久,颇怅然,公亦面有凄色。复至劫刚舟中少坐。候鲁秋航送行,又至子密舟少谈。返舟午食,闻吹角鸣炮,公舟已行。饭后复候李申甫醝使送行,彭宫保、曾公子及李留余在其舟谈话,余急欲返扬,谢之。返舟解维,三鼓泊缺口门外。

初五日戊辰(6 月 27 日)　　　大雨

晨冒雨至眉生处。写莫善徵信、史花楼、金立甫信。即日发,交眉处。丁松侪来候。至张振远处,并晤徐函叔。候方小东、黄子湘、褚萧臣、李雨亭、同乡吕子中、史干甫,李、吕二人不晤。复候张屺堂,赴其招,同坐黄子湘,见其所藏梁山舟自写集杜诗二帙颇精,可贵。饮散返眉处,李芊仙、咏如来,同谈少刻,复偕黄子湘赴小东之招。小东为余选妾,颇窈窕,而未惬余意,挥之去。张席共饮,饮散已暮,复同赴眉生之招,同座咏如、芊仙、小东、子湘、萧臣。复聆小东昆曲,发声慷慨,满座为之动容。饮散已三鼓矣,遂留榻眉处。

接沈鉴亭信。

初六日己巳(6 月 28 日)　　　雨

雇舆夫欲行,以雨不果。至振远处,晤徐函叔、丁松侪等。下午,访德生少坐。又至小东处久坐,复同赴褚萧臣招,同座何丹臣、咏如、小东、眉生,二鼓散归。写沈鉴亭信,寄还苏字手卷。即发。

初七日庚午(6 月 29 日)　　　晴,下晡大风暴雨

早食后肩舆发维扬,雨后草木肥润,能泽枯槁之气。午至新城食。未刻至仪征,傍城东郭行,有废观名泰山宫甚大,岂宋仪真观之址邪?申到纱帽州,大雨如注,街市为皖南镇刘松山兵占满,无可落足,不得已,径至厘局借宿。局员李小峰,光熙,嘉应州人。新任此,一面不识,复不在局,幸其友吴选青﹑耀,泾县人。陈吉裳则兢,本邑人。留客颇殷,不独授餐,且有盛设。闻刘军索饷住此不肯前,渡江甫一营,尚有五营在江南螺蛳沟。东阳一带,在在皆满,行旅为之断绝。余幸为雨所逼,得安乐处,否则冒昧渡江,必露宿矣。祸福难料若此。

初八日辛未(6 月 30 日)　　　阴,大顺风

黎明起,拟由上游划子口渡江,以避兵哗。天色阴凝,舆人裹足不前。方踌躇,顷下游一舟饱帆而过,急呼止之,谢舆人去,跳登其舟,不及谢主人而发。闻趁船洪姓副将道刘镇松山之谬:初发皖南,绐士卒至芜湖领饷,至芜湖复云须至金陵,至金陵领得五万,乃寄己家至八千金。自哨官以上皆有分,独兵勇无有。复云须过江发饷,且云江口不过三十里,士卒行至螺蛳沟,不啻百馀里,已拥大舟粮运中流而进,士卒终日不得食,故怒甚而哗。连日来往南北岸调停解说,则已晚矣。又其平时,各勇告假以次偿欠,皆坚勒不许,至勇丁耐苦不得自去,则此款领到后全归干没。旧制勇丁须五百人一营,今则三百人,已为满数,故一充营官统领,无不立富,家中起房造屋,水面连艨大舟,四出营利,而士卒恒半菽不饱,人心思乱,已非一日云云。

余昨见中堂原奏:"皖南之勇如愿北行,则全军赴徐,否则止令统将前往,臣自霆营哗变,不敢强南勇北行。其札刘镇亦如此,乃宛转诳诱,不知所居何心。又在扬见随身之勇行役甚劳,而统将提督

张诗日绿轿红伞,无复从军之概。自古吏治,悉在中饱,今军中亦然,危哉危哉!"

舟行,辰至东沟,巳、午间渡黄天荡,入草鞋夹,申刻到石城门。至般仲处,借马回家,有女客在,因不入。至四姊处少坐。访晓岑,又访开孙于其新寓,元师乔梓、魏氏昆季、季雨、衣谷、溥斋皆集,主人设席,傍晚余先归。阿哥已移入节署。

接阿哥初五信,〈欲〉寄扬未及,又子锡兄初一日信。

初九日壬申(7月1日)　　雨

亭午至阿哥处,即留午饭后,谒少荃宫保,久谈蹉务及筹饷、治兵各事,其言颇切实可喜。又在阿哥处少谈归。写眉生、徐函叔信,又吴选青、陈吉裳信,寄赠字帖各二种。

初十日癸酉(7月2日)　　阴雨

写周朗山信,陈笙伯信,寄去周咨文。即刻发,交来足。开孙、杨见山来,杨达亭、衣谷来。饭后同开生、衣谷至刚已处,二鼓归。写眉生信。即刻发,交来足。

接眉信,又周朗山五月廿二、三日信,扇面一个,又陈笙伯初六日信。

十一日甲戌(7月3日)　　阴雨

至开孙处,路遇之。同过晓岑、衣谷谈,仍到开处,子可亦至。偕衣谷、子可开处饭。偕开孙、般仲、衣谷、子可、霍生、孟舆赴季雨招,夜归遇雨。

十二日乙亥(7月4日)　　阴

傍晚同虔甥至开处,不遇,觅至衣谷处遇之。同到门首眺月,张溥斋亦至,同过刚已家,少坐归。

接子锡兄五月廿四信。

十三日丙子(7月5日)　　　晴

开孙、衣谷来。钱揆初来候。夜与家人对月赏玩,慨然有林泉之思。

十四日丁丑(7月6日)　　　晴

四姊次女葛生夭折往唁,遇衣谷偕归。下午,洪琴西、杨见山、张仙舫陆续来候,皆未晤。开孙、阿哥来,傍晚至四姊处助丧,附身之物皆为料理之,三鼓归。

接眉生十三日信,又徐函叔、吴选青、陈吉裳等信。

十五日戊寅(7月7日)　　　阴,夜雨

子可来,季雨亦至。写曾中堂信,始附及门。即日发,交劼刚。候劼刚,至元师处,不晤。候张仙舫,久谈返寓。季雨复来,即留共饭。饭后复答候曾亮卿。行恕。至阿哥处。答候钱揆初,复候汤禄名及其侄全人。答候洪琴西、王霍生、禹汲三、朱仲武、杨见山、刘伯山,曾、汤、洪、朱四人未晤。同衣谷、开孙至刚己、般仲家,二鼓返。

致曾涤生师

忆乙卯岁过听甄拔,得仰光仪,中更六年,复隶骈襟之下。自是以来,饮食教诲,诱掖奖劝。维太上贵德,次务施报,故在三之重,同情覆育。区区之心,欲申斯敬久矣。徒以盈门桃李,不敢以茅蒯厕中,而千尺乔松,尤不敢以茑萝自托。怀之不发,历有年岁。

昨拜别淮墙,怅然不任,即欲写其素心。知不蒙退弃,益深感激。荷诲以净明心地,自古儒先释老,大宏教旨,莫外于此。守而勿失,毕生用之有馀。夫子之言性与天道,遂于下愚无复

有咎,恩德岂可量邪?

征行多顺,敬想整旅徐方,大明挞伐,凡厥庶民,莫不诵《常武》之六章,以望旋归之命。而〈烈〉之私祝,尤冀公乂安海宇,王路速夷。他日角巾私第,得以负笈从游,舍功名而言道学,则公志偿而烈愿足矣。

夏令炎燠,壮火食气,况接见烦劳。前进参麦五味,久服必无偏胜,幸弗以为谬。至祷,至祷。

十六日己卯(7月8日)　　　阴

元徽师来,同至衣谷处,并访晓岑、尹和伯少坐。赴市中食肆,邀开孙、霍生、刚己、般仲、元师饮,为开生饯行也,主人为余昆弟、衣谷、虔甥四人,霍生及阿哥不至。席散,到张溥斋家久谈,归途过开处及衣处,均少坐。写眉生信,寄还诗稿二本。即刻发,交来差。

十七日庚辰(7月9日)　　　晴

开孙来,张倬云子来。写六姊、槐庭合信、十九日发,交善后局。又一信寄去幛联。二十发,交见山。黄恒山信、十九发,交槐亭。托照应轮舟趁行。椒侄信、十八发,交上元县。子锡兄信、十九发,交善后局。仲纪兄信,附寄顺吉大叔家书。同上。傍晚访李芋仙,少坐,又至书局,阿哥、开孙皆在,并晤晓岑、和伯、刚己。初鼓时归,顺过四姊家少坐。

十八日辛巳(7月10日)　　　阴

写张屺堂信、徐函叔信。十九日发,交善后局。访李海涛。湘潭人,工疡医。至开孙处,不晤,至衣谷处,并晤晓岑、壬叔、见山。至季雨处,并晤公武、载功、潘伯盈、叶湘文等,返寓。午饭后季雨、公武来,下午去。至四姊处为孟甥处方。

接丁松侪十六日信。

读《胡文忠集》十卷，《江忠烈集》二卷。二公皆实事求是之才，不敢云优劣。然胡较绝赡，顾魄力似大，或胡早贵，江则坎坷，境能易心邪？文笔则胡强。

十九日壬午(7月11日)　　　阴

开孙、衣谷、叶湘文来。陈乐笙来候。下午访衣谷、开孙，至魏刚己家遇之，初鼓归。

读《晋书·载记二十二》。吕光。吕纂。吕隆。

《载记二十三》。慕容垂。

《载记二十四》。慕容宝。垂子，宝子盛。垂子熙。高云。

凡史所载古人言论，必其精见卓识，足正前人之非，次亦见解别开，另有悟心之处。若此所记盛痛诋伊、周，其意不过欲尊主卑臣，以防群下而已。非圣无法，何足污简册哉！

《载记二十五》。乞伏国仁。乾归。仁弟。炽盘。乾子。冯跋。冯素弗。

二十日癸未(7月12日)　　　晴

方元翁来。答候陈六笙，并晤汤子镇、王雨轩、彭笛仙。至元师处少坐。候何莲舫，并晤李芋仙，留午饭后，候李眉生，贺署粮道之喜，返寓。公武、衣谷、子可来。王铁崖咸丰五年识之常州，其尊人王叔渊工书。〔来候〕。访曾亮卿少坐。至开孙处，同欧阳晓翁、方元师、魏刚己、张溥斋、衣谷、子可饮，二鼓归。写龚孝拱信。即日发，交陈六笙。

二十一日甲申(7月13日)　　　雨

至四姊处视孟舆疾。邓铁仙、季雨来。开孙来辞行。下午，同季雨至开处，并晤方元翁父子、欧阳晓翁、魏刚己、张溥斋、霍生、衣谷、尹和伯,同人多移槛公钱开行①,饮至二鼓散归。

二十二日乙未(7月14日)　　　阴

至四姊处视孟甥疾。写黄冠北信。即刻发,交排递。亭午,至开孙处送行,闻尚须两日后下船,遂至衣谷处,并晤晓岑、和伯。复至开处,并晤魏刚己、王梅叔、张溥斋等,送行者陆续甚多。下午偕衣谷到阿哥处,坐至傍晚归,复同访苏晴山,不遇。返寓,四姊在家,谈至三鼓去。

二十三日丙戌(7月15日)　　　晴

阿哥凌晨来,早食后同访开孙,尚卧未起。遂至衣谷处,并晤晓岑,开孙亦来。少选,阿哥去,余亦归。载功、铁仙在寓,医士况东桥、本地人,年甚老。李海涛湘潭人,衣谷所荐。来。写眉生信、徐函叔信,寄去笔筒、砚匣。即日发,均交开孙。莫子偲来候。下午复至开处觅之,至魏刚己家,乃与衣谷俱在。少坐,同赴王梅村之招。座客杨西华,本地人。笃信佛法,曾两梦游山寺,有竹林之名。知余向游庐山,见竹林洞,亟欲问讯,梅村因邀同谈。杨君笃实向上,据云往岁瞻仰宁波育王塔舍利,与一友人偕往,初看是一只白柿,绿蒂宛然。其友接看,则为降香一小片,其甥某看则一金色果。杨再看,化为白气满所罩金钟,且腾腾而出,俨若云雾,少选云散,又变一物如豆芽菜,其奇如此。又云其戚某氏居乡,获一鲤重二十四斤,持刀欲剖②,倏腾空而去。

二十四日丁亥(7月16日)　　　薄阴,下午大雨

李眉生来候,未见,访季雨不晤。至开孙处,并晤衣谷、溥斋、王

---

① 移,稿本作"携"。
② 剖,稿本作"刳"。

梅叔等。下午雨将至,归。

《晋·载记二十六》。秃发乌孤。弟利鹿孤。弟傉檀。

《载记二十七》。慕容德。

《载记二十八》。德兄子超。慕容钟。封孚。

《载记二十九》。沮渠蒙逊。

《载记三十》。赫连勃勃。　《晋书》终。

二十五日戊子(7 月 17 日)　　　雨,夜大雨

下午到开孙〈处〉,少坐归。李海涛来,四姊来。

二十六日己丑(7 月 18 日)　　　雨

孟舆来,周虎臣来。景璇,虔甥之族。

《通鉴》十四:汉文帝四年,"作顾成庙"。按:此为生自立庙,不知昉于何时。

又《鉴》十五:文帝后三年,以申屠嘉为丞相,"封故安侯"。按:嘉本为关内侯,今以为相,封彻侯,丞相封侯实始此。《汉书·公孙弘传》言始于弘,非是。

二十七日庚寅(7 月 19 日)　　　雨

孟舆来。赴李芋仙、欧晓岑、徐季恒之招,以肴核未陈,先至开孙处,并晤衣谷、霍生、尹和伯。傍晚再往,二鼓归。南阳君妊动欲娩。

二十八日辛卯(7 月 20 日)　　　乍晴乍雨

子刻得一女,大小无恙。清晨,衣谷来。下午到开孙处,并晤殷仲、衣谷诸人,傍晚归。徐季恒来辞行,不晤。

二十九日壬辰(7 月 21 日)　　　早晴,辰刻后复阴

元徵师来,余始出谒客,属候余茗肆中。候李芋仙送行,候开

孙、魏凤芝、徐季恒送行。答候莫子偲,李、徐二人不晤。至季雨处,并晤公武、载功诸人。至茗肆晤元师及孟舆甥,并邀开孙、衣谷、溥斋、凤芝、杨小山来,同赴南门素饭。复返开孙家,至下午归。高舆卿佐英。来候,未晤。

接英晓峰名禄。信。

《鉴》十七:武帝时,韩安国议匈奴事曰:"匈奴迁徙鸟举,难得而制,自上古不属为人。"按:此则北狄为夏后淳维裔之说,不可信。盖五胡乱时,其下为之装点耳。

《鉴》十八:主父偃上书亦云:"匈奴难得而制,非一世也;上及虞夏殷周,固弗程督,禽兽畜之,不属为人。"此与韩议同。

三十日癸巳(7 月 22 日)　　阴雨,下午霁,夜复雨

小女生三日,孟甥兄弟来贺,在此饭。李海涛、芊仙来。至晓岑、和伯处少坐。至开孙处,并晤魏刚己、张溥斋、郭星槎、杨小山、霍生、衣谷、孟舆等。小山携榼来饮,初鼓归,顺过四姊处少坐。

接眉生信并信稿文字等三件。

六月癸未

朔日甲午(7 月 23 日)　　晴,午后复阴

凌晨阿哥来,早食后同过开孙,谈移时而散。至市中,得上品宣德炉一事归。写眉生信。即日发,交来人。至开孙处,并晤衣谷、虔甥。同开孙赴晓岑之招,同座霍生、芊仙、徐季恒等,初鼓散归。

初二日乙未(7 月 24 日)　　雨

张屺堂自江北来,来候。写眉生信。交昨便。汤禄名来。傍晚

答访屺堂，不遇，又访李眉生，亦不遇。

初三日丙申（7月25日）　　　晴。始炎热，夜大雨暴雷

铁仙来。至城北潘木君先生家作吊，半途逢天宁寺僧蕴堂师、雨春师，下马握手，恍如隔世之遇，遂约下午至余寓相见，余仍赴潘处礼毕返。顺访张仙舫观察，久坐归。蕴师等来，衣谷来，同食素面。阿哥来，下午各散。蕴师言寺未毁前数日，大殿主佛流汗，遍身沾湿，为伊目睹。雨师言今岁宁波育王寺舍利放光三日云。王梅叔、钱芝门来候。

《通鉴》二十一：武帝元封三年，汉师入朝鲜。楼船将军、左将军二人始终未书其名。按：其时左将军荀彘、楼船将军杨仆，虽考核可知，而汉将军多因事为号，如匈河、浮沮、贰师之属，非久有其官，究以书名为是。

阅邸抄五月廿一上谕：据李鸿章、左宗棠等奏，四月廿一日，官军将漳州府城克复。二十二日，将南靖县城克复。

二十六日上谕：左宗棠等奏，四月廿七日，进攻磁、漳等处，进捣楚溪安下贼巢，立破坚垒十馀座，贼匪奔溃，死者无算。侍逆李世贤连马坠于桥下，立将平和县城收复。同日，将漳浦县城、云霄厅城收复。

二十七日上谕：瑞麟、郭嵩焘等奏，逆首汪海洋分股由永定县属大溪一带窜逼大埔，饬令副将方耀等扼要严防，俟贼逼近，枪炮齐施，毙贼无算，贼势不支，由溪上溪下一带纷纷逃窜。

闰五月初一上谕：刘蓉奏，发逆蔡昌荣等自攻陷阶州后，意图久踞。官军由北山开挖地道，五月十三日地道齐发，轰倒城垣，阵斩伪昭武王蔡昌荣，并生擒伪大将陈姓等多名。

初七日上谕：骆秉章奏，官军越境于五月初三攻克贵州正安州

城,朱逆受伤阵毙。

初十日上谕:霆营叛将窜掠湖南安仁、兴宁县城。经李瀚章饬副将张义贵、前任江苏按察使陈士杰奋力追抄,贼由安仁、兴宁两城窜走,擒斩首逆欧阳辉等数名,楚境肃清。

十一日上谕:都察院奏,已革马兰镇总兵庆锡等呈称,故父耆英经惠亲王等奏参、王大臣议拟为绞监候。讵肃顺一人单衔具奏,请即行正法,传奉谕旨,赐令自尽。实肃顺一人妄奏所致,请代奏昭雪等语。着刑部核议具奏。

初四日丁酉(7 月 26 日)　大雨

初五日戊戌(7 月 27 日)　大雨

孟舆甥及张溥斋来。

初六日己亥(7 月 28 日)　雨

至四姊处。李芋仙、李海涛来,徐子恕来。

接时笠夫燠,山东人,吉止之母舅。闰五月二十日来信,并寄食物等。

初七日庚子(7 月 29 日)　阴雨,下午晴

孟甥来。至四姊处。衣谷、般仲来。奴子邬红以余不为官,遂叛去,余为之道地,笑而遣之。顷于难民局择童子二人为仆。一怀宁人,姓产,使之杂作,名之曰多田;一句容人,姓周,使供书室之事,名之曰万卷。

初八日辛丑(7 月 30 日)　阴

饭时邓铁仙来,同访僧德峰于曾靖毅公祠。德峰向住持本地护国庵,有所藏古董甚夥。咸丰二年,邓子楚姻丈邀饮其中见之,忽忽十三年矣,为之怃然。写眉生信。十二发,交来差。

接眉生初七日信。

初九日壬寅（7 月 31 日）　　晴

南阳君降日,四姊及宜甥等皆至。炳甥归自上海空返,未能取书归,族侄审安偕来。铁仙来,代绘净土三圣及他尊象。欧阳晓岑、衣谷、尹和伯来。接孝拱五月廿五信,又子锡兄、盛德生闰月二十六日信,又丁松侪初三信,蕙生兄闰月廿五信。

初十日癸卯（8 月 1 日）　　晴

四姊来,徐子恕来。夜,邓铁仙来访。

十一日甲辰（8 月 2 日）　　晴,热甚

六姊处遣人来,已从长沙至此,舟泊水西门外。即命肩舆往,至舟相见,知槐亭于道中相左。候蕴堂禅师送其行,并晤识其居停严丽堂。本地人,督房科。候李眉生,次候勒少仲,贺其署藩篆之喜,均未晤。答候王梅叔,少谈。至阿哥处。答候钱芝门,并候杨藕舫、施叔愚、任棣香。返寓,六姊来,四姊亦至,季雨来。

十二日乙巳（8 月 3 日）　　晴

方元翁来,同至节署,在阿哥处少坐。上谒李中丞,不晤,典谒辞以疾,遂出。候汤乐民,送行。返寓,铁仙来。写眉生信、即日发,交前差。德生信、丁松侪信。同发。下午至季雨处,又访衣谷,在晓岑处少坐归。邓季斋来,同赴前巷为陈处相宅,未成。

十三日丙午（8 月 4 日）　　晴

邓季斋、李海涛、汤衣谷来,六姊、阿哥来。下午,邓季斋来。是日六姊登岸,暂与四姊并居。夜至两姊处。

十四日丁未（8 月 5 日）　　晴,下午阴

至两姊处少坐,两姊来至余家。下午张溥斋来久谈,傍晚去。

十五日戊申(8月6日)　　　阴,甚凉,与昨寒暑针差十馀度

方元翁来。亭午,至邓铁仙处少坐。徐子恕来。写张仙舫信。即发。

接眉生十四日信。

十六日己酉(8月7日)　　　阴,甚凉。立秋

写眉生信。即日发,交来差。至四姊处。李眉生来答候,未晤。

接沈鉴亭初三、初九日信,又眉生十五日信。

邸抄闰五月十三日上谕:左宗棠、马新贻奏称,杭、嘉、湖三属,共减漕米二十六万六千七百六十五石零。加恩着照所请。

十七日上谕:前据瑞麟、广州将军,署广督。郭嵩焘奏,本日左宗棠、徐宗幹奏,闽军克复漳浦后,会同粤军将诏安克复,并于平和生擒伪祥王黄隆芸,又伪利王朱逆等股,歼毙无算。诏安逆首丁太洋赴刘典军前乞降。汪海洋自大埔回窜,向永定西北窜走。

十七日庚戌(8月8日)　　　晴

至方元翁家,贺其得孙之喜。候蒋莼卿,又候邓公武、张溥斋、郭星槎。访刚己、衣谷,返寓。邓铁仙来。至四姊处。写沈鉴亭信。即刻发,交来差。

十八日辛亥(8月9日)　　　晴

访季雨不遇,晤载功、铁仙等。访霍生亦不遇,次访汤乐民,送行。至四姊处。李眉生来久谈。李海涛、邓季雨来。是日蒋莼顷来,不晤。

接子锡兄初五日信。

十九日壬子(8月10日)　　　晴,下午风雨

至四姊处,六姊来家,下午去。彭笛仙来候。

二十日癸丑(8月11日)　　　晴,午间大风雨

至四姊处。槐亭自长沙来。写子锡兄信,廿一发,交善后局。蕙生兄信。同发。

二十一日甲寅(8月12日)　　　晴

王梅叔来访,久谈。至六姊处,为槐亭太夫人祝寿。

接子宪兄初四日信。

二十二日乙卯(8月13日)　　　晴

杨子木来候。至阿哥处。谒李宫保久谈,告以归隐之故,宫保深叹余言,并询家事,约定居后就近为谋生计。候蒋莼卿、倪豹岑,又候霍生送行,不晤,返寓。约审侄廿五为克儿设馆课业,是日先觞之。衣谷来,同游凤台。邓季斋来。

二十三日丙辰(8月14日)　　　早阴,午后晴

方元徵师来答候,子可亦来。至四姊处。答候彭笛仙,并候潘伊卿,均不晤。候曾劼刚,辞行。复候李眉生、张溥斋、郭星槎、杨小山;辞行,答候杨子木,复候雷石卿,均晤。候莫子偲辞行,不晤。至开孙家一看。访晓岑不晤,晤衣谷、和伯、张小山、李壬叔,并晤元师、子可、溥斋等。同衣谷、溥斋访刚己、般仲昆季,辞行,久坐。访霍生,辞行久坐,霍问归计,独拳拳,返寓。写晓岑信。即刻送。

接曾中堂十八日信,晓岑本日信,黄冠伯初七日信,又丁松侪十四日信。

二十四日丁巳(8月15日)　　　晴

阿哥来,至四姊处。邀梅叔、和伯、槐亭、衣谷过饮,设伊蒲之馔。季雨来。写曾中堂信、廿七发,交劼刚递。曾宫保信。同发。四姊家仍搬至余宅同住。

复湘乡相国

昨晚奉到钧还，敬承尊体休和，德威遐畅，以欣以忭。湘军从公日久，人情劳苦，不安其所，理或有之。公之清德，可孚鱼鸟，抑裨帅统将，地位日隆，与下日疏，足使士气离而人心不靖。自古吏治，恒患中饱，军兴十馀年矣，利衰弊见之会，伏维道力维系斯际，民生其有瘳乎。

见谕赴官浙江，前既承命，第〔烈〕性乐林泉，微耽坟籍，少年失学，自愧荒疏。溯往岁接待以来，屡加奖借，以为能续乡里先哲之风，亦知垂誉过情，而性之所近，尚思奋勉。若钻研鲜获，知难而退，犹为未晚。至于筮仕，所望糊口而已，亡友周弢甫有诗云："名多益耻悔，生薄聊慰悦。"窃尝服膺斯语，力求循践。苟非异境相迫，庶冀黾勉此生，以无负公之乐育。虽一时渝爽前诺，而大贤不责硁果之信，或者舍瑟而对，转邀圣叹，未可知也。

蒙示荫渠制军前事，并饬购皋文先生《仪礼图》，〔烈〕束脩未行，尼山犹且无诲，况际搜采异书，昌明朴学之日，敢不急公报效，遵即上紧觅办。一俟捐项有日，即当赴局弹兑，至准其捐免，虽出逾格鸿施，维受恩深重，决不敢援案仰邀议叙。敬仍将原帖寄呈，幸赐存录。

刻买舟赴下游卜居，七月中再归。挈眷前往，倚装草肃。敬请福安。不具。

附来函一节：

顷接手书，猥以一日之长见推，只增惭恧。昔刘荫渠制军于咸丰十年，误听何人之言，谓敝处曾有密保之疏，忽欲换帖改称〔恩师〕。复书力辨其诬，请以广西所产之三七见贶，而捐免

"门生"二字。荫渠亦复书寄三七二斤,封面写云捐缴三七若干,请饬局核明给奖。敝处因将新帖璧还,以代实收部照,不改称谓,仍为友朋如初。此事虽小,颇有逸趣。敢援斯例,请阁下惠我以皋文先生《仪礼图》之初印本,亦即捐免新称,饬局给奖。如不能遽缴捐款,或先发实收,亦可饬局通融办理。此次敬将大柬璧还,亦足见捐政之宽大矣。贤如子厚,不敢为众人之师,贵如卫青,亦岂无长揖之客。请存此义,留作一段佳话可也。

致沅浦宫保

三月中奉肃一缄,谅邀台察。久不得音,昨问于劼刚兄处,知尊体复发旧恙,莫名驰系,未谂刻已就瘥否?

仲夏之杪,相国奉命北上,〈烈〉以受德素深,请随马足,荷念寒畯累重,劝之筮仕。〈烈〉力辞未可,仅得送至维扬。溯自数载以来,被公家厚恩,至优至渥。昔人故吏之于举主,虽无师生之称,而事之终身不衰,往往只身徒步,相从千里。〈烈〉纵乏曩贤笃斐之谊,甫欲高自位置,公抗颜行,岂君子居厚之道哉?

往者属在艸缥,未敢为乔林之托,今公高卧东山,相国徂征淮甸,〈烈〉亦诛茆江上,鹏运鹪栖,儵焉弗及,虽修礼敬,无复嫌疑。相国处已备达悃忱,公之栽植,事无二致,用特写其素心,谅蒙鉴纳。

至出处之计,〈烈〉性乐林泉,微耽坟籍,频年奔走,益愧荒疏。颇思伏案数年,略攻志事。虽天姿敦鄙,研究徒劳,而性之所近,犹欲以之自娱,用陶岁月。赴官所为糊口,微生获遂,实有命存,斗米折腰,向所弗屑。尤恐孽拙近时,他日铩翮而归,一己之毁誉不足重轻,仰累大贤知人之明,何颜以见从者。故筹蹰再四,决计言归。现拟躬赴下游虞山、笠泽之间,聊借一橡，苟庇风雨，俟馆舍既定，即携细弱而往。

伏念知己之爱，逾越等伦。关河邈然，能无怅惘。专肃鸣谢，并陈微悃。恭请钧安，不尽缕缕。

二十五日戊午(8月16日)　　　晴

方元翁来。潘伊卿来答候。殷仲、槐亭、衣谷来。儿子实从审侄读书，今午开学。赴晓翁招饯，同坐叶云岩、圻，嘉兴人，参将。龚春海、何性泉，长沙人，何子贞侄。尹和伯、元翁、孟甥及余。饮散至开孙家中，又至槐亭处。

二十六日己未(8月17日)　　　晴

阿哥、季雨来。施叔愚、任棣香伊，宜兴人。来访。下午衣谷、槐亭来。写殷仲信。衣谷又来，同至开孙处，少坐归。

接殷仲本日信，言拟八日内迎娶慎甥。又曾劼刚本日信。

二十七日庚申(8月18日)　　　阴，午间晴，下午大雨

李壬叔、张小山来。到六姊处。赴元翁家汤饼筵，同座季雨、衣谷、刘作山、叶湘文、炳、虔两甥。饮散，同元翁到开孙处、晓岑及张小山、李壬叔处，返寓。

二十八日辛酉(8月19日)　　　阴，下午大雨

邓公武来候，载功、铁仙亦来。至六姊处。李海涛来。下午，薛芳亭来。友人知会沅帅已放山西巡抚，廷旨有"不得以病辞"之语，盖捻氛将由豫入山、陕也。

二十九日壬戌(8月20日)　　　阴雨

方元徵师来。下午衣谷来。

七月甲申

朔日癸亥(8 月 21 日)　　晴,夜细雨

阿哥来,同至六姊处。张溥斋、杜小舫来候。衣谷、苏晴山来。答候杜小舫,不晤。衣谷夜复来。

初二日甲子(8 月 22 日)　　晴,顺风

辰刻下舟,赴东卜居。虞甥将赴楚,与余俱行,至京口趁夷舟。巳刻〔舟行〕,午过燕子矶,申过栖霞山,夜泊仪真。

接眉生信。

初三日乙丑(8 月 23 日)　　晴,逆风

早发仪真江口。写沅帅信,初五发,交虞甥。又黄冠北信,同上。孟辛信。同上。将午抵七濠口,泊舟,送虞甥趁轮船西上。

初四日丙寅(8 月 24 日)　　晴

候轮船竟日。

初五日丁卯(8 月 25 日)　　晴,顺风

四鼓闻吹号声,蹴虞甥起,束装赴轮,遣奴子送之,天明归。余亦解维,回进瓜州口赴扬,过瓜州旧城,石矶下水波如沸长年,欲曳纤而登,篙人恃风利,惰不肯。风水相斗,舟倾掷其间,掞柁无灵,船舷倏忽及水,为迩年江行第一惊险。急命卸帆,放乎中流始得免。辰进瓜州小口,有官人持丈竿测度水口,殆为盐艘移瓜州受盐通水道也。去数十步,见官舫曳程字旗,知敬之在此,急掩窗过。到瓜州大口小泊市蔬,巳过三汊河,午后到维扬,住舟缺口门。遣奴子探知眉生赴泰,并邀徐函叔至舟一谈。丁松侪来。

初六日戊辰(8月26日)　　　晴

早至城中食扬州面,面味益下。答访丁松侪、徐函叔。写眉生信。即日发,交其家。访屺堂久坐,午饭,并晤其弟菊甫、黄仲陶、名世本,杭州人。许△△。杭州人。访方小东不晤,访德生久坐。仍至函叔家,并晤李文轩、褚鼐臣等。傍晚旋舟,赋《洞仙歌》一阕。

　　　　　　洞仙歌　扬州城东秋夜泊

　　如钩新月,照芜城东道。水面千樯舳舻绕。偃征幡,寂寂刁斗无声,遥夜永,是处啼蛩蔓草。　　十年争战地,且喜重平,留得深杯共倾倒。欲与赋秋心,一曲高歌,长筵畔,断肠人少①。便散发扁舟弄清游,怎忘得,桥边玉箫声杳。

初七日己巳(8月27日)　　　晴

刘伯起同其弟仲谐来候。访屺堂并晤黄仲陶。午饭后同屺堂、仲陶至西盐局看屋,识局员周陶斋、叶根香、杭州人。张某湖州人。等。又同至市中古董肆、茗肆,屺堂购赠玉镇纸一,复偕返其家,再三留余下榻,并为筹家计,意甚厚可感。

初八日庚午(8月28日)　　　晴

叶根香、周陶斋等来候,至局答访之,并晤金力甫。又访褚鼐臣、方小东,在小东处饭。答访刘伯起、仲谐不晤。又访杨子木、丁松侪,傍晚归。接眉生信。

初九日辛未(8月29日)　　　阴

金力甫来候,杨子木来答候。访鼐臣不晤。访力甫,在其家饭,饭后同过古董肆。途遇鼐臣,同茗,返其家少坐,归。

---

　　①　人少,稿本作"多少"。

初十日壬申(8月30日)　　阴

写家信,十一发,交仲陶。寄归银八十两及衣物,慎甥嫁装。下午到萧臣家,晚饭后返张处。

十一日癸酉(8月31日)　　晴

同黄仲陶到西盐局,并识局友胡仰盘镇江人。等。仲陶解饷渡江,余以眉生归,由屺处移榻眉处。饭后先往未晤,遂访丁松侪,同过古董肆看玩。傍晚仍到眉家,并识其兄小筼,庆澜。德生亦在坐。是夕与眉生纵谈世谛甚畅。

十二日甲戌(9月1日)　　阴

饭后访小东,不晤,又访德生,同茗良久。丁松侪、褚萧臣来。是夕眉生觞余,同座萧臣、小筼、吴次垣等。

十三日乙亥(9月2日)　　阴

访屺堂,闻旧交童问渔在此,急欲往候,不知径路,先过萧臣询问。萧臣因强余至吴次垣、介存家,见所藏残宋拓《淳化帖》二本,旧为家味辛先生物,题为阁帖祖本,盖枣木板也。忆十馀龄时,赴试白下,谒慎伯先生,丱角高谈,先生最见赏,以为能通字学,出枣木全本见示。余实于八体无所知,况在童稚,先辈奖诱后进如此,展卷怅触及之。返过萧臣家午饭,饭后到问渔寓,已他出,遂到丁松侪家少坐归。德生、吴次垣来。童问渔来答候。写家信,寄回眉生还周处银壹百两。即日发,交眉带。

十四日丙子(9月3日)　　雨

饭后到方小东处,不遇。遣约德生、松侪、函叔茗,傍晚归。

十五日丁丑(9月4日)　　晴

写黄冠北信,眉托周斗山事。即日,交眉。沈鉴亭信,同上。蒋莼卿信,即日发,寄沈转交。寄去子焕夫人洋二十元。由沈处转交。蕙生兄信,寄去监照实收,子锡兄信。即日发,交眉手。熊宜斋信,寄去汪利银二十两。即日发,交眉。子卿兄信,寄去阿哥家信并银十两。同上。亭午欲出候客,为赛会所阻,箫鼓杂沓,俨然承平景象,利权之大如此。饭后屺堂以杭俗中元设祭,知爱者皆助祭,昨寓其家,知此说,故往一拜。主人麻布袍,稽颡谢客,由丧礼也。复候问渔少坐。返寓,吴木庵、方小东来。是夕,眉生觞,设女伎踏歌,折腰垂手,盖古舞之遗也。座客小东、小筠及余。

接时小岑十三日信。

十六日戊寅(9月5日)　　　　阴雨

张溥斋来。访屺堂少谈,又访蒪臣,在其家饭,饭后返眉生处少谈。复到松侪、函叔处,并晤德生。闻咏如来,在蒪臣家,复往觅之,少谈,初鼓时下舟。张溥斋言开孙行后数日,衣谷等扶乩,有乩仙路翁降坛,言开孙六月有大难。日昨复扶,则开孙自到,言六月十一日行至离清江十馀里之周家港,为大盗李沂清所杀,同舟主仆四人一时遇害云云。闻之令人惊绝。开孙六月初二成行,七月初二尚未到临淮,同人方共疑讶,然淮水盛涨之际,复值北风甚多,舟行既无纤路,则一月不到亦常事耳。此等荒唐之言何自来邪?乃姓名、地方言之凿凿,不能不为之毛戴。维以开孙性度、相貌言之,决不当有凶祸,吾终不之信也。

接童问渔本日信。

十七日己卯(9月6日)　　　　阴,顺风

早发,移舟钞关,觅张溥斋舟,同入城早食,丁松侪亦至。巳刻下船,顺过咏如舟中一谈。即解维,午出瓜口,赴焦山,中流波恶,舟人故乌合,遇急辄仓皇叫号。舟妇捉柁,益五色无主,幸风不至狂而

几复入险。遽至七濠口泊，少选风益急，去焦山十馀里，竟不得达也。为开孙卜易，知其无恙。

十八日庚辰(9月7日)　　　阴，大风雨

今日为缘仲观察太夫人寿诞，眉生、屺堂等皆集，始约余往，竟为风阻。饭后棹小艇访金力甫，不遇，云赴山未逾刻也。写缘仲信贺之，并约眉、屺在山少候。即刻发，交去便。

十九日辛巳(9月8日)　　　阴，大风如故。下午大雨如注，风始定

仍泊七濠口，风止，以时晚不及放舟。

读《珍艺〈宦〉遗书》：《夏时经传考证》，其书以"夏时之等"一语，强为分别等例，未免附会。《小正》自是明堂、阴阳之类，纪气候颁政授时，如《月令》而已。必为语句文法，具有大义存焉。如"雉震雊"一语，阐发至数百言，亦儒人好奇之过也。

《书考证》、《诗考证》，皆以石经及诸本校今本。《周颂口义》，言大义意旨类《宗伯遗书》。

《五经小学述》，类《经义述闻》。《载籍足征录》，抄撮经艺，其意欲删订六艺定本。《弟子职集解》、《铙歌句解》，无甚妙义。《古籀疏证目》，其书未刻，只存其目，意欲以古文代隶后，篆而少不足用，仍以今篆弥缝，是不如徒写古篆存之，自为一书之愈矣。《石鼓然疑》，订石鼓为宇文时物。

《文钞》七卷，说经者居十九，多精义。《诗钞》二卷，学人之诗，无门径。

二十日壬午(9月9日)　　　阴，风止，夜雨

凌晨发七濠口，辰刻到焦山。眉生已返，与屺堂、缘仲谈良久。缘仲有公事赴京江，留屺堂相伴。早食后到别峰庵访蕴堂师，则已

于初十化去,为之惊怛。其骨尚供庵中,将归竹林寺立塔。蕴师才气过人,识力广大,侪辈中所罕有。暇思为作一传,第患笔弱耳。晤天宁堂上普和尚,真嵩,向在里门识之。少谈而返。仍到许处,与屺堂谈话,并识缘仲之弟润斋、季陶。下午,黄仲陶自秣陵来。同屺堂、仲陶到自然庵闲坐,适有轮舟过,水急竟不得上,加火力激轮亦不行,旋见停轮放气,退归下游。盖火力太炽,藏气之柜将不任矣。水之流驶,一至如此,可畏哉!写家信、般仲信。即日发,交屺堂带秣。申刻下船,顺流入丹徒口,不行此道已八年,口上有贼废垒,民居尚有存者。入运河处,闸坝尚无恙。又行十里,泊越河镇,有厘局。

接十五日家信,又般仲十六日信。

二十一日癸未(9 月 10 日)　　　阴,微雨,大顺风

早发越河,二十里新丰,十五里张官渡,十五里丹阳县,时未及午。泊舟,奴子买蔬,余亦上岸,入城东门,登水关桥顶一望,城中十九皆草莱,自越河至此五十里间,桥闸皆未废,镇市居民犹未断绝。舟泊少顷,复行二十里陵口,二十里吕城,二十里奔牛,有捐厘局,三十里常州。时甫申刻,已行百四十里矣。自丹阳至常,夹河民居似较胜于常州以东。舟住西水关外,遣仆人入城,邀子锡兄来舟一谈,返言锡兄已于前日下世,骇恸欲绝。正欲赴吊,而蕙生兄偕子昌侄来舟中,乃知锡兄以受暑得疟疾、下痢兼症,故后棺殓皆蕙兄为之经理。寡嫂庄氏,孑然一身①,无所依托。余先托锡兄购薄田数亩,扶疾清理帐目,不使一丝苟误,临终犹谆谆言之,尤为可敬可悲。子昌夏间从江西归,与锡兄家同寓,遂命舆同行至寓,抚棺一恸。余与蕙兄议,宜早入土,丧事所需,余力助之。以东行甚急,约明早一会。

_____

① 身,稿本作"人"。

写眉生信、屺堂信、松侪信、家信。均二十二日发,交蕙兄寄。

二十二日甲申(9月11日) 阴

早赴至大街茗肆,晤蕙兄及杨子春,久谈,茗散,下舟即行,晚抵无锡,泊北门塘。拟由此先赴常熟择地。

二十三日乙酉(9月12日) 晴

自锡城向东,寻径行至常熟。土人或云八十里,或云百二十里,盖路道甚多,远近不一也。初问旁舟,云须过张泾桥,比欲至,误而南出,遂过九里栅。亭午至关桥,土人云去锡止三十六里,出桥未远,过湖荡甚大,汊港纷歧,有小山在荡北,上有方石幢,土人云山名苑山,荡,苑山塘也。其西大山,则锡之吼山,风境幽秀,林丛弥望,瞻眺甚乐。东北进一港口,有三环洞大桥,不数里,又一大荡曰家菱荡。傍晚,复收口泊小桥,地曰庙桥,去关桥十八里。实则今日所行不下八十里。

二十四日丙戌(9月13日) 晴

早发庙桥,过常熟西湖,亭午到〈常〉熟城,泊大东门。上岸至冯式之家,嫂氏及二侄皆无恙。晤式之及张岳生、峙东。雨生、溥东。姚小欧,体崇。托诸君相宅。下午同茗,式之复邀饮于市。初鼓下舟。

二十五日丁亥(9月14日) 晴

巳刻到式之家,同式之、岳生、小欧出,相宅数处,复同茗。茗散,张雨生邀饮于市,又至家,谈至晚归。

二十六日戊子(9月15日) 阴

巳刻到式之家,买舆往候赵次侯、宗建,宋太宗裔,前在上海识之。周阆山、杨书城,汝孙、咏春之弟。均不遇,仅晤朗山之子藕生、侄滋亭,云新从海门徙此,其尊人昨甫赴苏耳。返至冯处,过雨生等,久谈。

二十七日己丑(9月16日)　　阴雨,旋晴

赵次侯来答候。杨书城遣人来觅舟,余复访之,仍不晤。至冯处,同式之、姚小欧相宅一处,有楼五楹,主人云钱氏绛云楼故址,其实非也。周滋亭、藕生至舟相访,不值,迟余茗肆中,因往同茗,遂邀至其家饭。识同邑马迹山人冯石溪,诗颇炼。见恽、王合笔《村居图》一帧,秀润无比。主人复邀杨书城来同饭,饭后同相宅二处。到书城家少坐,识赵少琴。仲洛,次侯之侄。复返冯寓,初鼓下舟。

二十八日庚寅(9月17日)　　晴

赵少琴来候。到冯处,偕式之登虞山,循山而西,至西城下山。中道茗坐少顷,访周滋亭,闻丁佛持家在此,往探问。又答访赵少琴。又同式之相宅一处,式之复邀小酌,后过雨生,谈至夜,饭其家,乃返舟。前后所相宅,俱不肯赁,典买或欲千金。欲买地卜筑之,非仓卒能办,且亦力弗及,遂改计且至苏郡。

二十九日辛卯(9月18日)　　晴

式之来言,城外西庄有隙地可看山,构庐为宜。又虞山尾小石洞,僧舍胜地也。遂约式之、岳生同游。巳刻发舟,过西庄一眺,在城之西南隅,看山甚得远近之宜,而去湖太远。午间至西山下宝严废寺,张氏丙舍在焉。同岳生上岸一眺,果树颇多。午后到小石洞,登山入寺,寺亦毁于贼,新起数椽。洞在寺殿西,层磴而入,上露天光处正圆如井阑。洞西向不及二丈,洞外西壁下一池,有泉自岩上滴池中,玎琮如雨,与杭州里安法雨泉相类。泉甚甘,煮茗及烹新栗食之良久,后返舟归,至西城已昏黑。冯式之、张岳生别去,余舟到南门泊。

三十日壬辰(9月19日)　　　阴雨,顺风

早发常熟,未刻至齐门。雨大至,舟泊少顷复行,申抵阊门,上岸至城中,遇薛安林,偕茗至傍晚。

八月乙酉

朔日癸巳(9月20日)　　　晴

早饭后薛安林来,同雇小舟赴木渎,途过横塘等处,景物不改。将午到镇,上岸访汪石心,已于前岁下世,晤其子信之,屋舍、眷属皆无恙。闻徐勤甫赴南楚,王朴臣移寓省中,张纯甫尚在胥口,陈绣华亦故。遂至周处及余家旧寓一看,两屋主周懒庵、钱菊村皆故。周屋门径全非,内室楼房已毁,改造平屋三间。钱屋正宅鞠为茂草,寓楼三楹及花树列植如故,惟绿梅憔悴甚矣。劫外重来,非梦非幻,心中亦复非悲非喜。前踪偶托,尚恋恋如此,浮屠不三宿桑下,洵治情之要旨哉。复放舟胥口,候张纯甫,屋舍物业毫发未改,彼此略询踪迹。会日已下舂,即命棹归,初鼓抵坐船。

初二日甲午(9月21日)　　　微雨

赁舆登岸,候王朴臣不晤。谒刘松岩中丞久谈。候本家紫卿九兄,并晤殿英大兄及吉如、镜如诸侄。候周朗山太守久谈。候吴平斋观察久谈。遂返舟,属安林赴虞山再访住屋,以苏城、木渎卜筑皆不易故也。

初三日乙未(9月22日)　　　阴雨,大风

早发阊门,诣葑门,见南濠旧街建屋者颇多,然千万阛阓,非百年难复也。午至葑门,入城关,泊紫兄门外,上岸至其家,盘桓至晚

方下舟。是日闻伯厚兄长子孟农旅卒都门,为之惊悼。其两弟尚幼,家道甚艰。奈何!

初四日丙申(9月23日)　　　阴雨

殿英大兄来舟久谈,同上岸,访本家蔚之、憩棠、子卿诸兄。与子兄同看屋一所,不惬意,归饭其家。复同殿兄访张柳亭、李秋亭不遇,遂同茗。余又访张雨生于其考寓,又访周朗山,皆不遇。到芷卿兄处,同吉如侄看屋一所,屋佳而价太昂,亦非寒士所宜,遂返舟。写刘中丞信。即刻发。周朗山来答候,留舟中晚饭,剧谈甚畅。

初五日丁酉(9月24日)　　　晴

刘中丞来答候,谢不晤。写吕定子信。初八发,交抚辕。到紫兄处久谈,饭后同殿兄过访裳华五兄,少坐。同吉如侄到北街看宅一所,系紫兄素业,但须修整,余以屋少,亦未以为可也。访吴平斋久谈,并晤戴行之。并功。旋赴周朗山处晚饭,复到芷卿兄处少坐,下船。

致吕定子书

久不通音问,敬维起居时和,荣闻休畅。贤主嘉宾,相与一德,所以惠遗民而振颓俗,盛业岂可量邪! 闻公旆前月北旋,未悉何时返浙,浙中故旧诸君子各各安晏否?

弟自今春乞假返里,停舟数日,凋瘵之象,不忍复观。即赴虞山,偕家兄至秣。未几,湘乡公北上,束装请从,蒙以寒畯累重,敦劝筮仕,辞之不获,仅得送至淮壖而返。出处之计,筹之数四。浙中善政,风动朝野,加以中丞公体爱僚属,寓皖之日,素所习闻。得隶骈襡,宁弗鼓舞。惟鄙性疏野,不中准绳,一行作吏,必至倒执手版。使有真确可取之才,方今贤者在上,脱略形迹,何弗可想。而又空疏无实,纯盗虚声,当局虽有涵濡栽植

之施，其如樲棘之不可为用何。且烈早失怙恃，禄养无逮，目前
惟妻子，何心复违素志，干求荣达。用是思维，遂决言归。前月
中一棹东下，拟于大江南北择瘠土居之，卜筑有成，即归迎眷，
从此得遂初服，善刀而藏，以无累诸贤知人之明，亦未始非一道
也。贵使浙中，同辈知烈用心，弗责其傲诞，特以缕陈左右，相
与有素，定蒙印可耳。家兄尚在少荃宫保处，身体无恙，知念
奉闻。

初六日戊戌(9 月 25 日)　　　晴

移舟仍泊阊门，访薛安林，已自虞山返，言看得二处，一买一典。
买者屋少，修整加筑，虽暂劳而可为世居。典者屋多，直截径便，不
费事，而究非长计。然皆在千缗以上，殊不易也。茗后访张柳亭不
遇，遣奴子邀戴行之来同茗，茗后下舟。朗山遣子藕生来，兼助旅
费，厚意可感。

初七日己亥(9 月 26 日)　　　晴

谒刘中丞久谈。候王朴臣，复不遇，返舟。下午同安林茗饮。

初八日庚子(9 月 27 日)　　　晴

上岸同安林茗饮。下午王朴臣来访，同茗畅谈甚乐。

初九日辛丑(9 月 28 日)　　　晴

同安林早食市中，又至玄妙观同茗、食馄饨，菱极美。访朗山畅
谈，访紫卿兄亦畅谈。下午，借紫兄马归。

初十日壬寅(9 月 29 日)　　　薄阴，下午大雨

早饭后登岸，同安林至玄妙观前茗饮、食菱角。下午返舟。

十一日癸卯(9 月 30 日)　　　雨

薛安林来舟中。写龚孝拱信，寄还炳甥所挪之洋拾元。即日发，

交上海信局①。

十二日甲辰(10月1日)　　　晴

　　遣奴子邀王朴臣北寺前茗楼一聚,即与安林同往候之。缘安林以住宅二所肯借余,押钱为买宅之费,而王为说合财主,故同往成交也。少选朴臣同单介眉婺源人。来,又偕至安林宅中一看,允以四百缗相假。同安林登北寺塔,塔九层,高二十馀丈,自南京长干塔燹后,此为巨擘。贼踞城时,有寺僧善医治,李秀成疾愈,故得保全。蹑梯至第三层,即与本寺殿脊齐,龙鳞栉比,井井可数。比及顶,则风烟缥缈,不类人世。下视全城阛阓,转隔一尘矣。高处多寒,遂亟下,息足茗肆,旋即归舟。

十三日乙巳(10月2日)　　　晴

　　上岸同安林茗饮。午间,移舟齐门城内新桥下泊,访朴臣并晤戴蕴之。并德,行之兄。在朴臣处饭,借得单介眉曹纹三百金,其伙俞茂亭经手,朴臣作中,以安林市房一所每月八千为利。是午与之立约成交。同蕴之至狮林寺一游,堆石未动,台榭皆废矣。还,复至朴臣处,谈至二鼓归。

十四日丙午(10月3日)　　　晴

　　安林来同茗,早食后到朴臣处,并晤金静之。本城人,九年在木渎识之。写家信、阿哥信、槐亭信。即日发,交芷卿兄。午后至紫兄处,代借得四百缗,约下月望见付,先立借契及安林屋照一纸,与之言明每月分半利息,半年为期。又访朗山,借得百金,月内见付,无抵押及契。傍晚返舟,朴臣来谈。

---

① 局,稿本作"行"。

十五日丁未（10月4日）　　晴

访朴臣少坐。至玄妙观茗良久返舟。下午，朴臣邀至其家，晤戴行之，同至余舟少坐。朴臣及蕴之皆来，复同至朴臣寓，煮酒赏月，并晤金静之，邀过其斋中，少时辞返。

十六日戊申（10月5日）　　晴，逆风

早起，金静之来，薛安林来，解维同赴常熟。二鼓行到，泊南门外。

十七日己酉（10月6日）　　雨

移舟东门，偕安林登岸看屋，即所言欲卖者，殊不惬意。安林去访友，舟仍移南门泊。少选安林归，则可典之屋亦已赁去。辛苦跋涉，一无所成，殊觉懊丧。

十八日庚戌（10月7日）　　阴

安林上岸归云尚有二处，须今下午往看。同安林上岸至西庄空地，望山色如画，胸次少豁。至冯寓见嫂氏及两侄，式之他出未晤。张岳生、雨生皆在苏，识其弟麓生。访周朗山，亦于昨日返常熟，畅谭良久，晡食后返舟。

十九日辛亥（10月8日）　　晴

上岸至寺前三万畅茗肆，邀冯式之来谈，属再留意房屋，并书问西庄地价于业主之戚曹姓。访阆山，在其家饭，取归借款百金。书肆席松泉来，向在苏甚熟也。

二十日壬子（10月9日）　　晴

早饭后上岸，至书肆见黄荛圃所藏宋板《仪礼》单疏本，有黄及顾千里跋，索二百金。又《曹子建集》，索四十金。至寺前茗，冯式之

亦至。少选,赵次侯来谈,次约余后日至北门,即共游虞山。茗散,同式之至城南地名九万圩游眺。其地临水,西山翼然如张翅,向之全城无此胜境。见荒土一片,南一大池,有老叟持插其上。余姑问业主何姓,乃云故吴氏花园,家中落,方觅售主。余令问价,约明日至冯处回信。访朗山,在其处饭,并治肴饷予舟中。席松泉来言,太湖东洞庭山,其家在焉,千缗可得巨宅。余亦乐其山水,以地僻而路反冲,故舍之而拟虞山,必不得已,当更出此。

二十一日癸丑(10月10日)　　　晴

早至寺前茗,同安林访式之,不遇,家中云已至舟,遂在碧云春茗肆候之,而属安林往迎。少选同来,云今昨两日代看屋二处,俱不可用,且价昂,因招一木匠来,与商造屋经费。唯西庄、九万圩地主皆无信,殊懊丧。同式之至其家,晤小欧、朴园等,少坐即返。半途逢安林,同钱、李二人,一帽铺,一专营人田宅买卖,俗号之为蚂蚁者,相与看一陆姓宅,闳阔广大,非我力所能得,且印板文字,索无意味。仍返舟中,连日看屋奔波,腰背如折。吾辈幼时,蒙业视为固然,今日风雨漂摇,及识营巢之苦,为之感叹。夜,席松泉来约明日游山,后日即同赴洞庭卜居。

二十二日甲寅(10月11日)　　　晴

凌晨移舟北门,登岸访次侯。其所居别业甚幽折,秋花满庭,有楼三楹,颜曰“旧山”,正对山麓,晶窗厂启,令人心目俱爽。出所藏其十世祖文毅公讳用贤铁如意,并黄石斋书撰传赞见示。又见宋庆元所刊《前汉书》与宋板《文鉴》各一部。晤识邑人庞昆甫,钟琳。共饭,饭后次侯赁舆偕余登山。先过兴福寺门,余以昔岁曾游,姑缓之,遂不入。北至三峰寺,已毁其半,尚存前殿及讲堂、丈室而已。涧谷颇曲,寺西岭上松林犹茂,对面山坡丹枫约百馀株,新霜初变,

童秃之中得此，亦不寂寞矣。主僧玉峰邀茗，余急欲至剑门，遂不
坐。出寺门西向番松林上岭，北望大江，澄波如练。余适携远镜，照
见狼山上浮屠，阶级可数，不啻百二十里。南岸福山小若覆釜，视狼
山不及十分二三，徒有山名，实则培塿也。过山脊而南，即至拂水
寺，春间欲游而未达者。红墙半颓，冒绿萝其上，烂如碎锦。过寺门
未入，至拂水涧，登石桥，水盖涓涓，无飘洒如拂之说。或云须雨后
东南风起，或云寺僧恶其沾湿，毁之。钱牧斋庄在山下，已迷其处。
寺左瞿稼轩先生祠，或云即钱庄，非也。过拂水东，三折而下，至剑
门。大石层累，方稜泐突，绝类倪、黄笔意。正中一罅，透顶如门，故
有其名。门之前石崖可坐，班席其上，俯视尚湖如掌，近在睫底，高
敞已极，而湖景则转不如在山足眺望，以湖本（悢）〔狭〕，平视始有弥
渺之致耳。重返拂水、三峰，主僧亦至，邀入寺坐息。寺止一僧，屋
宇皆圮，仅后殿三楹，右供一纸牌，上书本寺监院神脩大仙之位。余
怪其称，诘之。乃云道光十一年本寺放戒，戒师梦一人自称系湖中
水族来求戒，梦中允之。及临坛，果有异色人倏隐倏现，因与讲授，
立名神脩。自后屡著神异，故祀之。余以卜居之故，祷于虞山，并告
于神，冀不余吐以启祐余。日将晡，循山东返。过齐女峰下，齐女思
家，吴人葬之于此，为一山最高处，以时晚未登。直东，下峻坂数曲，
得一石涧，旁石嵌空如屋，即名石屋涧，闻雨后奔流激潄，亦为一胜。
下山至次侯墅中，少休返舟。舟移东门，冯式之来言，九万圩吴园地
业主欲售，约明日叙话。

二十三日乙卯（10 月 12 日）　　　晴

　　午间到三万畅茗楼晤冯式之，吴园业主吴宝书亦至，相与谐价。
地及池约共四五亩，索百数十缗，余允百缗，吴欲商之其侄，遂罢去。
访朗山并晤滋亭，方觅余舟已数次矣。观画数十帧。旋赴冯式之家

招饮,识其僚婿张海门,杭州人。并晤岳生。以食尚早返舟。傍晚复往饮于肆中,主人及姚小欧、张海门、麓生与余凡五人。业主吴宝书遣人来言,言询其侄,百缙愿卖。

二十四日丙辰(10月13日)　　晴

早食后至三万畅,候式之至,拟邀吴宝书至其地丈量,而遍觅不见。周滋亭、冯石溪亦来,遂先行复看,比至,则或已偕吴先在,丈讫返,约明日成事。同式之到滋亭家,晡食后返舟。

二十五日丁巳(10月14日)　　晴

清晨遣安林上岸,邀集大众于三万畅。余先访杨书城,云至苏未返。次访赵少琴,晤之,请为主盟,欣然从之,并云吴姓子弟多不肖,唯号儒卿者,行己表表,此未必先使知之。乃偕过访,询知产系宝书及其侄善培号砥斋。分业,须两人出名,又宝书一寡嫂堂兄光霁。亦有少分。儒卿并允作中。既别,即至周滋亭家,闻式之、安林已邀大众在茗肆,少选偕来,借周处成事。首列名者为冯式之、席衡斋、园之邻居。屈云门、宝书姊丈。吴兰溪宝书之伯。四人。宝书侄善培亦到。方欲署券,而地尚有王姓、杨姓、钱姓、席姓典产在内。又邑绅翁氏、曾氏欲购此地,或以告余,因属宝书一一理值,赎回各姓典契。而至翁氏,问果买与否。比下春,诸事皆楚然后定。复邀原主及中见吴兰溪、席衡斋等,赴地三面丈明,另立图附契。初鼓后事始毕,薄设以觞诸客,二鼓各散去。是日往反论说者赵少琴,供张一切者周滋亭,而事则根芽于冯式之,成就于薛安林。谊皆不薄也。

二十六日戊午(10月15日)　　晴

早饭后至三万畅,而令移舟,由西水关入泊新地傍。亭午下舟,呼木匠陈二来,丈量地面,绘造屋图式。拟创楼五楹,上庋书卷,下栖眷属。平屋四楹,为祀先、会客之所,后复创平屋五楹,以居四姊家。

二十七日己未(10月16日)　　晴

上岸访周滋亭,不遇,遇冯石溪。同觅滋亭,至三万畅遇之,并识杭人朱保之。余属少坐,而至式之处,见嫂氏少坐,邀式之及姚小欧至酒亭,复招滋亭、安林同往沽饮。亭午饮散,余复至周寓晤朗山久谈,以契图及推收属滋亭往县中税尾过户。傍晚下舟,安林言顷有一宅,索价三百千愿售,其材木可抵全宅之半,门前二椽不拆,又可放租,地址在市心,非闲旷比,出脱必易,此奇货可居。属余少候,成事后归余。以式之欲赴扬,亦拟候之,促前途速来关说,定初一成行。

二十八日庚申(10月17日)　　晴

写刘中丞信、即日发,附芷卿信送。家信、阿哥信,即日发,附中丞函内。芷兄信。即日发,交冯式之由航寄①。冯式之、周滋亭来,言本地自乱后尚未颁发契尾,税契只可少缓,推收已交书办,立户名赵重安云云。同式之、滋亭茗,良久散归。周芝亭、冯石溪来。

二十九日辛酉(10月18日)　　晴

至三万畅茗,良久,滋亭、石溪来。姚小欧来。滋亭邀至其家食蟹,傍晚散归,周、冯送余至舟。

卜居至虞山,同源叔、次侯招饮旧山楼,并导游三峰、拂水、
　　剑门、石屋诸胜,翌日赋呈次重茸旧山楼诗原韵

　　　家山收拾当图看,一盏醇醪写故欢。庭草篱花新客眼,废池乔木溯兵端。伤时剩有林泉乐,学道差逢井里安。静爇檀云香缕缕,摩诃止地演三观。叔素喜内典。

──────────

① 航,稿本作"税船"。

行过三峰旧福田,三峰寺为叔远祖文毅公所舍。千松隔嶂杂疏泉。红墙古寺牵荒荔,碧浪晴湖泛野船。世道任随山岭曲,高情已共海天圆。只须二顷谋饘粥,不羡萧台十种仙。

三十日壬戌(10月19日)　　　晴,夜雨

席松泉来,买得小书数种。遣刺邀冯式之明日至舟。下午,式之、姚小欧、张岳生来访,看所得园池。周朗山亦来,良久各去。周滋亭来。是日觉有风寒微恙。

九月丙戌

朔日癸亥(10月20日)　　　阴,微雨

本定今日行,以前屋事,卖主严姓须今日成交,故俟之。早食后扶疾登岸,舆候赵次侯、姚小欧、张岳生、冯式之、杨书城、赵少琴、庞昆甫、徐月槎、亦本邑绅士。周朗山、滋亭,晤姚、冯、杨、庞、周滋亭,并识其堂兄冷丐。绍曾。又在嫂氏处少坐,下舟后庞昆甫来答候,未晤。滋亭来答候,少坐去。遣安林去成交屋事。下午,式之来舟同行。初鼓时安林持严姓屋契来,价二百八十缗,中用等约二十缗,共附原契等七纸。拟以此屋材木撤至园中,建楼五楹,平屋五楹为住宅,后另立屋五楹居周氏姊家。绘定图样,尽付安林经营其事。写芷卿兄信,请以前借款四百缗付安林。即日发,交安林。

初二日甲子(10月21日)　　　晴,大雾

黎明安林襆被登陆去,余舟即行。午刻舟至庙桥,申刻过关桥,夜泊石塘桥,去无锡二十里。

初三日乙丑(10月22日)　　　晴,顺风,夜雨

舟绕过无锡,径指高桥。巳刻出高桥,申过横林,望南之溵湖,

北之濒江诸山，虽远皆见，则以野树尽薙，纵目无遮故也。水旁禾田百分中一二，馀皆茅苇，英英白华，随风俯仰而已。夜泊戴市①。

初四日丙寅（10月23日）　　　雨

早发，辰刻到里门，泊北水关内迎春桥。上岸晤蕙生兄、子昌侄，同茗。茗次逢咏如子作山，知才叔从山左归，亦在里，亟往觅，不遇。至三从弟长生家少坐，访杨子春不遇，复觅才叔，仍不遇。至族叔子慎家，不晤，又访子春，遇之。同至舟，并遇子慎叔、蕙生兄。同到子锡兄家少坐，锡兄已葬，蕙兄交出前托锡兄所购田亩契账各件。杨子春亦交出代陈处所购契据，及今春交与之郑润川房契，又陈处旧置郭郎桥契单，一并收清，以后租事即托子春经理。返舟，才叔同刘作山来，长生弟来，谈良久去，送之数百步，才叔即赴扬州，约到扬再晤而返。傍晚复访子春少谈。访刘子江，幼时交最稔，别已将十年矣，留畅谈小酌，又晤其弟菊存及刘向庭。饮毕，同访史贤希，良久返舟。今日才叔谈及开孙已到营，无恙。鬼神之说不足信如此。

接子锡兄七月十七日绝笔。

初五日丁卯（10月24日）　　　雨，顺风

凌晨冒雨谒大宗祠，门庭粗备，享堂神位已设，展拜而出。拟至南门外各茔，雨甚不能往。返舟访蕙兄，以用款属交长生弟，代诣本城及宜兴祖茔看视，并少资助之。杨子春来舟，同茗肆早食，并遇赵英甫、段省余。食后下舟即行，申刻到奔牛，酉到吕城泊。

初六日戊辰（10月25日）　　　雨，大顺风

早发，辰至陵口，巳至丹阳，申至越河闸，酉至丹徒，夜到京口泊。

---

①　戴市：稿本作"戚墅"。

初七日己巳(10月26日)　　　阴,大风,午后晴

阻风京口。咸丰二年夏过此,回计周纪有二年矣。偕式之入城,乱后差有生理。欲登北固山未果,下舟,闻才叔舟尚在此,觅之不遇。少选即来,并移舟同泊。

初八日庚午(10月27日)　　　晴,逆风

早出京口,才叔舍原舟趁余舟赴扬。循金山郭璞墓而上,约七八里,对渡至小瓜州口,水溜如故。余有戒心,偕才叔上岸行,多雇纤夫曳舟。岸旁见夷务年间所铸防江大炮甚多,有万四千觔者,横卧草中。舟进口后,小泊复行,巳刻到大口,午刻到三汊河,申刻到扬州南门。才叔上岸去,余移舟缺口门,遣奴子赴眉生家,乃知眉生返嘉兴,亦于今日辰巳间出瓜州大口,适尔相左,闻在京口尚有一日留。即遣奴子立刻渡江邀令相待。写眉生信。即刻发,交阮钰去。同里褚守然来,谈及眉生为御史朱学笃劾其盘踞扬州,遍置亲友,侵蚀厘务,奉旨交李、刘派员押解回籍,交地方官严加管束云云。殊骇听闻。眉生才大招忌,且托迹冲途,宾朋甚众,固宜若辈不能忘怀。但侵蚀等款如果属实,罪不止此,奈何不交查办,径从中下。从古大奸大恶,手握兵柄,间不容发,方有中旨径行之事。此等举动,实非事理所有,与壬戌年未奉谕旨即行查抄,事同一律。三数岁中,叠遭横逆,受之者何以为情,殊为伤恻不已。

初九日辛未(10月28日)　　　雨

同式之登岸,访金立甫。闻参稿由江北寄去,总以眉生洞悉醝事利弊,故欲逐之使去。初托卞宝第,卞以前次已曾参过,不便再举,遂辗转托之朱学笃。朱山东人,极贫,与眉生初不相识,此次不过得百缗而已。枢中宝鋆、曹毓英素恶眉生,适此二人秉笔。文柏

川知眉生才,恒右之,适奉命剿骑马贼,不在京,故邂逅遂成其事。中朝以爱憎为是非,愦愦奈何！曹字琢如,吾郡江阴人。往岁彀甫因林福祥事,致书为之请援,不独不能为力,乃竟呈书恭邸,致罗织成祸,彀甫卒以是郁郁而殁。黄南坡之得罪,亦其所为。而去冬江阴陈子怀痛诋涤相,以为自湘军平贼以来,南民如水益深,如火益热,其狂吠如是,亦出曹之蓝本。盖其人忌刻阴贼,自部曹夤缘恭邸,不数年至军机大臣。涤相之为两江也,军机陋规,一不致送。每年寄都中年好炭金,自非沉滞下僚,不能自活,或寒士振振有声者,无所沾润。当枋者恶之切齿。南坡及眉生,则曹有所望而不遂,又与彀甫皆涤相、沅帅所举之人也。世事如斯,朝局如斯,不禁叹息流涕,初不为一人之私愤矣。

同冯式之至面肆,才叔偕瞿敬孙、汤敦之等来,同早食后,闻槐亭同晓岑来办楚盐局,即往访久谈,式之遂留局中襄事。又访屺堂不遇,遇其弟菊甫,借阅《啸亭杂录》札本及国初庄廷钺伪史,查、陆、范三姓案记事一卷。即在其家饭,饭后复到楚局。又偕槐亭访丁松侪,少坐。又同访才叔、刘咏如,并晤张振远。傍晚再返楚局,属晓岑借到炮艇,三鼓出钞关门,下船赴京口。

接阿哥初五日信,又眉生本日信,又何镜海七月十八日信。

初十日壬申（10 月 29 日）　　　晴

黎明至镇江,觅至眉生舟,握手之际,颇为怅惘。眉则怡然,余服其静定,转自咎不广。眉告余言,在场面鬼混,自知非了局,得此下台,一切可以收束,而亦可以检摄身心。初欲约余偕隐魏唐,今知余已卜居虞山,遂约彼此三月一往还,为山中道侣。余亦欣然许之,相与抵掌甚乐。德生同行至常,即过德生舟,并晤眉婿潘竹侯。饭后同眉生登北固山甘露寺、凌云亭,江流浩荡,山势雄阔,不觉此心怦怦。亟下至山坳,望米襄阳海岳庵,乃在山之阴平地,殊不称其名。山顶有石如羊,俗传孙、刘试剑者,今为粤贼徙之山下池中,物换时移,谁谓磐石能固邪? 返舟,复纵谈良久,眉生询余买山资,复为函致许缘仲、武镜汀设法。傍晚,辞之归。炮舟乘月发,打桨如飞,初鼓进瓜口。

十一日癸酉(10月30日)　　晴

黎明到扬,上岸赴楚局,同槐亭久谈。又同式之及李海涛至面肆,同才叔、张振远、丁松侪等茗食,并逢石似梅。散后在松侪处少坐,即返楚局,与晓岑久谈,丁松侪来。何廉昉来候。下午,至屺堂处久谈。夜褚箫臣招饮,赴之。散到楚局少坐,下舟。

接阿哥初八日信。

十二日甲戌(10月31日)　　晴

上岸约丁松侪、冯式之来肆食面①。借松侪舆候邓公武,时觅差来此,已得委事。其所居精忠寺后,即古文选楼,所云"萧梁无片土,太子有高楼"者即此。阮文达住址逼临其下,故以文选楼自衔。或云尚非昭明编摩处,实后五人注《文选》时所居,而太子真迹在枞阳太子矶,不知如何。楼虽高,芜城无山水,但见屋瓦鳞鳞,无甚佳胜。复候金立甫、石似梅、黄子湘、程敬之、何莲舫,惟子湘不晤。在敬之处久谈,遇莫子偲于廉昉寓中,亦久坐,即返楚局。复同式之并招童问渔、管才叔来同茗,良久归局,赴晓岑之招。傍晚饮散,初鼓下舟,复邀丁松侪立谈数语。写眉生信。即日发,交立甫。

接眉生十一日信。

---

① 肆,稿本作"面店"。

十三日乙亥(11月1日)　　　晴，逆风

四鼓腹痛大作，下痢如注，急煮姜汤饮数碗，痛止汗出，遂发热头痛竟日。傍晚服桂枝汤一剂，始少瘳。是早开行，夜至纱帽州泊。闻刘晓山已故，重经此地，为之怆然。

十四日丙子(11月2日)　　　晴，顺风

早发，午过划子口，申到七里州口，酉过燕子矶，夜泊下关。是日疾少愈。

十五日丁丑(11月3日)　　　晴

辰刻到城，舆至家，家中皆无恙。请六姊来谈，阿哥亦来谈。

（以上《能静居日记》二十三）

十六日戊寅(11月4日)　　　晴

季雨来。下午衣谷来。夜欧阳晓岑自扬州来，来访。写薛安林信。即日发，交信局。季雨又来。

接燮兄六月廿二日、廿五日两信，又仲纪国培。兄八月十八日信，又邓伯紫三月廿三日信，又邓熙之五月廿八日信，又眉生七月初△、廿一、二十三信，又周稚威信，又黄冠北七月初九日信，又汪元镇燕山长子。六月廿三日信，又史花楼七月十八日信，又丁松侪八月初四、廿三信。

十七日己卯(11月5日)　　　晴

季雨同胡煦斋来访，商明将汪燕山存款二百五十金为其如君一房养膳之需，交煦斋生息，其人口即住胡处。汪立房饭折交胡，胡立存银取利折交汪，两各为据，事颇妥协，约尽十日交银与彼，先写期

票一纸交季雨手。

接丁松侪九月十五信。

十八日庚辰(11月6日)　　　晴

早饭后访晓岑,并晤曾劼刚、吴竹庄。至阿哥处,并识同乡袁子根,饭后方归。写吴竹庄信。即刻发,送舟中。晓岑来,在此晚食。阿哥来,同至六姊处。

接沅帅八月初四日信。

十九日辛巳(11月7日)　　　晴

早至汤寓吊雨生先生之丧。候衣谷及何性泉,何未晤。至督署,在阿哥处少坐,候巡捕沈子梅,旧识沈问梅之子也。在阿哥处饭。谒李宫保久谭。访李眉生不晤。访何廉昉久谈,阿哥同袁子根亦至。出,遂偕茗,茗散返寓。是日魏般仲来,不遇。写眉生信,屺堂、金力甫、丁松侪等信。二十日发,专足。

接王壬秋闰五月二十九信,欲以从妹字衣谷。

二十日壬午(11月8日)　　　晴

晨起,至汤处持绋,宾朋落落,为之喟然。送至南门外报恩寺而返。寺新建屋一区,有僧数人。魏般仲来。写王壬秋信,二十二日发,交李眉生。孟辛信,同发。汤熙台衣谷尊人。信。廿二日发,交信局。

二十一日癸未(11月9日)　　　晴

阿哥来,同在六姊处久谈。访晓岑,识谢刚臣,湘乡人,谢过庭子。并晤李眉生、尹和白、曾劼刚、栗诚。候黄昌歧军门,久谈。至方子可家,访魏刚己、般仲,复晤谢刚臣。石似梅来,下榻余寓。季雨来,同访胡煦斋。

接眉生、金力甫信,又德生十二日信。

二十二日甲申(11月10日)　　　晴

写蕙生兄信、刘子江信,廿四发,交潘伊卿。何镜海信、廿四发,附程尚斋信。程尚斋信、廿四发,交潘伊卿。莫善徵信。同上。黄子春来候,少谈。写董椒生信,带衣缎料,附王霍生信。王霍生信。十月初三发,带去扁额,交钱子密。

二十三日乙酉(11月11日)　　　晴

至六姊处。魏刚已来候,在此午饭。饭后,候蒋莼卿观察、李眉生观察,俱久谈。接眉生十九日信。

二十四日丙戌(11月12日)　　　晴

阿哥在六姊处招,往谈。季雨来。候韦守斋、长贵,本地人,道光二十九年识之宜兴。潘伊卿、彭笛仙、杜小舫,彭、杜未晤。返寓,谢刚臣来候。衣谷来。写槐亭信,即日发,交欧阳小岑。才叔、丁松侪信。附槐亭信内。是日黄昌歧军门来候,未晤。

二十五日丁亥(11月13日)　　　晴

访晓岑,送行。候黄军门,拜寿,并识其弟立山,又晤庞省三、涂朗轩。访蒋莼卿少坐,访王梅叔久坐。至阿哥处饭。访黄子春、苏晴山,苏不晤。答候谢刚臣,不晤。至六姊处。衣谷来。夜阿哥来,在此饭。写眉生信。即刻发,交原差。

接槐亭、才叔廿二日信。

二十六日戊子(11月14日)　　　晴

季雨来。写眉生信。即刻发,交专足。同季雨赴胡煦斋之招,座无他客,为汪氏事也。燕山之姜段氏席终出见,三面约定,余先归,季雨留,共立折,并交期票与胡。赴潘伊卿之招,同座钱调甫、鼎铭,太仓人,伯玙先生之子。茹翰香、芝,衡山人,新翰林。彭少怀、长沙人,杨军门委员。魏殷仲、禹汲三,初鼓时散归。李眉生、韦守斋来答候,未晤。

接眉生二十一日信,又丁松侪二十二日信,又张屺堂、金力甫二十三日信。

二十七日己丑(11月15日)　　阴,微雨

六姊来家。午刻赴韦守斋之招,同座甘竹生,本地人。又客王姓、河南人。杨姓,本地人。与余及炳甥,饮散,下午归。黄军门来答候谢寿,汤世侯来谢孝,均未晤。王梅叔来,亦未晤。

二十八日庚寅(11月16日)　　晴,甚寒

魏殷仲来。午间邀胡煦斋、韦守斋、邓季雨、石似梅饮,季雨将远行,酬两客,因饯之也。潘伊卿、杜小舫来答候,未晤。同乡袁伯襄、费焕阳来访。

二十九日辛卯(11月17日)　　晴

要季雨、似梅游城东,炳甥从行。先至旱西门访殷仲,亦偕往。过北门桥,访邓铁仙、张立候少坐。登旷观亭,撷覆舟山至太平门,下马少息。门在覆舟、龙广两山之间,楼橹鹊起,钟山最西峰探头出城上,岩峣可畏。登龙广山,见王师去年告功之所,缺处已修整,数之凡十五垛。曾侯纪功碑龛睥睨下壁间,有洋人手枪从一犬循堞细步,季雨曰:"此度量远近,意叵测,而官方在梦中。"相与共叹。山上卧铁炮三尊指城外,上皆刊道光年。班荆四顾,东揖钟阜,南俯故宫,西瞰大江,脉络吴越,北视修堤亘玄武湖上,当京口来孔道。余戊申年挈妇归宁,舆轿之所经也。凭吊今古,俯仰身世,山川雄杰,佐余浩怀。中湖在孝陵前,一泓明净①,城堞襟带,信哉金汤!下山

① 净,稿本作"淳"。

策马入明皇城,循宫垣而东,至半山寺、谢公墩、谢安石、王安石之别墅。谢公东山在会稽,居位日于建康择地啸傲寄兴,亦名之东山,而实非也。寺新建数屋,荆公手植柏根株已尽,千年遗物,只墩巅苔石而已。遵故道返,入宫城北门,穿宫址出南门,城中一无所有,荆榛中地形起伏,约略知当时堂陛之分耳。城修广俱不逾里,规制未闳。出城过外五龙桥,西行达通济门,过利涉桥,分道各归。

写吴竹庄信,寄去《东都事略》、《隶韵》、《四书参证》三部。初十发,交钱子密。接眉生二十三日信,又蕙生兄十九日信。

十月丁亥

朔日壬辰(11 月 18 日)　　　晴

王同笙来候。世钧,苏州人,莼卿之婿。魏刚已来。衣谷及尹和伯来。

接薛安林九月廿一信,又刘松岩中丞九月信。

初二日癸巳(11 月 19 日)　　　晴

写张屺堂信,即日发,专阮钰送往。金力甫信。即日发,交石似梅。访王梅叔少谈,返寓。未刻,妾董氏婉良卒,年十六岁,其始末另撰小传录后。下晚石似梅去。夜黄子春来访。写杨子春信,寄去租簿六本,蕙生兄信,寄去子锡兄丧赙找数七金。均初三发,交审安侄。

妾董婉小传

董婉,小字五大,苏州人。余以其性淑,名之婉良,又呼之婉。家世业缯,积资雄于乡。祖若父行,有纳粟得官者。遭乱家毁,父母相次殁,依从兄某,某无赖,以之偿负,沦落不可问。或绳之余,遂纳之。时年十三,性恬静,有林下风。虽童幼,嗜好泊如。昔时父母爱怜之切，饮食衣服必选。余家不丰，以婢畜之，所食寻常，未尝弗甘，分以珍食，必固谢，却之乃止。去年秋，余归自金陵，南阳君薰饰之，却新衣弗衣，命工为造条脱，推以与人，与之佩玉，弗视。顾笃信佛氏，与之数珠，则跃然喜。来时已有疾，治之不愈，乃日深，始迄数年，遂以不起。疾笃持净宗益勤，讽弥陀佛名，一日夜辄数万，将终时已不能言，犹屡反唇称之，仿佛可辨。余家人皆助为之诵。良久，忽复开口微笑，称佛来者再，合〈掌〉右胁，朗诵而逝，巅顶热如沸。以教法证之，殆如愿往生矣。为人貌非殊绝，而眉目秀澈，肤色莹然，清如冰玉。在左右，命之执业，弗敢怠，然未尝有愉色谐言，余奇之而弗善也。比疾中，余就榻抚之唏嘘，始握手言："若生清泰，即相度，不然，愿更为夫子妾。"余知其非忘情者，有幼年故衣已敝，命易之，抱之而泣，则固深于情，特不言耳。余悯其遇，且重其志笃而力勤，不忍令以婢终，将使百年后从余兆，故书其始终，以诏后人。

初三日甲午(11月20日)　　　　晴

至阿哥处，候潘玉泉。曾玮，潘文恭第四子。答侯同乡袁伯襄，访钱子密久谈，又访彭笛仙久谈。返寓。视木工造婉良棺，木料甚佳。审安侄以家眷返常州，辞归定省，约吾定居常熟再往迎之，是日下午成行。夜初鼓棺成，手殓婉良，面色如生，口目皆瞑，赠一镜一玉，覆被讫，亟命盖棺加钉。觉涕泪凝结胸次，欲挥不得，殊甚作恶，遂涤手归卧。

初四日乙未(11月21日)　　　　阴

视工漆饰婉棺。下午，汤衣谷来，始知魏氏择今月十二日迎娶慎甥，家中荆布粗具，惟临时浇裹当须筹画耳。季雨来，将有远行见辞。接槐亭九月二十七日信。

初五日丙申(11月22日)　　晴

访季雨,送行。访般仲,为其尊人子田先生诊恙,答访费焕阳,又访邓载功及曾劼刚。写薛安林信。即日发,交信局。

接莫善徵初四日信,寄洋六十元。

初六日丁酉(11月23日)　　晴

写莫善徵信。即日发,交来足。邓载功来。至六姊处。

初七日戊戌(11月24日)　　晴

初八日己亥(11月25日)　　晴

六姊来。李壬叔、张筱山来访,久谈始去。

初九日庚子(11月26日)　　晴

杨卓庵来候,并邀过其寓饮。钱子密来候,辞行。阿哥同袁子根来。傍晚赴杨卓庵招,并晤陈六笙、孙海岑、张绍京、孙浣初长沙人,去年识之。等,菜甚佳。

接眉生九月十三信,又同日一函。

初十日辛丑(11月27日)　　晴

衣谷来,在此早饭后去。答候钱子密,送行,并晤涂朗轩太守。宗瀛,江宁府,去年识之。午后至阿哥处少坐,即赴王梅叔之招,同座程某、山东人。陈省中、清江人。洪幼俦、成都人。潘若泉,泾县人,聚垣弟。初鼓归。陈六笙来候,辞行赴浙,未晤。

接眉生八月廿二日信,又问渔八月初十信,又屺堂初六信,寄到银三百两,屺及许缘仲、武镜汀公送。又石似梅初六日两函,又冯式之初六信,又丁松侪初五日信,又徐函叔初六日信。

十一日壬寅(11 月 28 日)　　　阴,细雨

答候陈六笙,送行,并候孙浣初,返寓。是日下午,魏处送吉期帖、冠帔吾家,延大媒苏晴山、汤衣谷,设宴,请阿哥归主席。席散,即以所备薄肴请冰人携往。

接才叔初五日信。

十二日癸卯(11 月 29 日)　　　阴。夜晴朗,月色甚佳

早饭后候李眉生拜寿,未晤。午刻,设李氏曾祖以下位于前庭,使炳甥主祭。设先考妣位于中庭,请阿哥归主祭,既献,令慎甥出辞祖先,以在余家,亦辞外王父母。余亦诣各筵拜告礼毕。慎甥辞其弟妹及母党尊属,依古醮礼欲前致辞,而余及南阳君皆凄咽不能成语。合家长者念其孝,幼者怀其慈,同气感其友弟,莫不号嗷相合,余力劝始罢。夜漏既转①,大媒率车仗来迓,魏氏遣帖亲迎,至丑刻始登舆去。比卧,已四鼓矣。是日黄子春来候贺喜,亲戚中惟方子根在此。

接孝拱九月十七信。

十三日甲辰(11 月 30 日)　　　晴

同阿哥至魏氏贺喜,并探慎甥,少坐归。李眉生来答候谢寿,未晤。接薛安林初一日信,又初四函,寄到木作承揽三纸。

十四日乙巳(12 月 1 日)　　　雨

五鼓时魏氏遣人叩门,来说般仲尊人下世,请往襄事。披衣急起,往晤刚己。知子田先生亦持净功最笃,自今春来金陵,即云:"余今年衰,得返先墓,甚善。"六月患下痢,不饵药,促般仲迎娶甚急。

---

① 转,稿本作"上"。

今月吉期定,览之喜曰:"先后适可。"又曰:"吾不过月望矣。"卒时正念不乱,自知时刻,其神奇如此。进唁般仲及慎甥,慎甥向余哭,慰之数语而出。是日在其家竟日。

十五日丙午(12月2日)　　　晴

检点家具,遣阮钰先行送常熟。下午,候李眉生,久谈甚畅。又至魏处送殓,三鼓归。虔甥归自湘中。

十六日丁未(12月3日)　　　晴

家具驳运出城。刘允仲从湘中来,来访。候苏晴山、黄子春、汤衣谷,均不晤。至阿哥处,同访凌小楠、钱揆初、杨藕舫、钱、杨不晤。候杜小舫亦不晤。返寓,衣谷来。写刘松岩、薛安林信,芷卿兄信。均十七日发,专阮钰送。

接金眉生、李眉生十五日信。

十七日戊申(12月4日)　　　晴

遣阮钰押家具先赴新巢。写杨子春信,即日发,交阮钰。薛安林信。同发。候蒋莼顷,并答候王同笙,王不晤。访子可,又访刚己、般仲,晚饭后归。

十八日己酉(12月5日)　　　晴

至六姊处。写张屺堂、许缘仲、武镜汀、欧阳晓岑、槐庭、冯式之等信,即日发,交阿哥。丁松侨、徐函叔及才叔信。即日发,交信局。饭后访李壬叔、张小山久谈,访刘允仲不遇,访李眉生亦不遇。至阿哥处,兄招同幕人饮,偕坐,二鼓归。

接薛安林初八日信。

十九日庚戌(12月6日)　　　晴

访眉生久谈。谒李少翁久谭。宋生香来候,不晤,莫善徵来候,久谈。刘允仲、邓铁仙来。

接吴竹庄信,〔寄〕宋宗忠简、岳忠武集各一部。又沈鉴亭九月廿九日信,吴木安初五信。

二十日辛亥(12 月 7 日)　　　晴

眉生来自江北,晤谈甚畅,留榻余家。下午访衣谷,遇之文德桥下,登桥看钟山淮水,流连良久。觅小茗肆共茗,至下午乃归。阿哥来。

接张屺堂十八日信。

二十一日壬子(12 月 8 日)　　　阴

阿哥同钱撰初勋。来访眉生及余。访胡煦斋恩爕。少谈。写张屺堂信。即日发,交胡煦斋。夜杜小舫来候眉生及余。

二十二日癸丑(12 月 9 日)　　　晴

洪琴西来候。阿哥来,胡煦斋来访。李壬叔、张小山来访。六姊来。饭后候韦守斋不晤。答候洪琴西,少谈。访李眉生不晤,又访刚己、般仲,刚己适出候余,彼此相左,与般仲久谈,并为李甥处方,返寓,阿哥及钱撰初来。许缘仲亦来候,未之见。夜舫眉生,复遣邀刚己来,并邀善徵,未至。席散眉生忽病,阿哥及刚己少坐皆去,而善徵来久谈,比去已丙夜。

接吴木庵十九信。

二十三日甲寅(12 月 10 日)　　　阴

下午,李冰叔肇增,扬州名士。来候。接薛安林十二日信,知周朗山前月下世,为之惊怛。

二十四日乙卯(12 月 11 日)　　　晴

阿哥来。答候许缘仲,久谈。访李眉生不晤,访善徵久谈,访刘允仲少坐。答候宋生香不晤,返寓。写杨子春信、审安侄信。即日发,交孟甥。

接审安侄十八日信。

二十五日丙辰(12月12日) 晴

阿哥来,李冰叔来,彭笛仙嘉玉。来候。写盛德生信,即日发,交孟甥带常。才叔、张屺堂信。即日发,交眉生带扬。赴李壬叔之招,同座李眉生、杜小舫、张小山、周缦云,席散同登飞霞阁一眺。阁在故朝天宫傍,宫已毁,地改建府校而阁尚在,新加修葺,露台远望甚畅。往岁游踪虽到,光景则不复忆矣。阁下见报恩寺塔遗瓦一片,青花白地,的系明初故物,携之归,以供诗人凭吊之兴。复至刚己处,赴其招,以微恙不坐而归。写薛安林信。即日发,交信局。是日慎甥归宁。

接薛安林十七日信,知新宅已于十六日上梁。

二十六日丁巳(12月13日) 晴

早饭时李眉生来候,并候金眉生,久谈。已刻,李眉生去,金眉生亦成行返江北。至六姊处少坐。

二十七日戊午(12月14日) 阴雨

胡煦斋来。至六姊处。接屺堂廿七日信。

二十八日己未(12月15日) 晴

沈鉴亭家藻。来候。访张小山、李壬叔,又访刘允仲,不晤。写眉生信、附张。张屺堂信。即日发,转交杜小舫。夜邀胡煦斋来寓,交去汪姓存款二百五十两清讫,原交期票收回作废。

二十九日庚申(12月16日) 晴

写周稚威信,三十日发,附曾信内。方幼静信,发附元师信内。邓伯紫信。三十发,交李眉生。王梅叔来访,久谈。写曾沅浦宫保信,三十日发,交潘伊卿。**陈舫仙信**,同日发,附邓信。**吴木安信。**三十发,交李眉生。

复沅圃宫保书

　　九月望从苏返秣,卸装后三日,至劼刚兄处,获奉赐答,温渥异常。语长心重,书题久阔,如睹琼瑶。比今月中旬,舍甥周世澄东归,复悉曾诣珂乡,亲瞻钧范,精采焕发,旧恙渐除,尤为忭喜无已①。

　　深维我公勋昭谟烈,薄海同钦,朝简方隆,天心默佑。来春假满,自已宿患尽蠲,揽辔慨然,共张挞伐。昔郭、李以太原之师,削平凶寇,关洛无尘,太行崒嵂,晋水汤汤,表里山河,英贤所叹。行见宵衣右顾之忧,待公而释,上公晋爵,揆辅疏衔。然后绿野平泉,从容盛世,表之史册。不曰元功,而曰备福,不曰英杰,而曰完人。则被德之士,虽伏处山林,与身与其荣者,无殊毫发矣。

　　来示固却师称,欲居雁列,公之挹雅,迥出恒凡。其爱重庸愚,不啻流诸肺腑。第念〈烈〉诞节疏材,工师所薄,辱荷雕题,朽落并列（梗）〔楩〕楠,数载以来,心焉弗释。前启门墙之托,实以私衷感激,非此不足尽诚。且〈烈〉生平所有,充其分量,不过庶子春华,无关实用,公之英才伟略,何事不可为〈烈〉师。使〈烈〉而学义闳深,则方思引道自居,以揭隆贤之美。若自知荒弇,乃欲把臂论年,弃德忘分,令有识讥公过取四海之士,其谓〈烈〉何?伏冀稍抑谦衷,遂其愚恩,不胜大愿。

　　见询居止,自七月东下,先至故乡,井邑凋残,不堪托足。遂决诣虞山之下,相择僻地,八月秒始得一所。初意为梁鸿赁

---

① 忭喜,稿本作"喜忭"。

庀之谋,适有族兄素居苏郡,怂恿买山,首先解橐,事因不可中止。闻之者如屺堂、缘仲诸君①,均愿玉成。即购数椽为久居计。至日食所出,则李少帅垂询数次,欲为位置。〈烈〉力辞,要近顷复欲畀以忠义局一席,闻此中况味,不失处士家风。周之则受,无忝素怀,八口嗷嗷,聊为免死。知蒙拳注,一切附闻。自非至爱,不复关白。

　　舍甥又述及尊旨,劝勿出山,知己之谈,如饮醇酒。当永矢弗谖,以答雅宜。不日挈家东去,肃布一切,敬请禔安,仰冀蔼照。

三十日辛酉(12月17日)　　　　阴

写时笠夫信。即日发,交其家。候时卓斋、时虎臣,俱不晤。候杜小舫,久谈。

十一月戊子

朔日壬戌(12月18日)　　　　雨雪

写薛安林信、即日发,交信局。眉生信、即日发,交小舫。张屺堂信。同发。买舟赴鸠兹访吴竹庄廉访,商刻《说文谐声谱》,拟是日成行。至阿哥处。候潘伊卿送行,又候李眉生,皆不晤。候张仙舫、魏刚己。答候沈鉴亭,即登舟,以天晚宿舟,未发。

初二日癸亥(12月19日)　　　　阴,风顺,甚寒

早发石城门,巳过下关,午过大胜关,申过三山矶,泊江陵镇。

初三日甲子(12月20日)　　　　晴,逆风

早发,行甚滞。巳刻过烈山,未刻过和尚港,夜泊采石。

---

① 君,稿本作"子"。

初四日乙丑 (12 月 21 日)　　　晴,逆风

早发,巳过金柱关,曳纤行,夜到东梁山。欲泊,畏风起,更过江至西梁山窝中泊。

初五日丙寅 (12 月 22 日)　　　晴,顺风

早发,巳刻到芜湖,登岸候竹庄,剧谈。适勒少仲观察至,共话过三鼓,乃返舟。

初六日丁卯 (12 月 23 日)　　　阴,风寒

竹庄遣邀上岸,谈其畅。访同乡陆文泉,初望,里门曾识之。又访骆芝衫,新建人,曾在安省识之。下午少仲复来,共谈至丙夜。写金逸亭信、子宪兄信。即日交竹庄。是行刻书之约已定,竹庄闻余归去甚羡,愿每年资余家计,并赆行颇厚。别去,拟明早发。

初七日戊辰 (12 月 24 日)　　　晴,逆风

早发,辰到四合山,午过梁山,夜泊太平府。

初八日己巳 (12 月 25 日)　　　阴,微雪风止

早发,辰过采石,午到和尚港,申过香炉矶,夜泊江陵镇。

初九日庚午 (12 月 26 日)　　　晴,下午阴,逆风

早发,巳刻至大胜关。访杨卓庵,饭后坐轿进城,申刻到家。邓载功来,慎甥来家。阮钰已自虞山归。

接孟甥初一日信、长生族弟十月廿三信,又金眉生初四、初六两信,又李眉生初六信,紫卿族兄十月廿九信,又杜小舫初一日信,又薛安林十月廿六信,寄到粉皮街屋契、收据各一纸。附契纸内①。

------

① 契纸,稿本作"契包"。

初十日辛未(12月27日)　　　阴

写吴竹庄信。即日发，交少仲。刘君式、咏如族弟。允仲等来送行。至阿哥处。谒少荃宫保辞行，久谈，送出又约明年到秣，劝弗久潜丘壑，意甚肫恳。候李眉生、蒋莼卿、张仙舫，俱不晤。候方子可、魏刚己、般仲，俱少谈。候孙澄之不晤，又候杜小舫、勒少仲，俱久谈。

接刘松岩中丞信，又槐亭十日二十八日信。

十一日壬申(12月28日)　　　雨

阿哥来。是日拟奉神主及佛象、灶神主下舟，以舟至迟不果。下午，候陈虎臣辞行，久谈。次候胡煦斋，次候黄子春，不晤。次候衣谷久谭，余初欲偕衣谷行，坚持不可，无以夺之，然数载相从，无一事与之有益，到此殊惘然。次候苏晴山，次候莫仲武，均不晤。次候刘允仲，少谈返寓。写眉生信、屺堂信。十二日发，交杜小舫。

金眉生五十寿联，眉生属撰，欲写其生平，不贵祝颂。

　　十七史论世观人，尊之者曰萧寇，薄之者曰韩刘，谁知意匠经营，老去林泉，毕竟幽栖无半亩；

　　五千年伐毛洗髓，大夏积为阳和，大冬积为冰雪，几许候风寒燠，煅成皮骨，好求神药到三山。

又一联：

　　归思晓鸦啼，好个霜天，莫遣传杯闲玉手；

　　物情苍狗幻，吹他池水，且教温鼎驻朱颜。

十二日癸酉(12月29日)　　　甚雨

辰刻先发行李下舟。午刻亲奉神主及佛龛、灶神先下舟。申刻南阳君率幼子及诸女下舟。余及长子实留检什物。邓季斋来送行。写薛安林信，即日发，交信局。曾中堂信。十四发，交劼刚。

上曾相书

久疏音敬，伏想钧候万福，为如私颂。初冬望间，闻捻氛肆逼徐城，经戎机预定，大创而去。谅区区乡众，岂当洪燎，中原底定，即在意计，可胜额手。复陈一疏，白下传抄纸贵，烈得从友人处周读数番，孰缓孰急，事理炳然。末后侃侃数辞，指陈往鉴，觉宣公奏议，犹欠风裁；葛相《出师》，不能擅美。非第近数百年无此文字矣。不讳之朝，事君无隐，公艰屯之际，独竭荩诚，体国如家，尤足为千古人臣之法。

烈七月东去，于常熟虞山之下，聊托一椽。九月内旋秦，直至日内始得摒挡成行。生计承李少帅体念，许抵苏后挂名冷局，月饩廿金，窃维古义周之则受，素怀无忝，因不牢辞。凡此膏润之加，何莫非荣光所照。回思厚德，益用怅然。专此肃布，敬请提安。倚装草草，即希鉴宥。

再舍甥世澄赴试旋里未返，其家偕〈烈〉至常熟同住。世澄俟试毕仍伤寓秦读书，借仰膏火，合并陈闻。

十三日甲戌(12月30日)　　　　阴，午间雨雪

写李宫保信。十六日发，交杜小舫递。蒋纯卿来候。是日为眉生姨甥石似梅行聘蒋纯翁女，余为男媒，程敬之为女媒。写元师及开生信。十四发，附中堂信内。李眉生来候送行，魏刚己亦来送行。杜小舫招饮作饯。写金眉生信。即发，交来足。

十四日乙亥(12月31日)　　　　晴

写杜小舫信。即刻发。发行李。候邓铁仙，季斋、李壬叔、张小山辞行。至阿哥处，并候袁子根，辞行。候王梅叔，辞行久谈。答候刘君式并辞行。候曾劼刚、邓载功辞行。返寓。李壬叔来候送行，久谈。慎甥来家。

接孝拱初七日信。

十五日丙子(1866年1月1日)　　　　晴

凌晨遣董姬枢归里①，暂厝先茔隙地。甥女葛生枢亦同行。是日四姊全家下舟。黄子春来候送行，王梅叔、苏晴山来候送行。房屋典主韦守斋来候送行并看屋。接槐庭初十日信，又霍生初六日信。

十六日丁丑(1月2日)　　　　晴

写吴竹庄、王霍生、莫善徵信，即日发，交莼顷。写莼顷信。即日发，交伯甥。午刻发行李家具粗毕，韦守斋令郎来点交房屋，装修讫。候韦守斋、杜小舫辞行，不晤。候刚己、般仲，二君具馔留话别，并要阿哥来。

又有远客容纯甫，光照，夷父而粤母，余前荐之涤相者。新使米利坚购器回，阅时年半，历地数万里，述道途景物，娓娓可听。佛郎西国都无城，以炮台为固，地最繁华，商客住居于彼，每日费洋六元，即床铺、饮食、车马皆为供应。英吉利国都旧有城，而市廛溢于城外，广博数倍，亦不以城为固，贸易最盛，甲于天下。自佛国渡海抵某所，约一日程，某所陆路至伦敦，火轮车亦一日程。米利坚南北部已和，容住彼一年，购器凡制火轮机、洋枪、炮之具咸备，共用物价及舟车费六万馀元。渠奉札往，英、佛二国不知，而米利坚知之，以米亲华而二国否也。归途又过东洋一行，彼处铁器厂作具，亦自米国载来，甚多于容所购。又言外国惟米利坚金山有华人亦万馀户，在彼贸利，他处俱无有。容至各国皆易衣冠云。

是日留榻般处，与般仲、慎甥谈至三鼓。写杜小舫信，以炳甥差

---

① 枢，稿本作"棺木"。

事托之。缘少荃宫保曾问申耆先生后人，故前写少翁书时提及炳甥，而以此函托杜面递。即日发，交刚已代递。是日家眷及周宅座船由南〈门〉移水西门，六姊处亦下舟赴扬。

十七日戊寅（1月3日）　　　晴

五鼓即起，赁舆出城下舟。炳甥来舟送行，余以其相从久，欲遣处世阅历，故以属纯顷、小舫等为觅一差，成则留此，否即仍归常熟。邓载功来送行。已刻三家舟并发，申刻到下关泊。至六姊舟中，舟系杜小舫借余，余借陈处，甚宏敞，晶窗四启，坐谈甚乐，因命庖人治具，与两姊饮。

十八日己卯（1月4日）　　　晴，逆风

早发下关，辰过燕子矶，呼南阳君起，推窗坐看山色。未刻出七里州夹口，已见栖霞山，山顶古树独立，忆戊申年余始十七，南阳君十八，新婚后一年，归宁过此，由陆行，车马相并，南阳君指山上云起，谓如絮冒，陈语如在耳也。挈家江湖，险阻备尝，今得同归偕老田舍，不啻仙源之乐矣。酉刻到划子口，即六合河口，舟行欹侧，南阳君畏之，命卸帆摇橹，且命早泊。周、陈船亦至，偕周甥国堡、陈甥宝鼎、儿子实登沙州看隔江诸山。

十九日庚辰（1月5日）　　　晴，顺风，天色煊和

早发，辰过纱帽州，已刻过仪征，暮至瓜州。六姊赴扬，余亦往有事，顺便送之，家眷舟泊此，候余回乃行。逢金小云及其子立甫，小云即来访，少谈。至六姊舟，知明日方行，仍归己舟，复答访金小云，并晤立甫，知眉生尚在扬州，住褚啸臣处。

二十日辛巳（1月6日）　　　阴，逆风

黎明至六姊舟，四姊尚在六姊舟中话别。辰刻四姊过船，因属

四姊俟家火船至即先行赴常，不必候余返瓜。午刻至三汊河，暮抵扬城，槐亭舆至舟中，余即乘其舆到褚萧臣处。适浙人马渔珊宁波人。为眉生预祝，小东、萧臣及朱春舫皆在座，即入席共饮。中席万篦轩至，眉生起与谈，余亦罢座。访屺堂，其令伯新丧，不及久谈。仍到眉处，篦轩已去而晓岑来，共话至三鼓乃罢，余即榻萧臣家。

二十一日壬午(1月7日)　　　阴

写屺堂信并致香纸。即刻发。访晓岑，在其处早饭。访才叔、振远少谈。至六姊新寓，家眷已均上岸，房屋尚新洁可喜。少坐，冯式之、谭荔仙溥，湘潭人，十一年识之。来候槐亭，即与同行返楚局，赴晓岑之招，同座眉生、何廉舫、王笠吾。长沙人。饮散，候屺堂，吊奠其令伯之丧，眉生亦至。屺堂问余行费，复赠百金，且许独筹千金为余买山，期明年相与，可感之至。

就屺堂处借舆赴史花楼之招。余先在鸠兹，竹庄指示一炮，系史忠正公所造。上有"崇祯甲申三月南京兵部大堂史造"阴文款识凡十馀字，质度不甚殊异于今，重约千馀斤。余时乞得，拟移置梅岭祠堂，与武林关侯印、毗陵荆川枪同垂永久。会竹庄赴皖臬，继其事者勒少仲，因约先交，少仲见余书乃发，昨来此以告。眉生、花楼闻之，即庀舟迎载，乞余一函，许之。是日，同座方小东、汪立甫等。小东工戏剧，净、丑擅场一时，梨园无与为比，余屡闻度曲而未见登场。今春在仙女镇约甫定而复罢，眉生知余慕之切，遂与晓岑、廉舫等计议，在陶鹤汀家合诸乐伎以为辅佐，共乐一日。小东欣然许可。席散，至楚局假榻，与冯式之谈，谭荔仙亦来谈。是日才叔、振远来访，不值。写熊宜斋信，寄去汪处本银二百七十八两，又利二十两至本月止。即交屺堂代递。

二十二日癸未(1月8日)　　　大雪,寒

写勒少仲信。二十三日,交史花楼。访眉生。候冯洁卿久谈。至六姊处久谈。候陶鹤汀,廉舫先在,眉生等尚未至,傍晚人客始齐。扬州现无戏班,其脚色散谋生计,小东择其尤而招至者共八人,女优二班共二十馀人,合乐于陶氏之厅事。小东许演二折,余泥之,复加二。净色刀会、老生议剑、丑色游殿捉妖。候而忠义凛凛,候而市井俚状,间以谐语俳辞,指摘座客,当场讥弄,莫不为之捧杯大剧。余语眉生,丑色戏固臻绝顶,然刻划觚偻,或人所能至。净、外二折,气象岩岩,音词激烈,则小东家世华胄,又性高抗,故当机流露,自然而然,断断非若辈可以仿佛万一者矣。眉生深以余为知言。是夕饮至四鼓始散去。余归萧臣处卧。

二十三日甲申(1月9日)　　　晴

写阿哥信,即日发,交屺堂。写唐新泉信,荐一吴姓与之。即发,交眉生。同冯洁卿、褚萧臣访包松溪,看大理石,一甚大,纹如柏根,一差小,纹如湖石。柏根犹仿佛而已,湖石则俨然画幅,青绿相间,阴阳向背,直非名手不能,可为奇物。上刻"洞天一品"四字,又诗一首亦不俗。候屺堂话别,约来岁吴门相晤。候问渔久谈,候小东久谈。至六姊处话别,槐亭不在家。候振远、才叔,不晤,而咏如已归,少谈,即至楚局,候槐亭、式之、谭荔仙,谭不晤。眉生亦至,同在晓岑处少谈,渠亦今日成行,约中途再见而出。遂至河干,已增募一舟,下舟即发,初鼓抵三汊河,水溜船多不可行,乃泊。

二十四日乙酉(1月10日)　　　晴,顺风

黎明至座舟,知四姊舟已同家具船先发。辰刻舟行,巳刻到镇江城下水断〔口〕,拟进越河口,与南阳君看金、焦、北固诸山。午过

焦山,未刻到口,而舟多挤塞不通,泊口门不得进。

接炳甥十七日信,又衣谷信,寄到玉钩一枚。

二十五日丙戌(1 月 11 日)　　　阴

阻舟,至下午始发,小船先进,至建壁镇桥泊,舟夫及河快迎家眷船至同泊。

二十六日丁亥(1 月 12 日)　　　晴,日色稀淡,逆风

早发,辰刻至辛丰,顿舟买蔬。午刻至张官渡,夜抵曲阿,泊舟。

二十七日戊子(1 月 13 日)　　　晴,顺风

早发,辰过陵口,巳过吕城,午过奔牛,未抵兰陵,泊舟西门。步登陆访杨子春,见虔甥室人杨氏已在母家,知虔甥小试未隽,现赴苏州。四姊昨早抵常,舟泊东门①,即乘肩舆至舟中,知须在常候虔归,始到虞山。又知阮钰等亦于昨到,董姬柩已厝三堡桥祖茔旁,今早掩土。访蕙生兄、审安侄、顺安侄,至十叔处共商定公田花息,提出祭费及经手辛俸与给散贫难族众米数、钱数,草立一单。又至杨子春处,少坐即返舟。

二十八日己丑(1 月 14 日)　　　晴,顺风

早发,眷舟留后,余由锡山东乡间道先行。辰到戚墅,午过五牧,申抵无锡,复行二十里,泊鸭城桥。

二十九日庚寅(1 月 15 日)　　　晴,顺风

早发,辰过九里栅,巳过关桥苑山荡,午过家菱荡,未刻过庙桥,申末抵虞山。舟进西门,赴新居,楼舍矗然,闳闶甚壮,惟窗槅未装,及四姊处住宅,仅有屋架耳。同长子实上岸周览,安林出宅相迓,逐

---

①　在,稿本作"泊"。

细点交。大门一间,北向当关居处一间,南向次客座、祠舍、书室共三间,均南向,以上平屋五间。屋之西复道,一通内室,当复道平屋二间,南向为厨灶。复道转而西,入廊下东衖门楼屋五间,南向为正寝,廊下西一门通后园。周宅在楼屋后,共五间。计共造楼上下十间,平屋十二间,楼下天井、围墙尚未成,西首沿河围墙未造。是日与安林谈至三鼓,仍下船卧。

三十日辛卯(1 月 16 日)　　　晴

促工人修筑围墙,并催楼房上下窗扇。午间家具船至,督家众搬移登岸。下午,张雨生来看宅,少立即去。

十二月己丑

朔日壬辰(1 月 17 日)　　　晴,下午阴,夜大风

课山农种柳三百株,客座前沿池共二十馀株,其西头第一手所植也。早食后至姚宅候问嫂氏,并候姚小欧、张雨生昆季,仅晤雨生。又至周寓吊阆山之丧,搴帏尽哀而止。前游在此,君极致缱绻,返秣未浃旬,遽以疾卒,遗孤远出在湘,两妾守帏而已,可为悲叹。是夜大风败新砌院墙,以工促草草也。

初二日癸巳(1 月 18 日)　　　阴,大风

纠工重筑院墙,楼窗亦至,亟以玻璃嵌好,始可高坐看山矣。午间家眷舟至,泊西门外,遣子实至舟,告知明日巳刻上吉,全家入居新宅。

接孟舆甥十一月三十日信。

初三日甲午(1 月 19 日)　　　阴

黎明移舟出城,就眷舟同泊。巳刻同南阳君肩舆就安新宅,

长子实奉神主继至,迎奉入祠屋,次迎安灶神、佛像。长女柔、次女庄、次子清眸、小女阿五均乘余舟至楼前池口登岸入宅。午刻祀宅神、灶神、门神。未刻南阳君至嫂氏处候问。申刻归,共饮欢酒。

初四日乙未(1月20日) 　阴,微雨雪

周滋亭、冯石溪、姚小欧、张岳生、赵少琴等来候,贺入宅。嫂氏率两侄来,傍晚始去。

初五日丙申(1月21日) 　阴

初六日丁酉(1月22日) 　阴

候赵次侯不晤。答候赵少琴,久谈。候杨书城及本城绅士曾伯纬、观文,举人。庞昆甫、钟璘,教谕。徐月槎,皆不晤。答候周滋亭及其堂兄弟芝题、豫德,文之子。冷丐、绍曾,文之侄。冯石溪,返宅。四姊率孟甥全家均至,因其宅未成,谋让楼下正屋与居,约明日上岸,余及南阳君移楼上。下午,赵次侯同吕定之来访,定之从浙返,现寓荡口之后桥。杨书城来访。少选皆去。

接屈云门初五日信。

初七日戊戌(1月23日) 　雨

移居楼上,始发箧陈书,清泉几旁,名山砚北,居稽一室,乐莫与俦矣。赵次侯招饮,未赴。四姊全家登岸。

初八日己亥(1月24日) 　阴雨

检点书籍。答访吕定之,并晤其从弟阶甫。

初九日庚子(1月25日) 　阴

检点书籍。池边种桃六株,宅西植桐八本。玉溪生移居永乐,

一草一木皆所自植，千古心期，同为可喜。而玉溪见诸吟咏，则又适然以悲，何其思之沉潆耶？当乐而忧，证之余心，诚所未解。

初十日辛丑(1 月 26 日)　　阴

书寿帖赠眉生。

十一日壬寅(1 月 27 日)　　晴，热甚

课人扫除池上场岸。

十二日癸卯(1 月 28 日)　　雨，逆风

早饭后同安林赴苏，未刻到红塔，暮至里口，夜泊苏城齐门。

十三日甲辰(1 月 29 日)　　阴

早移舟齐门内星桥泊，同安林上岸食羊羹。访王璞臣，赠以《宗岳集》一部，并晤金静知、戴蕴之、行之。移舟葑门，晤族兄子卿，并晤林香国，粤东人，候补县，早年识之子卿处。又晤殿英兄，久谈。傍晚复移舟返齐门。

在子卿处见《新漕删减浮费章程》一本，江苏州县每年漕费日用捐摊款三项，牵中定算，除浮费议减外，尚须三万五千馀缗。已删减者如是，未删减者可知；可形诸笔墨者如是，不可形诸笔墨者可知；牵中者如是，费多者可知。欲民脂膏之不尽，得乎？今年减赋之后，首办新漕各规例，虽云议减，而究竟有此官不能无此费，若欲尽除，例外横征，是非朝廷省官不可。今幸诸贤在上，力挽颓风，而后人未必皆爱民，目前之计，终难永久。且折色每石四千五百，一遇米贵之年，即须赔垫方觳采办，况加运兑之费耶！当事亦知其难，故地丁又有平保之议。苏绅昔之短户，今不得已而均输者，方欲藉此以执其短长，为政之难，一至于此。松岩中丞出示劝谕，剀切和平，未知能为感动否？

接眉生初八信。

十四日乙巳（1月30日）　　晴，甚暄。夜雨大雷电，时去立春尚六日

早戴蕴之、安林来舟，同食羊羹。访璞臣少谈。谒刘中丞，方坐听事，约下午再往。候潘玉泉、吴平斋，皆不晤。候王晓廉廉访，大经，平湖人，癸卯举人。以少帅致函，为余说项，而廉访延余总纂《昭忠录》故也，少谈。复至院晤松翁，久谈而出。返至璞臣处，借笔砚写槐庭、六姊信，即日发，交抚院附递。又一封，寄去女帽等物。十五发，交子卿兄。又写张屺堂信、发，交抚署。杨子春信，发，交安林。

十五日丙午（1月31日）　　阴

早戴蕴之、王朴臣、薛安林同食羊羹。复同蕴之至玄妙观前茗，复到葑门子卿兄家，与殿英兄久谈。写杨子春信。即交殿兄。夜在子兄处饮，二鼓下舟。刘中丞来答候，觅余舟不得。

十六日丁未（2月1日）　　晴

早移舟齐门，至璞臣处。谒刘中丞久谈。候钱芝门，收到忠义局聘书，知系郭远堂方伯、柏荫。王晓廉廉访、刘听襄崧骏，浙人，元年识之少帅幕中。三人出名，均往候之。晤王晓廉，馀皆未晤。还至璞臣处，在戴行之楼上少坐，行之为瑑三石，余赠诗一绝句。又在金静知处晤金子春，碧萝村人，在木铎识之。同晚饭后下舟。安林留苏，明正至虞，来话别。写眉生信，渠五十生日，赠以佛经数种，宋刻《司马书仪》一部，黄刻《仪礼》单疏影宋本一部，寿联一付。十七发，专汪福赴嘉善。

题戴行之并功刻玉印谱

三竺钢镂有异工，六书斯邈已殊风。剧怜刻画丹青手，不

琢明堂玉检封。

  ①

十七日戊申（2月2日）　　雪,逆风

早遣仆汪福赍函赴嘉善寄眉生②。舟发,傍晚抵虞山。家人方集内寝,为四姊预祝。

十八日己酉（2月3日）　　阴,大风,雪霁

早起为四姊称寿,聚两家老少小宴楼中,玉山如屏,朗照心目。生平玩雪,以辛酉除夕黄鹤楼与今日为最。彼时虽处佳地,而家室远寄烽火中,忧心悬悬,不可与今并论矣。

十九日庚戌（2月4日）　　晴。立春

写李少荃宫保信,廿一发,交常熟县署。阿哥信,同上。般仲、衣谷及炳甥信。廿二发,交孟甥到苏转寄。

接阿哥十二日信,又杜小舫十一月信,又丁松侪十一月二十八日信。

二十日辛亥（2月5日）　　晴,大风

写蒋莼顷信。廿二发,交孟甥。访周滋亭不遇,遇冯石溪,少谈。候常熟县汪汉青,祖绶,泗州人,乙卯、丙辰联捷进士,散馆。昭文县沈希民。伟田,杭州人。又候买地时原中屈云门,不晤。

---

① 钞本无此三印,据稿本补。
② 仆,稿本作"奴子"。

接六姊初十信,又槐亭初八信,又子卿兄十九日信。

二十一日壬子(2月6日)　　　晴

写子卿兄信。即发,交孟甥。汪汉青来候。写吴兰溪信,即日发。付发完地价收回期票据一纸,有吴兰溪、屈云门信存契内作照。

接吴兰溪信二件,又蔡庆培初一日信。

二十二日癸丑(2月7日)　　　晴

到嫂氏处,并晤雨山、小欧同茗。写槐亭、六姊信。即刻发,寄苏城信局。

二十三日甲寅(2月8日)　　　晴

写金眉生信。廿四发,寄其友杨雪珊,由苏州转寄嘉善。张雨生、姚小欧来答访,同至三万畅茗楼。赵少琴亦来访,不值,至茗楼乃遇。沈希民来答候,不值。

接眉生十九日信。

二十四日乙卯(2月9日)　　　晴

写薛安林信。即发,信船。周滋亭来访。

接阿哥十八信。

二十五日丙辰(2月10日)　　　晴

同四姊家设供斋佛。

二十六日丁巳(2月11日)　　　晴,夜大风

同四姊家祀五祀诸神,度岁报谢也。孟甥归自苏城。

接槐亭十九信并诗,又子卿兄廿四信、安林廿五日信。

二十七日戊午(2月12日)　　　晴,暖甚,大风,甚类春仲

写钱芝门信,即发,信船。又一件,即交子卿兄。子卿兄信。即交信

船。赵少琴来访,同至杨书城家作吊,其尊人卒于都门也。遇吕阶甫,同至其家,少坐归。

接钱芝门二十五日信。

二十八日己未(2 月 13 日)　　　晴

二十九日庚申(2 月 14 日)　　　晴,下午阴

遣儿子实至嫂氏处辞岁。傍晚荐先于祠屋,不悬影,不备故也。

同治五年（1866）丙寅,余年三十有五

正月庚寅

朔旦辛酉（2 月 15 日）　　阴。晨起西南方有红气,北方有青绿云,南风

率家人拜天,拜先师孔子,先祖前献汤,佛前、灶前、先祖前供糖圆,行礼毕,家人相贺。诣四姊处行礼,诣嫂氏处行礼,将至,途遇之。候姚小欧、张海门、张雨生、汪翰青、沈希民、赵次侯、徐月槎、曾伯玮、周滋亭、庞昆甫、杨书城、赵少琴、屈云门、丁辑卿、瑞,佛持子。吕阶甫,惟丁、吕晤之,馀皆不见。虞山之俗,元旦例谢客也。返舍,馈食先祖。诸人来答候,亦不见。

初二日壬戌（2 月 16 日）　　晴

荐食如昨礼。

初三日癸亥（2 月 17 日）　　阴

荐食至午止。

初四日甲子（2 月 18 日）　　晴,暖甚

有嗽疾,畏风不出。

初五日乙丑（2 月 19 日）　　晴,夜雨

初六日丙寅（2月20日）　阴

写杨子春信，审安侄信，槐亭、六姊信，丁松侪及阿哥信，蒋莼顷、般仲、衣谷信，伯房甥信。即日发，交孟甥。孟甥赴常州，由扬至秣陵，送之堤上。接阿哥去年十二月二十信，又孟辛四年十月初十日信。

初七日丁卯（2月21日）　阴雨，夜大风雨

初八日戊辰（2月22日）　大风雨

蚖兄一戊

初九日己巳（2月23日）　阴雨

写子卿兄信、薛安林信。即发，信船。接子卿兄去腊廿九日信。

螣子一丑　伏申空月破

勾文〇䜌

初十日庚午（2月24日）　大风寒，夜大雪

青兄八丑空

十一日辛未（2月25日）　晴，下午薄阴

周阆山之子藕生来。

玄官一卯应　日冲

十二日壬申（2月26日）　薄阴

接子卿兄十一日信。

白文一巳

十三日癸酉（2月27日）　雨

周滋亭、藕生来。补录元旦占流年卦。

丙寅年、庚寅月、甲寅旬、辛酉日，敬占流年，得履至中孚。

世爻岁月同冲，动爻复来相克，殊不为吉。幸两木虽挟王气，而本身能克木而无所畏。又临于福德日辰，系进神帮比，是仇敌虽多，不能损也。财爻飞来，生伏兼遇，长生不为无源。应爻官鬼暗动，然终为金制，官不能旺，亦无疾病。

《易林》曰:"大头明目,载受嘉福。三雀飞来,与禄相得。"

十四日甲戌(2月28日) 阴

十五日乙亥(3月1日) 大雪甚寒

十六日丙子(3月2日) 阴,傍晚微雨

遣奴子买柳树乡间。访周滋亭、藕生。

接六姊初六日信、槐庭初八日信,又丁松侪初四日信。

十七日丁丑(3月3日) 雨

奴子买柳至家,大皆寻馀,长堤远岸,顷刻如屏。楼前五株,客座前拔去腊细柳,更栽十二株,最大者如碗,倒插之即成垂柳。周滋亭、藕生来。

接孟甥十三日信。

十八日戊寅(3月4日) 雨

栽柳始竟,绕池大小共百六十株。写周藕生信。即日送。

接藕生本日信。

十九日己卯(3月5日) 晴,大风

买舟欲行,以风不果。接李宫保信。

二十日庚辰(3月6日) 阴,微雨,大逆风

晨起无风,下舟行未十里,风大作。强行至洪塔,已日晡,泊舟。

二十一日辛巳(3月7日) 阴雨,顺风

早发,辰刻到苏。候朴臣、戴氏昆弟及金静知。晤戴〈氏〉昆季,至玄妙观啜茗,迟薛安林不至。候紫卿九兄、殿英大兄,久谈,即榻九兄家。

接眉生初十信,又金调卿十一日信。

二十二日壬午（3月8日）　　　阴

写家信、即刻交舟子。眉生信、即刻发，托杨雪珊寄。孟甥信。即刻发，交信船。同殿英兄至伯厚大嫂处久谈，其景象凄恻，无以益之，奈何！饭后候王晓廉廉使、刘听襄太史、刘松岩中丞、叶涵溪学博，裕仁，太仓人，忠义局总纂同事。王及刘太史不晤。

二十三日癸未（3月9日）　　　晴

早起，至玄妙观约薛安林来久谈，仍同食。道逢胡稚枫，少话而别。下午归，同九兄话至三鼓。王廉使来答候，未遇。

二十四日甲申（3月10日）　　　晴

写槐亭、六姊信，即发，交子卿兄。家信，即发，交金静知。眉生信。即交潘作侯。候张佑之、王晓廉、胡稚枫、王朴臣、潘竹侯，惟晤胡稚枫。饭后同九兄候裳华五兄，不晤，识周伯荪太史。兰，杭州人。刘中丞来答候。

接孟甥十八日信。

二十五日乙酉（3月11日）　　　阴

同殿英大兄候憩棠、慰之、子卿诸兄，惟晤子卿。叶涵溪来答候。同紫卿九兄、周伯孙至玄妙观茗，逢邹蓉阁、劳玉初。乃宣，嘉兴人，上海识之。出观，又途遇汪龙溪、吴兰生等。访杨子劢，晚饭后归。

二十六日丙戌（3月12日）　　　阴

劳玉初、潘宇逮紫兄之婿。来候，朱菉卿来候。族兄子卿、王朴臣来答候。写槐亭、六姊信，张屺堂、丁松侪信。即日发，交县递。

接二十五日家信。

二十七日丁亥（3月13日）　　　晴

写陈六笙信、即发，交周藕生。审安信。家信二件，寄归洋钱、竹

篮等物。廿八发,交劳玉初。到忠义局候局友顾厚田,平湖人。并晤叶
涵翁,久坐。谒刘中丞谢步,不晤。候李有执河南人,忠义局同事。不
晤。赴王朴臣招,同座吴仪卿、叶涵溪、顾辑臣、金静知等。饮散,候
汪龙溪、吴兰生、龚念匏、劳玉初,皆不晤。

二十八日戊子(3 月 14 日)　　　晴

至玄妙观茗,招薛安林来久谈,又访杨子劭不晤,龚念匏来候,
不值。

接廿七日家函,又赵次侯廿七日信,又劳玉初本日信。

二十九日己丑(3 月 15 日)　　　晴

刘听襄崧骏。来答候。龚定孙齐崧,念匏子。来候。写杨子春、姚
彦嘉信,并发,交信船。家信,即发。阿哥信,杜小舫信,炳甥信。初二
发,交信局。夜戴行之、蕴之来访。

接廿八日家信,又阿哥廿一日信,又周藕生二十六日信。

三十日庚寅(3 月 16 日)　　　晴

写家信。即寄。至观中偕杨子绍茗,午刻归。傍晚殿英兄来谈。

二月辛卯

朔日辛卯(3 月 17 日)　　　雨

写家信、即发。赵少琴信、同发。魏般仲信。初二发,交信局,附阿哥
信内。

接正月三十日家信,又般仲正月十五信,又魏凤芝四年△月信,
又杜小舫四年十一月信。

初二日壬辰（3 月 18 日）　　晴

钱揆初来候。

接六姊正月二十六日信，又阿哥正月初九日信，又槐亭正月二十五日信。

初三日癸巳（3 月 19 日）　　阴雨

阮钰来自家中，将令赴皖也。访朱菉卿不遇，访叶涵溪亦不遇，晤其徒钱甘卿等。至玄妙观偕薛安林茗，又同午食后薛去。复邀杨子劭来茗，傍晚归。周滋亭来候，不晤。

接初一日家信，又阿哥正月信，又张屺堂正月廿一信，又熊小研四年腊月初九信，收到银二百九十八两，又汪元章四年腊月初九信。

初四日甲午（3 月 20 日）　　雨

薛安林来同茗。写叶涵溪、施叔愚、即发。六姊信。初十发，交子卿。家信，初五发，专汪福归。寄归银两、衣服等。

初五日乙未（3 月 21 日）　　阴

写杨子春信、即发，信船。周滋亭信。即送。谒刘中丞，贺其太夫人寿，不晤。答候潘舆逮。邵△△孝秀。来候。遣奴子汪福旋虞。胡稚枫来候辞行，不晤。德生自常州来相访。

初六日丙申（3 月 22 日）　　阴，大雨

殿英兄来谈。德生来，因同茗。下午，答候胡稚枫送行，未晤。归遇雨，休于杨子劭寓，少选行，复大雨，重裘皆湿。

初七日丁酉（3 月 23 日）　　阴

阅邸抄，刑部职员萨隆阿潜至军机处窃洪逆伪印，事觉被谴。盖即前年沅帅破金陵时所缴洪逆伪金玺，缙绅无赖而为此，世风可

悲！后知其人系穆彰阿之子，刑部郎中军机章京，窃印后，交后载门银匠店镕化，分给店中赤金十馀两。有小伙分得银七两，归告其母。为邻人闻之，适事发觉，番役缉拿，遂破案。

初八日戊戌(3 月 24 日) 阴

夜，殿英兄来谈。

初九日己亥(3 月 25 日) 早晴，巳午后复阴

汪福自虞来苏。审安侄已来开馆。至玄妙观同薛安林茗，又邀王朴臣来谈，下午归。

接初四、初八两次家信，又初七儿子实来禀，又子锡嫂庄氏正月十六日信，又长生弟正月二十五日信。

初十日庚子(3 月 26 日) 晴

写家信，即发，信船。槐亭、张岊堂信。即发，均交子卿兄。张柳亭来候。接汪元章四年十二月初十日信。

十一日辛丑(3 月 27 日) 晴

同薛安林茗饮。龚念匏、褚守然来候。代撰补刊段氏《说文》跋一首。写杨子春信。即发，交褚守然。

接眉生、德生初九信。

宫保李公重刻段氏《说文》跋代作

繄古结绳之风既邈而文字肇兴。上古至于周秦，改易殊体，形制叠变。汉兴，除挟书之令而放佚已久，儒者以今文读古，往往不词焉。东都之世，许氏之学是出，于是文字大明。历汉及唐宋，千有馀年，诵习之士不能墨守古迹，至铉、锴以昆季而各执一见，源流错综，分镳并驱。说者谓汉人之书，《说文》完帙仅存，盖亦自外观之，言乎其粗迹者矣。

　　我朝儒林鹊起，乾嘉老宿多深《说文》之学，而段氏尤造精微，理而董之，一时推为宗匠。洵乎哉，许氏之素臣也。其书剞劂既久，藏弄吴会，岁远多遗落。虽溃乱之后，独能免灾，顾存者半，亡者半，将湮没是惧，学者戚焉。宫保尚书公勘定乱略，休师偃伯，命夫谆诲之老，修明六艺，以为训诂之弗明，士林末由砥学以至于道。于是首求段氏之书，以付手民，使补其残阙，修其漫漶，以广流布而惠后进，诚盛举也。

　　夫《说文》之学不讲，则六义不通，六义不通，则五经不得本解，以辞害意而大义以乖。是以古人童年入学，先教书数，后之人闻见薄陋，乃为蹈空之言，鄙名物象数为不足道，《记》不云乎：“行远自迩，登高自卑。”矧近之不讲，而务高远以曜俗者乎？士际昌明朴学之日，相与偃息于艺林，饮醨乎九流，容与徘徊，遵途以窥圣人之堂，岂不幸哉！岂不幸哉！爰拜手以为之跋。

十二日壬寅(3 月 28 日)　　　　晴

代撰《郑文公碑赞》一首。

郑文公碑赞并序

　　尝考八体之兴，由篆而隶，汉末魏晋，犹用弗改。世祀益移，书法益变。以及巨唐，南北朝实津逮之。而南朝自晋以降，严碑碣等威之法，非王侯不得立。北朝宽其制，故金石文字，北多于南。于是后言书者，皆祢北碑而祖隶，以宗于斯，邈其层累然也。北书传者甚多，惟魏兖州刺史郑羲碑出土迟，世不多觏。老师宿儒，研精小学，博稽金石者，始表章之。其字大运寸，其体曼以舒，不尚廉刿，穆然有庙堂之风。北书莫尚焉。临池之士，覃思好古，往往于楮墨之际，察阴阳，洞几微，辨芒忽，俎豆汉唐，胎息黄农，洸洸乎艺苑之乐也。为之赞曰：

史皇既远，斯邈是传。八体互兴，乌起虒蟠。徂汉及唐，迹象屡易。匪时之移，伊势之极。乃有北书，介乎其中。鹄喜之胄，询稷是宗。支流派别，或刿或丰。繄维贞珉，斯纪兖州。刺史郑公，遗徽所留。道昭是书，楮墨若浮。舒兮若翼，曼兮若云。体博象伟，纷纷纭纭。彼割以廉，此和以文。冠冕九阊，拱揖后君。起若隼鸷，伏如熊蹲。蛇蚓喻穷，箸蓬势匀。美无与二，莫可弹论。世有名流，贵学尚古。折冲艺场，枕藉图府。毡墨所逮，周遍区宇。囊以丹缥，轴以紫碔。其光朝融，芒色霞举。希世偶见，敢告来祚。

十三日癸卯（3月29日）　　　阴

同安林在观前茗，又同张柳亭、杨子劭等观中茗，又偕柳亭午食，下午归。劳玉初来候，未晤。

十四日甲辰（3月30日）　　　阴，细雨

汪安斋观察堃，苏州人，四川川南道。来候。写吴竹庄、王霍生、莫善徵、杨卓庵信，均十五日发，交阮裕专送。眉生信、即发，信船。家信，寄归丸药。发船。

十五日乙巳（3月31日）　　　晴

遣阮钰赴皖勾当。下午安林来同茗。

阅《通鉴》百二十六：鲁爽从魏主至瓜步，请曰"奴与南有仇"云云。臣下称奴于其主前，北俗素然。

十六日丙午（4月1日）　　　晴，夜雨

戴蕴之、行之来访，同茗。汪虎溪来候，久谈。孔悦庭宪怡，曲阜圣裔，劳玉初之岳丈，曾代书条幅。来候，未晤。题人《寒江钓雪图》一首。接十五日家信，又阿哥初五日信，见邸抄正月二十六日上谕，沅

帅放湖北巡抚。

题寒江钓雪图

　　风雪波涛里,河鲂岂有踪。谁操五十犗,此际问蛟龙。

　　阅《通鉴》百三十五:魏王叡进爵中山王,以中书侍郎郑羲为傅。

　　《通鉴》百三十六:魏李冲上言,立邻里党长,诏百官通议。中书令郑羲等皆以为不可。按:此郑羲当即郑文公,俟查《魏书》。

十七日丁未(4月2日)　　　薄阴有日色

　　施叔愚建列。来访。董姬之叔名洪、名元淇者,素业〈织〉缯,颇有家〈资〉,叔愚寒士,为所用,偕来请问消息,命阍人却之。汪柳门鸣銮,杭州商籍,乙丑翰林①。来候。写沅圃中丞信。十九发,交抚署递。

十八日戊申(4月3日)　　　阴,下午晴

　　答候钱揆初、汪柳门、张柳亭。候潘玉泉、郭远堂方伯。柏荫,福州人,壬辰翰林。答候龚念匏、孔悦庭、劳玉初、汪龙溪、虎溪,晤钱、郭、龚三人。周藕生来,不晤。

　　《通鉴》百三十七:魏南阳之郑羲,与李冲为婚姻,冲引为中书令,出为西兖州刺史,在州贪鄙,文明太后为魏主纳其女为嫔,征为秘书监。及卒,尚书奏谥曰宣,诏曰:"羲虽宿有文业,而治阙廉清,依谥法:'博闻多见曰文,不勤成名曰灵。'可赠以本官,加谥文灵。"按:此则羲之生平可见,号曰文公,盖讳灵不言也。

　　记二月初六金陵雷异:署皖南镇总兵张志邦,巢县人,与李帅有世交。前镇周兰亭卸事后,檄往署理。正月杪来省贺正,事毕将返,船泊棉花地夹江。是日晡刻,大风骤起,于江岸同泊者三百馀艘,一时断缆,飘至对江停泊无恙,仅留张及甘肃提饷委员某两船泊原处。

――――――――――

　　①　翰林,稿本作"太史"。

霹雳一震,两舟俱裂入水,在舟兵勇篙梢共四五十人,无一生者,尸皆断肢折胫,飘浮水上。独张一人提至岸滩震死,衣服身体如故,眉心血痕一线,左太阳二焦孔如线香。雷震事恒见,未有如此异者。始以风驱别舟远去,继独提张尸俨然示众,与在船丁役显有首从之分,虽厥故难明,谓非有冥物司之不可。西人每言雷为天地之气,击触无心。气则是矣,无心吾岂信哉!

十九日己酉(4月4日)　　大雨

写施叔愚信。即发,交安林送。薛安林来同茗。汪辅周鼎勋,徽州人。来候。九兄来久谈。何梅阁鸣珂,杭州人,眉生之门生,江苏县丞。来候。

接眉生十四日信。

二十日庚戌(4月5日)　　大雨

写眉生信、即日交何梅阁。蕙生兄、长生弟信。即日发信船。

二十一日辛亥(4月6日)　　阴,下午晴

至忠义局,晤叶涵溪久谈。访张柳亭不晤。与薛安林茗,久谈。复至观中与杨子劼茗,久谈。杨藕舫来候,未晤。

二十二日壬子(4月7日)　　阴雨

朱菉卿来访。九兄来谭。接二十日家信。

二十三日癸丑(4月8日)　　雨

遣招安林,未至。汪虎溪来访。

二十四日甲寅(4月9日)　　阴雨

写褚守然信。即发,交信船。至观前同安林茗。写施叔愚信。即交安林。访杨子劼不晤,道逢张雨生。访汪龙溪昆季久谈,冒雨归。

九兄来谈。

接二十三日家信,又六姊、槐亭十三信,又眉生十九信,又汤果卿、刘云樵等公信,又褚守然信。

二十五日乙卯(4月10日)　　　晴

写家信,寄归露油等。即发,信船。杨子春来,交到打索巷市房陆启棠赁据一纸,又周双式田契一纸。同子卿兄至卧龙〈观街〉市中,得端砚二方,笔房一事。又至观前同酌酒肆中,夜归。

接眉生廿一信。

二十六日丙辰(4月11日)　　　晴

同薛安林茗,返寓,汪辅周来,谈至下春始散。夜与殿英大兄及九兄谈。潘玉泉答候,未晤。

二十七日丁巳(4月12日)　　　晴,下午雨

写叶涵溪信。撰李子乔、曹松午传二篇,付《昭忠录》。即发。写施建烈信,即发,先送叶处。褚守然、屠永高信。即日发,交子春。写张屺堂、欧阳晓岑信。廿九日发,交槐亭送。杨子春来久谈,即于是日返常。写槐亭、六姊信。廿九日发信局。

二十八日戊午(4月13日)　　　雨

写眉生信。即发,信船,寄上海。

接眉生二十七日信。

二十九日己未(4月14日)　　　雨

写阿哥、慎娥、孟舆、伯房、般仲等信。初一日交信局。家信,初一发,交信船。寄归洋银、皮衣等。杨子劭来久谈。

三月壬辰

朔日庚申(4月15日) 晴

答访朱隶卿至忠义局。至玄妙观偕安林茗,安林去,复偕杨子劭茗。返寓,九兄来谈。

接眉生二月二十九日信,又吴平斋本日信。

初二日辛酉(4月16日) 晴

同安林茗,识徐翰卿,本地人,其翁子晋,向识之上海。同至其家,与子晋谈。饭后金晋甫树德,眉生之侄,力甫胞兄。来候。九兄出示书画,见后人临松雪小象一幅,眉目如画,秀色横飞。并录自题律句一首,颔联云:"老子难同非子传,齐人终困楚人咻。"意致牢骚,疑入元后作。俟查本集。同九兄访李笙鱼,嘉福,石门人。见北碑精拓数种,有隋蜀王秀自制《美人董氏墓志铭》,精绝无比。余丧董姬适五阅月矣,欲购之以托哀悼。九兄复拉笙鱼同沽饮观前浦氏,夜归。写家信。即日发信船。

接初一日家信,又阿哥二月廿四信,又六姊、槐亭二月二十三信,又伯房二月十三、十四日信,又孟舆二月初二、二十信。

初三日壬戌(4月17日) 晴

写家信。即发,交信船。九兄、殿兄来谈。

接初二日家信。

初四日癸亥(4月18日) 晴

写眉生信。即发,信船。饭后同吉如侄至阊门买衣料,还至观中茗饮,逢汪安斋,又遇杨子劭。

初五日甲子(4月19日)　　　晴

写沅帅信。初六日寄,交黄冠北。阿哥、伯房、孟舆、杜小舫等信。即发,由扬州转寄。槐亭、六姊信。即发,信局。金力甫信。即交来足。

接金力甫初三来信。

补录前致曾宫保书

去冬敬泐一缄,谅蒙垂鉴。倏忽改岁,伏想履祺多茂,盛德日新,莫名颂祷。入春体候,谅早清强。东山坚卧,难窥出处之端;北冀总干,弥切苍黎之望。顺时举止,自有成谟。观听在遥,我劳莫及。

〈烈〉挈眷东下①,于去腊得抵虞山。元宵节后,来吴会就忠义局总纂撰文之聘,月饩廿金,粗膏尘甑。幸事甚简略,游步无妨。虽讳穷不免于啼号,而藏拙聊循于性分。苟偷岁月,足破公颜。濒行时闻侯相将进驻汴境,未知曾否移节? 中原多故,清荡犹赊,北望征尘,黯然无已。眉生自被谴斥,归伏里间,不相见已数月,闻辛盘椒酒,典及春衣。数载糈台,人言如此,为之长喟。专肃布述近况,祇叩褆安,仰希崇照。

又本日贺曾宫保书

前日得读邸抄,欣审恭膺简命,移节江夏。明诏敦切,倚畀殷拳。湘鄂衔接,谊均桑梓。投艰遗大,想抑高情欢忭无量。未审何时出山? 定当迎诏北上,或经莅会垣。公以书生功绩彪炳,位寄隆重,而未瞻魏阙,堂陛犹疏,忠爱之心莫由得展。昔齐桓勤于王会,《春秋》美之。当此时艰,尤宜深明谦顺,若请而未得,则臣子之心亦已至矣。又朝局诸公均仰风采。明王新

---

① 眷,稿本作"家"。

建,用师岭北,本兵王晋溪,一日一通函札。大贤经世,俯仰随宜,或介或通,初非一律。且人我之际,彼此地位不同,则措施全异。志在利国,岂拘迹象。公揽辔重来,时事正遥,中外相关,非复一端。若坚持雅操,恐非经远之道。愚见如此,不敢以在远匿而不贡,明识自有主裁,聊备参酌。师相闻之拔营赴汴,鄂垣声息能否相接,莫名驰系。

〈烈〉正月望后来吴会,曾肃函略播近况,刻拟返虞,入夏再至。眉生已久不晤,闻其由沪渡江矣。专此肃叩大喜,兼布一切。虔请褆安,诸惟鉴察。

初六日乙丑（4月20日）　　阴,微雨

写黄冠伯信。即发,交信局寄湖北。薛安林来。同九兄、殿兄、吉如侄泛舟胥江,至金阊外游刘园。园系明徐太仆东园遗址之半,嘉庆间洞庭刘氏买而葺之,楼台错落,颇嫌逼促,池亦狭小,惟列植甚多,经乱如故,而房屋则已半颓矣。复同至九兄自置田庄,在虎丘之南,有田百六十亩,佣工自种,殖利甚厚。复到虎丘,寺下一塔孤迥,台殿如扫,夹岸民居外层尚存,而内亦荡然。五人墓有山叟张设,花肆如故,购牡丹一二本载归。回忆庚申四月六日草履过此,出烟火间,不图复有今日。归舟至胥门,登岸步归,亦乱后所未经者。街市空毁,不复可辨矣。

接初三日家信。

初七日丙寅（4月21日）　　雨

汪安斋来谈。下午,九兄来久谈。

初八日丁卯（4月22日）　　阴,下午晴

午后同九兄答访汪安斋,傍晚归。

初九日戊辰（4 月 23 日）　　晴

至金阊市访张柳亭，同茗久谈，同至浦氏酒肆午食，又同至玄妙观中茗，并邀杨子劭，下午归。

初十日己巳（4 月 24 日）　　晴，午后阴

同薛安林茗。褚守然、杨子劭来访。

十一日庚午（4 月 25 日）　　雨

写蕙生兄信，代寄子卿四兄还子昌侄项洋十七元。十二日发，交褚守然。写杨子春信。同发。

十二日辛未（4 月 26 日）　　阴

薛安林来。写王小霞信，其淦，江西人，现任武进县。因讫租田事，即日发，交褚守然。何廉舫信。同上。至玄妙观茗，同褚守然、杨子劭，傍晚归。金调卿来候不晤。

接初九日家信，又金力甫初七日信。

十三日壬申（4 月 27 日）　　晴

安林来。章大林、赵少琴、金调卿、钱揆初、林香国、李笙鱼等来候。写阿哥、孟甥信。即交揆初。下午至忠义局，答候钱揆初。谒刘中丞，会太夫人疾，邀余诊脉主方，余以奏技人多，为疏数品而未定分剂。候王朴臣、戴蕴之，行之，次候汪辅卿，不晤，候张柳亭、吴平斋不晤。答候金晋甫、调卿，写眉生信。即发，交调卿。返寓检点行李，拟明早返虞山。写吴平斋信。即发。接平斋四年八月信。本日送来。

十四日癸酉（4 月 28 日）　　晴

同九兄返虞，辰刻行，傍晚到家。

十五日甲戌（4 月 29 日）　　晴，午间阴，微雨

同九兄、审安侄登辛峰亭，瞻仲雍、言子墓，同到旗亭小酌，又至

嫂氏处,出复觅九兄等于三万畅茗肆同茗,傍晚归。

接孟甥二月二十八日信。

十六日乙亥(4月30日)　　晴

安林自苏来,将竣宅功也。长庚侄来。午饭后同九兄、审侄腰舆出北门游兴福寺。忆庚申在此,寺宇岿然,竹径幽寂。今惟古柏数株犹在,精舍半坏,僧侣散亡,迥非昔比矣。重过三峰、拂水,皆去秋游处,班荆剑门之下,盘礴良久,登维摩,古寺毁尽,见山阜起伏,单复重重,虞山正脉其在于此。下山南小径,颇陡,直趋城已晚。

接眉生△日信。

十七日丙子(5月1日)　　晴

夜月甚皎,同九兄泛舟池中玩月。

十八日丁丑(5月2日)　　阴,微雨

下午,同九兄、安林至望仙桥南门同看屋。九兄亦欲居虞,兼为槐亭卜居也。归遇雨,少刻雨霁,九兄欲游西湖,摇橹至湖。日已暮迟,月上朦胧,遂归城,时鼓已二下。

十九日戊寅(5月3日)　　阴

接眉生信。

二十日己卯(5月4日)　　晴

是日邑中龙舟盛会,偕九兄、审侄携儿子实泛舟城濠。先至西庄看地,余去岁卜居曾留意之,九兄欲一见也。返泊西门外,游楫如云,鳞比河干。申刻,龙舟九头相衔而至,青山碧水,与红旗相映,舟人斗捷,激水如飞,观者欢呼成雷。独余迁客,不免故国之怆。下午事过,游人纷散,云解冰释,顷刻而尽。到家复同九兄、安林茗于三万畅,傍晚归。九兄明早行,与谈竟三鼓。

接阿哥十三日信,又子宪兄十八日信,又张柳亭十九日信。

二十一日庚辰(5月5日)　　　晴

九兄行时犹未起。张雨生、姚朴园来访。

二十二日辛巳(5月6日)　　　晴。立夏

二十三日壬午(5月7日)　　　晴

写子卿兄信、即发,信船。眉生信、即发,寄调卿。子宪兄信、即交九兄转寄。槐亭信、同上。王朴臣信、即发,信船。张大林信,寄《经世文编》一箱。即发,信船。

二十四日癸未(5月8日)　　　晴

二十五日甲申(5月9日)　　　阴,大风,微雨

接陈六筌信。

二十六日乙酉(5月10日)　　　阴,大风雨

候周芝庭贺喜,又候赵少琴、汪翰青,又候沈希民。汪翰青来答候,未见。

接阿哥二十日信。

二十七日丙戌(5月11日)　　　晴

饭后同安林至步道巷访张雨生,不遇。入见嫂氏少坐,又同安林到石梅山麓白衣庵一眺归。

二十八日丁亥(5月12日)　　　晴

周滋亭来答候。接阿哥初十信,又六姊、槐亭十五信,又慎娥、般仲十九信,又元师二月初二信,又邓季雨信。

二十九日戊子(5月13日)　　　晴

写金调卿信,即发,信船。子宪、子卿兄信。即发,信船。沈希民来

答候，为余相宅。傍晚赴希民招饮，同座潘子昭，欲仁，本邑人。二客狄姓。溧阳人。

接紫卿兄二十三、四、八日信，又眉生信，又张屺堂十六日信，又金调卿廿五、廿七信，又褚守然二十日信。

四月癸巳

朔日己丑(5 月 14 日)　　晴,下午阴雨

候赵次侯久谈，少琴来，不晤。

接槐庭三月廿一信，又魏刚己二月廿四信，又杜小舫二月廿六信。

初二日庚寅(5 月 15 日)　　阴

接紫卿兄初一信。

初三日辛卯(5 月 16 日)　　晴,夜雨

初四日壬辰(5 月 17 日)　　晴,下午雨

写紫卿兄信。即发，信船。赵少琴来，同往为槐处看屋不成，访其族叔少湖，偕至城隍庙园中茗。

初五日癸巳(5 月 18 日)　　晴

下午同审安、安林赴石梅茗。

接金调卿初四信。

初六日甲午(5 月 19 日)　　薄阴

写紫卿兄信。初七发，交来差。

接紫卿兄初四日信。

初七日乙未(5月20日)　　　阴雨

后进四姊住宅于是日接续兴工增造。许泰眉械,同邑马迹山人。来访。赵次侯来答访。写子卿兄信。即发,交来足。

初八日丙申(5月21日)　　　晴

写张屺堂信。即发,由信船递交信局。

初九日丁酉(5月22日)　　　晴,下午雨

写紫卿兄信,即发,交安林。张大林书坊信。同上。安林本日赴苏,载取装折。

初十日戊戌(5月23日)　　　大风雨

接六姊初三信,已移居常州,又槐亭初二信,又紫卿、子宪兄初七信。

十一日己亥(5月24日)　　　晴

写槐亭、六姊信,子宪、杨子春信。即发,信船。

十二日庚子(5月25日)　　　晨雨,辰刻晴,下午大雨

赵少琴来访。接紫卿兄十一信,又眉生信,又曾沅帅信,又阮钰三月十二信,金调卿十一信。

十三日辛丑(5月26日)　　　阴,微雨

薛安林来自苏州。

十四日壬寅(5月27日)　　　阴雨

写眉生、调卿、殿英兄信,均交紫卿。紫卿兄信。即日发,信船。

十五日癸卯(5月28日)　　　晴

下午同安林访许太眉、周芝亭,同茗良久,傍晚归。

十六日甲辰(5月29日)　　晴

接阿哥初八日来信。

十七日乙巳(5月30日)　　晴

写六姊信，即发，信船。麟玉山房信。同上。

接紫卿兄十六信。

十八日丙午(5月31日)　　晴，夜大风，雷雨

写紫卿兄信。即交信船。

十九日丁未(6月1日)　　晴

写麟玉山房书坊信、即专汪福。紫卿兄信。同上。

二十日戊申(6月2日)　　晴，夜雨

写吴竹庄信、即交稚枫。胡稚枫信、即交紫卿。紫卿兄信。即日发，交信船。接紫卿九兄十九信，又吴竹庄信，又胡稚枫信。

二十一日己酉(6月3日)　　阴

写眉生、调卿信，即交上海船。紫卿兄信。即发，交信船。

　　竹林泉石事清幽，嵇阮高情两晋求。何必洞天翻秘语，此中岂合有凡俦。

　　扑尽征衫马上尘，虞山山下论宗盟①。吾家玉牒仙源远，海上今来有弟昆。

接眉生十七、十八日两信，又紫卿兄二十信，又金调卿信。

二十二日庚戌(6月4日)　　晴

后进宅成，四姊全家于是日进屋，半年志愿，今始完篇。驽马盐

----

① 虞：稿本作"隅"。

车,精力疲苶,自笑亦自慰也。

接紫兄本日信。

二十三日辛亥(6月5日)　　晴,风霾

阮钰返自皖省。安林自有事旋苏。

接阿哥十三、十九日信,又孟甥十三、初八日信,又伯甥十三日信,又王霍生初六信,胡稚枫三月二十六日信,又张屺堂十六日信。

二十四日壬子(6月6日)　　晴

审安解馆归里,送之池上。至嫂氏处少坐。访张雨生。

二十五日癸丑(6月7日)　　晴

写曾中堂信、五月朔发,交郭方伯。李宫保信、即发,附阿哥信内。慎甥信,附魏。刚己、般仲信,发附阿哥信。邓季雨、伯房、孟舆信,附阿哥信内。阿哥信。信船转信局。

二十六日甲寅(6月8日)　　晴

客座前小池课工种藕,借水车踏水,同家人出临池上观之。

二十七日乙卯(6月9日)　　晴

赵次侯招饮,同座许太眉、李升兰、吴冠英、俊,江阴人。徐子缙、赵少琴、周冷丐、芝题。饮散,出字画、金石示余,见秦美阳权及元人王元章墨梅二种为最。

二十八日丙辰(6月10日)　　晴,顺风

清晨下舟赴苏,初鼓到葑门见九兄,移装上岸。

二十九日丁巳(6月11日)　　阴

写张柳亭信。即发,送还玉二件。写家信,寄洋廿五元。即发,信船。

三十日戊午(6 月 12 日)　　大雨

拟谒客不果。写家信。即交信船。

接廿九日家信,又阿哥三月廿九信、眉生廿四日信,又杜小舫三月信,金调卿二十七信。

（以上《能静居日记》二十四）

五月甲午

朔日己未(6 月 13 日)　　雨

下午将下舟,赴嘉善访眉生,适子宪兄偕长生弟来,乃止。写刘中丞唁信,以有事不克往也。即发。

接槐亭四月二十五、二十八日两信。

初二日庚申(6 月 14 日)　　晨雨即晴,顺风

晨起,至子宪兄舟中,并晤杨凤来,登岸同茗。饭后解维赴浙,过盘门觅渡桥,由吴江塘入里路行邢山桥,夜泊同里镇,离苏六九路。接四月三十日家信。

初三日辛酉(6 月 15 日)　　晴,顺风

早过芦墟,渡三白荡,宽广与常熟苑山荡相等。过荡,午刻到西塘。庚申避难,大帮过此,其时同行,今已故者邓子期先生、羿甫、陈杰人先生、甥女葛生、余女苕生、老仆曹淦、婢银官,所可忆知已七人矣。人生石火,念之心悸。旧泊处不可辨识,市廛尚未大损。申刻到嘉善,城池卑隘,市井荒落。进东门,泊县前街,登岸不数武,即至

眉寓。畅谈至三鼓始下舟，并晤潘竹侯、金力甫。

初四日壬戌(6 月 16 日)　　晴

同眉生及本地人金少梅、程黼堂过城西小园，又晤张东木。山东人，早年识之。

初五日癸亥(6 月 17 日)　　晴

在眉生家度端节。

初六日甲子(6 月 18 日)　　晴，顺风

眉生来舟相送，渠亦即日至苏。辰刻舟行，由三店出嘉兴塘，夜泊王江泾，亦庚申年避难所经，时由湖州而东穿此塘路赴西塘。是年四月廿二日也，舟过不半日而贼至，迟馨咳即落虎口，危哉！市廛沿塘本不多，今则绝无。大桥名闻店桥尚在，忆甲寅夏奉太夫人赴浙，月中吹笛桥下，则又如隔世矣。泊舟塘左小河汊内，即湖州来路。

初七日乙丑(6 月 19 日)　　阴，大逆风

晨起，巳刻到平望，万屋皆夷，长堤尽卸，层楼亦毁，惟莺脰湖烟光如旧而已。午过八尺，申过吴江，酉过宝带桥，原五十六洞，贼去其半，存二十六洞。南来塘路，为江浙通衢，一线单堤，更无别径。经始于宋，有修无毁，今则大半圮坏，两岸菱蒲茂盛，夹侵河道，甚狭于昔。初鼓入葑门，登岸闻屺堂已至。

接眉生初二日信，又屺堂初四日信。

初八日丙寅(6 月 20 日)　　晴

候屺堂长谈，并晤潘玉泉。候郭远堂方伯、王晓廉廉访、潘玉泉，皆不晤。候汪辅周定勋。少谈。至刘中丞处作吊。下午眉生来，并邀屺堂来饮，至三鼓始散。写家信。即发，信船。

初九日丁卯（6 月 21 日）　　　晴

访眉生不遇。写晓岑信。即交眉生。屺堂来,同下舟游城北程公祠,与九兄俱往,约眉老在彼相俟。祠本倪氏宅,改建以祀程军门方忠矜死事且克苏首功也。有园一区在祠宇东,屋榭相接,隙地甚少,惟水洞广如堂厦,中架石桥,桥下小池,泉自上滴,俨然化工,此云林先生手笔,盖其生平杰构,架狮林而上之矣。又露台下三石相架如屏,古藤发石下,出入窍中,有如穿缚,至石顶,复上接树枝,高几三丈,亦一奇观。少选眉生至,同至玄妙观茗,又同过褚氏饮,三鼓各散归。

初十日戊辰（6 月 22 日）　　　阴雨,夜大雨如注

时与屺堂、眉生约游木渎,余舟至盘门,屺舟已先在,而眉辞不至。遂发舟过胥门到石湖,精舍已毁半,仅登行春桥眺良久而罢。傍晚到木渎,泊舟山塘,拟明晨登岸,是夜与屺堂长谈彻晓。

十一日己巳（6 月 23 日）　　　雨

鸡再号,雨淙淙不已,闻市上着屐声。不复可游,乃遂分缆,屺舟旋浙去,余舟返城,蒙被卧,比醒已到葑门下。过眉生,知不在,径至寓晤九兄谈话。下午,李叔惠寿椿,嘉善人,在槐亭处识之。来访。眉生来,三鼓乃去。

接初九日家信,又王朴臣四月廿七日信。

十二日庚午（6 月 24 日）　　　大雨

写陈六笙信。十三发,交眉生。下午眉生来,三鼓始去。见示洋人在总理衙门所递议论二篇,一系总税务司赫德所递,名《局外旁观论》,一系英国参赞大臣威妥码所递,名《新议论略》。均言中国政治之不纲,不日将为万国之役,尽情丑诋,而托为友朋劝谏之语,欲中

国改从其国之法,庶可自立,否则至危险之际,彼国各有难弃之事在中国,指通商、传教等事。只得自己护持,不能由中国作主。又力言欲行轮车电器诸事,中国若不听从,彼当自行。其潮州不准传教人进城,及田兴恕在广西杀传教人,此案亦必须早了,不然必动干戈,中国有损无益云云。阅之令人发指。窥其意旨,盖以中国捻肆猖獗,兵力不敷,故敢为此恫喝,从之则堕其计中,不从则将来起衅之端,随时皆有。恭邸得此,张皇入告,密旨交沿江沿海各督抚妥筹速议,设法自强。嗟乎! 自强之道,端在政本,疆吏能设法乎? 枋国若此,夷言殆必售矣。大江以南必沦异域,其事不远,如何可言!

十三日辛未(6月25日)　　　大雨

安林来谈。写家信、即发,信船。子宪兄信、附槐。槐亭信、即发,信船。杜小舫信、即发,交眉。张圮堂信。同上。下午,九兄宴客,汪安斋、仲芝仙廷机,吴江人。及余。眉生来,少谈即去。

十四日壬申(6月26日)　　　辰刻有日色,复霹霖终日

下午,眉生来谈。接慎甥四月十五信,又炳甥、孟甥四月廿四信,又般仲四月十五信,又刚己四月十五信并赠诗。

十五日癸酉(6月27日)　　　晴,午后细雨,晚复晴

到忠义局晤顾厚田,到观前书肆。

十六日甲戌(6月28日)　　　晴

冯伯森光勋,述甫子,去年入词林。来候。潘舆逵来访。眉生、张柳亭来。写家信,代带四姊处夏布等。即交信船。写阿哥、慎甥、炳甥、虔甥、般仲、刚己等信。二十三日发信局。

接十五日家信,又孟甥初一日信。

十七日乙亥(6月29日) 　　晴。连日凉如三月初

眉生邀至舟中,饭后同访冯景亭侍讲,长谈,复同赴吴晓帆方伯之招,同座李友琴,璜,宜兴人,上海识之。三鼓散归。是早写家信,寄归四姊处银信十两。

十八日丙子(6月30日) 　　阴,大风甚寒,气象惨冽

到眉老舟中久谈,饭后返寓,眉生亦来,三鼓乃去。

接十七日家信。

十九日丁丑(7月1日) 　　雨

患腹疾,委顿殊甚。

二十日戊寅(7月2日) 　　雨

遣使邀眉生谈,则已解维去。

二十一日己卯(7月3日) 　　阴

安林来,强疾同茗。写王朴臣信。即送。

接十八日家信,知嫂氏已赴秣陵。

二十二日庚辰(7月4日) 　　晴

饭后候勒少仲廉访,又候府署幕友李友琴,又答候张豫立,嘉兴人,眉生之友。均不晤。次候金晋甫及童问渔,均久谈。次候刘听襄,答候冯伯森,均不晤。次候吴晓帆观察,久谈。

接二十一日家信。

二十三日辛巳(7月5日) 　　薄阴

李友琴来答候。写家信、即发。眉生信、陈六笙信、即交信船寄眉处。子宪兄信、同上。吴晓帆信。即发。殿英兄自常来开馆,过谈。

接吴晓帆本日信,陈六笙初七信,又廿二日家信。

二十四日壬午(7月6日)　　　晴,夜二鼓雷雨

辰刻下舟旋虞,顺访王朴臣、戴行之、蕴之,均不遇。金静之来访,舟中少坐去。下午出齐门,夜泊陆家店,在野长泾南数里小浜内。接廿三日家信,又李少荃信。

二十五日癸未(7月7日)　　　小暑。晴,午后震雷大雨

早发,辰至洪塔,午至家,家人无恙。园中草树蓊茂,水上塘数寸,惜池藕不生。下午孟甥来自金陵。写紫卿九兄信。即发,交原船。

二十六日甲申(7月8日)　　　晴,下午雨

二十七日乙酉(7月9日)　　　晴

写眉生信、即发,寄苏局。紫卿兄及顾厚田信。即发,交信船。子宪兄同审安侄来。

接眉生信,寄到探条,甘肃省城于三月初三督标兵变,城陷,杨厚庵制军在庆阳巡次,留署幕友道员吴贞陜等均被戕,在城文武均被禁胁制。两司具奏,其事因督标兵与楚勇争饷而起,现在其地每面一石,贵至银一百八十两,可为骇然。又接长生弟二十二日信。

二十八日丙戌(7月10日)　　　时雨时晴①

赵少琴来访。紫卿兄遣舟来迓,以欧阳晓岑至苏故也。下午下舟,复赴苏,宪兄有事留榻余家。是夜舟行未泊。

二十九日丁亥(7月11日)　　　晴

辰抵葑门,晤九兄,知晓岑船在阊门。亭午移舟赴之,途出齐门,遇王朴臣舟并行,过舟少谈。下午抵阊门,晤晓翁畅谈,欲余同

---

① 晴,稿本作"霁"。

游数日,仍偕赴嘉善,眉生亦有是约,遂许之。写家信。即发,信船。六姊信,寄还眉生所借银五拾两。周滋亭信,寄还去年所借银五拾两。子宪兄信。均附家信同发。褚金昌、庄隽甫信。均寄交子宪兄。

接眉生廿四、廿五日信。

六月乙未

朔日戊子(7月12日)　　　晴

泊舟阊门,傍晚同晓岑茗于飞丹阁。紫兄亦来,复同至舟中,少坐乃去。

初二日己丑(7月13日)　　　晴

泊舟未动,紫兄傍晚来约明晚同晓岑饭。

初三日庚寅(7月14日)　　　晴

早饭后同晓岑登岸,至玄妙观茗,复到玉肆、缎肆。下午,余先至紫兄家,晓岑续来同饮,召褚氏二女童侑,三鼓始散。舟先移泊葑门,即下船卧。写家信,即发,信船。寄归党参。

接初一家信,又子宪兄同日信,又周绍曾银五拾两收条。

初四日辛卯(7月15日)　　　大风雨

辰刻出葑门,移舟胥门,途遇风雨泊舟。邀晓岑来余舟饮,饮散乃抵胥门。

初五日壬辰(7月16日)　　　阴,微雨

早发,辰刻到木渎。偕晓岑登岸赁山兜游钱氏老园,堂宇有毁者,园佳处在树,幸芃葱如旧。次至新园,未改厥观,遂循山塘登灵岩之麓,夹道万松,童然尽薙。响屧廊以上,荒草塞径,至不可步。

寺屋行宫本颓败,今则不遗片瓦。琴台亦路断,居人挖御道砖石甃之,零甓纵横角莘。下山北到无隐庵少憩,乱后已坏,浙人陆鸣九尔发。捧檄征商于此,出资新之,较华整于昔。老僧鹿苑,朴实头地人,与谈甚久,问藕花、来鹤、普贤诸刹,则皆毁矣。盛衰之故,能无怃然。出庵过鸡笼山,至天平范公祠。谒文正遗像,面方白如堵,俨然画肆之天官,不知何俗士为之。憩下白云,饮泉水,登连环亭,望一线天,出高义园,林石皆无恙,贤者之庇远矣。晓岑游甚乏,遂归。过下沙塘豰老故居,小桥流水,门巷如昔,热泪欲涌。归舟少休,复过晓岑舟偕饭,乃归卧。

过亡友周豰甫先生旧居当哭二首

汝南先生一代豪,遗庐重过泪如潮。人才阅尽思元箸,世味尝馀痛久要。黯黯岚云何处雨,潺潺流水昔年桥。经秋宋玉伤心甚,谁下巫咸赋楚招。

学识惭余一蚬多,敢于溟澥测全波。文章尔雅真馀事,尘刹深心总不磨。浩气九霄君有在,孤踪四海我怀何。鼠肝虫臂寻常耳,转为馀生涕泗沱。

初六日癸巳(7月17日)　　　薄阴

早发木渎,辰过苏州,指吴江进发。巳刻过宝带桥,傍晚泊吴江东门垂虹桥下,与晓岑谭至乙夜。

初七日甲午(7月18日)　　　晴,逆风

早发吴江,巳刻过八斥,未刻至平望,夜泊王江泾,与欧舟相失。

初八日乙未(7月19日)　　　晴,顺风

早发王江泾,辰刻过嘉兴,午刻到嘉善。知眉老在禾郡坐候,遂返舟仍赴郡城。行数里,遇晓岑,并舟少谈,约余先至禾,渠留善候

眉生。返舟复行,夜二鼓抵禾城,未登岸。

初九日丙申(7月20日) 晴

早到眉寓畅谈,并识陆费若卿、本地人。戚砥斋,湖州人。与眉老并借余舟泛鸳湖。弥岸荒草,土人结箔湖中以莳菱,水面亦遂不畅。至南堰小市稍,有尼庵,素斋尚可。归棹抵烟雨楼址,荆榛碍路不可登,遂返。夜眉生招饮,同座姚花秋、廖再卿、袁薇生、石又梅等。

接初二家信,又阿哥五月廿七信,子宪兄初二信,伯房甥五月廿七信,眉生初七信,开生五月信,幼静二月十二信,又苏晴山五月廿六日信。

初十日丁酉(7月21日) 晴

闻晓岑舟至,眉生坐余舟出城,至其舟畅谈。午间复移舟进城,到眉处,夜饭后同晓岑返。写家信、即发,托子卿兄转寄。屺堂信,寄笔十枝,交子卿寄。紫卿兄信。即发,信局。

十一日戊戌(7月22日) 晴,热甚

眉生邀饮于湖舫,坐客晓岑及潘芸台、绍论,苏州人,浙江知府。范滇生,先纶,江宁人,县丞。放舟鸳湖,梨园一部作于水上。客初章服而至,余白服撒鞋,不缚裤,继以裸裎,客皆化之。酒既载,舍湖舫风于余舟。范滇生送三白瓜至,食之佳甚。申刻返城,短衣至范滇生家命浴,潘、许两太守招饮,不赴。许名瑶光,湘人禾守也。

十二日己亥(7月23日) 晴

眉生约游曝书亭,距城三十里,酷暑可畏,余力沮之,邀晓老来,清谈竟日。夜复偕范滇生等饮于眉处。

十三日庚子(7月24日) 晴

候许雪门、瑶光。潘芸台、谢见招。归即同眉生解维赴善,晓已

先去,下午至善西门晤。是夜晓岑招饮。

接紫卿兄十二日信,又张芑堂初九日信。

十四日辛丑(7月25日)　　　晴

写紫卿兄信,即发,信船。写家信。交紫卿兄。偕眉生至其家,下午晓翁亦来,谈竟日。傍晚同赴金少枚之招,二鼓下舟。原座快船遣归,借坐晓船明日赴沪。眉老别去,约迟一日踵至。

十五日壬寅(7月26日)　　　晴,热甚

早发,夜泊洙泾镇,人居如昔不变。

十六日癸卯(7月27日)　　　晴

早发,辰出氽此俗字,音吞,上声,字书无之。来庙口洙泾,至黄浦江口也。过东泋、西泋、豆腐浜,松江府河口也,距洙泾出口处不及十里。已过德胜浜,午至闵行守潮。下午复行,泊周浦,昔挈家避难泊三日,家众歧行,先到沪,至此乃相闻。往事婴怀,怦然心跃。

十七日甲辰(7月28日)　　　晴,热甚

早发,辰过龙华,巳刻抵沪,水波恶,先泊南门,移泊东门,偕晓翁登岸,入居亭所。下午步访孝拱,不值。

十八日乙巳(7月29日)　　　晴

眉生亦至沪,寓新北门,遣人来邀。写阿哥、开孙、伯甥、潘伊卿等信。即发,交眉专足。子宪兄、六姊信。即发,信船。到眉生寓,知在陈芰裳元鼎,杭州人,乙未翰林。处,并访之,谈至下午。眉生拉至顾氏楼夜饮,二鼓归。

十九日丙午(7月30日)　　　晴

孝拱来,眉亦来。眉生先去,孝拱谈彻晚。是日芰裳招饮,以家

忌不赴。写家信。即发,信局。

二十日丁未(7 月 31 日)　　晴

孝拱来,谈至下午。赴陈芰裳招饮沈氏,二鼓归。阮钰来自家中。是日龚孝拱饷生荔支,填荔支词一首。接十八日家信。

虞美人　上海食生荔支①

画奁难约香风逗,红褪春衫绉。华清新出玉肌肥,却笑绝尘一骑走如飞。　　凭谁缩地移仙种,远思罗浮重。拈来颗颗晓珠妍,合与绿纱窗底试纤纤。

二十一日戊申(8 月 1 日)　　晴

眉生来,言有微恙,先返浙。访孝拱久坐。晓翁来,同至城隍庙园,为明潘季驯遗居,颇恢丽,往岁西人占之,树石多损。茗肆少坐,仍返孝拱家,借盆澡浴后,傍晚出城。写汪虎溪信、龚允之信。遣阮钰赴崇明取所存书籍及曹淦遗枢。

二十二日己酉(8 月 2 日)　　晴

眉生将行,至舟送之,与谈儒释经路甚畅,晓、眉两君皆愿入道。下午,同晓老赴剧场观剧,孝拱亦来。金鼓镗鞳,飞尘四洒,至不可耐。比出,顶上犹隐隐觉痛。孝拱邀赴顾氏楼,饮散已二鼓,城阇,孝不能去,拉余同借榻谈彻晓。微卧即起,不暇辞主人,径趋出。

二十三日庚戌(8 月 3 日)　　晴

孝拱舆去,余出门不认道,遂径趋江口,觅小舟归寓。登榻酣卧,亭午方起。孝拱来,下午同访徐雨之。晓老定廿八日趁其舟行。雨之以广来鲜果待客,荔支之外,一种名黄皮,形绝类葡萄,味亦绝

---

① 钞本无此题,据稿本补。

似，而皮色黄，食之通气。一名椒子，形如皂荚，味如甜瓜。一名香椒，即椒子而色黑者。三种俱不甚佳，新奇而已。傍晚返寓。

二十四日辛亥(8月4日) 晴。亭午骤雨，少刻复霁

孝拱来，同赴昆班观剧①，散后同过洋货店。余热极觉闷，饮荷兰水两瓶而差，傍晚归。写家信，即发，信局。子卿兄信。同上。莫伯邕来访。

二十五日壬子(8月5日) 晴，下午骤雨

饭后同晓岑访孝拱，久坐，值雨舆返。

二十六日癸丑(8月6日) 晴，下午骤雨复霁

午刻，偕晓岑坐小舟访莫伯邕于铁厂。中国委员觅洋匠制枪炮、机器于此，督工洋人食厚糈，散匠皆粤民，委员坐官厅司稽核，莫或究心，语言不通，即亦不能，仍一洋人机器局而已。访华若汀、容纯甫，傍晚返寓。

二十七日甲寅(8月7日) 晴

孝拱来，同赴戏园，道遇方小东自江北至，同往观剧。散后遍至女市数十家，仍到顾氏楼饮。三鼓返寓，小东同返。

接十四日家信，又六姊初七日信，又紫卿兄廿六信，又子宪兄初六、十七信，又虔甥、周藕生初九日信。

二十八日乙卯(8月8日) 晴

孝拱来。晓岑将行，余亦买棹欲返，下午即以余船送之先至宝顺取船票。雨之留饭，并同登洋人大楼一看。酉刻开赴轮船旁，俟人装毕上始返，泊老闸避风潮，夜已二鼓。

---

① 观剧，稿本作"看戏"。

二十九日丙辰(8月9日)　　晴

返舟觅小东舟,至东门同泊,以渠来沪,莫或为主故也。饭后小东先赴夷场。下午孝拱来,同访徐钰亭不晤,复同遍觅小东,不见,遂散。

七月丙申

朔日丁巳(8月10日)　　晴

早饭后访冯伯森、莫子偲,遂至孝拱处。以余忌口,孝拱为具伊蒲之馔,食次,小东来,欲游邑神庙园。适内园开,中多湖石,入一览。复于茗肆值伯森,偕坐少刻,仍旋孝家。小东复欲游夷场、女市,再辞未可,与孝拱强从之行,诣顾氏楼一坐,饮陈氏家,未与杯勺。客散已迟,与孝对榻谈彻夜。

初二日戊午(8月11日)　　晴,热甚

黎明,借孝肩舆下舟引枕卧,舟已与小东舟同移泊老闸二摆渡。亭午小东归。下午孝拱来谈至晚。余已为小东留三日,明早决行。

初三日己未(8月12日)　　晴,酷暑

早移舟过闸候潮,辰刻行,由吴淞老江过野鸡墩东北趋嘉定。申到南翔镇四十里,旧繁市毁于兵。傍晚到嘉定县城南门,转至西门泊。城外民居落落,皆新造,距南翔二十里。

初四日庚申(8月13日)　　晴,酷暑

早发嘉定,辰过外冈,泊舟买蔬,复行。午出小河入浏河,即古娄江。少前到太仓州城南门绕西门,城市与嘉定相仿,距嘉定约四十里。夜泊窑丘,约又四十里。

初五日辛酉(8 月 14 日)　　晴,酷暑

早发,辰至支塘,已过白茆镇,距昨泊处十馀里。由此东数十里出海,即名白茆口。午到五拒,距白茆廿里,距常熟五里,未刻抵家。自上海来舟皆西北行,不过二百里,多乡僻小径,岸皆艺棉花、杂粮,无稻田。岸多高,盖即濒海之冈身是也。家中无恙,园果、西瓜、玉黍有成者,解装已,家人以进余,味犹尔尔,顾以为乐。

初六日壬戌(8 月 15 日)　　晴,酷暑,夜大风而雨不甚

写紫卿兄信,寄阿摩呢阿二瓶。即发,信船。王朴臣信,寄《大英国志·地理志》。即发,信船。眉生信。交紫兄。安林信。即发,信舟。

接阿哥六日二十八日信。

初七日癸亥(8 月 16 日)　　午前微雨,午后晴

孟舆来自常州。访周藕生,并晤周芝亭、许太眉、冯石溪,又访赵少卿。写阿哥、炳甥、慎甥女信,杜小舫信,即发,由信船送信局。四姊、六姊信,子宪兄信。即发,信船。接慎甥六月△日信,又伯甥六月十七日信,又孟辛三月初六信,寄小像一个,又魏刚己、邓铁仙、杜小舫、杨卓庵等六月信。

初八日甲子(8 月 17 日)　　雨

接眉生初二信,又紫卿兄、王朴臣初七日信。

初九日乙丑(8 月 18 日)　　晴

家中过中元节①,煎茄饼,余不尝此味四年矣,食之甚美。周藕生来。接薛安林初八日信。

---

① 家中,稿本作"家人"。

初十日丙寅(8月19日)　　　晴

写眉生信,即发。紫兄信,寄西瓜十个,子宪兄信。即发。

十一日丁卯(8月20日)　　　晴

晨起食后即至北门外访赵次侯,久谈,饭后方归。

十二日戊辰(8月21日)　　　晴,热甚

阮钰归自崇明,书已取归,曹淦柩已坏,匣其骨返。

接汪虎溪信,又龚允之信并帐。

十三日己巳(8月22日)　　　晴,酷暑

书船来至宅旁,遣儿督诸奴上载,而令阮钰赁郭外民舍停曹骨。
写汪虎溪复信。即发,交来船。

十四日庚午(8月23日)　　　酷暑

检书粗竟,亡失无几,为之大慰。

十五日辛未(8月24日)　　　晴,午间雷雨,暑气一消

写紫兄信。即发,信船。

接紫卿兄十四日信,又子宪兄初五日信。

十六日壬申(8月25日)　　　晴,下午大雨

十七日癸酉(8月26日)　　　晴,午后阴

接紫卿兄十六信,又眉生十一日信。

十八日甲戌(8月27日)　　　晴,亭午雷雨骤风,旋复霁。下午
复风,天骤凉,可衣袷

写眉生信,张柳亭、紫卿兄信,即发,信船。子宪兄信。同上。

十九日乙亥(8月28日)　　　薄阴,甚凉

接冯式之信。

二十日丙子(8月29日)　　晴,时有雨意

周藕生、冯石溪来访。

《笠泽丛书》四卷,唐陆龟蒙撰。文甚高淡,忧时闵世,托物言情,读之恻恻。

二十一日丁丑(8月30日)　　薄阴

沿池蓼花盛开,凌晨坐石磴相对,如在繁春。世无何六宅,如余者,徒爱景而已。

二十二日戊寅(8月31日)　　阴雨

写曾中堂信,寄《仪礼图》(全)〔一〕部,交阿哥觅便。曾沅帅信、同上。李少荃信。交阿哥,均廿五日发。接子宪兄十七日信,又紫卿兄廿一日信,又眉生十八日信。

二十三日己卯(9月1日)　　阴雨

写阿哥信,寄书一箱。廿五发,交史全。又魏刚己、左仲敏、杨卓庵、苏晴山信。王梅叔信,寄《宗镜录》一函。均同上。

二十四日庚辰(9月2日)　　阴

写六姊信,寄洋鱼等。廿五发,交史全。李伯甥信。同上。紫卿兄信。即发,信船。

接六姊信。又董椒生六月廿四日信。

二十五日辛巳(9月3日)　　下午阴,微雨

赵少琴来访,同访周藕生昆季,少坐返。

二十六日壬午(9月4日)　　雨

课奴子结篱池上。

二十七日癸未(9月5日)　　晴

宅后种冬葵,与内子同观。

二十八日甲申(9月6日)　　晴

周芝题来访,索逋也。写眉生、紫卿兄、安林信。均即发。种芰池中成,连日饫之,甘美无比。

二十九日乙酉(9月7日)　　阴

写欧阳晓岑信、即发,托眉生转寄。眉生信、即发,托紫兄转寄。紫兄信、即发,信船。宪兄信。同上。昭文令沈希民来候。接紫卿兄廿七信,又宪兄、长生弟廿五日信,又欧〈阳〉晓岑初八、十四日信,内言湘潭县地方五月廿八日有哥老会起事,幸先期事泄,贼徒放火,仅燃一处。知县罗子洪不准开城门栅栏救火,使彼陆路消息不通,随拿获执旗贼目数人,搜出湘乡人栈房兵械无数。是日申刻狂风大作,湘江内打沉贼船十数只。翌日,撩获子药数十桶。六月初,其党公然出示,自称卓英会江路都头领张欲来报复,并有劫富济贫、整饬贪官污吏之语。

三十日丙戌(9月8日)　　阴

访李升兰芝绶,邑人,识之于次候坐中。少谈,访赵少琴,不晤。

接紫卿兄二十九日信,又眉生二十四日信。

八月丁酉

朔日丁亥(9月9日)　　晴

课僮种冬葵为御冬计。赵次候来访。许太眉、周芝亭、藕生来,以池芰新成,邀过尝之也。安林来自苏。

初二日戊子(9 月 10 日)　　　晴

初三日己丑(9 月 11 日)　　　薄阴

写紫卿兄信。即发,信船。

初四日庚寅(9 月 12 日)　　　薄阴

写孝拱、陈芰裳信,即寄信船。眉生信。交芰裳。

初五日辛卯(9 月 13 日)　　　阴

李升兰、赵少琴来访。写王朴臣信。安林旋苏,即发,交转递。

初六日壬辰(9 月 14 日)　　　晴

答候沈希民、汪翰青,皆不晤。

接紫兄初四日信,又眉生初二日信。

初七日癸巳(9 月 15 日)　　　晴

写紫卿兄信,即发,信船。接六姊初△日信。

初八日甲午(9 月 16 日)　　　晴

同孟舆访许太眉、冯石溪、周藕生昆季,同茗于石梅山麓,下午归。写眉生信。即发,交上海信船。

初九日乙未(9 月 17 日)　　　晴

携孟甥买舟至北门,赴次侯之招,同座季君梅、念诒,江阴人,季仙九之子。许太眉、李升兰、赵少琴,谈宴甚乐。傍晚棹归,有微恙。

初十日丙申(9 月 18 日)　　　晴

周滋庭招饮,未赴。接孝拱初八日信。

十一日丁酉(9 月 19 日)　　　阴,午后晴

写六姊信、子宪兄信、即发,同交信船。紫卿兄信。同上。宗湘文

来候，自浙奉差至此也。写孝拱信。即发，信船。傍晚买小舟至南门外答访宗湘文，见示左制军请造轮船奏稿，语多敷衍，以为未必能尽善，而慰情胜无。谋国如此，足为一噱。余谓破巧当以拙，求胜人当匿所短而用所长。师之以毙之，是逢蒙氏之智也。乌乎能？别归，沿西山望月，叩城而入。适周藕生送北地葡桃一筠篮，池上对月食之。余自三岁侍宦山右，或知此味，顾已三十馀年矣。吴瑟甫来。审安之友也。

访友归，泛舟看月西山下，叩城而入，或馈北地葡萄，坐池上食之，迟云去月出。南阳孺人曰："此月云掩后光益明。"遂赋。

水调歌头

载月欲何往，送客过前津。一舟湖上来去，身贮玉壶冰。珍果来从千里，似我新开三径，佳种叹离根[1]。鲛泪掬盈手，颗颗摘繁星。　　天如水，云似锦，月如银。碧霄恁见无意，磨濯一轮新。招取寒蟾孤迥，好与余怀相共，把臂论昏晨。知己世间者，含笑有闺人。

十二日戊戌（9 月 20 日）　　　晴

十三日己亥（9 月 21 日）　　　晴

周藕生来。傍晚子宪兄来，伯房甥亦偕至，剧谈至二鼓。

接阿哥七月廿六信，又六姊初十信，又慎娥甥初九信，已到常州，不日即来。又族嫂储氏信，又子可表侄七月廿四信，又曾中堂六月十七信，又杜小舫七月二十信，开孙七月信，又潘伊卿七月十六日信。

----

① 叹，稿本作"怅"。

十四日庚子(9月22日)　　　阴,微雨

周芝题来。饭后同子宪兄等茗饮,复登山及半,山雨欲至,遂归。

十五日辛丑(9月23日)　　　中秋。阴雨,下午晴。夜月

皎洁,七八年所未有

写六姊信,寄去田契等。即发,交子宪。周钧甫信,送其太夫人吊分二元。十六发,交孟舆。秋分合祀。夜邀周藕生、芝题、吴瑟甫、宪兄,审安、伯孟二甥赏月池上,二鼓乃去。

接紫卿兄十三日信。

十六日壬寅(9月24日)　　　晴,夜月甚朗。亥刻月蚀既,地影

掩月上如黑纱幕灯状,星河尽显

同宪兄、吴瑟甫、孟甥茗于石梅。周滋亭、藕生来。夜,宪兄、审安、孟甥、伯甥皆赴常。伯甥就昏华氏,孟甥作蹇脩。审安解馆,宪兄附之同行。

十七日癸卯(9月25日)　　　晴

写伯、孟二甥信,安林信。均发信船。

十八日甲辰(9月26日)　　　晴

池中馄饨菱成,甘芳特甚,紫兄适送南塘鸡豆至,二味相参,真仙供也。写孝拱信。即发,信船。

接紫兄十七、眉生十三日信。

十九日乙巳(9月27日)　　　阴

访周氏昆季及许太眉,下午太眉同周〈氏〉昆季来访。

二十日丙午(9月28日)　　　晴

下午访许太眉于周氏,并晤李升兰,同至石梅茶室,又沽饮于市

中。余以有恙先返。

二十一日丁未(9月29日)　　晴

写椒生信、即交原便。安林信。即交信船。

接安林二十日信。

二十二日戊申(9月30日)　　晴

亭午恙复作，乃知咳也。余凤患痰饮甚重，昨服二陈一剂，今改服小柴胡加川连，仍以去湿为主。周藕生来辞行赴楚，以疾未见。

接阿哥十四日信，又殷仲初九信，李少荃信。

二十三日己酉(10月1日)　　晴

二十四日庚戌(10月2日)　　晴

欧晓翁之甥王竹溪遣其仆汤福来言盐事。写王竹溪信，即发，交来人。子宪兄信，附王信内。杨卓庵、紫卿兄信。即发，均交汤福递。亭午服药，大吐，寒热亦甚。傍晚渴甚引饮，至服藕汁、食生菱，热始瘳。盖疾虽由湿，而秋咳必挟伏暑，服燥药过甚，则木火无制故也。是日为之狼狈。

接紫兄二十二日信，又王竹溪信。

二十五日辛亥(10月3日)　　晴

未服药而终日不食，胸次淳满则又生冷为灾也。屠体不异贫家，小有耗损，则瓶盎一空，左支右绌。明日拟改方，滋燥并用。

二十六日壬子(10月4日)　　晴

莫子偲来候，诧甚，冒头出迎，则亦抱恙从沪上访书至此。相对移时，各不能畅而别。是日服药复大吐，痰涎盈碗，疟遂不至。仍不食，不大便，时或一饥，食饮稍积辄吐，此痰饮本症，驯至返胃。长生弟来。

二十七日癸丑（10 月 5 日）　　晴

疾如故,每日不过啜园蔬、煮米糊一碗,痰涌甚则捣姜汁和蔗糖服之,辄开豁。

接方元翁十四信、般仲十五信。

二十八日甲寅（10 月 6 日）　　晴

疾如故,〈服〉胆星等痰药,疾稍间。

二十九日乙卯（10 月 7 日）　　晴

疾少间,仍服前药,是日得解,午餐始进饭半盏。

三十日丙辰（10 月 8 日）　　晴

疾渐愈。写张屺堂信、金眉生信、即发,信局。紫兄信。上。

接紫卿兄二十九日信,又眉生十八日信。

九月戊戌

朔日丁巳（10 月 9 日）　　晴

疾瘳。四姊自常州归,慎甥女偕至。闻炳甥新妇婉淑,能作苦,为之大慰。

接六姊八月廿六信,子宪兄八月二十信,又魏刚己七月廿六日信。

初二日戊午（10 月 10 日）　　晴

初三日己未（10 月 11 日）　　晴,夜雨

初四日庚申（10 月 12 日）　　晴

初五日辛酉(10月13日)　　晴

初六日壬戌(10月14日)　　晴

孟甥生子。写幼静信、初九日发,交元师转寄。元师信、初九发,交般仲转交。般仲信、初九发,托眉生转寄。伯甥信。即发,附六姊信。许太眉、李升兰、吴冠英隽,江阴人。来访。写六姊信、即交信船。宪兄信、〈即〉发,附六姊信内。眉生信、即发,交调卿。才叔信、即发,交眉。金调卿信、紫卿兄信、薛安林信。均发信船。

接宪兄初三日信,眉生廿六日信,又金调卿初五日信。

初七日癸亥(10月15日)　　晴

新植之桂,着花甚馥。

初八日甲子(10月16日)　　晴

初九日乙丑(10月17日)　　晴

写阿哥信、即发,眉生转寄。方子可信、即附兄信。眉生信、即交调卿。调卿信、紫卿兄信。即发原船。

接阿哥八月廿九信,又紫兄初八信并洋一函,又般仲八月二十信。

又眉生初三日信言,曾侯回任,李督接其手北剿。甘督杨、陕抚刘同时乞身,左帅西行。又曾侯为御史朱学笃痛诉,乞假一月,既急且愤。佛夷上嫚书,直斥恭邸为不胜任,大可撤,以王爵让李督。且云李督兄弟同任岩疆,东南已非国有云云。显然用间,可为狂狡之极。

又调卿初八日信言,郭中丞奉总理衙门之命,赴上海与夷人打话。

初十日丙寅(10月18日)　　　晴

访许太眉,并晤李升兰,同访杨咏春、书城,咏春未晤,又访赵少琴,同访吴冠英,傧,江阴人。见戴醇士山水卷,真纯淡远①,又唐匹士荷花立帧,风姿如在露中,上多王员照、恽南田诸巨公题。孟甥处接信闻杨子春去世,为之惨悼。

十一日丁卯(10月19日)　　　晴

十二日戊辰(10月20日)　　　晴

许太眉来,同至石梅茗饮,良久散。

十三日己巳(10月21日)　　　晴

杨小山自江北来见候,少坐,遂解舟赴苏。吊杨咏春封翁之丧,并晤赵次侯、李升兰。

十四日庚午(10月22日)　　　晴

汪凫洲定勋。来候,久谈。

十五日辛未(10月23日)　　　阴雨

答候汪凫洲,并识其居亭陆叔文。邑人。访许太眉。

接屺堂初五日信,知曾侯因捻患孔炽,密奏沅帅驻南阳,调度楚豫,少帅驻徐州,并顾山东。前云曾侯回任,误也。

十六日壬申(10月24日)　　　阴雨

吉止弟、仲言、嘉纶。季簪嘉绂。来自山右,并偕其表侄时虎臣来。

接阿哥八月廿四日信,又本月初四信,知李帅带印出省,兄预从

---

①　纯,稿本作"淳"。

行之列,已拟挈眷赴徐州。相去日远,为之怅然。又接邓伯紫五月十八信,时笠夫初三日信,又魏刚己八月三十日信,又陈舫仙二月二十日信。

十七日癸酉(10月25日)　　阴雨

写六姊信,寄还巴缎一卷。即发,交定保。伯甥信。同上。

十八日甲戌(10月26日)　　晴

同邓仲言、季簪、时虎臣及长生弟登虞山,又至石梅茗,复偕饮酒肆,日下舂归。

十九日乙亥(10月27日)　　阴,微雨

二十日丙子(10月28日)　　阴

写李眉生信、魏般仲信、均即发,交宪兄。子宪兄信。即发,交信船。接周钧甫八月二十四日信。

二十一日丁丑(10月29日)　　晴

杨咏春沂孙。及其弟滨石、泗孙,太常寺少卿。书城汝孙。来候谢,久谈。审安侄来开馆。种树人周阿六来,劝我东皋艺梅。

接六姊信,又殿兄十六信,紫卿兄十七信,子宪兄十五、十八日两信,又槐亭十七日信。

二十二日戊寅(10月30日)　　雨

二十三日己卯(10月31日)　　雨

写槐亭、六姊信,子宪、殿英、紫卿兄等信。均即发,信船。

二十四日庚辰(11月1日)　　阴雨

赵次侯招饮未赴。写阿哥、屺堂信、廿五〈发〉,附眉生信。陈舫仙信、十月初四发,交勒少仲。邓伯紫信,附陈信内。公武信。廿九日发,交

仲言。

二十五日辛巳(11月2日)　　　雨

写眉生信。即寄金茗卿。汪罕青大令祖太夫人之丧,往吊,晤汪凫舟。又吊姚小欧之丧。候杨咏春、滨石、书城,晤咏春久谈。候汪凫舟、陆叔文,不晤。候汪少堂铭恩,今任常邑某乡巡检。及其弟悦生。写金茗卿信。即发,信船。汪少堂来答候。行客购小桂二本,趁雨植后园。

二十六日壬午(11月3日)　　　晴

赴次候招饮,同坐吴冠英、李升兰、杨渊甫泳沂,江阴人,文定公后嗣。及次候族谊数人。篱菊甚开,锦绣成衙,主人略礼,客亦各适,哄饮至醉。把菊分赠,绚烂而归。汪柳门、汪凫州来候,下午又偕土人庞、曾二子来访,俱不晤。接眉生十七日信。

二十七日癸未(11月4日)　　　晴

答访汪凫舟,道遇柳门,归途又至周芝题处少坐。拟明晨赴苏,看家人收拾行李。

二十八日甲申(11月5日)　　　晴,逆风

巳刻下舟池口,仲言同行,季簪留读余家。申至洪塔,夜泊齐门外维舟,闻城中二炮。

二十九日乙酉(11月6日)　　　晴

早移舟玄妙观前,同仲言茗,又邀安林至,久谈。送仲言投阊门客寓。访忠义局友叶安溪、顾厚田久谈。步至九兄家,少选舟亦至,解装兄处,并晤汪凫州。夜殿英兄来谈。

接阿哥十八日信,已过扬州。又眉生二十二日信,又杨小山赠诗。

十月己亥

朔日丙戌(11月7日)　　晴

写家信,寄洋二十元。即发,信船。闻左孟辛至,遣奴子探其踪迹不得。又写函信。即发,信船。

接廿九家信,寄到梳篚各件。

初二日丁亥(11月8日)　　晴

周钧甫来候,黄桐轩继宪,贵竹人,耽内典,持张溥斋书为绍。来候,杨小山来候。邓仲言、时虎臣来访。

接张溥斋五月十六日信。

初三日戊子(11月9日)　　阴,微雨始寒

午前至玄妙观前,招薛安林来同茗,复同饭。俟邓仲言于茗肆,不至,会微雨,去之。答访杨小山,途遇之。答访周钧甫,久谈归。汪柳门来候,不晤。

接初二日家信。

初四日己丑(11月10日)　　晴。夜四鼓地震,有声如雷

饭后候吴晓帆方伯,久谈。答候汪柳门,不晤。候勒少仲廉访,久谈。答候黄桐轩,不晤。写家信,未发。写魏刚己信,寄花露一瓶。初七发,交孟甥带交伯甥。

初五日庚寅(11月11日)　　晴

勒少仲来答候。黄桐轩来谈。邓仲言、时虎臣来言,即刻下船赴泰州。周礼门来访。

接欧阳晓岑八月初九信。

初六日辛卯(11月12日)　　　晴

买舟至阊门访王竹溪,金钊,湘潭人,晓岑之甥。答访周礼门,不晤。至齐门访璞臣,不晤。闻行之九月十一下世,为之惨然。归寓。是日吴晓帆来答候。

初七日壬辰(11月13日)　　　阴

写晓岑信、即发,交竹溪。王竹溪信。即交来人。安林来。孟舆来自虞,疾愈,将赴试里门也。写家信,寄夹衣一事。即发,信船。同安林、孟舆午食肆中,又同茗。孟舆去,与安林闲步,见巡抚署方鼎新,役夫累千。又至文庙瞻仰,亦新建。过沧浪亭,荒城极目,下春归。黄桐轩来,不晤。接初四日家信。

昨过谈吴晓帆方伯斋头却寄四首

悲泉日驭正悬车,千古挥戈此恨赊。我有三间搔首意,杀机何事起龙蛇。

八饵书成远已柔,一时吴越竟同舟。如何四海为家日,难悟悠悠筑室谋。己、庚之际外事棘,吴时观察上海,以八条款酉已许诺,且共捍患矣。无何,有挠之者,事格,遂有津门之役。

贝叶金函事本殊,舌人体委有前模。范家兵甲胸中满,偏学郦延一着输。各国和约,使臣交际而已,无通国书体。比利时本小国,恃英人力亦预会盟。顷始换约,以其主上皇帝书进,护巡抚郭柏荫贸然受之,事益纷纠。

和戎金石颇难弹,一老哀弦独夜弹。多少铜驼门下泪,洒来尤比晓霜寒。苏抚李鸿章初至,颇为远人所信,自克苏州争利,遂失欢。上海道应宝时今与外交际每称引李,事必沮。而李左右多称陆啬水栗。

过旧节院方鼎建未葳

匈奴未灭安用家,脂膏涂塈重官衔。半城荒草悲风里,又听工师鼛鼓挝。

初八日癸巳(11月14日)　晴

访黄桐轩久谈,识方子听濬益,定远人。于其座。饭后访冯式之不遇。访周钧甫久谈,钧甫能以河洛理数推命,余年命合逢姤之上九,爻辞姤其角,吝无咎。其总诀云,此爻是以刚而与人无所遇,故不免于吝者也。高名清誉,出萃冠伦,忠言正论,多阻于邪议,而禄位不稳。在仕必为僚长,防过高之诮,在士进取,必居魁首,独立无助,营谋艰辛。与余生平殆合符节。占者断以姤为遇,卦中元气化工皆全,可位藩臬,则犹流俗颂祷之辞已。归寓,或以生日饮客者,余亦预酬酢,幻师倡女,纷纠达旦,余舍爵先卧。接初七日家信,又儿子实来禀,又六姊信。

初九日甲午(11月15日)　晴

汪凫舟来久谈,下午去。写家信。即发,信船。傍晚至内与九兄长谈。孙云叔亮功,济南人,候补知县,九兄之亲家。来候。

接初八日家信。

初十日乙未(11月16日)　晴

写吴晓帆信、即发。眉生信。即发,信船。周钧甫来,同至观前茗饮。先约安林已至,以家中事属安林赴虞一行,匆匆未及写信。复遣约杨子劭至,同茗同饭。饭后访吴晓帆久谈,傍晚归。

接吴晓帆本日信。

十一日丙申(11月17日)　晴

写晓岑信、即交晓帆。吴晓帆信,送地图一部。即发。访子卿四兄、慰之大兄、憩棠三兄,四兄留饭后归。入晤九兄,长谈。写家信,十二发信船。安林信、同上。卫生、子宪两兄信,同上。六姊信。同上。

十二日丁酉(11月18日)　　　晴

下午,黄桐轩来访久谈。写安林信。即发,信船。赋《卜居》诗十八首成。接安林十一日信。

卜居十八首

卜居虞山下,峰岫照门间。方池直前荣,浮光动我裾。东田在溪曲,广可三亩馀。地卑足荷芰,土沃宜果蔬。松杉皆中材,手植迟自娱。小堂纳宾朋,偃仰高阁虚。幽怀独游骋,时与浩淼俱。平生囊箧藏,四壁罗图书。身世偶有托,遂忘井里殊。岂无桑下情,同为传舍居。

池中出小阜,绿树何萋萋。泉流汇东南,长堤萦其西。披襟遥相望,脉脉不可跻。小鸟时往巢,乐彼人迹稀。趋舍有定理,全生本天倪。拙哉汉阴人,欲以息群机。网罗在中野,去去与子栖。

东田傍我居,杂植别蔬果。青黄夹道周,濯露咸琐琐。西山透城闉,冈阜曲向我。曳履时一顾,襟怀已澹沱。层峰起杰伟,临眺志亦颇。胡为久却曲,足茧畏坎坷。郁郁山上松,欲去屡驳娑。岁寒方寸心,终古期不堕。

东邻有病木,枝叶半凋黄。咨尔曷憔悴,邻叟为我详。忆昔少年日,感候眷流芳。此树本邻卉,掘根来舍旁。蹀躞日三复,摩挲苦不长。偶厌或摧折,兴来酹酒浆。勾萌日以萎,零落今犹僵。咥笑为树语,甘苦汝所当。托生贵穷谷,奚为康与庄。上枝无巢莺,下根非栋梁。犹愧长者爱,不然膏斧斨。愿程汲汲心,勤渠慎弗忘。

鬖鬖池上柳，生意郁然荄。逢春发柯条，畅达无阻回。念汝一物微，亦负造化胎。植根苟无陂，庶几遂尔材。定命人所同，鼎鼎将安为。

群汇百千种，禀性本同流。驰骛厥路殊，悠悠遂阻修。北胡与南越，驱车孔道周。虽云辙迹乖，同彼汗漫游。夸修轩冕人，枯槁山泽俦。尊生各有志，营己理则侔。适意即为贵，谁能得失筹。

读书东房南，广几罗典坟。上下数千载，咏歌旬以殷。得间遂研别，遵途无艰屯。忽尔与古会，慰怀胜饮醇。恢诡炫奇博，饕餮称多闻。譬彼珍错过，朵颐灾我身。人己学良殊，默默观群文。

圣远群言淆，修学各殊径。溯流既由博，探本或尊性。苟令趋向同，顺倒岂一定。是以洙泗科，设教逮百行。象尼今有作，广辟吁群俊。溟渤既涵纳，淄渑孰则竞。时衰道尤微，魁斗曷运柄。戈矛在同室，町畦每忘进。不闻姬孔情，盘际八表正。如何坦坦途，榛梗今不净。

松寮结池上，谡谡风往还。辽天畅无垠，暮霭东西丹。明月倏已照，粲然见容颜。乘兴举杯斝，有酒清浊间。客子亲故稀，礼数昔已删，适意二三友，雅俗奚足班。唯阿智愚计，天真贵不剡。

有客忽来顾，驷马薄林鲜。停舆石扉下，鸣金溪水边。逾垣事则异，束带庶兢乾。息机久寂寂，重效傀儡牵。翠羽施冠上，辉煌野人巅。雕绘到沟断，遂令媸骨妍。自顾惭柴荆，欲步还赧颜。饮客无茗碗，款客无餐盘。候客无童奴，答客无马鞭。珍重客今去，愿宽愚者愆。

　　池南巢雄雉,文采照清波。数步一饮啄,旁有虞者罗。春花敷墙隅,游女时往过。摇手戒弗摘,欲言涕将沱。物微俗已异,业远众益苛。感彼盛名会,销声乐蹉跎。忍俊偶逸足,束身还谴诃。煌煌大都邑,贤杰踵相摩。非乏流就情,但愧对岩阿。求益讵云易,标树名苦多。念念弃予去,我生时则那。

　　春秋有代谢,园卉顺荣枯。芳华竞青韶,寒秀霜气俱。未闻零落期,太息在路隅。人生多情物,委怀良独殊。理惬心已安,落落听毁誉。栖栖圣者流,孑孑民生谟。得丧一身计,无为悲阮途。

　　放舟姑胥下,山色凄以寂。包原长州宫,零落众芳歇。东吴雄霸地,江海争奥泄。缅怀古昔事,茶火向上国。顾盼瓯越平,一挫气已墨。盛衰须臾间,人物递嬗及。寻常场圃翁,投老筋骨竭。高皇奋三尺,枕奄亦萧瑟。精销孰能挽,愚圣岂殊辙。秋风动悲想,怊怅数朝夕。

　　成毁有运命,人事乃相参。精诚金石开,合漠无顽坚。掔掔赤舄公,群叔顾流言。夙有匪躬志,风雷终感诚。冥契若昭揭,实事况钻研。上农耐胼胝,差饱干潦年。匹士寒窗下,积德非徒然。感应信万殊,不失铢两间。惟皇总群汇,一一无颇偏。

　　阳春富华实,孰矜松柏林。矫矫夏驾气,每推胡耇心。凉秋倏已至,消息别阳阴。晨风骞林表,健翮殊凡禽。触缴远投伏,翻飞有遗音。一物未足叹,万象日骎骎。世衰各弋获,俗薄难为任。所以桓君呕,曾沾良宰襟。

　　经秋感异气,痎疟咳疟动晨昏。内热挟温暑,牡藏邪所根。譬昔金狄灾,已入大梁门。屯壁虽不下,居殿久失尊。膏肓不足近,城社难比论。纵有营卫强,讵可手足扪。素书青囊内,伏枕呼黄轩。

孟冬寒气近①,晷短日景微。四野悲风动,归鸟无安枝。雪涕柴门下,凄然掩荆扉。谁云灯烛光,无乃形影非。游子暮不息,夕露沾尔衣。沾衣何足念,我嗟周道迟。

不寐有感集,揽衣夜寥寥。周身事微末,顾伤鸿雁嗷。清晨课耕植,锄铦向东皋。惨惨未云获,聊知百族劳。盎空妻子默,偿薄童奴骄。辛苦贱者分,没身殆足高。人生百岁间,菀枯听尔遭。心强竟鏖斗,气索终梗飘。得失各自任,孰云冥冥操。千载延叔坚,心期吾辈曹。

十三日戊戌(11 月 19 日)　　　晴

周钧甫来。夜槐亭来自常州。写家信。即发,信船。

接十二日家信,又伯甥初九信,孟甥十二信,又般仲初二日信。

十四日己亥(11 月 20 日)　　　晴

答候孙云叔,未晤。吊金缙甫之丧,晤力甫、苕卿、袁桐君等。候王朴臣不晤。候戴蕴之,吊其弟行之之丧,不晤。归寓,朴臣来久谈。槐亭来。黄桐轩来同茗,久谈。晚食后同槐亭晤九兄谈。

十五日庚子(11 月 21 日)　　　晴

写眉生、才叔信,即附屺函。张屺堂信,即发,信局。杜小舫信,即发,交伯房带。伯甥、孟甥信。即发,信船。下午,子宪兄、黄桐轩来,方偕两君与槐亭将茗于市,至门,逢眉生来候。余独返,与眉谈,接踵而至者眉之附从甚众。傍晚眉生去,亦遂哄然散。眉以今晚旋嘉善。宪兄同槐亭来久谈,至二鼓尽乃去。

_____

① 近,稿本作“迫”。

接十四日家信,又阿哥九月十五信,又魏刚己九月信。

十六日辛丑(11月22日)　　　晴,天气燥暖,可衣袷。阳气
不藏,虑地将复震

槐亭、宪兄及其伴巢雪香来,同赴观前茗。遇戴蕴之,同饭,饭
后到护龙街古董肆,又偕访钧甫,久坐归寓。写家信、即发,交宪兄。
长生信。同上。晚饭后至二兄舟中一谈,并送槐亭行。

接黄桐轩本日来信。

十七日壬寅(11月23日)　　　晴

写曾中堂信。十九日发,交勒少仲。孙云叔来候。汪凫舟来候,晚
饭时复来。

上曾中堂书

中秋前二日奉到六月十七教言,敬审前肃寸丹,己烦记室。
七月杪复修笺陈贺秋节,并呈饬购《仪礼图》一部,未知得达左
右否?

侧闻夏秋度湖,惊涛偶值,至德在躬,百灵所不敢近,拔剑
投璧,已即安流。伏维更涉江河,驱驰麾韅,忠诚贯格,苍穹默
相,得毋胼胝忘劳,以愆台候,葛任悬仰。中州流氛定已穷蹙,
帅节四建,禽狝合围,燎原焚林,一举扫荡。斯民愉乐,日夜
引领。

〈烈〉顿伏下邑,玩愒如旧。敬承不遗,垂询缕缕,开械欲
涕。赋材樗散,淡泊自期,夙为鲜民,尤乏捧檄之喜。去岁将
归,荷少荃宫保推公恩,故为计朝夕,周之则受。窃附古人,闲
局一枝,诚不得已。庶托抱关之义,笔墨清素,扪心已觉过情,
固不愿跻诸祭酒,稍近显豁。自处如此,无他窒碍。

局中传记,平湖顾访溪,太仓叶涵溪两学博为之已竣,〈烈〉

糜廪糈,无所事事。林一先生,今夏叔舟其门曾一见之。俞荫
甫先生则知名未识,虽怀高山之仰,犹稽执经之问。每思幼壮
失学,山椒寂历,颇兴愤悱。而门径芜塞,遵道末由。欲博辨群
言,循径渐入,则日暮途远,疲赢莫策。欲专研大义,捷足先据,
则向壁虚造,枵腹为惭。彷徨两歧,靡所定届。加之斗升之计,
日与心鏖,力弱物强,益荒志事,伏案无几,终忧不为饥驱所免。
回忆早蒙知赏,荏苒十年,尚无安身立命之所。为学如此,深辜
厚望,念之愧病。孟子曰求其放心,释氏亦言,置心一处,无事
不办。虽膺斯义,而坚守为难。凤怙师门,有如泰岱,南车之
指,金堤之防,千祈弗吝箴言,俾敦道气。

　　顷在虞山,有《卜居》诗十馀首,山中情事,语皆纪实,敬呈
近艺,仰求斯斧。于学则端其趋向,于志则辨彼从违,不胜大
幸。末章噍杀逾当,窃闻《匪风》、《下泉》,编诗不废,霜露时改,
虫鸟变声,姑备一格而已。专肃云云。

十八日癸卯(11月24日)　　　　晴

写晓岑信、发交冠北。黄冠北信。十九发,交信局。朱箓卿来访,汪
凫舟来。

十九日甲辰(11月25日)　　　　晴

写眉生信。即交信局。薛安林自虞来。答访汪凫舟,少谈。写家
信,即发,信船。长生信。同发。

接十八日家信,又长生弟同日信。

二十日乙巳(11月26日)　　　　晴,初寒甚厉

同安林茗于观前肆中。写家信,寄归洋参等。到忠义局晤顾厚
田、吴菊青。无锡人。答访朱箓卿,不晤。

接眉生信,又曾沅甫中丞九月初四日信。

二十一日丙午(11 月 27 日)　　　晴

殿英大兄来自常州。傍晚入晤九兄,久谈。朱隶卿同孙载之钱塘人。来访。槐亭从浙禾返,来晤。接二十家信。

二十二日丁未(11 月 28 日)　　　晴

同槐亭茗,并邀黄桐轩来一谈,归寓。饭后汪安斋来,黄桐轩复来。晚间周钧甫来久谈,二鼓去,槐亦下舟。

二十三日戊申(11 月 29 日)　　　阴

戴蕴之来。写善徵信,即交蕴之。槐亭、六姊公信,即交信船。孟甥信,同发。家信,即交信船。季雨信。十一月初二发,附阿哥信内。

接二十二日家信,又孟甥信,又眉生二十一日信。

二十四日己酉(11 月 30 日)　　　晴

感冒微恙。龚念匏来候,久谈。闻英人在日本,日本人半欲与和,半欲与战,〈议〉不决而内哄,英酋巴夏里按兵观衅。又言英人攻朝鲜为所败,未知确否? 写眉生信、即交来足。孝拱信,并其次子慎庵信,时在东洋。均交念匏。又眉信。并交来足。下午到九兄处谈。

接眉生信。

二十五日庚戌(12 月 1 日)　　　晴

写家信。即发,信船。饭后到伯厚大嫂处候问。归寓,入与九兄谈,晤吴清卿。

接二十四日家信。

二十六日辛亥(12 月 2 日)　　　晴,饭后阴

安林来,同赴阊门购布贻家中小儿女。归途逢张柳亭,同茗,初

鼓时始返寓。接眉生二十三日信。

读李安溪《谱录合考》二卷终。

卷上。公言河性湍悍，堤之则患塌，浚之则患淤。惟引而泄之于洼处，勿事防束，使四平皆容水之区，则虽或泛滥，势将随涨随溢，不至骤满横决，有一道奔冲之虞，而河害自减。所谓不与争地者是也。《禹贡》九泽既陂，陂乃堤也。惟止水可堤，河而堤之，是泅陈之故智矣。然三百年来不得不讲治河之方者，徒以济运也。考漕运之法，本色之输，耗几倍于折色，则其累在民。上运之日，文武接受，窦穴千孔，则其累在官。至旗丁之廪食，运员之禄糈，以及漕艘之大修小修，闸夫栈夫之千里棋置，其累总中于国。总而计之，每运米一石，无虑需银八九两①，更合之以治河之费，盖斤金不啻矣。若于畿甸之内，躔有泉源处所，与洼下之乡，厥壤涂泥者，仿古沟洫之制，采虞集之说，择干吏以兴稻田，既可少杀北河水患，又可上供玉粒，下给吏俸。至各旗甲米，则量岁高下，就近省采买杂粮以匀给之，如此则东南漕额渐次可省。每岁量漕以牣天庾，自可改用小艇，直凌浅波，不必借水于河。于是度河之势，引而泄之，一以损漕道岁耗之劳，一以免河防岁修之费，北收沟洫之大利，南减崩冲之甚灾，计莫便此者也。

按：此论经国硕谋，明朝及今所云河政，实漕之疏附先后耳，无漕则河患自息。至于运米之费，每石不下五六十金，旗甲以之易杂粮，直止三金而已。国计之失，莫此为大。至于上供本不藉南米，吏禄则操办甚敷，固不必立改用小艇之议，复留弊端也。畿辅垦田，其事未可成说，详余《畿辅水利四案》评语中。

卷下。《与何焯书》云：趋禁有日，深知慎默容慎，又因此得大精

---

① 稿本此句后有小字注"不止此数"。

进。贤人君子,历乎宠辱荣瘁之途,处处是学,正为此等。如必曰矫矫直遂而已,此以肆志山林则可。入世之后,即如千金良药,亦须泡制几巡,独存真性,然后自度度人,其道不穷。况在我者未必尽是,在人者未必全非,即令全非,又不足校。

语语的当,是有学问兼有手段人语。

又,扈从舟行,召公侍讲,公请曰:府兵制坏,兵之耗费且千年矣。夫一夫不耕或受之饥,况以数千百万之众,坐而食之乎。古制既难卒复,臣愚以为边海经制之兵,固不可撤,至腹里郡县为宜参用民兵,给以半赉。民兵既有田园庐落,又谙委其俗情形势,有事鼓而用之,易效臂指。事已,散而归休,足以力农。如此,则费之省者以百万计矣。边海经制之兵,亦宜仿古屯田之意,择在所馀地,官予耕种,数熟之后量减其资粮,惟无地者乃予全给。如此,费之省者又百万计矣。

二十七日壬子(12月3日)　　　　阴

写家信,即发,信船。寄归东洋参两匣。龚定孙来访。黄桐轩来,同访方子听潏益,定远人。不晤。入晤九兄久谭。殿兄来谈。

接二十六日家信。

二十八日癸丑(12月4日)　　　　晴

写李宫保信、初二发,交勒少仲。阿哥信、同上。般仲信。同发。饭后入晤九兄长谈。方子听来访。

上李宫保书

九秋恭闻六蠢风移,鼓行萧沛,大张挞伐,共纠不虔。仰维雄武勃然,奋袂而起,如申巨灵之掌,抑搔疥癣之疾。以我朝气,击彼惰归,扬洪炉而炳飞蓬,转沃焦以漂断梗。风旗晨卷,露布宵驰。禽狝合围,告功一举。斯民愉乐,北顾倾心。芪躬涉劳,夙夜靡监。精诚贯格,坚固日强。翘颂台端,定增福祐。

方今内忧未蠲,外衅将伺,肃清瑕垢,奉宣皇威,我武既扬,彼骄斯折。攻心伐谋,成算坐算,坚甲利兵,制梃可挞。用知安内攘外,赖在人杰。形势转移,捷于桴鼓。抽将沸之鼎薪,解倒悬之绳缚。喁喁之望,非公伊何。

〈烈〉初审视师之间,即欲束装趋送,旌节旋传,前驱电发,已离白下。且思荡定有期,公归在迩,因不克果。山居寂寥,粗理旧业,素餐已届一载,得离冻馁,每食不忘。自愧空疏[1],无裨高厚,辄思愤悱启发,冀于文字或有小成,持报栽植。而绝苇功疏,伐檀愧切,用辜雅意,是所疚心。专肃云云。

二十九日甲寅(12月5日)　　晴

安林、黄桐轩来。同安林到观前茗及饭。下午途遇柳亭,同茗,下午归。写家信,寄归洋布等。卅日交信船。〈写〉宪兄、长生、槐亭信,寄归洋钱及册页、书等。三十日发,交柳亭觅便。

接二十八日家信,眉生二十六日信。

三十日乙卯(12月6日)　　晴

访黄桐轩,留其家饭。饭后吉如来,同访孙云叔,道遇周芝题,同过其寓小坐,晤其兄滋亭。自周处出,乃至孙处,复少坐归。晚周钧甫来。写家信。接二十九日家信,又阿哥十四日信,又般仲十九日信。

十一月庚子

朔日丙辰(12月7日)　　阴

写阿哥信、初二同前信发,交勒少仲。眉生信。初二发,交来足。夜

---

① 空,稿本作"虚"。

九兄来谈。周钧甫来。写殷仲信。同阿哥信发。

初二日丁巳(12月8日)　　晴

写眉生信。同昨信发。饭后候钧甫,次候勒少仲廉访,并晤汾州马介秋司业。次候王晓莲方伯。次答候龚念匏,并晤朱菉卿。接眉生信,又孝拱十月廿八日信。

初三日戊午(12月9日)　　晴

同安林观前茗并饭。下午迟朱菉卿来茗不至,归寓。

接初二日家信,又本家侄修睦大叔之孙。五月初三日信,又槐亭十月二十五日信。

初四日己未(12月10日)　　晴

至殿英兄处畅谈。旋虞,雇舟来,遣奴子押行李候于齐门。黄桐轩来。入晤九兄辞行,即至观前同安林茗。饭后约周芝题昆季至,面交前欠找款七十番,遂同安林下舟。舟发,三鼓泊洪塔。

初五日庚申(12月11日)　　晴

清晨舟行,巳刻到家。经过西湖,水光浮山,清气拂拂,涤我俗尘。家中无恙,惟四姊病尚未愈。

初六日辛酉(12月12日)　　晴

初七日壬戌(12月13日)　　晴

写孟甥信、六姊信、长生弟信。即日发,信船。

初八日癸亥(12月14日)　　晴

初九日甲子(12月15日)　　阴

张雨生来访。

初十日乙丑(12月16日)　　　阴

写九兄信,寄赠宋拓《圣教序》,殿板前后《汉书》等数种。十一发,交信船。闻孟甥获隽,为之狂喜。写孟舆信。即发,信船。

接殿兄初九日信,又子卿兄初九信,又槐亭初六信,眉生初五日信。

十一日丙寅(12月17日)

写眉生、殿英兄信。即日发,交子兄。

接子宪兄初八日信。

十二日丁卯(12月18日)　　　晴

黄桐轩来自苏〈州〉见访,饭后同出茗饮。下午归,为我书屏数幅。

十三日戊辰(12月19日)　　　晴

桐轩来,早饭后乃别去。

十四日己巳(12月20日)　　　晴

小院外植紫薇一株①。接孟甥初十日信。

十五日庚午(12月21日)　　　晴

饭后访陆叔文少谈。次访杨咏春久谈,同访李升兰、赵少琴,俱不晤。少选俱来,谈至晚乃别。

接六姊十二日信,槐亭十一日信,又伯厚大嫂十二日信。

十六日辛未(12月22日)　　　晴

自七月不雨,至今天色煊甚。今日长至,可御袷衣,麦苗尽萎。

---

① 株,稿本作"本"。

写槐亭、六姊信，孟甥、宪兄、长生弟等信。均十七日发信船。

接长生弟十三日信。

十七日壬申（12 月 23 日）　　　晴，天色甚煊

写子卿兄、伯厚大嫂、周钧甫等信。即发，信船。

接子卿九兄十五日信，又周钧甫十五日信。

十八日癸酉（12 月 24 日）　　　晴

陆叔文送天竹四株，种之墙隈。

校读钱晦之大昭，嘉定人，竹汀先生弟。《诗古训》十二卷终。

卷十二《泮水篇下》。江氏永曰："尝疑鲁僭郊禘，自僖公始。"而泮宫亦由僭郊而作。故曰鲁人将有事于上帝，必先有事于泮宫。此亦仿天子而为之。王将郊，立于泽宫，以听誓命。泮宫亦犹泽宫，于此听誓命，亦即以为斋宫。犹隐公祭钟巫而斋于社圃也。泮者，鲁之水名。作宫其上，故曰泮宫。宫成而僖公饮酒，鲁人遂大为铺张扬厉之辞。克淮夷，献馘献囚，淮夷献琛，皆无其事，夸张虚美，今《诗》并无立学教民之意。所谓"无小无大，从公于迈"者，从公饮酒耳。则泮宫非学也，《明堂位》以頖宫为周学，已不足信。汉文帝使博士作《王制》，谓天子之学曰辟雍，诸侯之学曰泮宫。释者谓辟雍之制，水旋丘如璧，诸侯半之。又因献馘献囚之虚辞，谓天子出征受成于学，执有罪反释奠于学，以讯馘告。夫立学祀先圣先师，非讯馘献囚之地，出征受兵于庙，归而饮至于庙，以告祖，宜也。《周礼》《左传》皆无学中献捷之礼。其为附会诗辞无疑矣。作泮宫亦土功之事，说者谓立学教民为得体，故《春秋》不书，非也。僖始僭郊为大恶，不可书，故于三十一年卜郊不从始书之，则因郊而作泮宫，亦讳不书矣。

十九日甲戌（12 月 25 日）　　　阴

买舟访杨咏春，同至北门外访次侯。傍晚归，送咏春至其家而

后返。

接眉生十二日信，又冯式之十四日信。

二十日乙亥(12月26日)　　晴

植红梅、黄梅、玉兰、海棠、碧桃、山茶、紫荆、寿桃、桂各一本于院南。梓一本于西。七月桂一本于楼后。

二十一日丙子(12月27日)　　晴

写眉生信、冯式之信。均发信船。

二十二日丁丑(12月28日)　　晴

写紫卿兄信、即发，信船。王霍生信，廿八日发，交阮裕。魏刚己信、同日发，交阮钰。殷仲信。廿八附阿哥信内。撰《诗古训》校记一卷成。

接紫卿兄廿一日信，又眉生十七日信。

二十三日戊寅(12月29日)　　晴

同安林茗。访张雨生不遇，与姚朴园久谈。写阿哥信、廿八发，托勒少仲。紫卿兄信，廿四发，交安林。寄烟二壶，钟一座。勒少仲信，廿八发，交阮钰。王朴臣信，廿四发，交安林。子宪兄、长生弟信。廿八发，交阮钰。吴竹庄信，寄《诗古训》一部、《笠泽丛书》一部。廿八发，交阮钰。胡稚枫信。同上。

二十四日己卯(12月30日)　　晴

安林是日旋省。楼上装小阁始成。写九兄信。同前信发，交安林。

接九兄廿三日信，寄示京报一本。曾侯复奉旨回任，暂缓陛见。李帅接授钦差大臣，开巡抚缺，专意剿捻。

二十五日庚辰(12月31日)　　晴，暖甚，至不能衣絮

种树人王姓载树一船来售。

二十六日辛巳(1867 年 1 月 1 日)　　　阴,大风寒

种龙爪槐、白皮松各一株于客座前,又种直槐二株于宅南东西角,种梨一株于南墙下。

接薛安林二十五日来信。

二十七日壬午(1 月 2 日)　　　晴,寒,池水始冰

种棕榈一株于客座前,近篱种枣、榆各一株于楼后,种李一株于楼北窗下直小阁,种松二株、杉一株、核桃一株于北墙之南,种梅二株、紫荆一株于后园之东傍周宅。孟舆归自毗陵。

接周钧甫二十三日信、安林廿六日信。

二十八日癸未(1 月 3 日)　　　晴

移南墙下梨于楼西,种绣球、碧桃、海棠各一株于南墙下,种山茶一株于后园,种西湖柳一株于池中阜。写九兄信,即发,交阮钰。薛安林信,同上。子宪兄、槐亭信。同发。奴子阮钰辞返皖。

接子宪兄二十四日信,又槐亭二十三日信。

二十九日甲申(1 月 4 日)　　　阴

徙石垒池中小阜。

三十日乙酉(1 月 5 日)　　　阴

至赵次侯家送其内人之殓。候沈希民大令。

接阿哥十六日信、般仲同日信,又孝拱二十八日信,又眉生二十六日信。

（以上《能静居日记》二十五）

十二月辛丑

朔日丙戌（1月6日）　　　　阴,大风,夜微雨。飘雪花数点,旋为风所勒

早饭后访杨咏春,并晤其弟书城。咏春见示宋徐鼎臣临秦《碣石颂》全文双钩本。此篇《史记》所载不全,石亦久毁,乃千数百年后忽睹完帙,可为奇购。然出自骑省手笔,书颇与峄山碑酷相类,又无可疑也。咏春欲付石,故未录之。同咏春访其友张纯卿,又同访陆叔文,不晤。

接安林十一日、三十日信。

初二日丁亥（1月7日）　　　　南风狂吼而不寒

沈羲民大令来答候。写眉生信。初四发信船。

初三日戊子（1月8日）　　　　晴,南风〈复〉煊暖

叶蓁云金榜,福山守备,兖州人,昨在赵次侯家识之。来候。孟甥进学,今日饮贺客。写伯房甥信、即日发,交孟舆至苏转寄。邓铁仙信、交伯房。周钧甫信、即发,交孟舆。薛安林信。即发,信船。

接子宪兄十一月△日信,接伯房十一月廿九日信,已定初二赴秣,又铁仙△月△日信。

初四日己丑（1月9日）　　　　晴

写紫卿兄信、即发,信船。子宪兄信、即发,信船。安林信、同上。左孟辛信、即日发,交九兄。龚孝拱信、此信未发。眉生信。即日发信船。

接紫卿兄初二日信,又眉生初二日信,又孟辛初一日信,已奉其先灵过苏,将返湘。又安林初三日信,又张苣堂初一日信。

初五日庚寅(1月10日)　　晴

初六日辛卯(1月11日)　　阴

答候叶蕘云。夜叶蕘云邀饮,未赴。

初七日壬辰(1月12日)　　雨

初八日癸巳(1月13日)　　晴

写邓仲言信。即发,交沈羲民。接殷仲十一月廿八日信。

初九日甲午(1月14日)　　阴,夜雨

初十日乙未(1月15日)　　大雪风寒

写安林信。十二日发信船。

十一日丙申(1月16日)　　晴,严寒

十二日丁酉(1月17日)　　晴

审安侸解馆去不复来,觞以送之。接周钧甫初十日信。

十三日戊戌(1月18日)　　晴,寒少减

写钧甫信、紫兄信。即发,信船。墙西种枣一树,屋后种槐一树。傍晚访杨咏春、李升兰,道遇之,即返。

十四日己亥(1月19日)　　晴,天色复和

写曾中堂信、十五发,交张屺堂。曾中丞信、十五发,交张芑堂。李节帅信、十五发,交阿哥。张芑堂信、十五日发,交信局。阿哥信。十五日发,交张屺堂。

十五日庚子(1月20日)　　晴

写魏殷仲信,即日发,交阿哥。写紫卿兄信,寄小菜二坛。即发,信船。长生弟信,即发,信船。眉生信。即发,信船。访咏春久谭,并晤

少琴。

十六日辛丑(1月21日)　　　晴

写眉生信,寄去实收一纸。即发,交来足。紫卿兄信,即发,信船。安林信。即发,信船。

接紫卿兄十一日信,寄到坑几一张、邸报二本,又般仲十月廿六日信,又眉生初八、十一两日信,寄到大理石挂屏二幅、《野获编》一部,又安林十五日信,又勒少仲△日信。

十七日壬寅(1月22日)　　　阴,微雨

十八日癸卯(1月23日)　　　阴

写子宪兄信,即发,信船。长生信,附宪兄信内。槐亭、六姊信,附长生信内。左孟辛信,附魏刚己信内。魏刚己信。即发,信局。王朴臣信,寄赠地图一部。即发,信船。薛安林信。即发,信船。

接子宪兄十二、十四日信,又长生弟△信,又王朴臣十四日信。

十九日甲辰(1月24日)　　　雨

二十日乙巳(1月25日)　　　雨

写九兄信。即发,信船。

接阿哥十一月二十一日信,又般仲十一月廿日、十二月初九日信。又紫兄十九日信。

二十一日丙午(1月26日)　　　阴

撰赵次侯夫人哀诔一首。写安林信。即发,信船。

接安林廿日信。

皇诰封宜人赵室浦宜人哀诔

宜人姓浦氏,常熟人,家世大族。归同里郡丞赵君宗建,淑

懿勤茂,事祖姑得欢心,操阃内井井。赵君好客,客日日在门,宜人供馈无厌色。里中有寇至,赵君同仇慷慨,宜人庀其家先远徙,使无内忧,继又脱簪珥佐之,而心力以瘁。寇退,归之三载,以同治五年冬十一月甲申卒于报慈里舍。呜呼哀哉! 乃作诔曰:

柔辉丽进,阴德含章。宾澡诗称,顺和礼彰。髫年夙誉,百两用将。丕显其仪,世德俾昌。渊心有塞,嘉则孔扬。媲休班桓,方美子姜。钦率皇姑,捧承翼襄。宛若后先,色愉体庄。乐溢阖门,欢腾北堂。壸政肃雍,纲纪饬张。约身寡誉,操业以强。主馈无违,旨有靡常。子好投佩,宾集举觞。充遄阃门,弗怠弗皇。戚郦称难,书册鲜方。世路不夷,萑蒲祸作。万室迸腾,千夫错愕。临流乞舟,载野丐宿。桓桓夫子,攸眷乡国。勿恤陨元,遑忧殚族。不我是维,家祚焉托。爰翼童卯,离其沟壑。击楫惊泷,营巢远落。仳离云戢,戈矛偕作。轸彼戎车,其猷式廓。享士脱簪,赡军解囊。古无徽美,丹青遹若。岂繄在今,令闻有卓。济济士夫,庶惭束缚。司命不晰,生错莫更。占龟渗集,覆碗悲生。方娥掩耀,比婺收明。内仪云远,嫔则何程。呜呼哀哉! 楚楚几筵,离离缥帐。嗷嗷孤嗣,凄凄佳忧。月吊寒扃,霜流夜唱。紫阁长掩,金闺永旷。奈何一举,终天莫望。呜呼哀哉!

生年浅兮忧患深,白日隔兮幽泉沉。归灵蜕于壤莫,散精朗于天浔。神随化兮不可稽,德有远兮遗徽音。表素旟兮状积累,刊贞珉兮诒来今。呜呼哀哉!

二十二日丁未(1月27日)　　　　晴

接周钧甫廿一日信。

二十三日戊申(1月28日) 晴

写紫兄信,即日发信船。写阿哥信,即日发,交般仲。写般仲信,即发,交朱少峰。写朱少峰信,即发,信船。写安林信。即日发信船。

接王朴臣二十日信,又安林廿二日信。

二十四日己酉(1月29日) 阴雨

访张雨生久谈。访周芝题昆玉不晤。

二十五日庚戌(1月30日) 晴

长生来自里门。写王朴臣信,即发,信船。紫兄信,同上。眉生信。同上。

接六姊二十二日信,又子宪兄二十一、二日信,又槐亭二十一、二日信。

二十六日辛亥(1月31日) 晴

长生弟复返常。

二十七日壬子(2月1日) 晴

写紫卿兄信。即发,信船。赵少琴来访。

接紫兄二十六日信。

二十八日癸丑(2月2日) 晴

楼西三间造庋书阁成,偕儿子检先人藏籍。

接阿哥十四日信。

二十九日甲寅(2月3日) 雨

杨咏春来访,久谭。

接紫卿兄二十八日信,又咏春本日信。

三十日乙卯(2月4日)　　　晴。立春

写眉生信。即发,交来便徐君。是岁悬影献祭如故事。

接眉生二十一日信,又安林二十七日信。

同治六年（1867）丁卯,余年三十有六

正月壬寅

朔旦丙辰（2月5日） 晴,东风,天气甚和

率家人拜天,拜先师孔子,先祖前献汤。

发笔占流年,课得夬至需。

其爻曰:"臀无肤,其行次且。牵羊悔亡,闻言不信。"

《易林》贞卦曰:"戴尧扶禹,从乔彭祖。西遇王母,道路夷易。无敢难者。"

之卦曰:"薄为蕃皮,劲风吹却。欲上不得,复归其宅。"

子孙持世,虽岁冲而身强反克不为害,反有益也。应爻官鬼虽挟旺气月令,然福德在世,既无疾病,亦不为官也。妻财旺动,得子孙回头,生利原衮衮,秋令最佳。

佛前、灶神前、先祖前供食行礼如往年。家人相贺,诣四姊处行礼。诸甥及儿子等暖寿,饮于天放楼以落之。

兄 八 未

子 世 酉 幻孙

孙妻 口 申 辰

兄 、 寅

官 应 子

妻 、

初二日丁巳（2月6日） 阴,微雨,下午晴

佛前及灶前供早食,先祖前供食如往年。儿子辈为余祀老人星。汪少堂来贺,冯式之来贺。

初三日戊午(2月7日)　　　晴

供食行礼,落影如往年。同季簪、孟舆、安乐及儿子等至市中观灯买花爆归,夜于池中阜及南岸柳树下放之,请四姊来观,甚乐。

初四日己未(2月8日)　　　晴

候邻居平姓、席姓、归姓及庞昆甫、周滋亭、芝题、翁乐卿,盐局徐、吴、贺三人,杨滨石、鹤峰、恩海、咏春族弟。咏春、书城、赵少琴、李升兰、吴冠英、叶翥云、姚朴园、冯式之、张岳生、雨生、汪罕青、沈希民、赵次侯诸人。惟咏春相晤而饭于次侯处,并晤庞昆甫、赵少湖,同饭。归途又候赵少湖、曾伯玮等。写安林信。即发,信船。

初五日庚申(2月9日)　　　阴雨

寅刻南阳君举一子,大小皆安。丁卯、壬寅、庚申、戊寅。

初六日辛酉(2月10日)　　　阴,风寒

写九兄信,即发,信船。王朴臣信。即发,信船。

初七日壬戌(2月11日)　　　阴,下晡雨雪

晨起,至次侯家陪吊,晤杨咏春、滨石、书城、李升兰、赵少琴等,日午归。为新生子洗三,俗语初五为路头生日,因名之曰阿路。

初八日癸亥(2月12日)　　　晴

接邓公武五年十月廿六日信,又邓仲言五年十月二十日信。

初九日甲子(2月13日)　　　晴

王瑞庭馀庆,金陵人,本处城守。来候。写眉生信,即发,信船。槐亭、六姊信,宪兄信,长生信,周钧甫信,均即发,信船。孝拱信。即发,信局。

接安林初六日信。

初十日乙丑(2月14日)　　雨

写眉生信。即发,信船。

接眉生初三日信。

十一日丙寅(2月15日)　　阴

十二日丁卯(2月16日)　　阴,甚寒

接长生初八日信。

十三日戊辰(2月17日)　　阴

汪罕青招饮未赴。杨咏春来答候,久谭,并登余楼。

接邓伯紫五年十一月廿日信。

十四日己巳(2月18日)　　晴

十五日庚午(2月19日)　　阴

接般仲初二日信,又王朴臣十三日信。

十六日辛未(2月20日)　　阴

写王朴臣信,即发,信船。九兄信,安林信。均同。

接九兄十四日信。又王镜清初五日信,又石似梅五年△月△日信。

十七日壬申(2月21日)　　晴

周芝亭来候,未晤。赵次候来谢,亦未晤。

十八日癸酉(2月22日)　　晴

写眉生信,即发,交来足。张芑堂信。即发,同寄①。

---

① 稿本此句后有"接眉生十六日信"句。

十九日甲戌（2 月 23 日）　　　晴

访周滋亭，同访钱绥卿，禄泰。少谈而返。

接阿哥初七日信，接九兄十八日信。

二十日乙亥（2 月 24 日）　　　晴

访咏春，同赴次侯之招。同往者杨滨石、李升兰，先至者杨书城、赵少琴，并识卢吟白。福祉，东乡何村人，秀才，次侯举以为儿辈师。饮至下午散归。再过东门，同咏春、升兰访张雨生，并晤冯式之。

接六姊十七日信，又槐亭十七日信，又伯房甥五年十二月廿四信，又眉生十九日信，又杜小舫五年十二月十九日信。

二十一日丙子（2 月 25 日）　　　阴雨

傍晚下船赴苏。

二十二日丁丑（2 月 26 日）　　　雨

巳刻到齐门。候璞臣及金静之，遇孟甥，同在彼午饭后，移舟葑门。至九兄处拜年，并晤眉生。少选，眉去。余至二鼓下舟。

二十三日戊寅（2 月 27 日）　　　阴

到眉舟少坐，又到九兄处。饭后候本家五兄、孙云叔、龚念匏、王晓廉、勒少仲、钱撰初、汪柳门、潘竹侯、吴晓帆、本家四兄、大兄、三兄等。归至九兄处为作陪，客眉生、汪佛堂、孙海〈岑〉、李笙鱼、孙云叔等。二鼓散，归舟。

读圭峰禅师《华严原人论》二卷终。辨论儒、道、释氏原人之本，眉清目朗，读教乘者，不可不先。

二十四日己卯（2 月 28 日）　　　雨

安林来谭。移舟傍眉舟久谈，欲解维归，眉坚留晚共饮，遂至九兄处俟之。眉旋至，定更时入席，三鼓各散。眉及九兄皆约下月初相访。

二十五日庚辰(3月1日)　　阴,逆风

凌晨解维，傍晚抵家。

二十六日辛巳(3月2日)　　晴

托次侯转邀卢吟白明日来寓设帐，并招咏春、升兰、次候、少琴来同饮。写王璞臣信、薛安林信。即发，信船。

二十七日壬午(3月3日)　　晴,下午阴,微雨

下午，卢先生来馆，陪客惟次侯一人至，饮至二鼓去。

二十八日癸未(3月4日)　　晴

二十九日甲申(3月5日)　　晴

眉生、九兄来自苏垣，延登天放楼觞之，畅谈至二鼓乃去。

二月癸卯

朔日乙酉(3月6日)　　晴

早饭后至九兄舟，同往眉生舟中少坐。雇腰舆同二君游，由西山洞天福地牌坊上山，山陡，四人翼一舆乃得升。过山腰灵官殿，有虾蟆石三，形逼似。再上数折，至大剑门、小剑门，登拂水桥。是日风狂，桥下不过涓流，而逆洒人面如细雨，不啻高数丈。入报国院少坐，见山门外古柏，其苍翠黝然有异色。命舆登鹧鸪峰，下观坠石。而眉生惮登陟，仅至白龙母庙一憩，寻诣三峰。逢次侯、少琴、曾伯玮、君标、君麟等。又到兴福而归，仍饮于天放楼。

初二日丙戌（3 月 7 日）　　晴

早食后到眉生舟,游西湖,泊湖浔,饮至日下春。移舟看西庄地,傍晚同返天放楼。夜二鼓别去,送至登舟。

初三日丁亥（3 月 8 日）　　阴雨

写槐亭、六姊信,子宪兄信,长生信。即发,交孟舆。

初四日戊子（3 月 9 日）　　雨

写九兄信,即发,信船。安林信。同上。

初五日己丑（3 月 10 日）　　晴

小子阿路满月,率以谒祖。吴珀卿凤昌,常州人,新任学官。来候。周芝亭来访,同游丁氏园,亦吴氏业,名上园,余所居则下园之遗址也。上园亭榭如故,颇有树石。其园北三层楼,俯见西湖,可为高厂。余病其地偎,而全园屋舍仅供眺玩,无一晏坐之所,终非为己之学。余所造楼,则可以朝斯夕斯,其用心与之异矣。

初六日庚寅（3 月 11 日）　　晴

移水口近宅戽内池,开挖已竟,余方垒池中小山,留坝口未放,而水决之奔流内突,〈喧豗〉澎湃几如三峡之流。池满矣,渍涌未定。甚哉,均平之德,不以微隈小曲而改其节,如是夫。

写九兄信。即发,信船。接紫卿初五日信。

初七日辛卯（3 月 12 日）　　晴

初八日壬辰（3 月 13 日）　　晴

初九日癸巳（3 月 14 日）　　晴

安林来,饭后同至望仙桥宅址一观,又同访周滋亭,偕茗,午刻散归。写九兄信。即日发,信船。

接紫卿兄初八日信。

初十日甲午(3月15日)　　　晴

接子宪兄初六日信，又长生弟初一日信。

十一日乙未(3月16日)　　　晴

周复卿嫌，绍兴人。来候，素究净学，知余为同志，故下顾。

十二日丙申(3月17日)　　　晴

吴珀卿来候。写阿哥信、般仲信，即发，托朱少峰。杜小舫信、伯房信、石似梅信，即发，交县署。眉生信、孝拱信，即发上海信船。九兄信。即发，信船。

接阿哥正月廿一信，又六姊初八日信，又孟甥△月△日信。

十三日丁酉(3月18日)　　　晴

答候吴珀卿。候杨咏春不遇。答候周复卿，并候其婿王庆慈，绍兴人，昭文典史。又候潘子招、欲仁，邑茂才，以道学著名。曾君标、君麟。二人皆潘举业弟子。

接阿哥正月△日信，又般仲正月二十八日信，又少荃宫保信。

十四日戊戌(3月19日)　　　晴

同安林茗于石梅，遂到北门外看花树，因访次侯久谭，并晤曾伯玮。傍晚归。潘子招、季君梅、念诒。徐月槎来候，未晤。

十五日己亥(3月20日)　　　晴

接阿哥初一日来信，又紫卿九兄十四日信，又眉生初十日信。

十六日庚子(3月21日)　　　晴

春分合祀。

十七日辛丑(3月22日)　　　晴

倏雨还霁，楼后杏花盛开。偕四姊与南阳君等欣赏弥日。杨咏春来候。

十八日壬寅(3月23日)　　　晴

十九日癸卯(3月24日)　　　晴

写朱少峰希照。信。即发,信船。

接九兄△日信,又眉生十二日信,又晓岑五年十一月二十四日信。

二十日甲辰(3月25日)　　　晴

周复卿来候辞行。曾君标来候。写眉生信,即日发,交紫兄。写晓岑信,即日发,交臬台。写九兄信。即发,信船。

接紫卿兄十九日信。

二十一日乙巳(3月26日)　　　阴雨

卢吟白辞馆去。薛安林返苏。

二十二日丙午(3月27日)　　　晴

早候次侯,询以吟白辞馆意,彼亦茫然。答候季君梅,并晤杨舒城久谈。又候咏春,并晤李升兰久谭,云卢君家业甚厚,本非事笔耕者,去岁曾戏言,而次侯以为实,然比就馆,诸事皆不贯,先曾向升兰言之云。又答候徐月槎,不晤归。夜,子宪二兄同槐亭来自里中,剧谈至三鼓下船。

二十三日丁未(3月28日)　　　晴

槐兄等凌晨来,早饭后同登山,直至辛峰亭,谒言子墓,茗于石梅。遂同访次侯,不晤。归与二君至天放楼坐眺,皆以宏畅为未曾有。次侯来访,未晤。

接六姊十八日信,又开生△日信。

二十四日戊申（3 月 29 日）　　晴

潘子招来访久谭。槐、宪二君来谈。写六姊信，即发，交槐。开孙信，同上。九兄信。即发，信船。夜槐兄等去，明日赴苏。

接紫卿九兄二十三日信。

二十五日己酉（3 月 30 日）　　晴

季君梅来候。写九兄信。即发，信船。

接紫卿九兄二十四日信，又眉生十七日信。

二十六日庚戌（3 月 31 日）　　晴

赵次侯来，留食不托乃去。访咏春久谭，并晤少琴。写九兄信，寄对一付。即发，信船。又槐亭、子宪信。同发。

接杜小舫二十日信。

二十七日辛亥（4 月 1 日）　　晴

写九兄信，宪兄信，槐亭信。即发，信船。

接槐亭二十六日信，又宪兄二十五日信，又般仲十八日信。

二十八日壬子（4 月 2 日）　　晴，大风

接严觉民二十七日信，送金刚经塔图一纸。

二十九日癸丑（4 月 3 日）　　雨

写严觉民信，即发。六姊信，即发，信船。九兄信。同上。

接六姊二十七日信，又九兄二十七、八日信，又孟甥二十六日信。

三十日甲寅（4 月 4 日）　　阴雨

秦淡如都转湘业，无锡人。来候。

三月甲辰

朔日乙卯（4月5日）　　　阴雨，甚寒。清明节

李氏甥坐蓐甚艰，自昨早腹痛迄今，未刻始娩，得一男。写九兄信，借真参一两。即发，交汪福去。

接槐亭二十八日信。

初二日丙辰（4月6日）　　　阴，大风，寒如昨

答候秦淡如，并晤张雨生辈。写阿哥信，即发，交般仲。写般仲信，即发，交朱少峰。写杜小舫信、即发，交昭文县。伯房甥信，即发，附杜信内。魏刚己信。即发，交伯房。

是日又候严觉民，不晤。又答候归仲〈几〉令玑。及其子西谷，在皖识之。观赵松雪沁雪石，约高六七尺，已中断为二，其色黑白相错，不类湖石。

接六姊二月二十九信，九兄初一日信。

初三日丁巳（4月7日）　　　晴

严觉民来答候。赵次侯招饮，在座秦淡如、李升兰、庞昆甫、张雨生等。散归，过雨生半野新庄遗址一观，有池有丘，树石尚夥。是日家中为李甥所生儿洗三。写九兄信。即发，信船。

接般仲二月二十四日信。

初四日戊午（4月8日）　　　晴

微有恙。归仲几、西谷来答候，未晤。杨镜泉清泽，常州人，昭文教谕。来候未晤。

初五日己未(4月9日)　　晴

邑人赛神,龙船三艘甚盛,余楼上观之了了。楼前红白碧桃烂熳,复偕南阳君等玩赏移时。写九兄信。即发,信船。

接长生弟二月三十日信,又九兄初三日信。

初六日庚申(4月10日)　　晴

访咏春、少琴、升兰,少琴不晤,晤升兰之弟用之等。又同咏春访吴珀卿,并答访杨镜泉,归途访周滋亭,少坐。下午周滋亭来谭。

初七日辛酉(4月11日)　　晴

长生之弟德生来自江北,同其姊夫周昂卿等来访。德生留榻余处。归西谷兆嘉。来候。写朱荥卿信,寄去其妻汪氏殉难传一篇。即发,信船。写九兄信。即发,信船。写眉生信。即发,交九兄。

接九兄初五日信,又朱荥卿二月二十五日信。

初八日壬戌(4月12日)　　晴,甚暖

杨咏春、钱仲谦来,同赴归西谷之招,座中更有季祖庚、邑人。钱绥卿二客。饮散归,咏春复来访,始议令儿子等走从吴珀卿学为制举业。

初九日癸亥(4月13日)　　晴,风霾

下午,访周滋亭昆季,同至石梅茗饮,并约张雨生来谭,又同饮市楼,初鼓归。写六姊信。初十发,信船。

初十日甲子(4月14日)　　晴,午后雨

写六姊信。即发,信船。同季簪及周甥、克儿往拜吴珀卿门墙,并答候杨镜泉。接六姊△日信,又石似梅二月三十日信。

十一日乙丑(4月15日)　　晴

下午周滋亭来,赠朱藤紫、白各一本。

十二日丙寅(4月16日)　　　晴

写潘子昭信,即日发。殷仲信,即发,交朱。朱少峰信。即发,信船。

致潘子昭书

　　子昭先生足下:

　　研读大著,体验进修之功,默鉴径路之别,甘苦亲尝,语不泛设,诚哉贤者之用心,津逮后学,继武前修,何其美与! 宽敬之说尚矣。

　　愚鄙以为乾,天道也,君道也。广博以大,故其德以宽为体,以仁为用。坤,地道也,臣道也。直方以廉,故其德以敬为体,以义为用。在道则同方合体,无往而不通。在境则为规为矩,触处而成异。故五经、四书之中,深入旁通,随拈一义,无不可该体用,即无不可具存养。省察之功,道无定方,言无定要,贵能力行之耳。

　　至于主宽主敬,或因其材德行政,事有四科之殊,兼人进退,设两途之教,殊途而同归一致。而百虑入道之门,殆非一端。又宋儒独拈敬字,以浅智测度,似别有用心。见宾承祭,威仪秩秩,见于外者为敬;省身弼虑,从心不逾,存于中者亦为敬。〈故〉色勃足躩,发于事而可征;申申夭夭,宥于躬而岂失。绳之以迹,则一日难乎继;融之以心,则终身不为苟。且吾儒之言敬,即释氏之言戒。有戒而后悲心就,有敬而后仁道成。颜子问仁,仲尼答之以非礼勿视,勿听,勿言,勿动。由此观之,则因事之敬,斯须可以释,植躬之敬,跬步不容离也。

　　性道死生二说,超超玄著。圣人知死生之故,而不以诒人,佛氏则必推原究本,其用心虽同,立教则异。宋儒进道多得力于宗门,而未尝质言,岂见有未融耶? 抑民可使由,不可使知也？旷览释氏之书，与吾儒近似者甚多。霜林三十年〈尚〉不走作，香泉四十年打成一片，赵州除粥饭是杂用心，不可谓非敬，不可谓非慎独。即上推之，仲尼六十、七十之功，子舆氏四十不动心，亦仿佛相类。儒释生不同时，顾墨子之兼爱，杨子全性保真，不以物累形，是亦释老之滥觞已耳。当时恒以儒墨并称，而子舆氏大声疾呼，斥为禽兽，使子舆氏而在今日，将与二氏鼎足邪？抑严辨之不少置也？

叔季之世，士骛浮华，名义之言，曲高和寡。烈梼昧不学，犹不自揣，乐与贤者往复以穷症结。惟续教之，幸甚。

补录初七日作汪节妇家传

同治甲子岁，王师底定吴越，两宫轸念死事，诏疆臣广搜采以阐幽微。其三年，烈文应巡抚合肥李公之招，编纂江苏局中，主簿钱唐朱君康寿，既以其配汪孺人殉节颠末上复，来请为家传，事既征信，乃撷以为篇。曰：

孺人汪姓，采名，朱君同郡人，广东大洲场大使讳某之女也。生而温惠，恣禀淑丽。幼入塾，于书一讲授，即通大义。稍长，常学为诗文，乃曰："妇人者但勤女红，洁甘旨，风雅非其本务，固不为也。"及嫁，祖姑戴太宜人年七十矣，易喜怒，而翁持家性尤严，孺人常候颜色，得其欢心。他日，戴与姑李孺人相与语，戴曰："他家妇，妇也；吾家妇，女也。汝妇若是，不啻吾得汝矣。"族党咸太息，谓不可及。

咸丰癸丑，粤逆陷江宁，警闻，人争迁徙不相顾。弟姒唐，海宁产也，众谋归诸海宁。孺人曰："非也，海宁冲，设不虞，姒一女子，奈何？"遂偕行。事定归，久之，祖姑与翁继谢。家替，朱君橐笔出游，孺人事李供子职，缝纫烹汲，劳勚过婢媪。

　　庚申二月，贼自宁国间道袭武康，犯杭州，城仓卒闭。朱君谋奉母旁匿，顾视妻子，恂然不忍行。孺人指阶下井曰："君为母计，吾不死，幸也；即死，异日求吾骨于此矣。"二十七日城陷，火拉之及居邻，贼奔腾巷外往来，孺人速其夫奉母走避邻舍。破屋，自携子敦复藏复壁中。朱之仲兄某牵幼女奔至，趋壁，壁人多填塞，女踊而号，群咎兄，欲屏出之。孺人奋然曰："我去，伯氏乃得容。"趋出赴井，井口隘，天寒，衣絮厚，不得入。贼突至，急解衣奋投下，时二十九日酉时也。贼退，越若干日，出尸于井，面如生。孺人生于道光戊子，年二十一嫁，嫁十一年殉节死。生男子二，敦复、敦豫，女子二，祥徽、德徽。难作，一男二女继死，其一敦复者，为贼虏胁去不返，人咸怪之。

　　赵烈文曰：祸福之论卑矣哉。以颜氏子几圣而早卒，邓攸弃其子活其弟子而不祀忽诸。故报施之道可以语中下，不可以语上智也。或曰，死于床，死于渊，等也。死而名存，福乃为独优。夫名者，实之宾也。名与实孰重？故计有名者，非能捐生决矣。孺人知行义而已，传之者，知传孺人之义，以诏后人，知所从，知所违而已。庸知他哉！庸知他哉！

十三日丁卯(4月17日)　　　阴

写眉生信，寄佛像一幅，手卷一个，即发，交九兄。九兄信。即发，信船。

　　接眉生初三日信，又邓仲言正月二十六日信，又邓铁仙二月二十六日信。

十四日戊辰(4月18日)　　　晴，下午大风霾

汪少堂来，拟明日束装赴秣陵。长生来自常州。下午出辞诸友。首候归西谷，次潘子昭、曾君表、君麟，次赵次侯，次沈羲民，次汪

罕青,次季君梅,次张雨生,次姚朴园,次叶薵云,次王瑞庭,次吴珀卿、杨镜泉,次李升兰,次杨咏春、赵少琴,次杨滨石,次周滋亭,次汪少堂。接王朴臣十一日信,又杜小舫初九日信。

十五日己巳(4月19日)　　　晴,夜月甚朗

潘子昭来答候,久谭。汪罕青来,未晤。周滋亭来久谭。曾君表来,赵少琴来,赵次侯来,张雨生来。下午检行装下舟,戌刻成行。时在春末,月中顾视所植花柳,皆欣欣向荣,迨余归,绿阴当蔚然矣。长生弟偕行赴苏,夜泊乡村,眠甚稳。

接杨咏春即日信,又朱少峰十四日信。

十六日庚午(4月20日)　　　晴,夜雨

早到陆墓,辰刻到齐门,长生上岸去。放舟葑门,未刻登岸,至九兄处解装。写家信。即发,原船。

接眉生十五日信。

十七日辛未(4月21日)　　　晴

饭时子宪兄来自沪浙,槐亭未上岸,因往舟中谈至下午,偕来余寓,初鼓复去。

十八日壬申(4月22日)　　　晴,下午阴

早食后访槐兄、宪兄于其舟中。亭午同登岸,少选去,即解维旋常。写家信,即发,信船。写般仲信。即发,交朱处。候钱揆初不晤,至忠义局晤顾厚田。候冯敬亭不晤,候王晓廉,谢忠义局务并辞行,亦不晤。候王朴臣久谭,候朱少峰希照,江宁人。晤之。候勒少仲久谈,闻沅浦宫保剿捻鄂境,自去腊于德安大败,统领郭松林受重伤,前月中旬复大败于黄州蕲水县之六神口,总营务处彭毓橘死之,势甚不支。复以弹官相事,中外交谪,颇不自安,为之驰系不已。

接十七日家信,云慎甥乳肿将成痈,家中无人主裁,懊闷不已。又儿子实十六日来禀。

十九日癸酉(4月23日)　　　晴

黄桐君来访。至本家蔚之大兄处,贺其娶媳之喜。写家信。即发,信船。饭后候恽次山,世临。晤其第三子。候俞荫甫编修,樾,湖州德清人,庚戌进士。久谈。候丁雨生方伯日昌,潮州人,以其现主忠义局事。不晤。候袁桐君不晤,候冯式之久谈,候黄桐轩不晤。夜九兄长谭,见示二丸,乃琢成,石质,摩之出光如电,作硫黄气甚浓,俗名火龙眼,出云南省,索价至百金,未知何物。王晓廉答候,未晤。

接十八日家信。

二十日甲戌(4月24日)　　　晴

至观前约朴臣来茗饮,复觞之于市楼,亭午散归。袁桐君、冯式之、邹蓉阁来访,皆不值。汪凫舟来访。

接十九日家信,又六姊十六日信,又眉生十三、十八日信。

二十一日乙亥(4月25日)　　　晴

恽次山中丞来答候,久谭。俞荫甫编修来答候,久谭。写家信、儿子实信、长生弟信,即发,信船。眉生信。即发,信局。黄桐轩来访,久谭。

接二十日家信,又般仲十一日信。

二十二日丙子(4月26日)　　　晴,下午阴

下午,同九兄至观前,遇李笙鱼,同饮,初鼓时归。

二十三日丁丑(4月27日)　　　晴

赴恽次山中丞招饮,对酌无别客。畅论军兴以来事变缘起,相与扼腕唱叹。次公因言渴想已久,今乃知名下无虚,嘱坚初志,弗轻

出山,意殊谆挚可感。饮散,复候勒少仲、孙敬亭、观光,九兄之友。丁雨生、孙云叔、龚念匏、邹蓉阁、袁桐君、黄桐轩,仅晤邹一人。下晡归,即雇舟行,拟明日解维,先绕道嘉善候眉生疾。汪凫舟来久谭,二鼓下舟卧。写家信。即发,信船。

接二十二日家信。

二十四日戊寅(4 月 28 日) 晴,逆风

早发葑门,午过吴江,申过八斥,酉泊平望。登岸,见民居稍复,市有鬻朱樱者,喟然故园之思。

读《坛经》第三周。

二十五日己卯(4 月 29 日) 雨,大逆风

早发平望,巳刻过王江泾,午后抵嘉兴,守风泊。
读《悲华经》禅关策进。

二十六日庚辰(4 月 30 日) 晴

早发嘉兴,午到嘉善城内泊。访眉生,见其面容清瘦,而精神尚好,为之深慰。是日谭至夜二鼓,乃返舟。

二十七日辛巳(5 月 1 日) 晴

巳刻登岸,复与眉畅谈一日。眉此次病后,百虑皆灰,颇有入道之机,痛悔平生所为,逐事刻责。余因溯自十一年渠在沪渎相逢时起,凡举动余以为非,寓书劝谏,而渠不之然者。如设筹饷局,占江苏官场地步;遍裁江北厘局,占江苏绅士地步;以迄同治三、四年间秫营办米及自从宝应迁扬州等凡数十事,一一提起,与之剖析,渠每事首肯,恨往日愎谏之非。余复虑其累心,为解罪性本空,因心故有,心源一彻,障碍皆亡之理,渠欣喜踊跃,得未曾有。约此别后,一意入道,决不退失,用心颇坚,余亦助之欢喜。入夜遂别去。

写家信、九兄信。交眉专人先行。

二十八日壬午(5月2日)　　　阴,下午雨,夜大雨。大顺风

早发嘉善,巳刻到嘉兴,午过王江泾,夜泊平望。

二十九日癸未(5月3日)　　　晴,大逆风

早发平望,辰过八斥,午过吴江,申抵葑门。上岸,与九兄谭至初鼓。接二十三、二十七日家信。

四月乙巳

朔日甲申(5月4日)　　　晴

访黄桐轩、袁桐君,各少谭。写家信,寄归老山参等。下午候吴晓帆不值,候王朴臣又不值。

初二日乙酉(5月5日)　　　晴

袁桐君来访。写眉生信,即发,信局。写家信。即发,信船。王朴臣来久谭。黄桐轩来。

接初一日家信。

初三日丙戌(5月6日)　　　晴。立夏

薛安林来,取回五百缗欠票一纸。朱棻卿来。九兄处悬衡程肥瘠,余往秤,重百十六斤,或博硕而斤两劣余,是不可解。秤罢酌酒,簪玫瑰,进樱桃、元麦及诸冰鲜,景物清妍,非吴会不能有。

接初二日家信。

初四日丁亥(5月7日)　　　晴

晨赴玄妙观游眺,立正殿南荣下良久,时朝暾未高,林烟犹霭,

平墀周广，杰阁轩然，气象万千，令人有端冕凝旒之想。心王无所触境而兴，则崇高事业与宛转尘垢者同为瞪发劳相而已。唯圣人心定而不为物移，遇方成珪，遇圆成璧，外无我而中实有我，岂凡耳俗目计分段者所克臻哉？游神漭渺，不觉遂至此境。遣人要安林来同茗，又同游程公祠而归。

写家信。即发，信船。下午九兄复拉赴观前各古董肆，观铜石各器。又过其所识褚氏饮，主人秋娘矣，清言娓娓，不类今之市脯。初鼓动归，即下舟。

接初三日家信，言慎甥乳疡甚棘，欲赴常就医。余以常州虑无亲切扶持之人，欲阻之，而复苦虞山无妥医，遂许此间事了，暂归一转，如必赴常，即与偕行。

初五日戊子(5月8日)　　辰微雨，午间晴

早访黄桐轩，至半途遇雨而返。写蒋莼顷信，为仲言求事也。石似梅信，即发，寄邓仲言。写邓仲言信，即发，信局。写孟甥信。即发，亦交仲言。下午同九兄及孙敬亭访汪莘塘，念增，苏人，九兄之友。道远，行颇疲。见所藏恽南田、陈白阳画二帧，均佳，初鼓归。写般仲信。初七发，交朱。

接儿子实初四日信。

初六日己丑(5月9日)　　晴

遣要黄桐轩来茗饮，良久而别。下午同九兄复游程公祠及至玄妙观前，上灯时归。汪凫舟来送。晚饭后与九兄别，下舟。明早仍赴虞寓，视慎甥疾后由虞取锡山道赴常。

初七日庚寅(5月10日)　　阴，晨微雨，大顶风

早发葑门，申刻甫至洪塔，傍晚到二泾桥，二鼓抵家。慎甥疾小

间,乳疡已溃而未敛,赴常尚无定见,姑俟明日议之。南阳君亦以劳故抱恙。

初八日辛卯(5月11日)　　　晴

巡宅园见诸木皆抽芽,生意郁然,颇为之喜。慎甥亦因旋常无安居之所,不复欲行,仅乞余为定一方而已。下午写九兄信。即发,信船。初鼓仍下舟开行,至西门外山塘泊。

初九日壬辰(5月12日)　　　下午微雨,大顺风

早发,巳刻到王庄,下午到东湖塘,二鼓尽抵无锡县北门泊。此路为虞山到锡之大路,往岁行庙桥、苑山荡者,间道也,路略近而不可辨识。

初十日癸巳(5月13日)　　　晴,风微逆

早发,午过横林,申抵戚墅,酉到常州府东门。沿途颇有新起瓦舍,田畴亦多种莳,与前年不侔。泊天宁寺前,上岸径候子宪兄,不值,候槐亭、六姊,畅谈别绪。遣奴子移舟北水关。是夜榻槐别室。

十一日甲午(5月14日)　　　晴

遣要德生弟来,属办茔上祭品。下午同槐亭访天宁旧方丈普和尚,真嵩。历言平生证入之迹。初看念佛是谁,话至京都参一老宿,问如何是,未举话头以前,普不能答。遂弃本参,专抱此一语,至十馀日随众入堂,方揭帘次,忽有省,急趋至师前,曰未举以前,请和尚道一句来,即道得亦是第二头事。师契之,自此于各公案一串了却。继又修观门,旋打叠一切,归并念佛,觉生死关头,惟此事最有依倚。故一生劝人念佛,肫切不倦。又尝礼五台,睹文殊师利现身,第见背象云。

傍晚归,逢子宪兄,同至余舟少谭。余仍偕槐至其家,初鼓下舟

卧。接九兄初九日信，又眉生初七日信，又袁桐君初九日信。

十二日乙未(5月15日)　　晴

早起，子宪兄来谈。到六姊处早食后，诣祠堂拜谒。见祠宇新已收拾，盖值文庙兴工，董之者假余家祠屋为驻足地，因代补葺，以抵赁资。使数椽不仆，皆卫生、子宪两兄力也。晤卫生兄略谈，旋出大南门至三堡桥茔祭扫。各茔皆颓缺，且多竹篓。董姬新厝庶母王氏冢旁，棺角犹露土外，坟丁王荣德贪而不职，他日拟易之。芝亭公茔前茔兆之外，有横田一区，计一亩一分，系余家护坟田，即交王荣德承种，此田渠已领新单，并注渠户名，经余查出取回，另立赵重安字号。其老坟芝亭公以下暨守田公所葬之一区，周围约计一亩馀；又云浦公坟一区约两三分；伯渊兄、五姊等坟一区约一二分，均未有单，因饬坟丁同地保明日来城领取字号注单。

又至茶山路茔祭扫，茔亦无恙。坟丁陈富保在上海生意，其新娶之妻在家，全不知以前事。太原公茔地最广阔，约记四五亩，原有毁字号单五纸。云浦公及芝亭公之兄弟量揆公、健叙公三人出名立户，三房分执办粮。此单已属长生领出，余以此单当初虽分房承值，而各房目下无人，久已归云浦公一房经手。而云浦公以下又以余处稍自立，拟亦立余重安户名，一并办理，俟至城中酌之族中。

祭扫讫，饭于坟户家中。进城候全叔不晤。候汤果卿、审安侄，晤之。候卫生兄、刘云樵翊宸。不晤。返至六姊处少坐，又到寅二叔母处久谭，取来毁字号单五纸。夜返舟，子宪兄同映春侄来访，属查云浦公户名下盐字号单二纸坐落。

十三日丙申(5 月 16 日)　　　晴

吴勘仲来访，未晤。子宪兄来，槐亭来，卫生兄来，同赴局前茗，逢陆子全丈、杨用明、史伯平、陆章甫，少坐。至槐寓候刘子豫先生，开孙之尊人。并晤刘云樵及开孙之弟蕢季，久谭。李甥之妇华氏及望娥来见。下午同槐亭、子宪兄、金逸亭、陈子怀等茗，并见全叔，又要汤果卿来谈。傍晚归舟。子宪兄及逸亭、陈子怀来访，久谭乃去。刘云樵答候，不值。

十四日丁酉(5 月 17 日)　　　晴，夜雨，逆风

早发常州，巳刻过丫河，午过十五洞桥，已颓塞。未刻过万塔，申刻过寨桥，酉过五洞桥，夜抵和桥泊。夹岸渐有生意，而土民甚罕，多系招来江北人在此耕垦，河中亦皆江北船。风土一变，为之惨然。

十五日戊戌(5 月 18 日)　　　阴，微雨，下午晴

早发，辰刻到宜，泊城内，欲觅一旧识，了不可得。途中遇沈姓名心盛者，往时曾为余奔走杂务，今改名仲贤，业疡医，开药室，遂至其家少坐，属代购祭品等。又访何伯久之子熙年，晤之。又访邑绅徐慕怀，不晤。下午开舟到东山，幸径路甚熟，直抵村坞，亦皆江北人流徙所占。觅新用之坟丁王安大，与其邻右周采大、周乐三等，皆已自他处归，三数家聚居一村。即命同至山阡，不瞻拜者已一年馀，见窀穸无恙，悲喜交集。祭奠后巡视山后，见有獾洞二处，幸尚小非其窟宅。拟明日来塞之，并加筑拜台等。酉刻下舟。

十六日己亥（5月19日）　　阴,有雨势,而亭午放晴,日转炎歊

卯刻登山鸠工,以圹灰填二洞已,担土筑高拜台外口尺许,至未刻工毕,拜辞下山,到周老川采大之父。旧居之址一看,山尾馀气,一水环其面前,青乌家言吉壤也。自余观之则嫌其薄。余拟腊终后委蜕此山,与先人遗体归复一所,亦世法中圆满道场也。下山即解维,移泊城中,访族伯梅谷先生家,仅二嫠育一孤子,一又在母家。十馀年前,宅舍田园,事事充足,转瞬至此,悲夫! 途遇沈仲贤。访徐慕怀遇之,托以坟地请粮领单之事。据云田已丈过,山尚未办,大约须今秋矣。同茗后又邀小酌,力辞不可。初鼓时始归舟。

十七日庚子（5月20日）　　阴,小雨数点,顺风

早发,辰刻到和桥,午过寨桥,申到丫河,酉到城渡桥,初鼓到常,泊西水关内。写紫卿兄信。十八日发信船。

十八日辛丑（5月21日）　　早阴,旋复日出甚酷。下午阵云队起,而仍不雨。时苦干,秧不能莳,望泽孔亟

登岸至六姊处,早食后到寅二婶家,又到丁大姊家,又到文庙工程局访卫兄,并答访吴勖仲,又同卫兄到审安家,并晤全叔。下午散,又访宪兄于其舟,又访史贤希,均不遇。回至六姊处,晤宪兄。写家信、即发,信船。长生信。同发。二鼓时下船,宪兄复来久谭。

接孟甥初十日信。

十九日壬寅（5月22日）　　薄阴,天甚热,下午微雨,顺风

早发,巳刻到奔牛,午至吕城,酉至陵口,夜泊丹阳县北郭。

二十日癸卯（5月23日）　　阴,微雨

早发,巳刻到新丰,小泊买蔬,未刻到京江守风,不能出口,登

陆,入新旧城之间,眺览形胜①。

二十一日甲辰(5月24日)　　　晴,狂风

早至江岸新筑洋关及夷人所占地段一看,夷房仅三数家,各行大抵尚在七濠口②。是日守风不行。

二十二日乙巳(5月25日)　　　晴。顺风

早发,欲行新开河,而水浅不能畅通,遂仍出江由北岸行,走小河到私盐沟出口。申到纱帽州,厘局如故,夜泊东沟口。

二十三日丙午(5月26日)　　　晴,顺风

早发,辰至划子口,午到通江集度江,未刻到燕子矶,申刻到仪凤门,傍晚泊旱西门。

二十四日丁未(5月27日)　　　阴,佳雨甚需

早遣奴子招孟舆甥,云赴书院试未返。移舟水西门,下午登岸解装,客栈甚湫隘。复招孟甥来谈,殊瘦减,神色可怜。同访魏刚己,并遣要开孙不至,与刚己谈至初鼓归卧。

二十五日戊申(5月28日)　　　晴

早移寓板巷之级升栈,要开孙来久谭,霍霍快意。午饭后开去,谒涤生师久谭。畅论筹饷利害,征农莫如征商,有宋一代言利最精,故南渡后犹以半壁供征缮,而交邻养士,莫不裕如。其风始于有国之初,宿兵京师太多,讲求供亿,以转运使为天下郡国长官,官制为之一变。东都时盐利至数千万缗,茶利官榷至数百万缗,后改通商,利入复增,可为盛矣。然行旅嗟怨,至有诋官榷之处为法场者。其

---

①　胜,稿本作"势"。
②　濠,稿本作"号"。

时舆论亦可想见，而卒无变乱。明末辽祸始棘，加税农亩，剿饷、练饷不过数百万，且下哀痛之诏云"暂累吾民一年"，而天下遂为之纷纷，利害相形，长短可见。今之厘金，视宋之取民尚微，虽众议烦兴，不足为动，第舆情亦不苦其重，而苦其烦，似办理未能尽得纲领，所当留意者此耳。昔范文正因言官请宽茶税，上议以为徒博宽大之名，而不知体要。旨哉斯言，师深颔余说。闻沅浦宫保屡败后颇牢骚，师欲余函慰之。师貌微癯于昔，神气如故，备询余家居诸事颇悉。

候钱子密京卿，陈小圃、任棣香两文案。候杜小舫观察，不晤。至南阳君母家，时三、四两房已归，赁居城南，往久谈。李伯房来。邓季雨来，久谭至二鼓去。言捻势甚悉：其行军以枭悍为马兵，包步队老弱而行，谓之边马。所至之处，散住民房，边马昼夜绕巡不息，围圆有至百里之广者。器械专用竹矛，至二丈四五尺之长。遇我军火器齐发，辄猱伏，马上亦俯，枪过即疾进，不及装第二枪已至前，我军手足不及措，因是多为所败。或经行处遇官军，辄以边马断后，官军见贼必齐队扎营，欲战，俄延之间，贼辎重已远，忽撤马撒开两边而去，顷刻无迹。官军又追，则又回步队后为殿，步队既去，仍飘忽不见。军装矛子刀之外，无别物，亦无粮运，所至掠以充食。获民之富者，持至其家所处围子边，勒贡马匹、粮食、鸦片以为赎，不应则脔割之，故其马不忧乏绝。其偏裨号旗主，所辖视其所胁之多寡无定额；再上则为堂主，所辖视旗主之多寡亦无定额；再上则逆酋，皆僭王号。现分三大股：一赖文光，原发贼之遗，自称增王。一任柱，自称〈鲁〉王。一张总愚，自称（鲁）〔梁〕王，二人皆捻子。赖、任二股合为一，在鄂北德、黄之间，众少而劲，屡败曾九帅者即是。张入潼关，众多而势转逊之。三股皆蓄发。豫省通境皆民团自守，贼至则传枪三发，各团以次挨传，顷刻数百里知之。乡民闻枪声，咸入保，闭门登埤设守。贼不至墙下，即不问，贼亦不甚攻，惟实无食，则必破围以取粮。攻法直涌而上，不避死，砖围或可守，土围及稍库薄者无不立毁，民皆畏之如虎。民围之法：四乡皆入赀团主处登名，事急方许入围，又必东西南北数围皆与名，贼至方可趋避。否则贼东至而团适在东，迎之以行，无不遭弋获。民耕种往往失时，所入又分捐各团费，生计尤无聊，从莠者日多。中堂初北上时，声威甚壮，民心亦颙颙仰望。后诸军与贼战，渐见绌，贼觇官军拙滞，益藐之。北去统将多尊官膴仕，重腿难用，而其下习于南中老样，所至辎重累累。淮军专恃火器，尤笨重，贼专以飘疾见长，且莫测其踪迹，皇能设算。中堂用兵素持重，欲徐观其破绽以乘之，而中外皆责效急，不及展布。始至时，知捻局必不能去团，出示谕令各团协力自守，有"二十五日以内围被贼破，各团之咎，二十五日以外围破，本部堂之咎"之语。各团初亦信奉，迨后不能如约，甚有贼攻围而官军作壁上观者，民心由是解体，颇腾谤声。去岁沿运河筑土墙，自张秋至清江凡千数百里，欲凭水险遏其奔冲。守运既定，再渐进扎沙河、贾鲁河以次逼之，向西南山多之处限其马足。先夺其所长，而后一鼓灭之。用心甚深，布算甚远。惟兵谋虽是，而军习难挽，收效殊非易易。李帅北去，局面大约尚未定，不知别有胜算否云云。

写才叔信，二十六发，交张屺堂。张屺堂信。二十六发，交杜小舫。容纯甫、李壬叔来访，不晤。

接阿哥三月初五、廿八日信，又般仲三月二十八、四月初十日信。

二十六日己酉(5月29日)　　　晴

季雨来，铁仙来。同季雨至食肆，候开孙至同饮，又同开孙访李壬叔、张小山、容纯甫，并视孟甥住处。归途又同开孙茗，良久返寓。杜小舫来候，不值。时笠夫来。邓季雨、树人、嘉绩，行六。熙之嘉缉，行十三。来答访。魏刚已来。写杜小舫信。即发。

接眉生初八日信,又小舫本日信。

二十七日庚戌(5 月 30 日)　　　晴

季雨来,张小山来,邓熙之来。写吴竹庄信,即日发,交杜小舫。李眉生信,即日发,交小舫。般仲信,同发,交眉生。家信,即日发,交沈羲民,初四到家。沈羲民信。即日发,交杜小舫。伯房来,开孙来,同饮市中。陈小圃、方坦。任棣香伊。答候,不值。候潘伊卿不晤。候黄子春,晤之。答候时笠夫。又至南阳君母家,晤季雨。又候朱星鉴,式云。又候苏晴山,又候洪琴西及开老,并少坐。

又候杜小舫,久谭,言沅公参官节相始末甚悉,并示原疏及钦差复奏各稿。楚藩唐荫云际盛。与黄南坡素交恶,因沅公与黄至交,虑沅来鄂,不利于己。遂代官拟一折,请沅公不接巡抚印,径出境任军事。官不可。唐计既沮,退即写折底寄归湘中,传之于众,妄言官已密奏,冀尼沅行。沅得之大怒,此祸本也。既莅鄂,不肯接印者旬日,或为官力辨,沅意稍释矣。粮道丁心斋、守存。候补道张开霁均不得志于官,窥沅之不满,复从媒孽之,以官素弟沅,指为轻玩狎侮。而唐复怂恿官奏放沅为帮办,官不之察,冒昧从之。于是祸复结。原折沅公亲笔,而劫刚所商定,并为缮写。以贪庸骄蹇,欺罔徇私,宠任家丁,贻误军政,循例纠参装头。后列各款,语多不中肯,文句亦冗沓拖长,首尾不相顾。钦差谳奏则字字开脱,列据各司道文武禀复供词,以驳原参,几无一事稍有影响。连阅前后两折,直如儿戏,真足令人喷饭。沅事后亦知为众所误,衔丁等次骨。官则云我与沅浦原无事,皆唐荫云为之耳。官入都过扬,涤相适南下,遇于扬州,先以书疏往还,约明彼此不提。运司程尚斋、丁雨生等居间说合,曾先候官,见面无语,官答候,曾未见。旋各司道设席宴两相,曾至而官不至,遂别去,尚不至决裂。涤相语人云,沅疏实未先商,然系亲老弟举动而云不知,何以为兄;若云知之,又何以对友。故相见无辞可措,殆实情云。

写小舫信,交去卫兄实收托换照。即发,交来人。胡竹亭璋,甘泉县,宁波人。来候。接小舫本日来信。

二十八日辛亥(5月31日)　　　阴,下午微雨

钱子密来答候,洪琴西来答候,均未见。孟甥来。写六姊信。即发,交孟。同孟甥食市中,逢开老至,偕回谈话。写殷仲信。即发,交刚己。同开老、孟甥访刚己,晚饭后归。并晤翁惠君,言楚事甚悉:楚省旧军凡四十馀营,沅老新招三十馀营。去腊初六郭松林之败,所带步军九营,另任维寿马军五营,皆新卒不能战。十一月二十三,在德安城外偶小胜,二十六即败,犹不至甚。贼旋西去,官军追之至皂市,为贼回马枪反扑,遂大溃,仅存四五营而已。郭被擒,用洋枪捶之,股皆青黑,乃纵之归,其统带遂撤,军亦散去。今年二月十八彭毓橘之败,所带计十七营,亦皆新军,扎营蕲水县属之兰溪江口,而出六成队打行仗,至六神港为贼所裹,亦全军覆没,存者无几。故新募之勇,殆不能军矣。去年劾官相之事,与杜所言大略皆同。折系八月二十六在旧县镇郭松林军营拜发,其时无一文员,惟劾刚适至营,故外间多言折系其修改缮写云云。

接二十二日儿子实来禀,言南阳君有恙。

二十九日壬子(6月1日)　　　晴

涤师遣要移榻节署。写阿哥信,即发,交杜小舫。李节帅信。同发。邓树人、熙之来访,戴蕴之来访。胡竹亭复来候,答候胡竹亭。容纯甫来候。候莫子偲久谭。候开老不晤。候胡煦斋,又候陈虎臣,又候翁惠君,均不值。又候杜小舫少谈。到节廨晤文巡捕张瑞

生,光州人。张请示后引至一室下榻。少选,相君来,久谭去。晡食后,候栗诚公子,不晤。候王逸亭镇塘,相君之甥。少谈。候文案王子云、袁子根、薛叔云。福成,无锡人。又访钱子密久谭。潘伊卿、袁子根、王逸亭答候,均不晤。二鼓后,王逸亭又来谭。

致李少荃节帅

今正肃奉钧还,旋闻旌盖首途,仍驻军周口,指挥前敌,奋扬威命。兹届天中,恭维戎机离照,荩绩师贞。全胜不斗,奇正发于无穷;万化焉生,天人合而变定。肃清雏汝,还镇荆江。陶士行之硕望,洒壁成颂;羊叔子之高风,投壶奏雅。铭钟久播,杖策翘殿。

烈正杪方拟浪游北上,瞻仰军容之盛。续知侯相旋治秣陵,理合留南候见。并因摒挡一切,迟至今月内始克买棹,于二十五日到白下通名府朝,大抵尚须少留,再听进止。忠义局务因有选适,已于离苏时敬谨谢事。回思一载贫居,自非公之大德,妇孺久在沟壑。冻饿中一饭之施,纵复平时好爵厚糈,其感激私衷,终亦无逾于此。公之爱士,烈之怀恩,均异寻常。形迹之间,清夜抚躬,捐糜尚难云报。钤牙不远,一日千回,专肃先鸣谢悃云云。

五月丙午

朔日癸丑(6月2日)　　　晴,夜雨

写家信,即发,交子卿兄。眉生信。同上。涤师来少谭。薛叔云来答候。写紫卿兄信。即发,信局。陈虎臣艾。答候。胡煦斋恩燮。答候。写曾沅甫宫保信,涤相令为劝慰之也。初二发,交涤帅。访袁子

根、钱子密久谭。伯房甥来。

致沅浦宫保

暌隔久矣，言念往昔，无日不神在左右也。跧处中，偶得友人函题，略谂尊况，多不了了。春末闻师相旋治秣陵，束装来谒，昨月杪始到府朝通名，座中示及鄂氛未能速靖，颇劳神思。退又访之星鉴诸君，言莅鄂时已蓄胡髯，近稍稍苍白，右手艰作字，字以左手代。行军江汉，多沮洳廥下，地湿所中邪，抑气菀郁不遂也？

近想劲旅四集，龙象蹴踏，非破驴之所任，肃清当在指顾。瞑食何若？意兴何若？兵者危事，当以乐意行之。邗郧之间，云梦之薮，所在方九百里，其山干云，陂池下属乎江河，足以极游观之乐，用广心志否耶？浮云苍狗之幻，不足以喻世事，元素縠樊，东西易方，昔闻师言之矣。身在军旅，生死利害不婴于胸，行所当行，言所当言，成败付之于命，毁誉听之于人。自别以来，恒念之不忘，以为当代名论，不可以一二觏。谅成见屹然，不为境所回易也。进趋偶尔不顺，军中恒事，师之功名已在千古，非与寻常疆帅一战胜，一攻取，甫以发名成业者比。一二故旧陨身丧元，恸矣，而各竟所志，丹青彪炳，允为完人，亦非寻常伤寒不汗，奄忽牖下者比，无足置怀。

烈又尝譬以为吾身由之一舟，境则道路也。江湖沟浍，恬波惊泷，明发之所历，今夕不可得而知，正其柂以行，艰阻勿恤。是说也，古之闻人多用之以成，然犹器界而已矣。是以有成则有毁，有荣则有瘁，祸福相资，利害相环，勿恤艰阻，犹有艰阻之见存。有主宰焉，圣人谓之天命，老庄谓之大道，宋儒谓之无极，释典谓之真性。斯则本无豫于安危之列、生死之流，大浸稽天而不溺,大旱金石流、土山焦而不热,是非境所得而囿也,而何容心焉?故夫安分达命之说美矣,而未尽善,非探本之论也。山中恒以之自程,亟欲就有道正之,幸师之教之也。

来秣解装节署,友人有约登衡山读岣嵝者,斯说若行,尚可绕谒,倾写数日。江流颎洞,西望翘情。诸惟为道,珍重千万。

初二日甲寅(6月3日)　　　晴

晤季雨于典谒处。潘伊卿来答候,久谭。莫子偲来久谭。涤师来谭。邓树人来,未晤。下午访开孙,并遇季雨,同至茗肆。返节署后,涤师又来久谭。

初三日乙卯(6月4日)　　　阴雨竟日

时苦旱久,涤师步祷于甘露寺,而令司道迎八功德水于灵谷寺。前月廿三日求,廿四日应;昨又求,今日复应,雨潺潺至夜约二三寸。师以雨未足,不谢降,仍茹素步祷,可谓诚矣。下午,孟甥来。

阅弢甫日记一之四,拟选择议论精博者为随笔一、二卷。

初四日丙辰(6月5日)　　　晴

候倪豹岑,并遇钱子密,又候凌小南,不晤,又候庞省三观察,又候周缦云侍御,又候王晓廉观察。返署后,开孙来久谭,庞省三来答候。

涤师来久谭,言"古均之说,亭林先生首创,而字之音读一一印证,后人虽加至十三、十七、十九、二十一部,不为无见,然总不能出其范围。譬广厦已成,徒就其中分隔间架,不足以云缔构明矣"。论至公允。又言"著书须成片段,否则一知半解,终不能为大成。然说经又只能就己见之奇创者存之,若章解句说必蹈前人牙慧,是抄胥耳"。又言"朱子大儒,然未必能做事"。余言:"朱子系立言之人,立言、立功，本是二辙，兼之者鲜，故其身虽不用而至明，祖其说即大行，以迄本朝典章制度，莫不原本朱子。有王者起，必来取法，斯即王佐才也。"余又言："士生二三千年后，去古太远，中间作者不可胜数，往往得一创说，而阅古人文集，辄已先道。故虽亭林先生，自言采铜于山，尚不能十成把稳，况馀人乎?"师复惠绍熙本《公羊》及王阮亭、姚惜抱古今诗选本。

初五日丁巳(6月6日)　　　晴，夜大风

涤师谢客，通名贺节而已。答候王逸亭、王子云、孙宇农、汴梁人，亦在幕中。任棣香、薛叔云、巡捕张瑞生等。至南阳君母家少坐，解粽。答候潘伊卿不晤。候开孙复不晤。候朱春舫、杨子木，皆不晤。到朝天宫视孟甥恙，并晤张小山、李壬叔。亭午返节署，内出雄黄酒、角黍等如吴俗。涤师来，以俞荫甫所著《群经平义》见示。下午赴刚己处，与开孙谭至初鼓时归。鼓角正严，使宅欲钥矣。

初六日戊午(6月7日)　　　薄阴

王晓廉答候，少谭。涤师同汪梅村来访。亭午，涤师复来谭，余询《仪礼》称士礼而觐飨之仪杂出何故?师言"此说不能解"。又言"魏默深诗、书古微皆不尽善，其著作当推《圣武记》，文集为最下"云云。写阿哥信。即发，交子密。王逸亭来。

接四月廿五日家信，南阳君恙少瘥。又张屺堂初二日信。

初七日己未(6月8日)　　　晴

倪豹岑来久谭。有英国使臣来候相侯与豹岑，观之所言二事，一欲相侯出告示，禁止上海沙船装豆饼。盖原约不准洋船装牛庄豆饼，以保全沙船生计。同治二年总理衙门许之，今则反欲禁中国沙船与闻，无理如此。一欲小轮船入内河。此条亦和议所无，而总理

衙门所允者。前曾旨下江督，派员会同测验黄浦江深浅，冀以水浅阻其意。经此间坚执不允，今复更端，言欲入鄱湖。其实天下内河皆同，一处可入，则处处可入也。其用心之狡如此！涤师答之："沙船不贩豆饼，生计尽无，我处现思设立章程，凡海运用沙船，每米一石酌加银一两馀以济其穷。小民略有生计，庶可禁之，使勿贩载豆饼等货，否则告示亦无益。小轮船入湖，其理亦同。中国小民太苦，轮船入内河，则中国船无复人坐，中国小民便皆饿死，此事万万不行。"立言颇得体，酋唯唯而去。

少刻涤师来问："所答不失体否？"又言"中国国体丧尽，以总督而开门放炮，迎之惟谨，诚大辱也"。余云："师答语为小民请命，深得体要，若礼制之间，不足疚心。彼国本非臣属，则奉使者与大国疆臣原无上下之分，宾主往还，何辱之有。民间有识者决不以此为议，第中国大臣与邻国接，固当诚言不欺，而事涉洋务，其开示地方小民亦当恳恳言之，告以君父所处之难，动以上下一体之义，言发肫挚，自足以感动民情，虽受屈抑而不怨。顷闻有祖墓为洋人指买押迁，言之郡吏而被挞者，外间颇致藉藉，不可不察。"师愕然问其事之原委，余详述之，师深以余言为是。

写张苣堂信，即发，交杜小舫。写杜小舫信。即送。下午访子密、陈小圃，谭移刻。

题嘉禾钱先生警石《冷斋勘书图》，为子密选君作

几间老屋数株树，万卷丹黄手评注。乾嘉年间多老宿，斯境斯人每能遇。奈何世降风会迁，帖括遂足笼时贤。文章政术相上下，三四十载殊奄奄。况加蚕贼遍荼毒，百族衣冠既沟壑。缥囊玉轴易一饱，免死犹难况攻读。金陵城中巨虺摧，幕府山下龙门开。中兴直欲易风气，游士衮衮东西来。芒鞋忽踏黄扉

入，髯参短簿相与哈。丞相长史贤所推，坐拥大案文书堆。示
我一册十六幅，幅幅丹青何妙哉。或笔窅窊刻棘材，或气莽滂
倾湫来。或神浩逸分野鹤，或格高古侪寒梅。刻划幽居到松
竹，图写胜业传丰裁[1]。徒闻风雅久衰歇，目能屏营心许追。乃
言先德广文日，官冷身闲宜撰述。囊箱不畜王阳金，怀袖惟馀
杜林漆。沉酣班范再三复，铺馈群流异咕哗。研搜一字不苟
放，法律尤于秦网密。名流争喜状真逸，卷大牛腰藏箧溢。自
从丧乱百不存，只抱区区守残阙。我开诸图神已往，更听君言
耳为爽。忆昔奔逃避焚掠，大舫装书匿菰蒋。独惜家宝两巨
题，终陷灰飞愧宗党。杭州太学生项溶，割赵子昂《千字文》真迹，重集
之为《恭毅德政颂》，王良常书《恭毅神道碑》绢本，题志皆盈尺，旧藏族弟
某家。庚申之乱，余欲挈之远徙，族人咸是之，而某不可。不数日贼至城
陷，与诸图籍均燹，余至今痛之。本载乡族二百载，文献无征传胯
响。輢生三十在升斗，一忆先型为凄悯。君家闻望两浙高，尚
书风采倾群像。二龙继起振灵祚，警石先生与从兄衍石先〈生〉皆积
学，一时称为"二石"。夭矫已在宣皇朝。手扶颓轮砥逝水，欲殿
先哲称后凋。庶珍斯卷代家乘，袭以玫瑰函琼瑶。行看禾江复
五色，光气夜夜冲神霄。

　　木兰花慢　补录题金眉生廉访《烟雨寻鸥图》，
　　　　　　　　　即用卷中原调原韵。

　　隔年鸡黍约，曾双桨，五湖秋。向错锦筵中，回波曲里，凭
吊荒洲。前游。幻尘如此，但相逢、莫向恁时楼。谁是无心伴
侣，有水上几沙鸥。　　　　悠悠蚁窟不须愁，蚋聚更何羞。只生

---

[1]　丰，稿本作"上"。

涯难足，名山胜友，未许勾留。还休。纵教遂了，也无过、空觉一沤浮。且管尊前岁月，休轻放逐东流。

初八日庚申（6月9日）　　晴

孟甥来。涤师来，携鲜荔枝为饷，啖之，则色味已变矣。下午访倪豹岑，久谭。

初九日辛酉（6月10日）　　阴雨不彻

屠晋卿、薛叔云来。王逸亭来。

阅俞荫甫《群经平义》卷一至卷十。说经多诂训碎义，未有超诣处，而穿凿则不免。尚二十馀卷未阅。

阅弢老诗四卷。首二卷多少作，有可议者。自三卷后已逮成立。

初十日壬戌（6月11日）　　阴雨。天肃肃如清秋雨，萧萧亦如秋雨。兼自春徂今无雷声，气象甚异

涤师来久谭，见余题子密藏册诗极赏叹，因言"今人作诗宜法韩、苏，则才气易展，盖排奡不受束缚，则习气鲜也"。又言"本朝古文当首推姬传先生"。余言《望溪集》文既平衍，而理尤沾滞，殊不令人喜看。其与人作志铭如州县取保状，尤可笑。师亦云然。又论立甫先生在道光间终是好督抚，能做事，其致败则事起仓卒，兵事非可尝试，况当方张之贼，虽溃归不能无罪，而一死足以塞责。师云："此论自允，但骂名已开，恐须三十年齿冷。若叶昆臣，则受唾无穷期矣。"并言"陆已为奏雪，虽无益于事，而公是公非不可不持"。师之忠厚持平如此。访开孙，久谭至申刻归。写家信，十一发，官封递昭文。咏春、次侯信，同发。周滋亭信。同发。接才叔初三日信。

十一日癸亥（6月12日）　　复晴

涤师来谭，言："今日有四川庶常来，见其言谈举止不类士夫。前

日有同乡,庶常送诗,排不成排,古不成古。国家所得人物如此,一代不如一代,文章与国运相关,天下事可知矣。"又言"营中保举之滥,万无法可以善其后,此亦非佳兆"。言次颦蹙。余言:"世局久无挽回,公大臣,膺疆寄,进以天下为己任,退亦当如窦融之在河右,保全孑遗,亦是莫大功德,似不宜以退让为先,辜东南之颙望也。"师笑谢不能及。

莫子偲来久谈。邓树人、季雨来久谭。午后,涤师复来,以祷雨不应,牙痛甚,呻吟不安,小坐即去。傍晚访子密,涤师相觅不见,亦来子密处久谭。子密见示其五世祖母陈氏画册,秀逸不下管夫人,人物、花草、山水兼擅其长。每页有其五世祖题诗二句。文端公其长子也,以之进呈,高皇赏之,御题云:卿父母手泽贻留,今卿欲登之石渠,以永其年,朕思石渠所藏卿母各种画颇多,不忍更留此,因各题一绝,仍以赐卿,俾卿家什袭为传世之宝。并书"清芬世守"四字弁首归之。册中御题之外,文端公及夫人之孙侍郎公讳汝诚,各和御诗原韵,续题于后,一夫一子一孙,夫虽未达,而抱名德,白首偕老,子官尚书为名臣,孙至侍郎,其福亦冠绝一时,无论艺矣。而彼时君臣之际,不啻家人,景运之隆,孰谓偶然,令人慨慕不已。

十二日甲子(6月13日)　　　　晴

杨卓庵来候。涤师来少谭。至南阳君家。答候杨卓庵不晤,晤黄子春,久谭。归署后,至袁子根、屠晋卿、王子云、钱子密处。遇曾栗诚新出天花,面貌不改,余几不识之,闻已种牛痘而复出,牛痘殆不足恃邪?写晓岑信。二十日发,自己官封。

十三日乙丑(6月14日)　　　　薄阴,旋即晴昊

涤师来谭。赴开孙约,同访衣谷,坐凉篷船往,并与季雨偕,秦淮寂寂,败椽破槛而已。到东关头,晤衣谷于难民局,瘦而神气似稍旺,剧谈至午后。其所事则集资煮粥以饮饿者,其所学则符录炼气

之术,其所游则邪正糅,其所资借则无有。然其志坚,万牛不可挽。余客岁曾三寓书,不答,好仁不好学,奈之何哉！下午,道清溪到城北妙相庵少坐。酉刻归棹至夫子庙前月牙池,与二公分手。斯游盖续十六年之旧云。

十四日丙寅(6月15日)　　　早阴,旋即大霁

杜小舫来候。周缦云来答候。

《龚定庵文集》二本约七八卷。熟本朝典故,有才气,筹划多当。说经无专家,为文学庄、列诸子。求过前人,而鲜据依,言不雅驯。三世官祠曹,早得英誉,投老不用,气郁无所吐,其言多放。悲矣,才士之不偶如此。

接初七日家信,又四姊初五日信。

十五日丁卯(6月16日)　　　晴

涤师来,一坐即去。闻接廷寄,衔称系大学士,而部文未到,大约数日即来矣。写子宪兄信、六姊信。即发,交孟甥。善徵来久谭。访开孙不遇,访子偲久谭。归署,道遇开孙,同至市中食,并邀刚己来谈,下晡散归。

接六姊初八日信,又方元徵师初七日信,又魏殷中初七日信,又杜小舫本日信,又沈羲民△日信。

十六日戊辰(6月17日)　　　早间阴,午刻晴

张小山、李壬叔来见相君,少选涤老来,即在余处坐谈。张、李甫去而开孙来,见亦如之。涤老去,开孙留余处午食,孟舆亦来同食。写长庚侄信,即发,附方元翁信。方元翁信,即发,附殷仲信。魏殷仲信,即发,交杜小舫。眉生信。同上。

十七日己巳(6月18日)　　　晴,亭午雨,少顷复止

下午,涤师来久谭,见余读内典,因问其义。余云大略仍是诲人

为善，而不许丝毫着相，推究穷极至一真本原之处至矣，而此一真本原之见，尚须遣去。故凡立一义谛，开一法门，皆随赞随诃，随表随遮。师云："此《庄子》中亦恒有此境地。"余云："烈读《庄子》未能熟，但粗看似是佛家二乘地位，亦未敢断也。师属诠解佛经梵语名数以便读诵。余因庄问师学问阅历数十年，所历之境何啻天渊，及与冬夏未稔历验己心，极违极顺当前时能有把握否？"师撚髭良久云："把握未敢云，但目下想来，不怕死，反虑事坏愿夙死，不知亦算得否？"余云："一切至大之境，不过生死，生死既不怕，则成败毁誉皆从此身上推阐而有，尚何婴心？恐此不怕死，尚是境界未到。面前悬揣之谭，殆未必即有实落受用也。"师深肯余说。

访子密，以见示令伯衍石先生仪吉。手札真迹一本还之。衍石先生通雅积学，由小学经训入手，而不薄宋学之空疏，以性理道学植躬，而不病汉人之琐碎，调停两者，语最平和得当，笔墨亦极风致。其言为学之法，读经当专一经，读史当先求典章制度，而后议兴亡之迹。盖兴亡之迹可资空谭，而典章制度核以今事，纤悉皆有用之学。又言读书须分数明，凡一事到手，皆将其中子目一一分开，愈分愈清晰，分数既定，而后观其会通，自无扰掆之病云云。皆极精当可法。

接吴竹庄初七日信，又胡稚枫△信。

十八日庚午(6月19日)　　　　晴

杨卓庵来候，辞行。开孙同戴子高、望，德清人。吴木庵来访，开孙取余开母阙之副本去，而赠古镜一，有铭四十一字。曰：涷炼沕治铝铅羊华清而明，矧以𡳐屎为镜镜圆□。文章延年而益寿，辟𠕻不羊，祥。嬲□天镸长，闲□兇□如日之光。而千秋而万岁，长乐未央。央字、涷字间作一画，疑以间隔而非字也。铜质甚古，朱绿如锦。

日晡时，余方偃卧而涤师至，立帐外如植髻，急起陪坐，谭话甚久,遍及时贤。云"刘印渠极长厚谦下,故做直督数年甚稳,其心地亦端正,性能下人,而非为保位之计。官秀峰城府甚深,当胡文忠在时,面子极推让,然有占其地步处必力争,彼此不过敷衍而已,非诚交也。其心亦止容身保位,尚无险诐,外间传言胡死后,官封提其案卷,则又言之过甚。左季高喜出格恭惟,凡人能屈体己甚者,多蒙不次之赏,此中素叵测而又善受人欺如此。李小荃血性不如弟,而深稳过之。吴仲宣殊愦愦。沈幼丹自三年以前争饷后,至今未通信,其人大抵窄狭。彭雪芹光明俊伟,而本事不及杨厚庵,杨厚庵颇狠。恽次山精核而非独当一面之才,实亦好藩司,心地亦苦窄。老九去年讦官不胜,极悔,亟思退,事事请教老兄。余云须悔亦须硬,仍须顽钝无耻,乃可做事。余往年在江西光景,视老九所处,何啻数倍,足下所知,但恐渠无此耐心耳"。又言"官秀峰事起,彼此不相闻问,内中亦不以见询,后与官相见面,彼此不提,始终若聋瞆然。李少荃劝余密折保官,请勿深究,外又纷言余劾老九,其实皆未知余心。此等殆不可参以文法,余惟麻木不仁处之而已"云云。

十九日辛未(6月20日)　　　雨旋止,夜有雷电

涤师来谈。下午候杨卓庵送行,不晤。晤黄子春,并晤朱星鉴。候善徵不晤,晤子偲。候小舫并识童际庭观察,久谭。闻江北水路已断,新苗尽槁。

二十日壬申(6月21日)　　　大雨

自前月祷雨至今,中间两次雨而不沾洽,今始沛然。相君长斋步祷盖已卅日矣。初奠瘗不应,或言灵谷寺八功德水求雨,诣请盂勺归必降澍。廿三日饬盐道往,廿四日雨。初二日藩司往,初三日雨。十八日相君自往,今日遂大雨。志公威神,至今不爽如此。涤师来谭。下午至子密处,观其高祖文端公讳陈群,号香树。《直庐问寝

图》。周缦云侍御送《贺雨诗》至,涤师见示戏作一首。写家信、四姊信。即发文案,官封。

喜雨用俳体

　　纪年同治岁丁卯,春夏蒸蒸甘泽少。夹江千里飞黄尘,秧马难施绿苗稿。呼龙不来云气薄,千神万灵负祈祷。长髯老公夜起步,愁见推窗一轮皎。清晨台府辟两扉,丞相一出民咸知。长斋已欲逮卅日,步祷岂惜筋骸疲。群司儳儳逐公后,面目犹较饥民黧。颇闻归家仰屋叹,天胡不谂困我为。通明昨夜有封奏,披览未卒天日嘻。成汤七载未云酷,六责方欲身牺牲。圣君圣相会有此,不尔胡审民所依。便驱怒雷发笑电,申命风伯咨云师。龙文窅窈下层汉,一夕滂沛犹倾卮。大如赪缸细犹线,直者破地横沾衣。汹汹屋角走全瀑,历历檐宇流分支。恍如深山伏蛟起,又似广殿凝旒垂。民舞于衢官舞室,客子亦起相欣嬉。卿家名田正如掌,胡为欢乐同等夷。或忧天下或口腹,肉食且欲诗腹肥。吴兴先生有篇咏,妙义纷纭和者眷。我公攒眉体如腊,欲遣开颜消日永。行看盛颂衮衮来,长篇短什拨不开。东方待诏汉廷日,不学伊优安在哉。

端阳日湘乡相公使宅作补录

　　上公日日开东阁,野客年年逐酒杯。小院蒲榴煊节物,雄城民气变蒿莱。文章再起归宗匠,吴楚馀生托老才。惭愧千金旧骏骨,重来犹许傍燕台。

二十一日癸酉(6月22日)　　夏至。晴

涤师来谭。答候娄峻山军门,云庆。不晤。候朱春舫、杨子木,久谭。候洪琴西,贺其子入学之喜。在开孙处谭至下午,吴木庵亦来谭,又少坐归。朱星鉴来答候。

二十二日甲戌(6月23日)　　晴

涤师来谭,闻湘乡县哥老会起事,旋平。又闻捻子出楚北境,已由豫境东窜过运河,少帅办理不能得手,时事颇棘。因言"少帅性急,军务成败恒有,若内中责效太严,或台谏抨击,必不能忍。余自乙丑年起,凡七次被参,总以不变不动处之,少荃未必有此耐性耳。运河以东,虽往岁捻氛曾及,而彼时之捻,与今大异,颇可忧。运河边墙高一丈以外,不知如何使之得过。丁抚台宝桢。殆不如阎抚台敬铭。甚矣"。

至南阳君家,晤仲言,已自皖觅居停不效归,相对颇戚戚无计。赴朱星鉴招饮,同坐潘伊卿、黄子春、孙海岑。饮散,又候汪梅村,不晤。

接十一日家信,又李少荃宫保十三日信,又蒋莼颦十三日信,又石似梅十三日信。

二十三日乙亥(6月24日)　　雨

涤师来谭。下午俞荫甫来候,同到子密处久坐。

接△日又十七日家信,又阿哥十二日信,言捻子由楚入豫,经历宛、叶、通、许、中牟而至曹、考及金乡、鱼台。又魏刚已本日信。

二十四日丙子(6月25日)　　阴

涤师见余方饭,即去。答候俞荫甫,少坐返。涤师复来。写吴竹庄信,蒋莼颦信,王霍生信。即发官封。访开孙久坐,至傍晚归,并

晤吴木庵。

二十五日丁丑(6月26日)　　雨

过俞荫甫谭。是日涤侯觞诸名下士,会者十馀人,余及开孙皆与。饭后,开孙、莫偲老来余斋,偲老旋去。刘伯山、刘叔俛恭冕,宝应人。来候,少选亦去。开孙留至傍晚。

二十六日戊寅(6月27日)　　大雨

涤师来少谭。问孟舆疾,下午访之,劝令宁神静摄。归署后,衣谷来,少谭而别。彭丽松申甫,长沙人,师之故人。来候。

二十七日己卯(6月28日)　　阴

涤师来久谭。师欲读内典,因以《圆觉略疏》进,并为释翻绎名义,缮一册以便查。师询宗教之分,余言大略如儒之汉宋二学。教似道问学,而非如两京之专明诂训。宗则确系尊德性一门,故宋儒门面辟佛,而说心说性,终难出其范围。盖本来是一非二,不容有分别心也。涤师补授大学士之旨已至,后接部文知系体仁阁,遣刺往贺。答候彭丽松,不晤。开孙同戴子高、望,德清人。邓季雨来访,久谭,同饭后至下晡始去。访俞荫甫,适涤师至,久谭各散。李伯盂之郇。来候,新自都门南返。

二十八日庚辰(6月29日)　　薄阴

孟甥同张小山来。涤师来谈。开孙同戴子高来。答候彭丽松。同开孙、子高茗于肆。张仁卿瑛,常熟人,曾识之。来候。潘辛芝观保,苏州人,中书。来候,未晤。

接眉生十四日信。

二十九日辛巳(6月30日)　　阴,时有日色

俞荫甫来久谭。候陈作梅观察鼐,溧阳人。久谭,言目下淮军正

饷、杂支及中堂办公经费,均归其所管之后路粮台支放,每月约需三十七八万两。所指进款以沪厘为大宗,每月十六万两,沪之中国关四万两,苏省牙厘二万两,因坐支淮扬、太湖两水师粮及抚标口粮等故,其数甚绌。地丁二万两,共止二十四万两,不足之数系沪之洋关税包补,所缺尚多。中堂现提淮北票盐预厘即如西楚各岸每引预缴之二两。十万两,又奏定洋税拨解部款之四成,西国赔偿军费原系各海关按扣四成,去岁已扣足,经总理衙门奏将此项解充部库。酌留二成,计可得四十万两,藉此可以弥补。其撤存及另招之湘军归金陵粮台支放,款项无多。所指进款则以运库课厘之半及皖省牙厘为主,出入相当,其金陵、上海两铁厂及大小轮舟六艘,每月经费约三万金,有大兴作尚不在内,此则在各饷之外者。

至书局,孟甥他出,见李壬叔、张小山。候唐端甫,海宁人,亦名士之列。不晤。答候李伯盉、潘新之于舟中,皆不晤。又答候张仁卿,又候孙海岑,亦皆不晤,归署。下午彭丽松来谈。写眉生信,三十日发,交小舫。家信。三十日发,交官封。

三十日壬午(7月1日)　　阴,下午大雨

陈作梅来答候,涤师来同谈少顷。写邓伯紫信。六月初六发,用中堂官封。亭午,访开孙,并晤季雨,吴木庵亦来,同到桐凤楼茗饮,候雨过乃归。李伯盉来,未值。

接阿哥十七日信。

六月丁未

朔日癸未(7月2日)　　大雨,亭午晴,午后复雨

至俞荫甫处久谈。开孙、子高来访,涤师来,见客在而去。下午

王朴臣自吴中来见候,久谭,将晚始散去。

初二日甲申(7月3日)　　阴,午后晴

午刻至开孙处,借庖馔朴臣、戴蕴之、子高诸君。饮散,又同茗,傍晚归。

接眉生五月二十三日信。

初三日乙酉(7月4日)　　晴

张仁卿来候,李伯盂来候,潘辛芝来候。下午,涤师来久谈,询吾里诸先德家世甚悉。因言:"常郡士夫皆矫厉风节,品类秩然,有晋人风味,故家恒贫而世其业数百年不变。然今殆绝续之交,维持之者总在足下与开孙诸人而已。"余言:"方隅之盛衰皆有地运,烈乡自嘉道以后渐见沦降,道德文学,气类渐孤,老成凋丧,而仕宦亦以不振。未几有舍儒而贾者矣,又未几而市儿有耦宦族者矣,其始不过疗贫,殆后遂横决而不可止。今学问既无闻人,而宦成者辄他徙不复归,人材则如彼,风谊则如此,其有瘳耶。忆前岁下居虞山,或问人拥厚资故远其乡,尔寒至此,胡为亦然,得无乞儿石发耶?烈言:'余惟寒乞,故不得不徙。'谚言'一人向隅,满座不乐',况满座皆向隅,介然其间,其不戚戚以死者何几?此心虽视馀子有间,然以当师之期许,得无恶然。"

余又言"殁甫生前颇有爱人不倦、提奖后学之志,而不幸中折,家徒壁立,烈姊年老,盂舆多病,使非师之保佑,沟壑久矣。然其家中人多累重,欲乞师异日保举一校官,使得仰事俯育,以卒师德。今岁场后并望委一苏州差事,便于就养,则尤恩迨存没"。师皆许之。余念殁甫生平不偶,且感师之大德,言次不觉清泪簌簌,师亦为之闵然。

余复陈开孙家况之艰,其意欲为其弟申孙乞李小荃制府奏留楚北以冀得缺,可以赡家。师言"余意拟使开孙作官,似胜于申孙"。

余言"申孙与烈别久,未知何如。若开孙则为良二千石可决,但其衷怀澹定,不乐仕进出于本诚耳"。

写家信,寄归古镜一圆,为南阳君寿。十一日发,交彭丽松。又长生信。同发。傍晚至子密、荫甫处久谭。接五月二十五日家信,又族兄国培三月初二日信,又长生五月廿五日信,又阮钰五月初二日禀。

初四日丙戌(7月5日)　　　晴

张纯卿来候。下午涤师来久谭。孟甥来久谭。

初五日丁亥(7月6日)　　　晴

张纯卿来访。访彭丽松少谭。开孙来久谭,至下午饭后去。涤师同彭丽松来谈。到俞荫甫处久谭。

初六日戊子(7月7日)　　　晴雨相间

张纯卿来候。开孙、戴子高来久谭。涤师来久谭,命为诊脉处方,以有不寐、神气不宁等症,素服归脾汤,余以为各症皆心阳劳扰之故,此方似嫌太温。又向系六阴脉,今则脉甚大而弦长,亦阴亏心肝之火不靖之故,因为用补剂加以敛摄之品。

初七日己丑(7月8日)　　　小暑。雨,有雷。旋即霁

俞荫甫来,久谭。彭丽松来谈。涤师来谭。朱小山作霖。来候,久谭。张苣堂来候,少谈即去。

接五月三十日家信,又子卿兄五月十九日信。

初八日庚寅(7月9日)　　　晴,亭午大雨

涤师来久谭,余请补撰申耆先生《十六朝地图》,刻之以惠士林,师即属余及开孙为之。候邓树人,其母夫人南阳君之叔母,今日寿也。并晤季雨及树人诸昆季。候刘治卿,佐禹,江西庐陵人,三品衔,安徽知府。并答候戴子高、蕴之,久谭。观其制造炮弹铜帽,各机器灵

捷可爱,而局中虽有五夷人,刘董其事,颇能身亲脚到。工匠皆江浙人,亦能自动手,非仅供指挥者,似较去年沪上所见铁厂为优。刘君尤真率好客,意肫挚,会天大雨,遂坐谭,至下午方行。答候刘伯山,遂至开孙处少坐。答候张芑堂,不晤。答候朱小山,少坐。途遇汪凫舟,闻已两至余处不值,因到其寓答候,少谭归署。彭丽松来。朱小山来访,久谭。

初鼓时,涤师至,见有客,乃去。少选复来久谭,言"昨有严旨,因捻贼窜至豫东,全无堵御,各帅均被斥责。沅浦摘去顶戴,与豫抚李鹤年均交部议处,少帅戴罪立功。旨中并有各疆吏于捻贼入境,则不能堵御,去则全无拦遏,殊堪痛恨。李某剿贼已届半年,所办何事等语。辞气严厉,为迩来所无。少帅及沅浦胸次未能含养,万一焦愤,致别有意外,则国家更不可问。且大局如此,断难有瘳,吾恐仍不免北行。自顾精力颓唐,亦非了此一局之人,惟祈速死为愈耳"。言次神气凄怆,余无以为慰,但属安心养摄数日,勿以境累心。假使不理公务,卧以治之,镇压民气,犹胜寻常督抚十倍。一旦无公,则大江以南,乱可翘足而待,幸为国为民自重其身。至生死有定,亦非祝宗之祈,所可增损,转与侥生者流,同为不知命,岂有大贤而出于此? 余又言:"前进释典,非欲援儒入墨,实以此来见师体貌大减,知皆心境所累,故欲师以之为护心之械,心法一空,诸境尽灭,诸大圣贤处地狱如游园观,则此等横逆,尚足一笑耶。"师言:"前日翻阅一过,总缘向未见过,不知其径,难于得味。又公牍堆积,实亦无暇潜心冥索,故即奉还。处余此境,殆不可如何矣。"太息而入。余退而寝不成寐,至丁夜始合眼少顷。

接黄子湘五月廿九日信,又沈鉴亭△信。

初九日辛卯(7月10日)　　　　天色晴朗

晨起,自为涤师占以后局运,得豫至晋。

上六冥,豫成有渝无咎。鹊巢柳树,鸠夺其处。任力德薄,人命不佑。

用神原神金水,休囚仇忌,动爻挟王气来克。世应落空,官爻失时无权。殊非吉卦。

又自占此出局运,得晋之旅。

众允悔亡,东行西维,南北善迷。逐旅失群,亡我襦衣。

世爻、日辰、动爻皆冲,非静局也。卯木财爻挟岁君而动,颇为得势,然化劫财回头克,有财而不能聚。文书得令而落,空非真空。求官较易,然不切当。

占未竟而涤师至,属为诊脉。余见脉象微数,疑有外感,属停前方弗服。言次,俞荫甫来,同至师内室一观。后有空地,广二三亩,方造一露台未竟。出,偕荫甫至子密处少谭。刘治卿来答候,久谭。下午,张苣堂来久谭。傍晚,彭丽松来。二鼓,荫甫、子密来谭。

左卦(得豫至晋)：
```
珪　乂　戌如
官　八　申
子　虎　午空
兄　八　卯
子　八　巳
文妻　八　未空　世空
```

右卦(晋之旅)：
```
官　ヽ　巳
文　八　耜空
兄　丗　酉冲
财　乂　嬲
官　八　巳
文　八　耜　应空
```

初十日壬辰(7月11日)　　　　晴

涤师约明日游后湖观荷,入神策门,会饮于妙相庵,幕府诸君皆集。斯议盖余所发也。少选,涤师来,荫甫及孟甥皆来,师亦命孟甥同往。写紫卿九兄信,属为涤师购参,即日发,交彭君。又孝拱信。同上。同孟甥访开孙,戴子高先在,饭后雇舟同访衣谷于东关,拉至舟中,泊文德桥下,久之后散。步访孙海岑,少坐,又访汪柳门、凫舟久谭,归署。写家信。即发,交彭丽松。

十一日癸巳(7月12日)　　　阴,微雨。下午大雨

晨起,荫甫、子密至,促到太平门候涤师来同游。余时未饭,因请先发。彭丽松来,孟甥来,时加辰正,始三人偕行,到太平门登丽谯,江宁太守涂闿轩,两令君皆张姓,其一张捷甫,先所识也,咸在。遂同彭丽松、俞荫甫、钱子密等到龙广山观收城时缺口所在,行返,涤师亦至。同步下城,到玄武湖滨,已舣小舟十馀艘,一舟二人,余与丽松为侣。师独坐一舟,张青盖前行,湖中莲叶覆波,一望弥满。中通一径,屈曲而入,不啻花为两岸。望东北面山张屏水上,恍然灵境。数里至一州,有民居十馀家,桑麻铺野,别有天地。复下舟行,又数里,至神策门,舍舟而登,从者皆持湖莲,绿盖红裳,杂沓载道。与丽松及袁子根登鼓楼四望,形胜毕见。遂赴妙相庵公宴,申正罢归。顺访季雨少坐,雨大至。返署,涤师复来,携鲜荔相馈,较胜前者所食。作《奉陪游后湖妙相庵》诗三首。

十二日甲午(7月13日)　　　大雨

写家信,即日发,官封。紫卿兄信、长生弟信、薛安林信。附发。吴晋壬唐林。自都门来见候,幕府陈小圃同来,少谭,适相国复领鲜荔支至,因以饷客。

下午,涤师来久谭,畅言学术之讹,吏治之巧。余以为:“甘食悦色,人性本然,圣贤亦第检束,弗使流浪。至理学则欲一切绝之,譬如潢污行潦,虽非清泠之泉,然顺其趋下之性,行之地泐,必无他患。若金城大堤,严为之防,绝其去路,甚则溃土决楗,溢为横流,微则藏垢纳污,蒸成杂毒,其势必然。今之理学,目不窥古今之书,身不由渐入之径,忽尔高谭性命,自诩圣贤,又不胜其嗜欲攻取之情,去之不能,反而积于隐微之地,既多且厚,一旦不制不尽,反其生平,即色

厉内荏,终身为穿窬之行。此皆学术不明之咎,可悲可闵。而近日吏风之颓,揣窃皮相,依附影响,不勤求本职,而专索细微。如今苏藩丁下车之始,禁民间茗肆每碗不得过五文之类,比比皆是。大乱之后,垦田无力,经商无本,民间失业者至多,使非趣逐锱铢,何以自活。大吏不务活民,而竞为此不近人情之举,试问于地方风俗利弊有何关涉?此等伪徒,使之得志,流毒正未有已。"师闻余言,始甚愕,继而掀髯大乐,曰:"渠昨刊《圣谕广训》与胡咏芝书,颁给属员,既属不伦,又特抄通札寄余,以余素服膺胡公,卜度以为必中,其无识可笑类此。"

余云"李少帅用人但求近功,师固当为大局起见,不可生异,然亦宜无意中微示风采,勿使若辈迷途忘反、邪风大炽,实为造德不浅"。余又推言"下江州县之昧良孳孳求利,法纪荡然,即如漕务减成,原为善政,而近年各县收漕上司乃与各牧令谐价,令其包解若干,收多收少直不过问,甚至串根不入交代,征收之后,一火焚之,人数多寡,毫无稽考。故数年中,凡经办漕者,无不拥厚资。先是,吏胥包漕,设有明禁,今则官自为之,且上游通同商议,洵为咄咄怪事。此类真藩司所当问,非市肆茶价之类矣"。师闻言复愕然,继云"州县唯利是图,实可忿恨"。余云:"咎在上游之不察,彼为微官,原求自殖,天下志谊之人当复几人,利之所在,翕然成风,固不能以特操责之也。"师颔之,遂去。

接六姊初五日信。

十三日乙未(7月14日)　　晴

涤师来,余方食,遂不入。食毕,至涤师内室谭,见示初印本《五年通考》,笔画如写,甚可爱。又示进呈之《御批通鉴》刊本,大几半桌,亦向所未见。又以余昨言王大经禁淫书之可笑,指示书堆中夹有坊本《红楼梦》，余大笑云："督署亦有私盐耶?"会典谒持刺至，遂出。开孙来谒相，涤师至余处见之。师连日有恙，余属开孙为诊脉，所说亦同余言。下午同开孙出门，约在刚己处相见。余先访芑堂，值有客，遂访朱春舫，少坐，芑堂亦至，复少谭而别。至刚己处久谭，至傍晚归署，又到子密处一坐。

是日涤师见示李少帅初六日信，云"捻贼现在登州属之荣城、文登二县，宁海一州之地。东抚丁宝桢在平度州，藩司潘鼎新在登、莱间，李少帅自在济宁。众议或欲扼守胶莱，使无归路，或欲坚守福山、栖霞、莱阳、海阳四城，麼之于海。而直督刘长佑、皖抚英翰西林。等各具奏，欲合直、豫、皖、苏四省之力，倒守运河西岸，淮军统领刘铭传及潘鼎新坚主此议，刘至以去就争之。李自云，向自以为能断，当此大利害之际，不免战栗"云云。又云"丁抚台廓落奋往，兵事实属外行。近日戴庙捻由此渡运。团董控告官兵得贿买放，此次之议，既不以守运河为然，亦不以扼胶莱为是，惟欲守福、栖、莱、海等四城。潘鼎新以为其围太逼，此成功之地，而非下手之方，且四城中尚有空地二百数十里，既无水陆限其马足，殊难控制"云云。

昨日师为余言"少帅近颇傲，殊非吉兆，余以两小事商之，坚执己见，毫不相让。此次大举，以余度之，必不能制贼。夏秋水大之际，贼方纵掠于东，必不即出。至秋冬则黄运水落，时时结冰，河本不宽，安能制其奔逸。且贼东度之时，官军望风披靡，未有一日之守，他日安保其必能立定脚根? 再度运尚可，万一度黄，则畿辅震惊，事且不测。廷旨咨询，首列余名，欲质言正对，则少荃身当大局，在后者不当掣其肘，姑从众议，则又毫无把握，以此深抱隐忧"。余言："少帅强项，况正膺艰巨，彼此一家，先存意见，事更不美。天下成败有定，人力亦未可径代天工，无可奈何之事，惟有听其自然。大约督师一任,终当属之函丈,目下虽位尊望重,而一离局守,即与身在行间者有殊,畛域之见不可有,而利害之际,权衡轻重则又不能尽无也。"师甚然之。

十四日丙申(7月15日)　　　阴

涤师来云有恙,项背痛而微寒热。诊见脉甚数,因处桂枝汤方,并属食葱姜椒煮面,谈良久去。衣谷来,口呼余字,跃而入,见相国在座,倏然去,神情孟浪可笑,师亦矧之。下午,涤师邀入内室谈,云:"食姜椒葱面微愈,懒于服药,姑俟明日何如?"余云"不药中医,且过今夜再说亦可"。谭良久出。

十五日丁酉(7月16日)　　　阴雨甚寒,如春暮。自入六月,未有暑气

涤师邀至客座久谭,言昨夜得汗,背痛稍减,属避风节食。下午复入内谭。师论兵事,言:"胜负不在形而在气,有屡败而无伤,亦有一蹶而不振,气为之也。余出兵屡败,然总于未战之先,留一退步,故尚不至覆巢毁卵。为将者设谋定策,攻则必取,不然毋宁弗攻;守则必固,不然毋宁弗守;攻之而为人所逐,守之而为人所破,虽全军不遗一镞,其所伤实多。"余云:"言兵事归之于气,至矣,而气又根之于心。故偶然之成败,损益甚微,而谋定之战,一失算即将馁于上,士馁于下。何则? 其心已夺,而气不得不馁也。兵志所云,攻心伐谋,又曰折冲于樽俎,皆武之精至者也。"

师云:"世言储才,不知第二、第三等人可求而储之,第一等人可遇而不可求。当其成就,虽小小局面,亦必应运而生数人。既得其人矣,性情又有不同,趣向又有远近,才识备矣,复须济之以福泽。李少荃等才则甚好,然实处多而虚处少,讲求只在形迹。如沅浦之攻金陵,幸而有成,皆归功于己。余常言:'汝虽才能,亦须让一半与

天。'彼恒不谓然，今渐悟矣。"余云："此无足奇，人情大氐阅历既多，饱经怫乱，则知运命之有定。少、沅两帅所处皆顺境，起徒步，数年之中，各建大功，安得不佻然自命。故沅师去年劾官秀峰不胜，余以为此沅师闻道之机，不当吊而当贺。少帅则兴起太暴，其人赤心任事，忠厚有血性，然未能知道，于持盈守泰之境阙如，议者颇为之忧。至于运命之说，甚大甚善，而义尚未极圆。凡人行于运命之中，罔然而兴，罔然而坠，纵丰功伟烈，震烁人寰，亦为随运之流，与秋鸟春花，同其迁变。惟有至人，遗世独立，虽亦在运气之内，而不为运气所迁，所谓'先天而天弗违，后天而奉天时'。自古贤哲之流，莫不由此一途，克跻圣域，在能勉之而已。"

师云："人生无论读书做事，皆仗胸襟。今自问于古诗人中如渊明、香山、东坡、放翁诸人，亦不多让，而卒卒无暇，不能以笔墨陶写出之。惟此一事，心中未免不足。足下胸襟大过于人，盍善抒其性灵，弗为尘土所淹没。"余曰："诚然。观人之事，不如观人之言，故古史记言多于记动。降至《史》、《汉》，犹知其义，纪、传中多描写人之声音笑貌，遂使千载之下，几无遁影，所以足称良史。师盍不以平生所撰示人，俾如余辈早为结集，否则千载以形迹相求，失公之神矣。"师逊言"无所有"。

十六日戊戌(7月17日)　　　　晴

写六姊信。十七发，交孟舆。午后，涤师邀入内室，谭良久。遍论咸丰末年江、浙军务致败之由，及和、张、许、何诸帅之鄙倍。师云："忆叕甫始到余江西军中，即言'自古成事，皆用心人。某遍历下游无一人知此，必至溃败后已。公虽兵微将寡，然成事者必公也。'余时深佩其用心一语。其论世超出寻常者甚多，不可谓非异才云云。"退至斋次，坐未定，师复来久谭。申后出署，访张屺堂、杜小舫及开孙,皆不晤。访莫子偲、凌小楠,各久谭,归署。夜衣谷来谭。见李少帅初八日来信,已调湖北谭、刘二军万二千人协守运西,直隶之军守新黄河,及东运戴庙等处廿馀里。漕帅张三万军守清江。另调欧阳镇、王镇进扎淮安、阜宁一带,防其由莒、沂南窜云云。

十七日己亥(7月18日)　　晴

写李少帅信,二十日发,附阿哥信。阿哥信。二十日发,马封。袁子根少谭。涤师邀至客座久谭。言及沅师收城时事,师云:"本地人尚知感激,若非各营官统领猎取无厌,岂非万全美事。"余云:"沅师己实无所沾,但前后左右无一人对得住沅师耳。"师云:"沅浦不独尽用湘乡人,且尽用屋门口周围十馀里内之人,事体安得不糟,见闻安得不陋。"又云:"李少荃血性固有,而气性亦复甚大,与沅浦不相上下。李小荃亦有脾气,杨厚庵尤甚,彭雪芹外观虽狠,而其实则好说话,遍受厚庵、少荃、沅浦之气。"余云:"做事人总有脾气,不然亦做不成。"师云"甚是"。又言"黄昌歧虽无才能,而极廉洁,同复苏州而无所取入,此节深可敬"云云。

倪镜帆来候。下午答候倪镜帆,不晤。答候吴晋壬,路遇开孙,约在刚己处相候。至晋壬舟中少坐,即到刚己家,傍晚归。闻下午涤师复来余斋中不值,遂至其内室立谭片刻而出,见示沅师来信,闻前次严旨,尚不十分懊丧。

十八日庚子(7月19日)　　阴,晌午大雨,少顷,夜复雨

下午涤师来谭。先是,师念城民生计萧条,饬官拨用剩四板炮船船身发给贫民撑驾,改为秦淮凉棚之制,以便考季时赶场生理,本为便民起见。乃谕甫出,而言者纷纷,以为欲复灯船之旧,又云欲招集河房女肆。昨藩司李宗羲来力谏,不得请而去。师以相告,并云"自南宋以来,天下为士夫劫持,凡一事兴作,不论轻重,不揣本末,

先起力争,屠暗之君,为其所夺,遂至五色无主。宋明之亡皆以此。吾甚佩足下同治二年与吾书,其第一条言审察听言之道。彼时举国若狂,皆以开言路为急,而足下已经烛见及此。直至今日,究竟不能出足下之范围"。余逊谢。因言"圣祖朝痛遏台谏之浮嚣,一扫有明积习。彼时主德昭昭,国祚隆盛,故能笮压诸臣,成一朝之家法。今昔世殊事异,民轻其上,嚣凌蜂起,势所必至,然朝廷起而与之争,又非集思广益之道。惟有明辨是非,不当者束之高阁,不论不议,使群下渐知上之明察,则妄言自息。顾秉国均者,安得有其人哉? 国家安危系此一事,可为太息流涕。今夷人事事务实,而中国事事尚虚,彼来谏者,心中未尝不知是事之无足重轻,但亦为众所劫持,不得不尔,上下但骛浮名,已成结习。师虽当局,而亦未便明立异同,倘于无意之中微示风采,俾率真之士不致全然湮没,则保全甚大,其效非目睫之见所能知也"。师尤然余言,慨叹而入。朱星鉴来候,黄子春来候。张屺堂来谭,衣谷来谭。

十九日辛丑(7月20日)　　　　晴

至陈小圃、钱子密处少谭。孟舆来。写家信,即发,官封。写六姊信。即发,交孟。饭后至涤师处谭。余询郭芸仙、毛季云隙末之事。师云:"毛早年在都中,见郭之文采,极欲纳交,后任湘抚,又屡思延之入幕。比任粤督,廷寄问黄莘农能胜粤抚之任与否,毛即疏劾黄及藩司文格,而保郭堪任粤抚,李筱泉翰章。堪任藩司,疏入如所请。毛固常人,郭之至,毛不能无德色,又彼此争权,迨后至于切齿。左孟星、王壬秋、管才叔三名士之至粤,互相标榜,有王佐才之称。郭素文士,三人多祖郭者,左至,通书诋毛,直不齿于人类。平心论之,自是郭负毛,而毛无罪。郭因吾曾保毛,遂言曾某保人甚多,惟错保一毛季云。吾答之云:'毛季云保人亦不少,而惟错保一郭芸仙。'闻者无不大噱。"余因言："六合以内，不外人情，郭公即不重臙仕，知己之感，独可忘乎？且窃窥郭公，亦非无心问世者。"师曰然。会客至，余出。少选，师复来言："交情离合，有在情理，有不在情理。刘霞仙之与朱石翘，逊贻，江西人，曾任湘乡。不啻子弟之于父兄，而卒大番至刊诗相诟厉。芸仙之于毛季云，又少次，沈幼丹与余亦大番，然余数函修好而不答。李次青一番之后，至克复金陵，余曾疏言其功，彼近时常通书问，庶几复合。至左则终不可向迩矣。"

吴竹庄来候，见相国方谭，遂去。接初九日家信，又槐亭十一日信，又六姊十五日信。

二十日壬寅(7月21日)　　　薄阴

吴竹庄廉访来候，少谭。访季雨、铁仙不晤。至妙相庵赴张纯卿之招，乃遇铁仙。少选，主人始偕二客刘伯山、叔俛来，未刻饮散。着衣候张绍卿大令，开祁，上元县，先曾识之。又答候吴竹庄廉使，畅谭，并晤陶鹤汀部郎，又候张芑堂，久谭。闻开孙、季雨在对门杨君处，遂往觅之，少坐归署。闻涤师已再至，不值。遂入内，适安卧，乃出。

初鼓后，涤师来畅谭。言得京中来人所说，云都门气象甚恶，明火执仗之案时出，而市肆乞丐成群，甚至妇女亦裸身无裤，民穷财尽，恐有异变，奈何？余云："天下治安，一统久矣，势必驯至分剖，然主威素重，风采未开，若非抽心一烂，则土崩瓦解之局不成。以烈度之，异日之祸，必先根本颠仆，而后方州无主，人自为政，殆不出五十年矣。"师蹙额良久，曰："然则当南迁乎？"余云："恐遂陆沉，未必能效晋、宋也。"师曰："本朝君德正，或不至此。"余曰："君德正矣，而国势之隆，食报已不为不厚。国初创业太易，诛戮太重，所以有天下者太巧。天道难知，善恶不相掩，后君之德泽，未足恃也。"师曰："吾日

夜望死,忧见宗祐之陨,君辈得毋以为戏论?”余曰:“如师身分,虽善
谑,何至以此为戏。然生死命定,不可冀求,乐死之与倖生,相去无
几。且师亦当为遗民计,有师一日,民可苟延一日,所关甫大而忍恝
然乎?”师又曰:“苏省厘金之弊,怨黩繁兴,入款日少,民财日尽,而
中饱日增。吾日肩此任,一月必用五十万金,既不能废此不为,彼中
结习已成,又皆少荃之所设施,投鼠忌器,不得不包荒示大,足下有
何策以善其后?”余云:“商情不怨征重而怨局烦,法弊不在收多而在
中饱。大抵今日之事,宜减照票之局,以省经费而轻烦扰,则民蒙其
惠,官亦无损。更求廉干之才以总其事,措设得人,为之以渐,则于
少翁一面,亦不至背驰。”余又言苏绅鄙黩之事,及关内牧令之恣肆
者数端,师为扼腕者良久。

是日闻竹庄言,今上聪慧而不喜读,一日与师傅执拗,师傅无可
如何,涕下以谏。时御书适读至“君子不器”,上以手掩器下二口,招
之曰:“师傅看此句何解?”盖以为“君子不哭”也,其敏如此。又读
“曰若稽古帝尧,曰若稽古帝舜”,帝字皆读“屁”字,观此则圣禀过
人,而有雄杰之气可知。天祚国家,使益出于正,吾民其有豸乎?

二十一日癸卯(7 月 22 日)　　　晴

入内与涤师少谭。吴竹庄来谈。见邸报五月廿九上谕:前因天
时亢旱,诏求直言,原祈于国计民生有所裨益。兹据都察院代奏,候
选直隶州知州杨廷熙奏〈请〉撤销同文馆,以致天变时以亢旱求直言。
一折,呶呶数千言,甚属荒谬。同文馆之设,历有年所,本年增习天
学、算学,以裨实用,历经御史张盛藻,大学士倭仁先后请罢前议,因
其见识迂拘,迭经明白宣示。兹据该知州所陈十条,不过摭拾陈言,
希图自炫,原可置之不论,惟有关于风俗人心者甚大,不得不再行明
示。杨廷熙因同文馆之设,并诋及各部院大臣,试思杨廷熙以知州

微员,痛诋在京王大臣,是何居心? 且谓天文、算学强臣行之则可,皇上行之则不可。普天之下,孰非朝廷,号令所及,岂有强臣可行而朝廷不可行之理? 又谓事在必行,恳请将翰林、进士科甲有职事官员撤销,尤属谬妄。国家设立科目,原以登进人才,以备任使。曾国藩、李鸿章均系翰林出身,于奉旨交办中外交涉事件,从无推委,岂翰林之职专在词赋,其国家政务概可置之不问乎? 至所称西教本不行于中国,而总理衙门请皇上导之使行,及专擅挟持,启皇上以拒谏饰非之渐等语,更为肆口诋诬,情尤可恶。推原其故,总由倭仁自派总理衙门行走后,种种推托所致。先是,同文馆事初起,倭仁即奏言中国未尝无通晓天文、算学之人,不必借资外国云云。奉旨令其列保,倭无以应命,复奏言臣实无可应诏之人,然求之四方,必有其人。复奉旨令其留心访求,旋派令在总理衙门行走。倭辞不许,乞病赏假调理。自是言者纷纷,皆云恭邸因倭拂其指,有意难之。屡形奏牍,朝旨反复,辨之甚苦。杨廷熙此折如系倭仁授意,殊失大臣之体,其心固不可问。即未与闻,而党援门户之风从此而开,于世道人心大有关系。该大学士与国家休戚相关,不应坚执己见,著于假满后即到总理各国事务衙门之任,会同该管王大臣和衷商酌,共济时艰,毋蹈处士虚声,有负朝廷恩遇。杨廷熙草莽无知,当此求贤之际,朝廷宽大,姑不深责。恭亲王、宝鋆请将杨廷熙所奏十条,派大臣核议,并请将该王大臣及现任各大臣,均暂开总理衙门差使,听候查办。自系为杨廷熙折内有专擅挟持等语,当此时事多艰,该王大臣当不避嫌怨,力任其难,岂可顾恤浮言,稍涉推诿。所请著毋庸议。钦此。

按:今朝政以洋务为至急,倭身任宰辅,岂得自处清流,置身事外? 坐言起行,事无二致,既以总理衙门为办理不善,一奉朝命,即当不避艰难嫌怨,力图振耻,方为大臣。视国家主忧臣辱之道,乃在人则议之甚严，在己则去之若浼，君子耻躬之不逮，是在闾阎犹不可，而况秉国者哉？是非不明，吠声日远，虽上谕严切，必尚有起而死争者，从此枢地与台谏为仇，而妄开言路之咎于是大见。吁！可悲也已。

午后，涤师来久谭，言陈寿良史，其谨严处有过班、马。与余曩论皆合。夜，涤师复来久谭，见奔星大如盂，光过于月，落西南角。师笑曰："岂吾死征邪？如数日内可以比附，君为志，必书此，第恐如少微星落，吴中高士求死不得耳。"相与大噱。又言捻贼尚在海角，官军有扼守胶莱河之议。余云："前见少帅信，本疑何以不守胶莱防河，虽均非上策，与其黄运，无宁胶莱，究省兵民之力，且此河曾行海运，有铜帮铁底之称，其深广必不下于运河。今果行此，或者有济乎？"继又论时贤章奏。余云"李少荃前与王宪成、殷兆镛等辩难一折，虽胜而实受伤，且似非奏折体裁"。师曰然。余又问"刘霞仙自陈何如？"师言："文气甚好，而措辞亦不善，故来陈廷敬之指摘。"又言"郭芸仙自负不凡，其实奏折无有清晰得要者。沅浦去年密劾唐荫云，折尾声言系督臣得用之人，恐失和衷之道，请皇上作为访闻云云，督抚劾司道从来无此体裁，已属笑谈。而不及两月，即劾督臣，所谓和衷者如此，尤足令人大噱"。

读洪北江《卷施阁》、《更生斋诗文集》终。卷首《意言》二十篇格类《论衡》之制，无甚精义。骈俪则深得六朝风味，光采灼烁。其地志各书，如辑古地理者不可阙。

二十二日甲辰(7月23日)　　　　晴

杨仁山文会，石埭人，工程局委员。来候。亭午，涤师邀入内久谭，钱子密京卿亦与，言京师水泉皆竭，御河断流，朝无君子，人事债乱，恐非能久之道。余言"向见诸旧说，黄河北流，燕京即不可建都，以畿辅之势蹙，形家所谓捶胸水也。然国家断无南迁之理，后事殊不可想。子密云我朝流泽甚厚，决不遽亡"云云。下午涤师来，少坐即去。朱星鉴来谭。傍晚涤师复来，至初鼓去。接十六日家信。

奉陪相国游玄武湖观荷，旋赴妙相庵公宴即席赋三首补录

朝簪野服浑林峦，雨过苍苍晓黛寒。草色润含公泽溥，山容笑比客情欢。南阳名士真诸葛，江左风流有谢安。无数丹青无数事，只应输与酒杯宽。

匜匜湖波一径斜，荷香十里接桑麻。汤泉水滑千娥浴，镜殿光多万锦遮。到此须眉怜走俗，几时耕钓定还家。陂塘我亦馀三亩，急寄音书课种花。

阴阴绿野遍征骓，路入闉阇指翠微。小市环观疑白裌，平冈驺唱转朱旗。当筵尊酒寻常共，照代风云近古稀。谁信春耕销甲后，还同农圃羡蓑衣。

二十三日乙巳(7月24日)　　晴

吴竹庄来久谭。朱星鉴来久谭。开孙来谒相，涤师至余斋中见之，少谭而去。张屺堂来久谭。伯房甥来。开孙饭余处后，与屺堂等皆去。

傍晚，涤师来久谭。言北宋时人物咸推韩、范，其实无大过人处。余言："有宋一代，自艺祖杯酒之后，天下讳言才能，传之子孙，遂成积弱之国。寇准澶渊之役，实城下盟耳，而一时传为美谭。功烈之卑，不足令汉、唐一矧。"

师曰："否。寇准实宋第一等人，未可厚非。"

余云："第一等人作为不过如此，第二、三等人可见矣。彼时风气实然，虽有能者，无可表见。故王德用、狄青皆武人，稍露鳞爪，遂废弃不用。旷观千古，凡一代之事功人物，其风气皆草创之主开之，

范围一就，数百年贤哲之士，莫不俯首就教。间有命世挺生者，不肯随风气流转，自欲出一头地，其为之不以渐者，往往致败。宋之王介甫、明之张太岳皆是也。"

师曰："甚当。南宋罢诸将兵柄，奉行祖制也。故百年中奄奄待尽，不能稍振。"又言："韩、岳等军制，自成军，自求饷，仿佛与今同。大氐用兵而利权不在手，决无人应之者。故吾起义师以来，力求自强之道，粗能有成。"

余笑言："师事成矣，而风气则大辟蹊径。师历年辛苦，与贼战者不过十之三四，与世俗文法战者不啻十之五六。今师一胜而天下靡然从之，恐非数百年不能改此局面。一统既久，剖分之象盖已滥觞，虽人事，亦天意而已。"

师曰："余始意岂及此，成败皆运气也。"

余曰："成败之数，运气与人事相参，烈及殁甫素泛观诸当事，均策其无成。比见师而心志倾倒，以为必能戡乱。往时吾辈之私议，师皆知之，至于今而其应如响，岂操卜算之术得之耶？且如小家翁姆，勤劬持算，必获小康之报，天道诚实，未可尽委之自然。彼运命二字，怀才不得志者以之自靖可矣。君相造命，务名实以鼓人才，止可存之于心，以济人事之穷，若昌言之，则人皆自恃，孰为陈力耶？"

师曰："此言甚是。然天下大事，运气主其六，人事主其四，至富贵利达，则运气所主尤多。"

余曰："然。师言至允。大易曰：'先天而天弗违，后天而奉天时。'天命人事，交相为用之说也。二者缺一则扁。"

师曰："姑置此。今筹饷类南宋时，而人心之浮华日甚，吾惧必且为英夷之风气所染。往时官员薪水二十金即已阔绰，而今则人皆菲之，异日口粮薪俸，日增月长，不至尽仿夷法不止。饷源所恃，仅在厘金,征敛百端,民穷财尽,此大乱之道,已在眉睫。君有善策以纾民否?"

余曰:"事体重大,未敢妄对。然计兵事,非数十年即已,大抵将来必归宿于屯田。钱财尚可不用,而日食则决不能欠。异日至千里无人之处,虽挟厘金千万,能使士卒枵腹怀金以与敌抗哉?"

师曰:"屯田亦可。但目下无主之田日少,奈何?"

余曰:"此非目下事,烈第忧无主之田日增,不忧其少也。"

师又曰:"然。"遂入。

写紫卿兄要信,廿四日发家信内。家信。廿四日发,官封。朱小山来访。接俞荫甫十九日信。

二十四日丙午(7月25日)　　阴,下午微雨,即晴

刘益生来候,久谭。子密来。涤师来谭。朱小山来久谭。访吴竹庄,并晤朱春舫、杨子木、陶鹤汀。

接吴竹庄本日信。

二十五日丁未(7月26日)　　晴

至邓处晤季雨昆季、树人昆季。烦铁仙画《楞严说法象》,商量起稿,至日午毕,即饭邓处。候李小湖,联琇,江西人,前任学使。闻其有唐刻《庙堂碑》,为天下独本,故专诣,而主人谢客。又答候杨仁山不值,又候涂阆轩太守不晤。又访黄子春,久谭。又候前江宁县张捷甫不值。又候善徵久谭,时新得江宁也。又候杜小舫、陶鹤汀,均不见。

归署,涤师邀入内久谭。密询厘务情形,余一一答之。因言:"师欲减厘以纾民困,莫如剔弊。弊皆在大商,而不在小贩,大商之丰,小贩之穷也。严弊窦,抉中饱,搜剔一二大端,如烟土、丝、茶等类,即尽裁小民担负之征,犹不仅相抵,足以倍蓰之而有馀。救时之

策,莫善于此。"师极首肯,复求其证。余曰:"是不难知,就土捐而言其事,烈与叕甫二人之所首创,彼时每箱捐十金,每月解至七八万金。后王雪轩复加至每箱二十馀金,即报二十馀万不等。今捐至一箱四十金,而解数转止三四万金一月,由此类推,可以知矣。"师曰:"然。君盍尽廉其实以相告。"余诺之而出。朱小山来。

二十六日戊申(7月27日)　　　晴

访开生及其弟萱生,谭至傍晚归。朱小山来久谭。接恽次山十八日信。

二十七日己酉(7月28日)　　　晴

涤师馈①白金百两,入谢,坐谭少顷。访袁子根,少坐。陶鹤汀来候。写俞荫甫信。即日发,交子密。紫卿兄信,寄银五十二两。即日发,交子密令郎。下午,涤师来久谭。傍晚张苣堂来,汤衣谷来。涤师来谭,言京师五月中旬忽风霾,天色黄赤,当昼而晦,恐有异变。

接二十日家信,又儿子实同日来禀,又四姊同日信,又紫兄十八、二十两次信,又董椒生五月十四日信,又金眉生初九日信。

二十八日庚戌(7月29日)　　　晴

朱星鉴来久谭。涂阆轩来答候。写家信,即发,官封。紫兄信。同上。开孙来久谭。涤师来。写眉生信,寄还《悔新说》一本。即日发,交杜小舫。下午,访吴竹庄,并晤张苣堂、杨子木,久谭。傍晚归署,涤师邀入内室后隙地乘凉,并晤其同乡蔡君、谭君。

二十九日辛亥(7月30日)　　　晴

程尚斋龌使来候。涤师来谭。下午赴竹庄之招,同会朱春舫、

---

① 馈:稿本作"贶"。

杨子木、钱子密、陈小圃、张苣堂,二鼓归。

七月戊申

朔日壬子(7月31日) 晴,酷暑已逮旬日,几案皆如炙

作纪湘乡公惠用韩诗郑群赠簟韵一首,题刘治卿图诗一首。竹庄来。涤师来少谭。下午,竹庄复来,渠已移榻署内,谭至乙夜乃去。

居馆暑甚,相国遣致竹榻,起高棚遮日,

纪惠次昌黎郑群赠簟韵

我公好士四海知,独愧士者非能奇。千年老冰斫不得,甫混水玉充玻璃。公之所居太和气,民鲜夭札物不疵。恩施先自近者逮,炎神布时失所为。竹床六尺滑如玉,卧足安享奚官炊。连云高荫日不到,番讶清淑时非宜。我家当眉数间屋,直欲弃舍为人资。早知作客乐正尔,悔辟榛莽开烟漪。要非广厦众所托,已遣拔宅迎妻儿。沉沉清昼北窗下,朔气不用张图吹。置身恍在夜摩上,但有天宇无蟾曦。祝公千年亦身计,酒食无事铭难衰。宜酒食,乐无事。汉砖铭。

刘治卿太守佐禹雪夜渡淮图

刘君健者我共知,识君乃在今年时。秦淮水南地千步,高屋严钥扃工倕。君督洋人制机器于秣陵城南。我来瞻君貌奇绝,岩电炯炯垂两髭。生平一事不忍秘,语我往昔刬蛟螭。其时淮西阻群盗,帝遣侍从来东师。贼多满地杀不得,下令馘首从囷治。君时捧檄度涡水,直探虎穴忘险巇。贼谋所恃有三辈,篝火往往潜丛祠。手挥八卒缚鼠子,馀党在者咸披靡。须臾枭徒转云集,突围得出晨宵驰。悬头军门贼胆落,从此贼马无东窥。兴

酣每忆少年事,耳后习习风犹吹。噫嗟刘君慎弗语,于今世故
由争棋。纷纷劫杀变俄顷,数子敛局悲无期。侧闻庙堂日攻
讦,弃舍国是争偏私。昏昏天象百年罕,当午秉烛雷声雌。京师
自春至今不雨,水泉皆竭。五月十日昼晦,天色黄赤黑相纠,秉烛移时,乃
始开朗。又今年春夏不闻震雷,南北皆同。朝政倭相国仁与恭邸争同文
馆事如水火,言路附和,彼此交哄,识者忧之。心胸溃决手足乱,天人
今发龙蛇机。书生匡时薄有说,但敛清泪不敢挥。君才干莫利
时用,幸拓闻见恢英姿。风云万里倏遇合,事会一逮谁能辞。
工师铸器若微渺,中有大用价不赀。愿游心思亟搜讨,岂让洴
澼为军资。方诛楼兰制大宛,直与傅陈相追随。却看往事付一
笑,譬泛溟渤观流澌。多君磊落有奇气,不敢旅进陈夸词。簸
除戚施遍天下,庶剖肝鬲贸韦脂。无才我欲归卧耳,抢攘要有
人扶持。请捐已往骛高远,努力弗使时贤嗤。

初二日癸丑(8月1日)　　　晴

竹庄来少谭。答候程尚斋,并候李雨亭布政宗羲,川人,乙丑年识
之。久谭,归署。开孙同戴子高来,适有肴品,留之午食,竹庄亦至,
同餐。下午两君去。竹庄留余处晚饭后,涤师遣招余至后圃纳凉,
二鼓方退。

初三日甲寅(8月2日)　　　晴

竹庄来辞行,旋安庆。张苣堂来辞行,奉札办皖南牙厘局,赴芜
湖。傍晚涤师来,少刻又招赴后园纳凉至乙夜。

接六月二十五日家信。

初四日乙卯(8月3日)　　　晴,下午有云阵起,略雨复止,炎暑
颇褪

访朱星鉴于聚宝门城头,其军驻守是门也,并识湘乡王辅臣、开

炳,候补府。许佛珠。萨阿,直隶州。主人盛设相款,并命军中歌吹以
侑。下午,棹两舟游秦淮,挟歌吹以从,观者如堵,自收城以来未有
也。傍晚,偕黄子春少谭,归署。访子密、任棣香,少坐。

初五日丙辰(8月4日)　　　晴

　　午后,涤师来久谭。言芸仙在粤声名之劣,罗椒孙至与骆籲门
书云:故乡大吏皆如豺虎,民间又有"人肉吃完,惟有虎豹犬羊之廓;
地皮刮尽,但馀涧溪沼沚之毛"毛季云也。之联。何狼藉一至于此!
师云:"其自取耳。劝捐助饷,原为不得已之举,原无可勒。其勒者,
必其人为富不仁,向有劣迹者。郭在粤东一概施之,往往诗书之家,
横纳罟网,而又高自位置,不近人情,所作所为,无不任意。即如弃
妇一事,妇始入门,其老妾命服相见,为妇室下首,而妾居上首,此岂
知礼者所为乎? 比至粤官,与夫人、如夫人用绿轿三乘入署。第二
日夫人大归,第三日即下勒捐之令,持躬如此,为政如彼,民间安得
不鼎沸? 郭悍然不顾,方与同官断断争细故,不图其荒谬至此
已极。"

　　师又曰:"霞仙亦非能作事者,其过亦在自命太高。天下人才智
心思,相去不远,位高则程量窥伺者尤多。随处虚心详度,尚不免人
人圈缋;况恃己蔑人,行空蹈冥乎?"继又示及时事,倭相复陈请开
缺,皇太后特降恩旨,除大学士弘德殿行走仍旧外,准其所请,开去
一切差使。是总理衙门一差亦于无形中销去,解释怨尤,不着痕迹,
使老臣得以保全,而朝议不至嚣起,实为圣明之至。又言李少帅已
定计堵胶莱河,军事机局颇顺手。又言左季帅行至灵宝,突遇山水
大发,冲没二十馀里。左军行适在此二十里中,军资、军火、洋枪炮
等荡然,死者千馀人,左亦入水,遇救得免。其事与同治初甘督沈兆
霖事甚类,亦异变也。余因问:"外间传闻沈事,实为山中叛回突起

戕害,讳言水灾者,其事实否?"师云"奏报不伪,此模拟之辞耳。"

邓仲言来少谭。傍晚,涤师复来,又邀入内,新筑露台成,登览片刻,又在后园少坐而出。

初六日丁巳(8月5日)　　　阴,下午始渐霁

朱星鉴来谭。下午涤师来,携上海带到蟠桃、水蜜桃相饷,甘香无比。傍晚复召登台,子密、小圃亦在。

初七日戊午(8月6日)　　　晴

亭午,赴子春之招,开孙亦至。肴核颇洁,与开孙畅谭到晚归署。傍晚,涤师来久谭。先晚,师以甫里先生陆龟蒙本邑祠典一事交核。师自批云:自北宋时吴中已有三贤祠,谓范蠡、张翰及陆先生也。人品自高,流风自远,然与列入祠典诸神,微有不同。若乡里景慕,私修祠事,自无不可,若必欲官为致祭,则须专奏,似可不必云云。余下议云:陆公无昭昭之功德,非捍灾御患者比,不当专奏,钧批明允之至。惟本祠既向有春秋官祭,此时兴举废坠,似与时贤近事,创议俎豆者微有不同,可否饬查成案,有则仍之,庶于祠典不废〈不〉渎。议入,师来言已从余说。又言本郡亩捐,每亩百三十文,分两限。一限六十五文,上限尾欠无多,仍旧催征。下限概免。按此事盖由师复任之初,适值天旱,有免征之说,民间翕然归仁。比得雨,司道饬令复征,以反汗之故,颇致腾谤,师不知也。前月下旬,饮于邓氏知之,遂以告师,与司道往复者数四,钱子密亦祖免征之说,至是始定云。

初八日己未(8月7日)　　　晴

下午涤师来谭。

初九日庚申(8月8日)　　　晴

至袁子根、陈小圃处少坐。写家信,即日发,官封。紫卿兄信。同

发。下午,涤师来谭。晚又要至后圃纳凉,谭至二鼓。余言在上海见恭邸小象,盖一轻俊少年耳,非尊彝重器不足以镇压百僚。

师曰:"然。貌非厚重,聪明则过人。"

余言:"聪明信有之,亦小智耳。见时局之不得不仰仗于外,即曲为弥缝,昨与倭相争持,无转身之地,忽尔解释,皆其聪明之征也。然随事称量轻重、揣度形势之才则有之,至己为何人,所居何地,应如何立志,似乎全未理会。凡人有所成就,皆志气作主。身当姬旦之地,无卓然自立之心,位尊势极而虑不出庭户,恐不能无覆𫗧之虞,非浅智薄慧,涂饰耳目之技所能幸免也。"

师曰:"本朝君德甚厚,即如勤政一端,无大小当日必办,即此可以跨越前古。又如大乱之后而议减征,饷竭之日而免报销,数者皆非亡国举动,足下以为何如?"

余曰:"天道窈远难知,未敢妄对。三代以后,论强弱,不论仁暴;论形势,不论德泽。即如诸葛辅蜀,宫府甚治,而卒不能复已绝之炎刘;金哀在汴,求治颇切,而终不能抗方张之强鞑。人之所见,不能甚远,既未可以一言而决其必昌,亦不得以一事而许其不覆。议减征,创自外臣,非中旨也。免报销,则以此番饷项皆各省自筹,无可认真,乐得为此宽大,亦巧见耳。勤政诚前世所罕,但小事以迅速而见长,大事亦往往以草率而致误。夫以君德卜国祚之灵长,允矣。而中兴气象,第一贵政地有人,奄奄不改,欲以措施一二之偶当,默运天心,未必其然也。"

师又言:"本朝乾纲独揽,亦前世所无。凡奏折事无大小,径达御前,毫无壅蔽。即如九舍弟参官相折进御后,皇太后传胡家玉面问,仅指折中一节与看,不令睹全文,比放谭、绵二人查办,而军机恭邸以下尚不知始末。一女主临御而威断如此,亦罕见矣。"

余曰："然,顾威断在俄顷,而蒙蔽在日后,究竟此案模糊了局,不成事体,覆疏全无分晓,未见中旨挑斥一字也。大家规矩素严,臧获辈当面谨愿奉法,而一出外则恣为欺蔽,毫无忌惮。一部《红楼梦》即其样子,又足多乎? 所谓威断者,不在形迹而在实事,一语之欺,清浑立辨,则群下无不惴惴,至其面目转不妨和易近人,盖所争在彼不在此也。"

初十日辛酉(8月9日)　　　　晴

李雨亭方伯来答候,久谭。访开孙,季雨拏舟候余同游秦淮,遂与二君同行,风于桥下。遂到徐华野观察河清,山东昌邑人,贵州道台。寓久谭,并识曾虎山。山东人。饭后复同舟,良久而别。归署后,闻涤师甫至不值,遂入内园,园中新构露台落成,与涤师及蔡贞斋、茶陵人。谭月卿攸县人。乘凉台上,纵谈沅师收城时事,相与扼腕良久,二鼓退出。

十一日壬戌(8月10日)　　　　晴

开孙来,久坐去,约在炮局相俟。亭午到邓处贺喜,子京先生之季子毕姻也。少坐。到炮局,开孙继至,与刘治卿、戴子高、蕴之久谭。见新闻纸,法国已夺据安南数道。下午同访刚己,谭至傍晚归。董椒侄来,不晤。

接俞荫甫△日信,又张苣堂初七日信。

十二日癸亥(8月11日)　　　　晴

季雨来。写俞荫甫信、即发,交子密。张苣堂信。同上。下午,涤师来久谭,言:"胡文忠做事有气魄,往时颇规吾,以为军中保官不优,用财不泰,不足以鼓舞人才。吾甚服其言,故后来一切较宽于前。"余言:"师本来第自绳耳,于人未尝不宽。〈尝〉忆烈之初得闻名于左右，仅以弢甫之一言，即走弁赍二百金下访，此等举动不可谓无气魄。"师言："此在吾处亦仅有之事，以弢甫绳足下，且闻足下往日之议论故耳。不常有也"。余云："文忠作事动荡有生气，自是英雄面目，师则规矩准绳，不差毫末，俨然古大儒气象，二者固不可相提并论。第军事本尚权谋，三代以下，急功竞名，责效旦夕，与古征诛之事为之数世，收功百年者不同，故不得不高爵厚禄以求斫弛之士，原当局之苦心，不得已也。今世乱甫棘，当冀贬德以救水火。"师曰："然。苦无同志之士，自文忠与江忠烈殁，而同事者鲜能一心。衮衮诸公，其所设施，仅见目睫，为之喟叹。"

十三日甲子(8月12日)　　　晴

到开孙处，并晤孟甥及董椒孙，谭至晚甫归。

接初三日家信，又儿子实初七来禀，又六姊六月廿九日信，又紫卿兄初六日信，又槐亭六月廿四信，又杨咏春初五日信，又吴竹庄初九日信。

十四日乙丑(8月13日)　　　晴

写吴竹庄信。即发，交来人。到涤师上房少谭。访子密、小圃，少谭。下午，涤师来少谭。倪豹岑至，久谭。邓仲言、季垂嘉统，行十二。来候谢，方坐谭，涤师复来，见有客，乃去。傍晚邀入内登台谈话良久。师言："佛理大约须遇境界不动。"余曰："然。境界莫大于生死，莫烦于日用。于日用细处作得主，积小成大，渐渐心力能制自己，一旦善恶境现，如镜照象，有委顺而无系恋，斯大成之效也。"师曰："吾尚不信轮回之说。"余曰："师恒言读书人愚慧判然，殆有宿因，然则非轮回而何？"师嘿，少顷曰："是殆有之，吾未之究耳。"会风起振露台桌兀，余曰："人生天地如一叶，生死只在俄顷，若不于己躬下事用心检点，徒在妄想中毫分镂晰，幻益生幻，安有穷期，可为喟然。"师颔首不语，复言时事。李少帅初六日信，知胶莱东捻有欲冲突之意，守兵未集，河墙未成，恐难抵御云云。余遂出。

十五日丙寅（8 月 14 日）　　　晴，下午风起，略雨

下午，涤师来谭良久，偶言及扶鸾，师曰："事亦有之。咸丰八年，吾居忧在家，闻老九宅中有乩仙降步，往观之，诸人方围问功名，乩不对，而书'赋得偃武修文得闲字'九字，诸人均不解，吾曰：此旧灯谜隐'败'字，仙何为而及此？乩即判曰：为九江言之也，不可戏也。吾凛然神悚，时九江已于四月初八日攻复，贼禽馘殆尽；军势张甚，山中久已得报。是日则为四月二十九日，相距二十日尚未进军，无败理。因叩仙为天下大局言之耶，抑为吾曾氏言之耶？仙判曰：'为天下大局言之，即为曾宅言之。'又问仙何人何职位？今欲何往？仙自称名为彭某人，其名涤师已忘之。河南固始人，生时官都司，死于咸丰△年固始之难，现为云南大理府城隍神，赴任路过云云。再叩之，寂然不动。是年十月，遂有三河之难，李迪庵所部平江州之师皆死之，吾弟温甫亦与，其效验昭昭如此。且先半载知之，则世俗所云冥中诸神造兵死册籍等语，非为荒唐之说矣。"

接眉生六月十六日信。

十六日丁卯（8 月 15 日）　　　晴

朱星鉴来谈。刘治卿来候，其局内三日前自来火炸，延烧火药十馀磅，死者四人。

接儿子实初三日来禀。

十七日戊辰（8 月 16 日）　　　晴

张纯卿来候。早饭后，候王晓廉观察不晤，又候徐华野观察，亦不晤。候吴珀卿广文，答候郑子乔广文，镜清，邓氏之亲。均晤。珀卿

送考来此也，言及学中三徒，质均中平，克儿为论说杂作颇有意理，而制艺不进；季簪于诗稍近云。午后，涤师来少谭。闻直隶复有盐枭滋事，逼近保定，直督刘长佑奉旨申饬。石似梅来访，涤师来，见有客即去。接长庚侄五月廿八日来禀，又般仲初二日信，并寄李越山画扇等，又李眉生六月十八日信。

十八日己巳(8月17日)　　晴

今岁炎暑，自前月廿后起，至今月初四、五稍减，初七、八复甚。三日前微雨有秋意，而今昨复甚，惟入夜总凉爽，故雨气一日蒸晒欲起，而得凉风则敛。谚云"昼热夜寒，河底晒干"，盖至理也。自鄂皖以下皆祷雨。开孙来，同至考场左近观书肆，应举者塞途，百肆繁会，然皆气色荒残，无承平时千百分之一矣。同访黄子春，至傍晚归，顺答访石似梅。初鼓后，涤师来久谭，言及时事，朝中满汉皆无人才。余云："人才未必尽无，在上者提倡之则有，漠置之则无。尝见户部复奏减漕一折，即系有才识者所为，第恐皆沉下僚耳。"师曰："甚是。此折余亦赏之，其人为谁，则不知也。"余曰："闻是杭人王文韶作。"师曰："然则其人已放汉关监督矣。其馀尚有所闻知否?"余谢不敏。师曰："求才的非易事，其中区奥太多。"余曰："在诚耳。上以诚求，下必以诚应。苟视国事如家事，人才不患不兴，区奥多，不过易上当耳。自古明君贤相，用人孰不上当? 庸何伤。"师首肯至再，又谭别话良久。

十九日庚午(8月18日)　　晴，下午大雨，俄顷而止

写阿哥信，即日发，交杜小舫。般仲信，同上。槐亭信，同上。家信，二十日发，官封。六姊信。二十日发，交孟甥。

下午，涤师来久谭。自言："起义之初，群疑众谤，左季高以吾劝陶少云文毅之子。家捐资缓颇未允，以至仇隙。骆籲门从而和之，泊

舟郭外,骆拜客至邻舟,而惜跬步不见过。藩司陶庆培、后任鄂抚,殉难。臬司徐有壬以吾有靖港之挫,遽详骆抚请奏参。黄昌歧及吾部下之人出入城门,恒被谯诃,甚有挞逐者。四年以后,在江西数载,人人以为诟病。在鄱湖时,足下目睹。迨后退守省垣,尤为丛镝所射。八年起复后,倏而入川,倏而援闽,毫不能自主。到九年与鄂合军,胡咏芝事事相顾,彼此一家,始得稍自展布,以有今日,诚令人念之不忘。"

余言:"此次军务中英杰不可以一一数,已论定者自以胡文忠、江忠烈两公称首。江烛照机先,其敏快似较胜胡,而晚年名望益高,不免矜持,转有沾皮带骨之处。胡则恢廓无外,日进其德,始犹英雄举动,继遂渐入道域,几几不可限量。视国事为身事,视天下为一家,公尔忘私,一人而已。至于师则又规矩准绳,尺寸不失,日在师旅之间,集大功,擒渠首,而始终不脱儒者气象,使末世风气不专注于武悍,其功至不可与擒渠扫穴同日而语,固非目睫之士所能操管而窥,握筹而计也。尝窃私议,在师左右久矣,仰见军谋措置,饷源开节,吏治兴废,虽夐乎不可及,然犹思虑之所能到。惟横逆之来,凝然不动,与饮食起居,皆有时节,数十年不变,此二者,烈辈毕生不克仰企。横逆不动之难,世犹知之矣,饮食起居之有节,人皆以为细微,不知微者易忽,圣贤主敬存诚之学,莫不在此寻常日用之间。而释家理外有事,那边悟了,向这边行履,亦无非此行住坐卧四威仪中勤求合节而已。烈辈饥则思食,倦则思眠,心念一兴,有刻不容缓之势,强为诃制,不可终日。此皆反求诸身,历之亲试而知其难,非谀语也。"

师曰:"足下肯用心,故体察入微,虽然,此胡足道。"又示及时事,胶莱守局复定。

二十日辛未(8月19日)　　　晴

王晓莲来答候,不晤。王朴臣来候。孟甥同椒孙来乞代求相国咨文送考。下午涤师来。余以师所赠海错蛎房煮腐羹,方食,师至,尝之而甘,少谭而去。傍晚,师以片纸见示,言椒孙无游幕详文,未便给咨。余入内面言:"寒士远道而来,不得入棘闱犹可,并不得入录遗场,未免向隅。且士子应否录送,自有提学衡文,师素以爱惜寒士、破除旧套著名,奈何循一无关紧要之例,吝片纸而自败风气耶?"师笑曰:"诺,此幕中操觚者为之耳。后有请者,当概准。顾前已驳数人,奈何?"余曰:"有再来敦求者,补与之斯可矣。"师又曰诺。余遂出。至后园登台而望,少选,师亦至,遽谈,问沅师收城时事。余曰:"沅师坐左右之人累之耳,其实子女玉帛无所与也。各员弁自文案以至外差诸人,则人置一篦,有得辄开篦藏纳,客至则倾身障之,丑态可掬。"师狂笑。继又曰:"吾弟所获无几,而老饕之名遍天下,亦太冤矣。"余曰:"何冤之有? 自古成大功者,孰不蒙谤? 往往致杀身之祸者有之,下吏对簿者有之,终身废弃者有之,盖谤与名二者相附而行,何足罣哉! 且沅师而务修边幅,则何自而有沅师之谤;沅师而务修边幅,亦不能成沅师之功。尝见沅师专弁入京,以八百金购笺纸,京中为之沸然。凡亲沅师者皆为之悔,烈则以为正沅师过人可喜之处。今沅师大功已成,群谤久亦自减,千秋论定,究之瑕不掩瑜,自成一家,何伤之有? 若此时改易常行,委心顺俗,是于沅师无分寸之益。而邯郸失步,真性反漓,必至进退无据。"师曰:"斯言甚旨,吾之意正如是。故舍弟劾官相后,群起非之,吾转不一字相责让,亦是意也。"谭讫遂退。

沅师寄赠《船山全书》一部,涤师又再赠一部。每部工本须十馀金,厚惠也。

二十一日壬申(8月20日)　　晴

至开孙处剧谭到下晡,开孙赠汉镜一,文字较前者益古茂。其辞曰:第氏作竟,四夷反文服反文㝵。贺文君反文众,ㄣ此字余释之为万,后见他镜拓本,句字大略相同,此字释为人字。民反文息,胡虏反文㧱余释之为拜。似误。蕉。此字系威字。天下反文得反文风反文申雨时反文节,反文。五谷反文孰。反文。众当大贵,蒙禄食反文子孙反文力兮。共三十九字,内文为二龙,一虬相随,一人跪而舂,制作精好无比。申刻归署,涤师来久谭。接十四日家信,又王朴臣初四日信。

二十二日癸酉(8月21日)　　晴,下午阴雨

到子密处谭少顷,并识吴挚甫。汝纶,桐城人。椒孙来。刘作山来候。下午,涤师来久谭,言和州知州游△有治绩,民为立生祠,恐其中亦有做作。余曰:"自古循吏尚恫愊无华,然三代以下惟恐不好名,且吏治刓敝,至今而极,提倡之不及,又可察见渊鱼乎?"因言苏省吏风之恶,与其罚不肖,毋宁置一二贤者以为表率。师首肯,旋询松江府杨永杰之生平。余以平正二字答之。师曰:"近有人劾之,余不知其详。"余问何故被劾,师笑曰:"占一松江府缺,人能不忌耶?"

接十一日家信,又六姊初十日信,又长生弟十三日信,又幼静四月十二日信,又眉生十二日信,又左仲敏六月初四日信。

王船山《识小录》一卷,录明时掌故之不著于官文书者。又《噩梦》一卷,论时事利弊,以己意变通之,俨然一王之制。其精当者固不少,而武断孟浪处亦多。

二十三日甲戌(8月22日)　　晴,下午阴雨不畅

刘作山来候。胡致甫来。下午入内晤涤师,为七侄求科举,久谭而出。接十一日家信,又紫卿兄十二日信。

王船山《黄书》一卷七篇。黄者,中也。其言尊中国,攘夷狄,盖亡国之痛激于中而然。首篇《原极》,言自古中国必先自卫其同类。次篇《古仪》,言夷狄之祸始于嬴秦之罢封建而成于赵宋之释兵权。语多过当。三篇《宰制》,分天下为十一使,又边境为七使,各设帅臣主兵,而仍十五布政司主民,其武断灭裂,纯乎客气。四篇《慎选》、五篇《任官》,语亦未纯。

二十四日乙亥(8月23日)　　晴,下晡大雨倾盆,彻夜不止

龚少卿丙吉,里人。来候。莫偲翁来。镜如七侄来试,怯入公署,要余到寓一谭。遂候潘伊卿疾,少谭。答候王辅臣不晤,晤朱星鉴少谭。至南阳君母家,晤仲言、熙之、载公等,少坐。到董椒侄寓,晤之,并晤刘作山、审安侄。亭午归署,涤师来久谭。冯伯升来候,邓公武来候,皆不值。

二十五日丙子(8月24日)　　阴,大雨,甚凉

陈炳然来候。写九兄信,即日发,递苏臬。六姊信,即日发,递阳湖县。槐亭信。同日发,附六姊信内。镜如七侄来。开孙来久谭。涤师送来洋鸡一,以洋铁函之,与开孙共尝,其味香美,凝脂厚寸,中土鸡无此之肥也。下午,涤师来谭。

二十六日丁丑(8月25日)　　阴

朱子典守谟,泾县人,以在沅师营捐米得记名道。来候。潘伊卿来候。恽叔来侄孙。来候。邓季雨奉委赴苏、沪查厘金,来久谭。下午,戴子高来久谭。

二十七日戊寅(8月26日)　　晨雨,亭午止。阴晴相间

早饭后答候冯伯升,次候陈虎臣,又答候朱子典,又至开孙处,皆不遇。归署。华若汀来候。杨仁山来访。张笛帆锦瑞。来候。朱

星鉴来候。彭丽松返自苏杭,来访。

下午,涤师来久谭,迩复微恙,神气殊乏,会客将来请主考入闱,茶宴仪节,絮絮不已。余云:"笾豆之事,则有司存,此等何烦亲定,虽壮力之年,不畏烦冗,或者犹有衡石程书之议,况台体不能如昔耶? 愿益专志凝神,以图艰大,不胜大幸。"师曰:"吾非乐此,而习久已成风气,细大不捐,亦无可托之人耳。"余曰:"江南蒙师福德,晏然数载,欲师卧治而已,岂与寻常疆吏争尺寸之效哉? 师节劳自重,兆民实被其赐,勤于细务,知者或以为忧。所失者小,所全者大,出入至远,不可不深长思也。"师曰:"吾以夙死为愈,君言虽切,无以易吾志矣。"

石似梅来访,久谭。写家信,寄归书若干种,廿八日发,交季雨。紫卿兄信,同上。幼静信。廿八日发,交冯伯升。

二十八日己卯(8 月 27 日)　　阴,微雨

季雨来。开孙来。访镜如七侄。访童问渔,逢开孙,同到市中中食。又访杨子木、朱春舫,并识庄守斋。嘉兴人。又同问渔、开孙到南门骨董肆购磁绣墩二个,即交季雨带归天放楼。又茗良久归。戴孝侯宗謇,寿州人,阿哥托带信。来候,冯伯升来候,朱子典来候,均不值。涤师来久谭,今日见客乏甚,精神尤疲,殊可忧。涤师言沅师有信,欲招余去为书局提调。

接阿哥六月廿四日信,又儿子实二十日来禀,寄到《南史》等,并西瓜十馀枚。又紫卿兄十五日信,又赵次侯十六日信,又杨咏春二十日信,寄到《碣石颂》双钩刻本。又张屺堂二十三日信,又周芝亭十五日信。

二十九日庚辰(8 月 28 日)　　阴雨

到涤师处一谭。访彭丽松及蔡贞斋、谭月卿。写杨咏春信,即日

发,附家信。汪罕青信。即发马递。莫子偲来。开孙来。曾君标、赵少琴来候。同开孙入内为涤师诊脉处方,少选同出,开孙即去。丁听彝来候,彭丽松来久谭。写家信,即发马递。九兄信。同上。

八月己酉

朔日辛巳(8 月 29 日)　　晴

到子密处少坐,又到屠晋卿处少坐。返室闻涤师来不值,遂诣内少谭而出。候莫子偲,送行,并候善徵,均不晤。答候华若汀,不晤。答候赵少琴、曾君标,并晤潘子昭少谭。候吴珀卿不晤,答候恽叔来不晤。遣约孟甥至,同答候丁听彝,少坐,脱衣冠令奴子持归,与孟甥步至书肆看书。孟甥去,又独访开孙不值。到镜如七侄寓少坐。访童八少谭。又访倪豹岑,见王石谷、文徵仲画。归署。涤师来,谭良久去。镜如七侄来,录科未取,余随送名条入内交涤师,并恳为学院面言之,师许诺。

初二日壬午(8 月 30 日)　　晴

朱星鉴来。到涤师内室少谭。潘子昭来候,邓公武、刘容生向阳。来候。刘绶卿振埙,淮安人,其尊人小山,向所熟识。来候。彭丽松来谭。钱子密、陈小圃来,同赴杨子木招饮,座客复有周缦云、陶鹤汀、庄守斋三人。饮散,到庄守斋处,见恽南田画一幅,笔墨灵秀。

初三日癸未(8 月 31 日)　　晴

万锦堂总镇泰。来候。到涤师内室一谭。李壬叔来候。余佚斋思赗。来候。写沅浦宫保信,初九发,交涤师。少荃宫保信。即日发,附文递。

初四日甲申(9月1日)　　　晴

到涤师内室一谭。张小山来。到镜如七侄处久谭。要吴珀卿、潘子昭、张纯卿、赵少琴、曾君标饮于市中,惟张纯卿来。饮散又到七侄处。写吴竹庄〈信〉,即日发,交杜小舫。眉生信。同上。涤师来久谭。闻胶莱之防于前月二十日为捻贼溃决而出,我军虽无大损,而数省合谋败于一旦,不免夺气,蹙额不已。

初五日乙酉(9月2日)　　　晴

下午涤师来久谭。访刚已,并晤问渔、溥斋、周宝生、龙翰云等。傍晚归,又到七侄处一坐。接儿子实七月念七来禀。

初六日丙戌(9月3日)　　　晴

考试官入帘,〈例〉赐宴,设于节署,与彭丽松诸人观之。遂至贡院前,逢周缦云、陶鹤汀等,举觞中流,邀余下饮于舟中。饮散,访椒侄、孟甥等。

归署,涤师来久谭,言:"捻势猖獗,已至沂州境。李帅以调度乖方,奉旨议处。东抚丁宝桢革职留任,摘去顶戴。李帅尚欲守运,恐益无把握,将来事仍要到吾身上。自顾精力如此,终致偾误,奈何?"余曰:"烈来此后侧听时事,审知胶运两防之决不能集久矣。古人'穷寇勿遏,围师必阙',况以疲卒当方张之寇,而欲致之死地,一鼓荡平,其可得乎?天时人事必当仍属于师,师幸勿为苟且目前之计,劳神于不急之务。天下幸甚,生民幸甚。窃计制捻以马队为先,必待出口采买,驱押数千里然后到防,又不俟其力壮,复遽衔勒以临战阵,是以有牵驾之劳,无驰骋之用,而其数恒不给,请于江南北择旷土为牧地,选口北善种勤喂饲之,令其孳生,以供军用。唐玄宗监牧得人,蕃息至数十万,苟得诚朴勤干之人以司马政,其效不难致也。

又屯田之法,为用军既久,粮运不给时之至计,将来局势必至于此,早为之所,庶无迫竭之忧。请择句、溧以南,广德以北闲田最多之县邑,募江北无业之民另开屯营,专事耕种,积粮待用,一年二年犹苦其劳,三年之后,其效必大著。此两者皆长久之计,更清厘各局,开正饷之源,如是则南中根本已定,可战可守,虽螚贼内讧,夷患外逼,犹可延国命于一线,不然殆矣。"语次,师动色良久,既而曰:"吾老且死,奚暇计久远,足下休矣。"余亦一笑而罢。

读汤文端《寸心知室集》。讳金钊,字敦甫,萧山人。先君丙戌会试座师。文气殊平平,议论多语录气,诗亦无雅音。

接殷仲七月廿七日信。

初七日丁亥(9月4日)　　　晴

开孙来。午后涤师来久谭。旋偕开孙到市中,得铜炉、磁盏等。又同访倪豹岑不遇,又同访童问渔不遇,又同至镜如七侄处。又同茗,遂散归。

接阿哥七月十二日信。

初八日戊子(9月5日)　　　阴,朝食后晴,颇炎歊

写紫卿兄信,即发,附家信。家信,即发,递昭文。沈羲民信。即发,马递。魏刚己招饮,同座彭丽松、童问渔、张溥斋、周宝生、开孙及余,傍晚归。

初九日己丑(9月6日)　　　晴

王子云来。写朴臣信,十三发,交其子。寄赠《船山遗书》一部。彭丽松同周宝生来访。下午涤师来少谭。

王船山《永历实录》△△卷。

初十日庚寅(9月7日)　　　晴

彭丽松来谭。候陈倬人立,溧阳人,丁未庶常。不晤。候陈作梅,

久谭,言胶莱之守淮军凡三万馀,扎营亘三百馀里,独空三十里为山东兵汛地,贼由此而出。盖防河一议,刘铭传、潘鼎新惮野战而耽据守之逸,故坚持以蛊李帅,刘至以去就争之。既得请,复计东兵之见贼辄溃,贼之必蹈其瑕也,使守冲要数十里为分谤卸责地。噫嘻!险矣。李帅昨复奉严旨斥责,有糜饷殃民,实难辞咎。语李以劾殷兆镛、王宪成为枢垣所恶,遇事机不顺,辄调严旨切责。李素刚,一出幕府即立大功,未遇逆境,恐不任受此也,颇为太息。

　　到七佺处,尚未出场。顺答候刘蓉生,又答候余俟斋,不晤。到朱星鉴处久谭,留彼午饭。饭后到邓处,公武、仲言、季垂、载公均未出闱。又到孟甥寓,刘子运竹山已出,甥及椒侄尚未,迟之良久乃至。首题为:"修己以敬"至"修己以安百姓"。次题为:"有弗辨,辨之弗明,弗措也。有弗学,学之弗能,弗措也。"三题为:"省刑罚,薄税敛,深耕易耨。"诗题为:"江面山楼月照时。"余少坐,见甥等皆好,遂返。

十一日辛卯(9月8日)　　　晴

　　陈倬人、汪梅村来候。陈作梅来答候。涤师来久谭。傍晚到倪豹岑处。接初三日家信。

十二日壬辰(9月9日)　　　晴,甚暑,夜大雨

　　袁子根来。傍晚,倪豹岑来。接槐亭廿九日信。

十三日癸巳(9月10日)　　　早起阴,天色凉润,旋即开霁,复炎暑

　　开孙同戴子高来,同饭后,同到市中茗。下午归。

十四日甲午(9月11日)　　　晴

　　开孙来,少坐即去。到陈小圃、王子云、孙宇农处一走。写家

信，即发，递昭文。九兄信，黄桐轩信，交九兄。薛安林信。同上。

涤师来久谭，偶论及潘文恭《思补斋笔记》所录，皆科第师生之锢习而已。间有掌故，亦止于翰林荣遇，政地垂二十年，无一语及国是，其生平概可见矣。

师曰："止此犹不足异，尝见彭文敬自撰年谱，于庚申大祸之时，但书云"苏州失守"，下不系一字之感伤，斯谓之无人心焉可也。犹记在都时，道光三十年，宣宗宾驭，潘忽上荐贤之疏，首林少穆，次姚石甫，朝论翕然归之。夫林、姚以夷务触圣怒，远戍锢狱，祸皆不测。其时潘正主揆席，得君之际，不稍匡救，大行骨肉未冷，遂翘君失以自文，其用心尚可言耶！顾以此转得盛誉，是非〈之〉不明也久矣。"

余曰："然。凡人之作为、成就，皆在有心，若其丧心，何所不至。咸丰末年，陆东渔致书周弢甫论时事，洋洋数千言，弢甫诧以相示。烈曰陆殆将死矣。弢甫愕然问故，烈言力甫先生死于江苏，且又蒙谤，是此一片土，实陆氏子孙抢地呼天之所，既指捐江苏官，已非孝子用心，尚腆颜抗论，不谓之失心不可。未几，陆果戕于盗，称戈者且辱及其考。忠孝一心，臣子一例。观潘、彭两先达之言行，我皇祚不几几缀旒耶！"

师抚髀称快曰："非足下，吾孰与论此。"

彭丽松来久谭。接眉生七月二十日信，又刘治卿本日信。

十五日乙未（9月12日）　晴。临晚月上，忽为云掩，旋复晴皎

早赴涤师处贺节，不见。遂至彭丽松处及答候诸客，将遣刺贺幕中同事及各司道。到开孙处不晤。赴朱星鉴之招，军中子弟结束演剧，楚歌激越，颇可听，至下午散归。彭雪芹宫保来候，不值。夜，涤师召饮于露台，与同幕钱子密等俱，饮散月始微露。

接初十日家信，又紫卿兄初三日信。

十六日丙申(9月13日)　　　晴,午后骤雨亦骤止

答候彭宫保久谭,彭患血症及气虚,上息颇委顿,大非往日之态。坐三板战船夹帐,暴赤日中,酷暑殊甚。余劝之将息,彭曰:"天下方多故,恒恐一习便安,顺流之势不可复挽。余统水师十五年,未尝陆处,今虽疲,要有一死耳。人欲可畏,滩溜中不敢不勉强力争,庶免破舟失楫之患。"余曰:"否。正为天下多故,祈公辈自重。如烈者,与公相知已十年,岂久别之后,辄以(耽)〔鸩〕毒相进耶?古之君子,保身畜德,期以济世,若仅洗人欲,是空山枯槁之壬,草衣木食之行,体国大臣当忧国事如家事,顾硁硁末节耶?且圣人慎疾,大贤不立岩墙之下,以恙躯无大故而暴之炎日中,是去岩墙何几?向者之言,以励后进或者其可,非自处之道也。"彭逊谢,言"行间一卒,不足轻重,君何过爱"。余不复有言,观其虚怯之状,不觉怆然,闵默良久,归途殊不怡。

顺访李壬叔、张纯卿、周缦云、镜如侄,各少坐,惟张不晤。旋署,到子密、小圃、王子云处一走。石似梅来久谭,闻眉生到苏,复病返,为之怊系不已。下午,彭丽松来。写家信,十八发,交七侄。带归铜器二件,磁一件,书一箱。紫卿兄信。同交七侄。初鼓时,涤师来久谭。审安侄来辞行。

接邓伯紫七月十三日信。

十七日丁酉(9月14日)　　　阴

写龚孝拱信,寄去《船山遗书》一部。即日发,七侄带交紫卿兄转寄。开孙乞假赴常,来谒相国辞行,在余处久坐,涤师来,同谭良久乃去。镜如侄来辞行。华若汀来候。开孙约至彩霞楼饮,并约戴子高、童问渔,饮散又同茗南门市,逢杨仁山,傍晚归。是日丁听彝来候,不值。写阿哥信,寄去书画、文具匣、衣服等。十八日发,交邓蓉照元镜。

接苣堂十二日信。

十八日戊戌(9月15日)　　　阴雨,骤凉如深秋

彭丽松来候辞行,答候彭丽松,送行。写长侄信。即发,交邓蓉照。候邓蓉照,元镜,无锡人,徐州学官。托带阿哥信。又到石坝街椒侄①、孟甥寓,孟甥已出,晤椒侄少谈。答候丁听彝未晤。候邓公武少谭,候石似梅未晤。到开孙处,并晤刘作山子运。姚彦深、椒孙、孟舆等亦皆至,谈至晚归。写才叔唁信,闻其太夫人仙逝也。二十一日发,交刘作山。

十九日己亥(9月16日)　　　阴

早饭后到子密诸人处一走。孟舆来辞,旋虞山,久谭后去。写家信,寄洛阳锦等。即发,交孟。又六姊信,寄炒米粉等。同上。下午,涤师来久谭。到吴挚甫、任棣香处各少坐。衣谷来少谭。

二十日庚子(9月17日)　　　阴雨

王少岩来候。张纯卿来访,谈次涤师来,见有客即去。刘叔俛来访。到涤师内室少坐,见示廷寄,言捻贼南窜赣榆,回扑剡兰,李鸿章仍欲固守运河。朝廷本知河防不足深恃,李鸿章毋得专图塞责。下又云都察院奏官军不戢,纵暴殃民,各兵勇不能击贼,而专事害民,殊堪痛恨云云。辞颇严厉。董椒侄来。涤师来,见有客去。少刻复来,少谈,有客至谒见,复去。

接霍生△日信。

二十一日辛丑(9月18日)　　　雨

午间,涤师来久谭,言及丁雨生布政来此。余因言苏属漕务有

---

①　石坝街,稿本作"十八街"。

便民实政，一盍举行乎？师问何事。余曰："下游连岁丰稔，米价贱至一千五六百文一石，而州县收折价至四千七百文之多，是三石而输一也，民何以堪。目下各县仓厫俱已修建，应饬本折兼收，庶残黎有限之脂膏，不至尽饱吏橐。"师曰："吾亦计及此，收本色虑米色不齐，且岁内难于截数，恐至迟缓，故议折价，随时值外许加钱一千，作为州县办公经费，此外不准再加，小民亦不至受累矣。"又言减赋后，而大户如潘曾玮、冯桂芬等，仍抗租不完，故州县亦不得不略与沾润，以资弥补耳。戴子高来，少谭而去。

下午，涤师复来久谭。自言："初服官京师，与诸名士游接。时梅伯言以古文，何子贞以学问书法，皆负重名，吾时时察其造诣，心独不肯下之。顾自视无所蓄积，思多读书，以为异日若辈不足相伯仲。无何，学未成而官已达，从此与簿书为缘，素植不讲。比咸丰以后，奉命讨贼，驰驱戎马，益不暇，今日复番视梅伯言之文，反觉有过人处。往者之见，客气多耳。然使我有暇读书，以视数子，或不多让。"

余鼓掌狂笑曰："人之性度，不可测识，世有薄天子而好为臣下之称号者，汉之富平侯，明之镇国公是也。公事业凌铄千古，唐、宋以下几无其伦，顾欲与儒生下竞呫毕之业，非是类耶？今聆师语，可见当日雄毅之姿，不可一世，逮后而与狂贼争胜负，始为得所发泄矣。"

师曰："起兵亦有激而成。初得旨为团练大臣，借居抚署，欲诛梗令数卒，全军鼓噪，入署几为所戕，因是发愤募勇万人，浸以成军，其时亦好胜而已。不意遂至今日，可为一笑。"继喟然曰："如捻贼得灭，朝廷中兴，犹为不负此举。不然，何足道耶？"

余曰："师虽重臣，而实非枋国，成败数也，后人决不以此少师，师第勉竭忠荩，无恢初志也。"

又论文字之种派，曰："本朝人多薄八家，如韩、欧亦何可薄。"

余曰："然。今人薄八家，薄得八家之糟粕耳。声音笑貌，必求其同，千篇一律，不啻优孟登场，宜其取厌。然舍八家而上规诸子，虽形模顿易，其为窥窃一也。夫文以载道，词简而义明，文欲不至不得，惟其畜于中者充积无间，故发之自然而不假求合于刌节分度之间。今人不务明道，苟且为文，其腹枵然，纯事采饰，是学八家可厌，学诸子亦可厌，即上而宪章训诰，终一形具之傀儡而已。"

师曰："斯言是矣。吾恒论文贵雅驯而有真气，今人非卤莽灭裂，淫哇杂乱，即尘羹土饭，如虫蛭毕生，俯行于地。韩、欧大家之文，皆卓然直立纸上，而又吐属醇和，故可贵也。韩昌黎生平所推，仅庄、骚、史迁、相如、子云五人。初读马、扬诸赋，亦不见异，细察之，觉其堆垛处别有生气行其间，即《上林赋》叙述诸水，一句接一句，不啻鼍虫相续，而其中实脉络分明，足下试细读之，必能辨其味也。"余曰诺。

二十二日壬寅（9月19日）　　大雨，亭午晴

闻涤师有恙，入内候之，则以信或人之说，以龟版胶烹鸡，食之而哕耳。坐良久，颇为余计家事。知余多累，为蹙然。且曰："足下自食尚艰，而多亲故相从，程义高矣，如力不足何？"因笑曰"鼠不容穴，衔窭薮可"以相谑。余曰："古人处患难中，大氐如此。许靖、王朗，三国之庸流耳，尚能收恤孤穷，甚有恩纪见之史册，况以风义自任者耶？且烈家族经乱，宜槁死久矣，中间得遇师，偷息以至今日，安知非盈虚消息之理耶？"师色庄许之曰善。

余因请赴沅师处一游。师曰可轮船往返，止半日耳。余曰："请由民船，烈尚欲过鸠兹，赴友人游黄山之约。"师笑曰："家室辄饥而

放浪山水，子真陶、谢之流也。"余又为孟舆请下游事，师曰事颇难。又问余去岁忠义局一席尚在否，余曰已辞之，师曰盍以此席与孟舆，亦良策也。

既出，丁雨生布政来候，曰昌，潮州人。旋往答候，少谭。赴刘治卿之招，设席于洋人马格里之室。马系英吉利人，在其本国为医官，李帅招为炮局制造委员，保举至三品衔道员，中国人又赠以字曰清臣。人甚浏亮，学华语清晰可辨。席间余问英国事，据言现有水陆兵三十馀万。每步兵口粮，约中国钱计之，每日二百馀文，官供其饮食，扣回钱八十文，其所供不啻倍之，是一日几三百文，每月九千文上下。每年给衣一次，周身上下皆具，鞋二双，并卧具等亦及数十千。大氐一卒之费可二百缗，马兵微多于步兵。初入籍与安家二十番或三十番。一年之内，习艺而不能用，教成始战，故许暂假，而脱籍则须缴还一年坐食及安家之费于官。士有教养久者，其技益精，损一人官家不啻伤数百缗，故戒浪战，而军中死刑尤重。军行十六人给一帐篷，实只容八人，每一帐半许休息，半执械眺望伺警以为常。军士领饷或一礼拜一关，或半礼拜、或日一关，皆如其意。衣服器械不至换给之期而败，官司辄责坏易之，而扣其应得之饷，故兵不致毁损官物。国中贫户有丐者，官司食之于局，量其力教之艺，不率而好逋荡者，挞之。野无不毛之土，有则官为垦艺。有煤、铁等矿，发之，无则莳菽麦。民以番薯为常食，比中国之米，熟年每一墩十六石值洋三元，至俭者，得如中国二十文，一人一日可饱。又言印度鸦片之税，约一千八百万一年云云。席中所进食品，坐定先供奶茶，肴馔首必以汤，每人一盘。次以鱼，次以鸡脯，次以牛羊肉、熏炙整鸡，皆有次，一品至，必主人亲割送客，从者以蒸芋一器及醯酱椒末等进，客自取，每进皆然。酒三数种，先饮薛兰，次饮三边，末饮皮酒，云可消食。饼饵则陈之几，听客自食。将终，进米饭一盘，沃以肉泔，此盖中国之法。食讫，进加非汤，西土禾实炙研为粉，和以牛乳及糖。肴尽撤，别出果核数品，饮茶或酒而后散。坐上客东向，次客西向，主人南向，左握叉，右握刀，割以食，往往饶古意。既，又出显微镜见示，玻璃中贮蜂足长数寸，钩距可畏，蚕之肺大如碗，亦异观矣。

候朱星鉴不遇。涤师书纨扇为赐，录辛幼安"千古江山"一阕，戈画遒劲。数十年向不为人书扇，此厚意可感。款中复有倚声，辄得古人佳处之奖，尤为愧荷。写张苣堂信。即发，马递。接十三日家信，又紫兄十二日信，又衣谷本日信及词一首。

二十三日癸卯（9月20日）　晴

丁雨生布政来久谭，请问下游吏治。余曰："公厉精之名远迩称诵，然江苏官场习气已固结而不可解，愿徐理其棼，毋径斩断以重政体。且服官专为衣食，若辈已童而习之，一旦操切，近于不教之诛，宜树廉良以为之劝。至吏胥则父子祖孙盘踞一窟，不可化诲，绳之以法，不为过也。"丁颇推手称叹，又询熟识中人才，余谢不敏。莫善徵、张绍京二令君来候，黄子春来候，朱星鉴来候。吴木庵来访。写紫兄信，即发，附家信。家信，即发，递昭文。杨卓庵信，即发，寄孟甥。孟甥信。即发，交张纯卿。又家信，寄归拜匣一只，席二卷。即发，张纯卿。邓仲言来久谭。

涤师来，见有客乃去。少刻又来，余方饭，止于客厅。余食毕，即进久谭。师欲购一砚，因及起居日用事物。师笑指壁上曰："吾来南已半载矣，壁上无一有款之字画，几案皆荡然，人得无笑其苟简乎？"余曰："自有总督衙门以来，未有空闲寂寞一至于此者，方颂盛德之不暇，奚所可笑。"师曰："足下他日铭吾墓，此亦一事也。"余曰："师佚事编年谱数十卷，犹书之不尽，千万岁后铭、状之作，恐无此大手笔能剪裁之耳。"师曰:"他日见《胡文忠集》,选刻多不当,且多代笔,吾身后亦不免此一劫,足下何策以善其后?"余曰:"请及师身论定,烈愿任编纂之役。"师曰:"吾无所有,不足编纂,惟望足下他日持正论耳。"余曰:"谨受教。"

答访丁布政不值。

二十四日甲辰(9月21日)　　　　阴

张溥斋来候。写紫卿兄信,寄去抄件。即发,信局。涤师来少谭。写开孙信,孟甥信,即发官封,递阳湖。眉生信。即发,交小舫。涤师复来,谭良久去。

接沅浦宫保△日信。

二十五日乙巳(9月22日)　　　　阴,晨微雨

到王子云、孙宇农、陈小圃、钱子密、吴挚甫、袁子根诸人处一走。朱星鉴来。涤师来久谭,言及李眉生为官场及同幕诸人所恶,以其有夷简之致而疏于事情也。幕中所分公事,往往不能了,重分诸人,诸人恶之,皆不为代。两耳本重听,刻更闭塞。放苏臬后,不能陛见,欲吾奏留,吾以奏出,众必哗然,故无以应之也。又言:"李少荃在东流、安庆时,足下常与共事,不意数年间一阔至此。"余曰:"烈元年冬到沪,少帅犹未即真苏抚,邀烈坐坑,固问老师处有人议鸿章者否? 意甚颟顸。不一月实授,从此隆隆直上,几与师双峰对峙矣。"师曰:"湘、淮两军之始末区奥,足下殆无不洞若观掌矣。"笑而去。傍晚,访善徵久坐。

（以上《能静居日记》二十七）

二十六日丙午(9月23日)　　　晴

午后涤师来谭。答候中军周汉英、苏松镇滕嗣林,皆不值。答候王少岩亦不值。候杜小舫久谭。接眉生十七日信。

二十七日丁未(9月24日)　　　晴

中军周汉英来候。涤师来谭。写眉生信。即发,交杜小舫。下午,访刚己、张溥斋久谭,傍晚归节署。

二十八日戊申(9月25日)　　　晴

早饭后,到子密、挚甫处一走。见李少帅信折,力讦东抚丁宝桢疏防之咎:六月十日,贼之度运在戴庙坝东军统领王心安汛地,叠经被害人民控其通贼卖渡,一枪不放。此次胶、莱之守,因北河近海处有沮洳数十里,不能筑墙防堵,遂于河西陆地横筑长墙,接至潍河。度潍河而西,仍沿潍河设守,其地名海神庙、鱼儿浦等处,守之者仍东军之王心安也。二十日之溃,贼复由此度过胶河,冲出陆地营垒。复为民人所控,奉旨就地正法,而李疏则据潘鼎新等信函深袒之,以为运河之溃,咎无可辞。此次则东抚已调王心安别用,继之者道员王成谦,坚不放王心安赴调,其所统十馀营,仅填扎王心安原防四营之地,而以要冲二十馀里付之王心安之四营独力支撑,以致彼此龃龉,争论未定之间,贼已乘间而入。贻误之咎,理当分任,请天恩将王心安别议轻典,王成谦应请革职戴罪云云。按王心安既系失事被控之人,何以令其堵御全防最要之地。潘鼎新以淮军著名统领,身任东藩,何以不亲督要区,事后反函牍纷纷,为罪将文过,其中唐塞取巧,预有成谋,情弊显然可见。李护惜淮军诸将,不啻骄子,不务敌之求,先与邻封争功罪,大局至此,可为寒心。廷旨深不以河防为然,李仍力主守运,以为不可失信诸将,中外交非而不顾。噫,亦异矣!

午后,涤师来久谭,亦言李帅事,深为之忧。奉诸将惟恐怫其意,胶、莱之守,刘铭传以去就争之。今守局已败,将就乎? 将去乎? 议守运防不改,复以去就争之乎? 抑孟氏之言,所就三,所去三,固不可一次而决也。相与失笑。师又曰:"李少荃此折,几几讼师之笔,丁抚恐受不住,非沅甫参官相革去总督仍留宰相之比也。"因笑述:"吾去岁陈言请注销侯爵,以极重之事而下注销极轻字样;官相处分,内臣戏弄出之,以大学士赴京供职,则总督去留无关紧要,以极轻之事而下革去极重字样。李少荃引以相俪,事在一时,天然的对,可为绝世文心。"余曰:"少帅事机不顺,未必能如师宏忍。"师曰:"吾谥法为文韧公,此邵位西之言,足下知之乎?"余曰:"此一字简明的当,邵君诚知言也。"师入。

少顷,紫兄寄参至,余亲持入示师,复留久谭。为余书条幅一帧,黄山谷长句,末云:"去马来舟争岁月,老僧元不下胡床。"以为能写淡定之怀。余曰:"苏、陆诗亦往往有此境。"师曰:"然。北宋人物萃于一时,庐陵身负重名,其所引掖后进名贤几七八辈,皆千古之士,可谓盛矣。其事业则无大异人处。"余曰:"宋人本无事功,韩、范之攻西夏,以数大帅环守一隅戎虏,数年无尺地一民之得,辄自题榜小范老子胸中有数万甲兵,亦可矧矣。魏公撤帘,因已成之局,迫守礼之君,矜厉声色,以示讦直,千载之下,令人齿冷。文宽夫耻己之不与,复从而妒之,何鸡虫得失,一至于此!"师曰:"然。此视狄梁公在伪武之世何如邪? 大氐宋人所震矜,在唐人犹平平不足道。吾常疑程明道德业隆懿,殆朱子《名臣言行录》一书为之推奉,不然不至是。其时独生一崛强之王安石,坚欲与诸贤对垒。温公羽翼之盛无论矣,即《通鉴》一书,直接六经之后,是可胜邪?"余曰:"荆公尚薄

《春秋》为断烂朝报，何况甫成之《通鉴》？温公得君元祐之际，然同志中已有窃议之者。苏氏《易传》往往以说经为讽，邵伯温《闻见录》亦屡及之。子瞻在朝，复与明道不相下，故林下清议，多维国是，一升朝宁，即不免意见纷飞。使温公终于洛水，其德望当尤烈烈，若与介甫易地易时，则盖棺之论，正未可知也。惟荆公一传而为惇、卞及京，温公虽薪传不振，终无覆悚之人，千古贤奸之论，一定永定，然亦由后而观耳。烈常谓君子小人之分，差别无多，当盈廷聚讼之日，稍添一毫私意，顷刻即有云泥之隔。荆公自用而愎，故终败于温公，当改役法、进蔡京之日，不亦几于春冰虎尾邪？权衡千古，其孰能折衷之？"师再三首肯。

余又问："王船山议论，戛戛独造，破自古悠谬之谭，使得位乘时，其有康济之效乎？"师曰："殆不然。船山之说，信为宏深精至，而嫌褊刻，使处国事，天下岂尚有可用之人。世人聪明才力，不甚相悬，此暗则彼明，此长则彼短，在用人者审量其宜而已。山不能为大匠别生奇木，天亦不能为贤主更出异人。"语未竟，余推手曰："大哉宰相之言！"师掩面大笑曰："足下奈何掩人不备如此。"

方鼓掌次，材官持一纸示师，师颔之。顾余曰："此何物？足下猜之。"余谢不敏。师曰："此吾之食单也。每餐二肴，一大碗，一小碗，三簌，凡五品，不为丰，然必定之隔宿。"余称佩俭德，因曰："在师署中久，未见常馔中有鸡鹜，亦食火腿否？"师曰："无之。往时人送皆不受，今成风气，久不见人馈送矣。即绍酒亦每斤零沽。"余曰："大清二百年，不可无此总督衙门。"师曰："君他日撰吾墓铭，皆作料也。"相笑而罢。

接紫卿兄十九日信，寄来代相国买老山参二种。又李少荃宫保△日信。

二十九日己酉(9月26日)　　　晴

所居客院中岩桂甚开,颇馥郁。戴子高来访,吴挚甫同萧敬孚穆,桐城人,在皖识之。来访。傍晚,涤师来少谭。

三十日庚戌(9月27日)　　　晴

到吴挚甫处少坐。孙宇农来少坐。涤师来谭。吴挚甫同萧敬孚。来候。

九月庚戌

朔日辛亥(9月28日)　　　晴

午后,涤师来久谭。下晡,到魏刚己处,谭至晚归。接廿三、四日家信,又六姊八月△日信,又槐亭八月十一日信。

初二日壬子(9月29日)　　　晴

下午,吴挚甫、孙宇农、萧敬孚来访。涤师来谭。是日微有恙。接槐亭八月廿二日信,又张屺堂八月廿八日信。

初三日癸丑(9月30日)　　　晴

写家信,即发,官封。九兄信,初四发信局。寄去人参二匣,对子一付。六姊信,即发官封。槐兄信。即发,附六姊信。

下午,涤师来久谭。时余以沅师之招,欲往武昌一游,以告师,师许之,且约归后幕府、书局二席听余自拣。孟甥改派苏州忠义局,加增薪水以遂其养母之志云云。厚意肫挚可感。闲论三国事,师云:"孙权气象究好于曹操。"余曰:"权与臣下亦多用术,晚年既诛吕壹,反责陆逊、诸葛恪等,以为不尽忠告,此文过之至精者。其抚视诸将伤瘢,赐有功者以御盖则鼓舞,微权不得不用之以济赏罚之穷。

自古创业之主胥如是,不足异。若吕蒙之疾,欲时时见之,又虑劳烦,遂穴壁而窥,是几几儿女床第之爱,殊非大雅。"师笑曰:"是。"余又曰:"胡咏芝颇得古人家数,金国琛以贫乞返,立馈千金;鲍超母病,时致参药;为子纳罗罗山之孙,以疆臣而为统将之晚辈;先恶刘霞仙,继折节事之。皆英雄举动也。使在开国龙兴之际,李靖、徐勣,明初徐、常之流殆必及之,惜哉不遇时也。"师掀髯曰:"此吾运气口袋之说也,足下论世真能谛当。"运气口袋者,师恒以人生皆运气为主,七尺之身,实以盛运气,故有斯雅谑。

是日疾少瘳,服去风治饮之剂。

初四日甲寅(10月1日)　　　晴

朱星鉴来久谭,约附其舟赴鄂,十二日成行。

涤师来久谭,言严树森前奉命以贵州布政司查办贵州巡抚张亮基参案复奏后自请开缺北上,上谕严斥其叠次藉辞逗留,延不赴任,于交办事件并不亲往察看,安坐邻省,即行查明复奏,自来无此体制。又因贵州诸事棘手,自请开缺进京,规避取巧,辜恩溺职,殊出情理之外,着革职发往云南交张凯嵩差遣委用云云。两宫可为严明。又言严本一猬琐之才,经胡咏芝赏识后,俨然自托于清流,在豫抚任内痛保朝中阘人如倭艮峰等,古人明扬仄陋或不如此。余闻之大噱,因问:"此折据方宗诚自言其所作,信乎?"师曰:"方宗诚见识止此而已,斯言殆信。"余又问:"阎丹初敬铭。视严何如?"师曰:"远甚,阎之器品较严树森端方固矣。如前辞齐抚,齐抚极可为之官,严即断不能也。凡一督抚官能去之若遗者,皆有过人处。"余曰然。

师又问恽次山归后宦情淡乎? 余曰:"未知,闻欲来师处一仰山斗。"师笑,既曰:"毛寄云尚雄心未已,督抚在任,势足动天地,一举足则从者如云,一出口则诺者雷动,昼则羽仪照耀,夜则列炬星布。

比一归家，从苍头数人，坐小轿，燃数烛而已，其能帖然否乎？此人情也。大氐人处境中，自非圣贤，鲜不为境夺，故仲尼亟称颜子不改其乐，于此等可见圣贤立教之宗，第不知释氏之说何如耳？足下幸告我。"余上手曰："师言，圣贤之言也。知此而后读书，方为真读。向见释氏之说亦专注此事，千说万说，不外发明自心，精深处与孔孟如出一辙而不着境，尤贵不着，不着境之心，故在宇宙间实是了义非不了义。"师曰："足下见至此，论释至矣。吾亦欲粗涉，宜从何入？"余列举经论名师，素余所有之宗范，即以呈阅。

余又曰："人之性分不同，以烈亲历之境而论，似处贫贱易，处富贵难。忆往年在沪上穷饿之际，往往过午无食而心泰然，略处宽裕则嗜欲纷挠而起，不可遏抑，何也？"师曰："足下天赋甚高，第未充学力之故耳。然少年人有此无损。"余曰："恒见师使令俱用弁勇，左右无便给之人，口食菲薄，衣服故弊，夜则一灯荧荧，木榻独坐，扪心自问，断断不能，故不免望洋兴叹。"师曰："此古人之末节也，何足异。吾尝言阔人不能不摆架，但勿过分，令人欲哕；寒士不能不求人，亦勿过分，全丧气骨。世人多有讥韩文杜诗乞怜太甚者，余以为两公虽求助于人，而气骨自在，寒士本等，无足议也。"余曰："师躬厚而薄责之道，能令鄙薄一洗。"

良久，师复询余家事曰："令兄在少荃大军乎？抑留后路乎？"余曰："久未得信，旁人传言在沂州，昨闻李眉生与少荃宫保书，欲家兄到徐接黄某之手办文案，眉生既欲来南，徐州无熟人，殊不为善策，不知出何人意？"师曰："此必令兄厌行役，欲自安耳。否则，方元徵为之谋。"余曰："新徐道高梯，外间言其人难共事，信乎？"师曰："诈人也。与丁日昌为同类，顾好名能做事，诈为善，虽诈不能不取。"继而喟曰："安得有人乎，勇于事情者，皆有大欲存焉，若辈知好名犹足为善，吾与李少荃在，若辈鳞甲不致全露，然亦极意笼络之，又不可使见痕迹。甚矣，用人之难也。吾观自古人心之变幻皆然，不独今日。足下以为何如？"余曰："古人颇僻有甚于今，如春秋之世，弑父与君，史不绝书，淫黩尤不足言。纳人心使日就范围，亦宋儒之功也。"师曰："古人再醮为常事，今并有未嫁守节者，然桑濮之风亦不绝，论其优劣何如？"余曰："互有短长。"师笑曰："允哉断狱也。"遂去。

衣谷来长谭，昏定始去。作《书感》诗五首。是日仍服药。

将赴武昌书感，呈似湘乡相侯师五首

微生曾薄稻粱谋，恩重难禁涕泪稠。自昔声名通北海，也无书札到荆州。乙卯岁师专弁以厚币招余，向与师无年世交，亦未通寸楮。一身千里忘孤客，八口秋风失暮愁。便合生儿题作字，他年饮水记源流。

西风霜动雁声高，东阁秋清客思豪。千载于今亲伏郑，一堂终日有夔皋。元儒哀钺闻题骘，霸府勋盟托羽毛。归去柴门疏柳下，好同盲鼓话前朝。

节堂吹角每沾巾，佳日登临欲怆神。性命由来托禅寂，乱离强遣作诗人。诗书百圣将衰统，肝脑群生待望身。愿得化为无上药，一杯真起万家呻。

数椽谁寄草堂资，双鲤新缄乞树诗。事业久安愚者分，姓名幸有大官知。芸香卷轴迟雏笔，芰冷池塘忆钓丝。为问青梧春种后，风烟定长几孙枝。

清泉白石迹能孤，十载狂游梦已殊。过去心情悲泡影，当年意气薄莼鲈。度江云暗千帆迥，落木风高一雁徂。去马来舟聊复尔，胡床原自有真吾。黄山谷诗"去马来舟争岁月，老僧元不下

胡床"，为下一转语。

初五日乙卯（10月2日）　　雨

莫善徵、张绍卿两令君来久谭，欲觞余，许之。写旧作词并昨诗呈涤师阅。少选师至，曰："词好。"又曰："词极好。"又曰："足下词殆独步，虽名家如周稚珪等，胡能与足下抗。"余曰："师誉太甚。"师曰："吾先年在李眉生扇头见两小令，甚爱之，故昨为足下书扇有倚声得古人佳处语，不意大令竟如此绝唱。诗亦极高，然尚有之不如词之异也。因咏诗末首，结语番新甚元远，殊可讽诵。"余乞师见和，师曰："吾不向足下卸底。"遂笑而去。

初六日丙辰（10月3日）　　雨

朱星鉴来久谭。言："捻匪打仗，亦用步队，而马队专事包抄，故出队必留众坚守壁垒，否则必为马贼攻陷，无归处矣。贼一败则马队顷刻无影，其疾不啻风雨。打仗皆用矛对戳。闻诸营官言，打粤贼时，亦有交矛，时不过一人二人，或遇伏，或追急耳，从无大队立定交矛之事。又沙场风尘腾乱，咫尺莫辨，官军不习，故恒败。惟其用矛，力轻而势速，故伤人多不死，被官军矛伤者必死。"余笑曰："楚军用矛无法，直戳而不能洒圈，虽能致人死命，然进退笨，亦见绌之一道也。"星鉴曰："然。以吾观之，无与力争理，惟有分段坚守，联络乡团一法，庶操长算。"余曰："此坚壁清野老法，治流寇不越此。宜令诸军野战而胜不赏；能保分地，诸团不破，则厚奖之，罚亦如是。贼无所得食，庶可灭。但恐地段太长，兵不足耳。"星鉴甚韪余言，曰："子盍言之大府？"余曰："俟今日邪！数年前已屡陈当道之不能用，或另有烦难，未可知也。"

邓仲言来，余介之相国来谒也。访子密、挚甫少谭。涤师来久谭，或献一古碗甚大，师曰："余脾胃甚坏，觉菜皆不堪，故欲得数小碗盛菜,期醒目耳,今此大碗安用之?"余曰:"甚有用处。"师问何用。余曰:"烧满碗鱼翅以饫烈,亦妙事也。"师大笑曰诺。有顷,笑定。余曰:"烈今年三十有六,而童心方盛,奈何?"师曰:"此正过人处,处迫促之时,无胸襟能之邪?且足下极多情,若有秋气,必不能堪之矣。"余闻师言,深佩其至当不移。

师又曰:"今日一大笑话事,刘松岩身后有银二万馀,在苏沪存息,其族人无赖,苏之人素昵刘者为之谋,请立案官为经理,异日非其亲子来取不与之,吾允其请。今日苏府李铭皖详文,首引刘服官清正,素慕其乡先辈汤文正、张清恪之为人,而底下所言则有存款二万金云云。上下太不相蒙,见者无不喷饭。"师又言:"刘减赋之时,人人欲按成普减,刘坚执照赋则轻重酌减,以去就争之,彼时勉如所请,至今舆论甚不以为然。观其人无甚长处,若再身后宦橐丰盈,益不足观矣。"余曰:"人是老实一路,做上海县尚能朴实耐苦,至监司大员本非克堪,况巡抚乎? 在苏颇有比匪之累,士论哗然。至要钱,起先似尚不敢,晚节大放厥辞,亦有伥之者,可见择交之不可不慎也。"言次,师脱马褂置榻上,又少坐即去。余取视榻上衣,佛青洋呢面,布里,琵琶襟,极短而小,盖寒士所不屑衣者,为之太息不已。

写杜小舫信,交与卫生兄实收一纸。即发。

初七日丁巳（10月4日）　　晴,天气清朗,下午阴雨

早起,独入内登台四望,万瓦鳞鳞、朝烟齐举。山色远近相映,气象甚佳,怀抱为之大开。写阿哥信,即发。般仲信,即发。长庚侄信,即发,交般仲。王梅叔信。同上。

周缦云来候,并谒相国,少刻涤师来,与久谭,余未出,闻谭时事。蒋益澧被劾,有交吴棠查办之说,因及吏治。言蒋做官做一衙门,将一衙门经费裁尽。到粤抚任,裁去韶关陋规,形诸奏牍,而别

提藩库每月千五百金，运库每月千金，作抚署办公用，反较所裁之费为增。其各属员出息亦一并严禁，断绝不准收受，在浙民间虚声颇好，然其人太不正当。周问丁日昌闻亦厉精为治，师答曰"微有其风，而视蒋则中庸多矣。伊如要去尽属员饭碗，我亦不依，须知天下人饭碗万不能无，汝去他一饭碗，他别寻一饭碗，于公事无益，不过百姓吃亏而已"云云。余默听为之首肯再再。

周退，少选，师又来就余谭。言复有廷寄，甚说李少荃闲话。"足下前说李以复奏殷兆镛一折，与内廷当事俱有芥蒂，殆有之，非好气象，奈何！"又言："旨意抑李可也，遂称张之万、漕督，亦与防运之局。英翰皖抚，亦防运。之能，殊未平允。天下如此，当局尚不能舍私言公，可为一叹。"余言："闻沅师撤自带兵勇，以愚见度之，今冬贼如度运西犯，则鄂仍受其敝，沅师退志或不遂，恐致仓卒，师宜剀切言之。"师曰："甚是。我已数言之，而渠已撤去矣。"余嚬蹙曰："此时局势，圣眷隆替，随勋望为转移，如能御贼，不患不得君，否则怨忌之口乘间而起，欲求进退，绰有馀裕，岂可得哉？"师曰："然。天下事皆此一理。孔言曰：能治其国家，谁敢侮之。人皆自强而已，何问他人。即洋务之棘，中国如有人焉，何患其凭陵。所谓有人，非区区文告之末，争细故也。能做事，不爱钱，不怕死，三者备，而后可为有人。"余曰："何独天下事，即一家一身，未尝不如此，斯言无所不该，颠扑不破，所以为圣说也。"师因告余今日有佛兰西传教人来见，美其称曰司铎，吾近观洋人气殊衰减，来中国者似亦皆无聊之人，或将替乎。余问俄人有边事否？师曰："不知，中国之患或在俄罗斯与日本。"余曰："日本或为盗窃而已，未必有大兴作。"因言闻海盗颇炽，此似宜用轮船剿除。师曰然。

接八月二十九日家信，又薛安林八月廿六日信。

初八日戊午(10月5日)　　早晴,下午复阴

午前涤师来久谭,言沅师因楚北肃清,大开保举迨万馀人,奉旨交部议奏,恐致全驳,此举本甚不妥云云。下午到市中一游,见瓶尊等数器,欲购而价昂未果。访刚己、溥斋久坐,初鼓时归。

初九日己未(10月6日)　　晴

到倪豹岑家祝其祖太夫人九十寿诞,汤饼后返。至涤师上房后台上登高眺览久之。张小山来谒相国,在余处候见。少刻涤师来,少谭而去。到袁子根处少坐。戴子高、戴蕴之来久谭。下午,涤师来久谭,并约明日吃鱼翅,去后又遣示菜单,命增素所嗜者。

接八月廿九日家信,又紫卿兄八月廿八日信。

初十日庚申(10月7日)　　晴

到王子云、薛叔云、吴挚甫、钱子密处一走。吴挚甫来访。倪豹岑来谢寿。涤师招饮钱行,肴馔甚丰,谭说尤畅。师自言:"未受寒士之苦,甫欲求馆而得乡解,会试联捷,入馆选。然家素贫,皆祖考操持。有薄田顷馀,不足于用。常忆辛丑年假归,闻祖考语先考曰:某人为官,我家中宜照旧过日,勿问伊取助也。吾闻训感动,誓守清素,以迄于今,皆服此一言也。而家中亦能慎守勿失,自昆弟妻子皆未有一事相干,真人生难得之福。亲族贫窘者甚多,虽始终未一钱寄妻子,顾身膺臲仕,心中不免缺陷。复得九舍弟手笔宽博,将我分内应做之事,一概做完,渠得贪名而我偿素愿,皆意想所不到。家中虽无他好处,一年常无病人,衣食充足,子弟略知读书,粗足自慰。"余曰:"聆师所述,足见积累之厚。至家庭相谅,子孙逢吉,皆师清德所感。上天报施之道,屈彼申此,自然之数也。"遂出。

候朱星鉴久谭。渠十二成行,余以冬衣未至,留此少待,渠另有

一舟见候。候刘治卿少谭。候黄子春少谭。候邓仲言昆季少谭。初鼓时归署，闻涤师来二次，不值，遂入内久谭。师言："后园地甚宽大，既近官署，将来必成名园。今冬拟先种竹树，兴作以俟后人，然必定疏密之致，方可种植，盍藉子文心，一为缔构邪？"余笑谢。因问："师故乡山甚多，亦有园池之概否？沅师所居，闻有大池，然乎？"师曰："乡间塘泺所时有，舍弟宅外一池，闻架桥其上，讥之者以为似庙宇，所起屋亦极拙陋，而费钱至多，并招邻里之怨。"余问："费钱是矣，招怨胡为者？"师曰："吾乡中无大木，有必坟树，或屋舍旁多年之物，人借以为荫，多不愿卖，舍弟已必给重价为之，使令者则从而武断之。树皆松木，油多易蠹，非屋材，人间值一缗者，往往至二十缗，复载怨而归。其从湘潭购杉木，逆流三百馀里，又有旱道须牵拽，厥价亦不啻数倍。买田价比寻常有增无减，然亦致恨。比如有田一区已买得，中杂他姓田数亩，必欲归之于己，其人或素封，或世产，不愿则又强之。故湘中宦成归者如李石湖、罗素溪辈买田何啻数倍舍弟，而人皆不以为言，舍弟则大遗口实，其巧拙盖有如天壤者。"余曰："此正沅师厚德处。烈以为宦族归置产业乃恒情，与其巧，毋宁拙，拙不过损一时清名而已，究竟用心，不伤纤薄，必可以久贻子孙。纵使荒乱之时，以厚实贻累，天亦有乘除之理，忧患较轻。"师曰："此理诚是，然如舍弟亦太拙矣。忆咸丰七年，吾居忧在家，劼刚前妇贺氏，耦耕先生女也，素多疾，其生母来视之，并欲购高丽参。吾家人云：'乡僻无上药，既自省垣来，何反求之下邑邪？'对曰：'省中高丽参已为九大人买尽。'吾初闻不以为然。遣人探之，则果有其事。凡买高丽参数十斤，临行装一竹箱，令人担负而走，人被创者则令嚼参以渣敷创上，亦不知何处得此海上方。"余大笑曰："沅师举动真英雄不可及，书之青史，古人一掷百万，奚以过之。"

因问师第四弟温甫先生何如人？师曰："极长厚人，而好事喜功，不顾清议则同。在乡有狱讼，县邑不能决者，往往来诉，辄为分剖，胜者以为所应有，负者则终身切齿。足下视此，以为居乡宜乎否乎？"余噭蹙曰："师手足别十载矣，盍招之出游邪？"师曰："吾久为斯说而不见听，奈何！方今多故，湘中人人以为可危，两舍弟方径情直行，以敛众怨。故吾家人屡书乞来任所，以为祸在眉睫。吾自惟祸福天定，无可趋避。且既有祸，亦何忍独顾妻子，而沟壑可畏，即亦不能忘怀。足下素劝我迎眷，究竟迎之是邪？不迎是邪？"余曰："烈荷师骨肉之爱，微师言，已筹之审矣。祸福诚不可避，然人事岂容不尽。师为寒士计家室之累，必周到详尽。妻子虽身外，仁者以亲及疏，万无漠然之理。使留之家中，可以两全，则宜留之。无益于祸患，而忽弃先人之血胤，何如先迎妻子，使立馀地。一旦有警，即兄弟亦尚可招之使来，不犹愈于尽室并命邪？"师曰："此说是矣。吾尚有归志。吾自返任时，奏明今年五月内，即须请告。后以旱灾欲成，嗷嗷可念，未忍言之。继有大拜之命，接办科场，又以捻势鸱张，河防不守，诸事相迫，故未遂志耳。今复迎眷，是违素志也，不可。"

余曰："师进退大计，所关非浅，烈屡欲言而未言，今不得不为师一尽其说。今有受人之托而不终之可乎？今有佣仆为主室所倚，当孤寡未立，外侮纷来之际，委之而去可乎？今有人父，群幼绕之啼号，生死紧赖，弃之不顾可乎？师以为避贤，请师自说，孰贤于师？师以为精力不及，烈则以为师万事不理，卧而镇之，犹胜寻常万倍。言师之才德，皆近于谀，兹姑弗言。湘、淮诸军之各有门户，师所知也。杨厚庵统水师名动江表，一改陆师而号令不行，迁地弗良，其效尚如此。况百万之众，贵则茅土，富则陶、猗，皆一人之所提携，现虽散处，其中豪强节概之士，不可偻指而数，一旦取而代之，其可得乎？

三年冬，师奉命离任，督剿皖、楚，旨甫下而人间已有扼腕不平，愤愤欲起者。况师谢事而去，易一新督，自颈以下不与头接，是大乱之道也。两楚三江伏戎数千里，所惮一人耳。师今日去任，明日必呼啸而起。师至时而欲悔，上负君父，下负黎庶，不已晚乎。师向奏言谢事，不敢望归田里，欲统万人，任一路。师试思，师为统将，孰当驭之？且天下虽大，何处可容师迹？师此志弗改，必为盛德之累。千载之下，必有遗憾。"

师曰："足下言切如此，能无动心。吾退志岂为自逸哉。自问日就衰颓，接客看稿，皆力不能继，压积日多。又三吴吏治不能整顿，以此负国负民，非吾生平所忍，足下又何以策之？"余曰："烈观师力亦大逊，然接客看稿二事，要者亦自不废，其馀置之何妨，不过小得谤耳。与其贻大恨于千世，毋宁得小谤于一日，吏治诚宜讲求，但系缓事。白刃交前，不救流矢，且吏治亦恃师在耳。师以为今世吏治，尚能不大离奇，为诸人本然邪？惮师之筡压邪？"师拊髀长叹曰："然。司道中仅李雨亭为正人，馀皆为人之学，丁日昌、高梯等，尤其甚者，可奈何！"余曰："师勿叹，此千古皆然也。人情之慕爵禄，如蚁慕膻，为上者第端其趋向，明其是非，而弗问人隐微之地。如有器玩可供几席，必出其最佳处向人，而匿其不佳处，用人之道，如是而已。必人人如孔、墨，可胜求哉？"师曰："旨哉言，吾向用心皆如此。"余又曰："吏治讲求不可急，今世服官之为糊口，乃人所习闻。如劝烈筮仕者，必曰汝累重。我辈尚然，何况凡俗？愚以为不可任丁等一味操切，最善举素所用知其操守者，奖而任之于下游，使为表劝，视任法之效，不可以计。"师曰："此举直错枉，能使枉直之说也，诚无以易。顾并一直不可得，又奈何？"余曰："在师诚求而已，何患无人。"师曰："足下今夕之言，使我心意开豁，吾明日当接眷矣。但若辈久处衙署,必有习气,吾又恶夫弃丘墓而远托者。"余曰:"师署中无习气可染,师犹以为患,则虽使家众蔬布可也。轻去其乡,固薄俗,而事有经权,不可概论。恋一丘之土,而不恤妻子之蹈危机,亦未可为厚也。"

师又曰:"外闻言吾与九舍弟何如?"余久不对。师曰:"第言之,与足下岂尚形迹邪?"余曰:"沅师性直而喜事,师举动详慎,见解不同,至心地则友爱无间,虽事机逼迫,不无矢口之言。揆之不藏怒、不宿怨之义,视色取行违,不可以道里计。"师曰:"三年秋,吾进此城行署之日,舍弟甫解浙抚任,不平见于辞色。时会者盈庭,吾直无地置面目,足下知之邪?"余曰:"未闻。"师曰:"足下在彼,始终欢契乎?"余曰:"初至,隆礼太甚,使提镇公服投帐迎接,在彼年馀,尚无闲言。惟收城之日,因争先遣马队断路,及劝沅师重赴缺口弹压,十九日李秀成生禽,烈请缓其刑诛数事,颇怫意,旋亦释然。"师曰:"舍弟岂容直言,左右皆彭椿年之徒,欲治得乎?今闻又用冯邦栋,吾深恶其人。"余曰:"闻沅师退志亦切,烈以为未必能退。"师曰:"然。吾以鄂抚署甚不利,已十馀任,非死即败。昨敦劝移住贡院,已允吾说矣。"言次材官欲掩寝门,时已二鼓矣,乃退。

写李眉生信。廿一日发,面交。接四姊初六日信,又六姊同日信。

十一日辛酉(10月8日)　　　晴

涤师遣致赆。候徐华野,见所藏南宋拓《九成宫》,笔势大类河南,与今迥异,其碑中原阙字处皆有宋人题名吴璘、杨龟山等,此亦向来未见。徐幼子八龄甚慧,有成人之度,可爱也。候衣谷少谭。候李雨亭布政疾,未求见。又候杜小舫不值。候杨子穆,并候朱春舫少谭。归节署,刘治卿同英人马清臣来候辞行,谢之。陈虎臣来久谭。蒋莼颊来久谭。邓仲言、树人来少谭。涤师来,见有客去,下午复来少谭。袁子根、徐薇垣来少谭。

十二日壬戌（10月9日）　　　阴

朱星鉴来候辞行。蒋莼顷来久谭。薛叔云来。涤师来，见有客去。刘治卿来久谭。涤师来，少谭去。傍晚复邀登露台，少谭出。初鼓后又往谭，余问师迎眷决乎？师曰："虽尚未有信归，而将与足下一席之谭写入日记，吾向以日记代家信，渠辈见之自当来也。"

十三日癸亥（10月10日）　　　晴

到市中一走。邓仲言来，以代措迎养之费交之。写家信，十四发，官封。九兄信，同发。安林信。同发。莫善徵来久谭。衣谷来久谭，或馈洋三边酒，共饮至醉。何性泉来候。庆澂，道州人，何子贞之侄。答候蒋莼顷不晤。访倪豹岑久谭。写邓公武信。十四发，官封。是日涤师入贡院钤榜，余候至三鼓乃归，出草榜见示，熟识无一人，颇为懊恼。

十四日甲子（10月11日）　　　阴

辰刻，涤师来少谭。蒋莼顷来久谭。下午，涤师来久谭，言在贡院钤榜，与上江学台朱九芗坐次相比，时众见闱墨，俱不满意，而两试官举止率陋，九芗引吾手，在掌上书一"酸"字，吾目笑之。今年所得士迢远逊甲子矣。师又言："驻军祁门县时，祁门城在山下，形势局蹙不可守，吾与人言，此城复安所用，不如毁之。邑人有知之者，公禀称县在国初曾中乡榜，自康熙年江西某人为县令造此城，垂百数十年无一人，如主持毁拆，百姓无不乐从云云。吾遂令拆城造碉以资守御。事讫，邑人复禀请撰记，吾批禀牍后作谣谶语四句云：'拆去西北城，岁岁出科名。东南留一节，富贵永不歇。'自批后甲子科祁门获隽三人，今科复中二人，足见形家言亦有足征者。"余曰：

"此段佳话宜勒石埋之祁门，数百年后亦诸葛碑之亚也。"师狂笑而去。

接孟甥初六日信，寄来寒衣等及点心。又紫兄初四、初七日信，寄来馎馎等。

十五日乙丑（10月12日）　　早阴欲雨，旋放晴，颇暖

早饭后访季雨，渠奉札密访，从苏、沪、常熟来也。久谭，言丁日昌初莅任时，声言访得长洲蒯令德模、吴江沈令锡华贪狡不道，欲加参斥。沈令闻风即上省禀见，面递红封一个，中藏五千串钱票一纸，另具一白折，开列款目，指称此项系在任办公盈馀，禀请作何支消云云，以防丁不受钱票，当面诘问，即呈此帐。丁接封拆看，一言不发，闲谈数语而退。旋向人云沈令官声尚好，才具极长，闻者无不齿冷。蒯本系李少荃私人，蒯之兄德标者，李微时极蒙其惠，根底牢固，丁既不能参沈，遂亦为蒯掩饰。或云蒯亦有馈遗，则事属影响矣。苏州六善堂公产，皆为绅士潘曾玮、汪△△营私中饱，丁亦有查办之说。丁之母病重，潘速送人参二次，上等沙方一付，事亦中止。丁之心事路人皆知之，犹欲以整饬官方自任，真妖孽也。

同季雨到妙相庵一坐，登鼓楼一眺，仍至其家，晡食后归。坐甫定，涤师来久谭，又及余家事负累，为之噭蹙。并云沅浦处太无人，足下盍留彼匡助之，渠必受益。余谢不敏，且陈去家太远，家政无人为庇。师曰："家中不过乏钱耳，我仍为足下位置忠义局永久一席，孟舆亦改该局差使，以持足下门户。足下在鄂，舍弟别具薪脯，受之不为贪，岂不两济邪？"余曰："师为筹永久家用，幸甚。烈愿受师此惠，口食既无忧，烈每年来往师及沅师处各住数月，以沐光霁，何如？"师曰："足下负累，又将何策以了之？足下既不欲久留鄂，在吾处盍留心政务，否则竟去做官，家世令长，且惟此可以历练人才。足

下如去,吾为谆属浙大吏,不无所裨。足下天分绝顶,世间学问事理有虚实二宗,无虚则实,有时而窒碍不行;无实则虚,又无所附丽。论虚处则足下当世无敌,惟实处讨探未尽,再能勉力,便为全才。"余曰:"做官未必能了负累,烈一游客,而干请者尚纷纷,况做官邪? 爱钱无以对知己,不爱钱无以了一身,进退维谷,徒稽首屈膝于流俗,亦何为邪? 烈以菲才而素负虚声,一入仕版,责备必严,再操师竿牍以往,彼省大吏即无畛域之见,同辈中能无侧目邪? 故以做官为身谋,烈皆未见其可。至政务本儒者之所当知,无关出处。师亦虚实二义尤为的当不移,烈请远归后即来师处亲炙一二年,烈虽散诞,自问于求学一事不敢自画,且何忍负师厚意邪? 至烈处世不谐,疏处尤多,还望师一一指海,俾中绳墨。"师曰:"不见疏处,甚有阅历,足下之见皆不谬,明年决计如此可也。"

十六日丙寅(10 月 13 日)　　　晴,甚暖,下午阴,夜雨大雷

送悔庐公行状诣涤师处,拜求代撰神道碑,久坐。又到子密、挚甫处各少坐。访戴子高,渠有恙方卧,未能酬客,少坐而出。又访李壬叔、张小山、唐端甫少坐。到新建郡庠瞻仰,本朝天宫故址,地势雄阔,殿宇崇闳,为各省所无。既出,复访魏刚己、溥斋,并遇郭星槎,在彼晡食,谭至傍晚归。闻涤师来,不值,遂入内少坐。明日为鹿鸣宴,堂皇下设彩篷肆筵席,同师出一观。

接王霍生初九日信。

十七日丁卯(10 月 14 日)　　　大雨,辰后雨止,当午日见,下午复雨

主试等来赴鹿鸣宴,以雨故,移宴于厅事,上席每席八簋,次席五簋,先望阙行礼后赴宴。新举人惮跪拜之劳,且有所费,例不肯至,强邀二人来,鞠跽堂下,真戏剧也。陈和笙来访,以朱星鉴之次

舟尚未至,方为余庀舟。

　　下午,涤师来久谭,言丁日昌在下游,宦场无不忿怨,恐亦做不下去。余曰:"欲整吏风,先宜自治,丁以贪刺得进,一旦在位,顿欲变所从来,而往时行止久彰人目,其能尽人而欺之邪?"师曰:"然。彼须砥砺二十年,或可托于清流。"余曰:"师以为丁今日情形真能自好乎? 以烈观之,志在巡抚一席,欲立声望耳。若以为折节改行,适堕其术中耳。且饬吏宜不畏强御,上游之所贤,从而贤之,不顾百姓之唾骂,烈未之前闻也。师恒言求吏治,使若辈在位,吏治不江河日下不已。"师盛叹曰:"足下亦知吾苦心邪? 丁之流皆少荃至好,我与少荃势同一家,渠又暴露于外,身膺艰巨,丁虽宵人,而筹前敌财用无不精速,吾又何忍不少慰其意邪?"余曰:"然。师苦心不独烈久知之,有识者皆知之,非欲师去之也,师第微示风采,彼自炫其操切,则以正论裁之,斯可矣。"师曰:"吾见亦如此。"余曰:"李眉生异日到苏臬之任,必不能和衷,李在皖为幕府,丁一革职知县,为卡员,位望相去远甚,丁后随少荃宫保赴苏沪,每发李眉生信,未尝无侑函,迨丁位日隆,始绝赠遗,四年在秣,烈闻眉生亲言之,且斥为市侩。今一旦位出其下,岂能甘心。"师曰:"此必然之势,李才力却逊于丁,衿度则不可同日而语,李公事见客,两宗俱短,在幕府时不谐于众,子密、莼顷等皆深嫉之。"余曰:"眉生亦甚不足子密。"师曰:"眉生薄子密,则以其专事请托要结,亦曾言之于吾。至于莼顷,则本庸俗无可取。"余问程尚斋,师曰:"好人,心地颇坦白。"余曰:"师言乏才,以烈所见,则开孙真其人,小试之,使为司道,决不下于李雨亭。"师少沉吟,复曰:"开孙诚好,足下之言诚不谬,但恐耐性稍差。"余曰:"何谓也?"师曰:"往年在周家口,吾见其能做事,将以事尽付之,渠为家所累,仓卒欲返,时子密未至,吾颇为难。"余曰:"其时伊家中事实狼狈,几致祸变,故不得不归,今年伊向烈言,尚抱歉不置,实则其人极有耐性,非烈懒散之比也。"余又言:"师求良吏,烈窃以莫善徵挺拔可用,盍置之下游,为众表率,渠不善应酬,在江宁无益,而私家则有赔累之苦,位置殊非其宜。"师曰可。余又为王霍生求事,师问:"何从识之?此人无雅韵,以何事见赏于足下?"余曰:"初到东流,知系王廉普先生子,廉普先生与先君安徽同寅,故以世谊往还,一日并舟而泊,闻渠号哭甚哀,惊问何事,则廉普先生忌日设祭也。时经丧已四五年,烈见其至性有异,遂与定交。"师曰:"此与吾赏拔毛寄云同一辙。"余曰:"渠从师已久,刻有饿死之痛,师既不能与差事,闻皖江防出缺,盍畀之以续垂绝之命。"师又曰可,遂去。

写王霍生信。十九发,马封。补录词一首。

长亭怨慢　　秋日登聚宝门城楼作

甚千叠、云罗纠缦。鼓荡凉飔,欲粘还断。似此清秋,几人凭眺弄柔翰?青山无语,悲极浦、帆零乱。错认晚妆楼,莫误了、归舟天半。　　　杰观。剩登临胜地,只见玉骢无算。斜阳试望,抵多少、酒阑人散。叹满眼①、一树冥冥,镇愁被、玄霜偷换。怕听得、舞风孤叶,萧寥如叹。城角大树,吾妇家物,往年曾吟弄其下。

十八日戊辰(10月15日)　　　　阴

张笛帆来候,本年同考官也。言两主考荒陋,世所罕见,批语白字连篇,"圆熟"、"圆健"字皆书"园"字,解元卷上批"仅见之作"误为"尽见之作",此类甚多,馀不复详忆。文卷不必论尽善,稍平正即

---

① 叹,稿本作"影"。

不蒙赏云云。江南文运至此，非佳事也。到市中购衣物数事，归后坐未定，涤师邀入内久谭。师微恙，余属避风节食。师出两主考所送楹帖见示，语句陈腐，字画拙笨，落款"通侯"误"通候"。师曰："江南二百馀年，殆无此等主考。"余告以张笛帆所说，曰："此亦尽见之作也。"师为之挢舌不下，又良久出。唐端甫恭寿，杭州人。来候久谭。伯房甥来，陈炳然来访久谭，皆去。

接初七、初九、十一日家信，又紫卿兄初十日信，又孟甥初九日信。

十九日己巳（10月16日）　　　阴雨，夜大雨

早饭后涤师邀入内，其恙颇甚于昨，少谭出。莫善徵来，少谭即去。午刻涤师又来见邀，属为诊脉处方，因微与表散，又谭良久出。衣谷来久谭，傍晚去。初鼓时复候涤师服药，已出微汗，头痛稍止，又少谈出。写张芑堂信。即发，交子密。

二十日庚午（10月17日）　　　阴雨

早到涤师处久谭，为述咸丰十年苏常丧败始末及张国梁、何桂清、许乃钊、蔡映斗、吴云之罪，师闻所未闻，曰："非足下言，安知其委曲如此。"又述余家转展流徙时情事，师又为动色咨叹良久。师今晨疾已减，复于昨方为加味。伯甥来。陈和笙来访。傍晚复入候涤师，云今午下棋二局，又窗下看公事约两时，复增新感。李眉生来谭太久，气息惙惙，服余今晨增减之剂，不能效。余属静养而出。

写阿哥信，廿一发，交袁子根。四、六姊公信，廿一发，官封。开孙信。同发。涤师惠明刊《韩文》一部。写家信，寄归皮箱、套箱、书厨等。即日发，交邓铁仙。

接六姊十四日信。

二十一日辛未(10月18日)　　　晴

晨候涤师疾,未愈而一夜不寐,自言多谭辄如此。或为延刘姓医,与姜、附、橘、半、白、芥子等辛燥之剂,余不敢尸之,子密亦来候,劝弗服。季雨来,王辅臣来候,旋去。伯甥来,袁子根来候送行。潘伊卿来,黎莼斋来候。季雨复来。李眉生廉访来候久谭。傍晚复入候涤师疾,药已服,病如故。是日余本拟成行,涤师留之,复改期。

二十二日壬申(10月19日)　　　晴

晨候涤师疾,微减如前晨,少谭出。张佑之来候久谭。朱汉槎军门云章,湘乡人,钦差营务处。来候。晚复入候涤师,久谭。

二十三日癸酉(10月20日)　　　早晴,下午阴,夜雨

早入候涤师疾,未愈,复一夜无眠,唇口起泡,则姜、附之害也。遂劝静摄弗药。刘彤阶来候。候潘伊卿少谭。答候王辅臣、朱云章,朱未晤。答候张笛帆少谭。答候黎莼斋不晤,晤莫善徵,少谭。答候李眉生、刘彤阶,皆不晤。返节署,涤师来邀入内,示吴竹如侍郎所处方,问何如。方意与余前方略同,余嫌药太重,略为删定。

到子密处一走。吴挚甫同王鼎臣刺史定安,汉阳人。来候。衣谷来少谭。同同幕诸人赴张笛帆招,入夜乃归。复到涤师处一谭,见示新到廷寄,因来年换约期到,经总理衙门奏请,饬下沿江沿海各将军、督抚各抒己见,详悉密陈,尽十二月换约前六个月以前奏到。折中开诚布公于十年仓卒定约及历年办理情形尽去虚文讳饰,于日后如何杜其要挟及条约应准应驳,殷殷下问,颇有中外一家之象。师喜动颜色,曰:"此折所关甚大,枋国者能如此,中兴其有望乎!"因言:"国运长短,不系强弱,惟在上者有立国之道,则虽困不亡。如金主亮南牧,宋社岌岌,虞允文之战小胜不足言,顾孝宗忠厚恺悌,其

道足以保身保家，天即使金人内变，海陵被弑，以全赵氏之宗祐，金祚未可遽陨，则又生世宗以休息之。其妙如此，圣人所以动称天命也。"余曰："师言治乱之理，默会天心，历观成败之数，无或逾越。烈往与燮甫每推言天道诚实，即是说也。"余又以刘河、白茆一带海盗为患颇甚，请发轮船严饬捕剿，以安行旅，蒙即允行。

接阿哥初六日信。

二十四日甲戌（10月21日） 阴雨

入候涤师疾，少谭。季雨来久坐。伯甥来。写家信，即发马递。孟甥信，同发。九兄信，同发。袁子根、徐薇垣来谭。初鼓后到涤师处久谭，疾尚未愈，不服药两日矣。余属静养。

二十五日乙亥（10月22日） 明

到涤师处久谭，告以今日成行。师昨夜气逆不成寐，盖华盖之藏本为心阳所灼，助之以辛燥之品，清降失司，气壅而不下故也。师又命疏方，余定降敛数味而出。写眉生信。即发，交子密。到子密、挚甫、王子云、孙宇农、陈小圃、袁子根、徐薇垣、陈蓉斋、屠晋卿、薛叔云、任棣香处各少谭，辞行也，而未告以本日之期。归到斋中，视奴子发行李竟，衣冠入内道谢告行，复久谭，余劝涤师静摄，勿亲细务，为国家万民保育此躬。师诺之，又问静摄之理。余请每日课一时或半时静坐数息，师曰："心不能定，奈何？"余曰："人心皆为境系，试择密室，匡床斐几，焚香一炉，戒客将于其时勿通事，案牍之类不以入，然后入室解带端坐，穆然粹然，无外物之交，则心气自定。行习既久，虽群嚣之处，皆可使意虑澄凝，不独养身，并以入道，观三教进修之法，皆以一静字入手，岂浅裨哉？"师深饮其说。余起出，师复谆托"见几舍弟幸以常为我说之语告之"，"即未能有得，藉足下衿度，亦可稍去其嚣凌之习"。余敬诺分手。

既出，黄子春来候送行。客去，余即升舆，顺答候王定安，不晤，又答候张佑之，并候陈敬之少谭。到刚己处，与衣谷、溥斋久谭，属刚己治肴共饮。傍晚登舟，涤师之同乡谭月卿趁余舟到博望山卡营中，又遣沈、周二弁护行，一行共四人。写开生信。即发，交袁子根递阳湖县。

二十六日丙子(10月23日)　　阴，下午放晴。顺风

早发石头城，由小港经江东桥，出莲花堤。未刻过大胜门，申过三山，傍晚过犊儿矶，夜泊江陵镇江口。

二十七日丁丑(10月24日)　　阴，顺风

早发江陵镇口，辰过栗洲，今名裂山。巳过乌江口，申过采石矶，夜到金柱关泊。

二十八日戊寅(10月25日)　　阴，微雨，顺风

早发，卯刻到东梁山，送谭月卿上岸入盐局，局弁陈姓极狡猾，月卿人笃实，非其敌，因为弹压数语，旋下船即发。辰刻过西梁山，巳刻到裕溪口，候彭雪芹宫保久谭。返舟，即下顾，又坚留午饭后行。写涤师信。即发，交彭。未刻，赴雪帅之招，识其幕中李召南、张云城、颜咏之，三人同余饭，饭后去。宫保又陪少谭，并赠画梅一幅，石刻二种，为余画纨扇，甚雄秀。申刻舟行，傍晚到芜湖尚五里，矶下水流急，风微，不得上，遂泊野港。

二十九日己卯(10月26日)　　阴雨，逆风

辰刻出野港，曳百丈过矶，舟人颠顿泥涂中，良久乃得至，已巳刻尽矣。遣刺探芑堂踪迹，云候余不至，已出巡。舟人停舟买米、守风一日。写屺堂信。即发，交其局内。

接张芑堂二十五日留信。

十月辛亥

朔日庚辰（10 月 27 日）　　晴,顺风

早发芜湖,过蟂矶庙,已栋宇焕然。辰刻入三山夹,巳刻过旧县镇,山色浓淡数十层,立帆下看之,极江行之乐。午至板子矶,停舟候税吏来验,复挂帆行,夜泊须家埧,亦夹江也。江水西南上,至此曲而向北,故上水顺风者行过必卸帆,有小村市,人烟颇繁会。

初二日辛巳（10 月 28 日）　　阴雨,晡后晴。顺风甚微

早发,辰过丁家洲,午过铜陵县,申至洋山矶,水流急,良久乃得上,矶头新建亭榭,下系长缆,以便行舟。余乙丑秋过时,皆未有也。西刻泊荷叶洲,登岸访李勉林观察兴锐,浏阳人,往年识之。久谭,旋送余登舟,又久谭。写谭月卿信。初三发,交李寄。

初三日壬午（10 月 29 日）　　晴,逆风

李勉林邀饮其局,友二人同座,亭午饮散,至市中一观。下舟坐小划,登洋山矶眺览,矶上设救生局,董事毕竹坡子卿,铜陵人。颇儒雅可谈,少坐,至山顶不波亭,四望豁然,九华山在正南,拔地万仞,距江岸约七八十里。江之南,山之北一湖甚大,不知名,土人呼之谓胥家寨,疑即钱溪或浓湖也。江湖间一堤直达梅根镇,此名甚古,六朝设钱监于其地。写衣谷信,初九发,寄袁子根。戴蕴之信。附衣信。

初四日癸未（10 月 30 日）　　阴雨,无风

早发大通,舟不进,榜人刺篙行,至梅根泊。有小港,港西小山滨江,欲登之,阻雨不果。港东村市数十家,颇有瓦舍。

初五日甲申(10月31日)　　　阴雨,顺风,夜大雨。连日暄甚,

袷衣尚暖,今日始挟纩

早发梅根,到池州夹口,以天色沉黑,恐有大风,迂道行夹中。已刻过池州府,城南两塔,一塔在城东北江滨,一塔在城边小山上。城东一湖,水甚宽广,群山在上,望之翛然兴濠梁之思。未、申间出乌沙夹东阳口,过太子矶,已起庙宇。酉刻过李杨,初鼓时到皖城边塔下泊。凡行百五十里。

初六日乙酉(11月1日)　　　雨,夜大风

早移舟大南门下,遣刺索舆于霍生处。少顷,旧仆阮钰押舆来接,到霍生处久谭。复候竹庄,坚留下榻,遣役取行李来署,遂许之。同访其幕中胡稚枫,久谭,因至其卧室,出示书画各若干种,谭彻乙夜。

初七日丙戌(11月2日)　　　晴,骤寒,始御薄毛裘褂

早,竹庄来同饭久谭。午间竹庄觞余,同座胡稚枫,肴甚佳。饮散,要游新建之魁星阁,在城中东南,临眺颇畅。遂游大观亭,亦竹庄所兴复。余来游尚幼,台宇旧形不复能忆,而江流山色之所环绕,仿佛遇之。大龙山正当亭北,绚然紫翠。西望极远,见潜岳山顶正方,当顶之稍北,复立一尖峰,如覆斗于地,上植刀剑,即所谓天柱峰也。江以外,皖水在西,练湖在南,弥望浩瀚,足当大观之称。坐移晷,竹庄先去,余候蒋纯顷少谭。又至霍生处。又候王虚斋少谭。又候李季荃,鹤章,少荃宫保之弟。不值。遂返桌署,与竹叟久谭。

初八日丁亥(11月3日)　　　晴

早饭后,候丁恬生观察。峻,南昌人,往年识之。又候陈香谷大令,兆和,常州人。并椒孙久谈。又候陈惺斋大令斌,南昌人,乙卯到曾公处,

陈为典客。不值。归枭署，蒋莼顷来答候，久谭同饭。石似梅来答候，王虚斋来答候，丁恬生来答候，均未见。到市中一游，书及骨董均无有。逢似梅、椒孙，同到西门外茗饮。傍晚赴霍生招，肴多食之不能尽。李季荃来答候，不值。

初九日戊子（11 月 4 日）　　晴

陈惺斋答候，少谭。与竹庄久谭，同饭后步访丁恬生，久谭，见蓝田叔画册甚好。步至街中，逢陈惺斋等，傍晚归。写阿哥信，即发，交竹庄。中堂信，彭宫保信，金眉生信，袁子根信。同上。到胡稚枫处谭。

初十日己丑（11 月 5 日）　　晴

竹庄早来，余起，同人内饭。董椒侄来久谭。下午，访蒋莼顷久谭，并晤石似梅。又访霍生，久谭后旋署。写家信，即发，交竹庄。九兄信。同发。竹庄来谭。胡稚枫来谭。

十一日庚寅（11 月 6 日）　　晴

竹庄来要入内同饭，同谭。丁恬生来候，久谭。午饭后辞别竹庄下舟，顺候霍生辞行，久谭。霍生与竹庄本尚相惬，夏间到秣，曾为说法，涤师不以为然。竹庄归，以其言播之于众，霍生益沮，颇以竹庄不能为隐责望之。比余言之涤师，已许署江防，而竹庄恶前言之不售，又别欲有所界，转挠其事，人情难测如此，可为一叹。

闻霍生言，李季荃观察慕余綦切，前在竹庄处答候余，俟至晚乃去，属余再往一谭。遂再候之，一见如故，倾写无馀。谈及捻贼情形，运防告急。余曰：“兵事至精微，自古无不习而能之理。历观往史开创之君，中兴之佐，无不先遭创败，惟志气坚定，不为所挠，终以成业。今剿捻与平粤贼虽同一用兵，而贼谋互有短长，即军势不得不因之而变。譬如业制举者,久工墨卷,一旦欲为考卷手法之文,固未可旦夕入门也。家函中宜力劝宫保勿求急效,中外指摘,付之弗问,即成败利钝亦委命于天,但先求自保之策,而后徐观贼之瑕衅,思所以制胜之方,薄近功,计全局,则告捷之期虽远可望。此区区之怀,屡欲陈之知己,而自嫌疏逖,阁下手足且行间已久,苟不河汉斯语,便中道达,未始无毫发之裨也。"季荃称叹踊跃不已,坐语移晷,季荃即赴楚,约鄂中相握而别,余即下舟。蒋莼颃来候,不值。写竹庄信,送与伊孙娶妇贺礼玉器等。即送。夜,丁恬生统领来访舟中,同上大观亭望月畅谭。恬生于乙卯岁,在黄翼升提督水师右营作棚长,又至李次青方伯平江营作哨官,余时奉曾公命察看各营,其时曾推毂之,屈指已十二年矣,谈别后踪迹甚悉。槛〈外〉江流万顷,月明如昼,旌旗夹道,马鸣萧萧,诵子瞻《念奴娇》词,心澜欲涌。丙夜下舟,恬生送至舰侧始去。恬生工绘,为余摹涤师象甚似。

接竹庄本日信,又霍生本日信,已委庐州同知。

十二日辛卯(11月7日)　　　　晴,南风。亭午北风大作

舟守风不行。写霍生信,即发。要之至大观亭一游。早饭后先至亭候之,将午乃至,畅谭并命肴共馔于亭中。下晡,伊又送下舟,为处一方乃去。

十三日壬辰(11月8日)　　　　晴。立冬。天色甚暖,御绵衣不可耐

昨见竹庄署中李花犹在枝,前月家函亦云新种杏花发蕊,连岁如此,盖恒燠之征。朝政舒缓,官禄无纪,多行变令。自金陵收城以来,各帅荐牍恒万人以外,台阁中亦无故大赉,或超擢品级,兼获异数,犹扭捽言薄。汉制举孝廉须十万口乃察一人,今同时举数科,一榜至二百数十人之多,小试尤轻滥,仅能终卷者即以充额,其言验昭昭可举。愚蒙浅识,以为中兴欢虞之象,不知天人之理往复乘除,大

暑之后必有大寒，顾念来日，能无怵惕。风顺而微。早发，亭午到黄石矶，申刻到吉阳，舟人牵挽久，前至东流尚三十里，遂泊。余盖不行此路五年矣。舟中阅《宋书》，适至宋高祖征卢循，自驻大雷而命王仲德以水舰二百扼吉阳。遐想当日，登山而望，如犹闻水上金鼓声。

十四日癸巳（11 月 9 日）　　　　晴，顺风

早发吉阳湖，巳刻过东流县。未刻过华阳镇入口，俟津吏验毕复行。申过马当山，将入马当夹，江面宽几二十里。回忆辛丑冬暮过此被风，犹为心悸。马当山在夹内十馀里，石壁临流，高数十丈，矶下水波惴悍，澜漩如镜，惟江面狭耳。又行五六里夹口泊。立篷背望落日悬钲，万山皆赭，真着色画图也。

十五日甲午（11 月 10 日）　　　　晴。早寒，午后甚暖，复衣衿。逆风

早发，巳刻到澎浪矶，与小孤对峙，山高几五六十丈。舟依山行，仰望不啻天半。过矶已，折至北岸小泊，命棹小舟登小孤山，上绝顶。自江面至顶上亭凡五百五十级，级尺以来，盖四十丈矣。江从西来，距山十馀里，折而直北，山当其冲，过山后十馀里，分三支径流直北去，二支东北曲径马当下，则昨来路也。水如奔马，触山石回旋辟易十馀里，从南下者为澎浪矶所扼，复涌而逆流，众水相轧，澎湃有声，微风至则浪数尺，真天险也。舟过者皆擎跽鹢首，锣声爆竹不绝于耳。山腰有祠，祀小姑神，余曩年登山止此。复上百数十级，乃至顶，丛篆夹路，陡窄不易行。山顶送目，数百里混茫一色，南岸诸山犬牙入江，重重矶隘，皆不得其主名。北岸沙外一湖，宽广约数十里，考之舆图，则宿松之泊湖也。下山返舟，已未、申间。复行数里，泊北岸野港，距彭泽县三里。壬戌闰月迎周氏姊至皖，曾守风此两日，老仆李宜病笃，为购药于城中，犹昨日也。夜月甚皎，登篷背

眺望至乙夜,讽弄篇什,邻舟数十艘皆推篷起观,乃笑而下。

登小孤山

一柱中流迥,沧江万派来。波涛际天下,洲渚逐帆开。峡束蛟龙怒,崖盘鹰隼回。经过几横槊,青史欲悲哀。

十六日乙未(11月11日)　　　　晴,南风

舟不行。早食后到彭泽县城一游,距泊处三里。行平野中,右江左山,秀丽天出。城居山坞缭垣,包高岭四五,颇有雄概,诸山亦俱成削廉厉,江口一亭,扃不可登而返。问泊处于土人,则曰官桥港也。午刻返舟。

十七日丙申(11月12日)　　　　晴,逆风

晨发,风尚可,过彭泽县沙嘴,仍曳纤行。午至灵矶少泊息力,齐手逆撑而上,傍晚泊时家渡、彭泽湖口之间也。江岸乔木颇有存者,泊处高柳参天,丹枫点缀山椒,景色大异,此沿途所未有。灵矶石颇奇,如瓴甓层累而成。对岸一洲,考之地志,盖即古之桑落洲。其说云桑落洲在宿松之九江口,又云在九江下。按九江当即今湖口扁担夹梅家洲之地,彼处江水支流四道,夏秋水涨不啻八九,故有是名。北岸属宿松,一港通龙湖,正在此洲对岸,今名横坝头,舍此别无近九江之口。

十八日丁酉(11月13日)　　　　晴,逆风,夜大风异常

早发,辰到流澌桥对岸少停,洲上有小市,上岸散步,亭午复行。申刻过柘矶,牵挽颇苦。酉刻到湖口石钟山下泊,候丁燕山镇军,义方,益阳人,十一年熟识。同登山草草一游,复至其寓少坐。下舟,舟已移上石钟山口内。写家信,即发,托竹庄排递。吴竹庄信。即发,交丁燕山。夜丁燕山来答候,少谭,约明午饭。

十九日戊戌（11月14日） 晴，风顺而过大，舟仍不行

早步入城南门，登石钟山畅游，已较元年在此多造坐落数处。有飞蝶楼、慈荫楼，皆逼狭，会风盛，窗户不能启，未知其胜。坡仙楼小榭向水，晶窗洞达，可坐，亦嫌屋宇太卑窄。窗西南向，见鄱湖、孤山以北，不如船房建突出矶上，见南、西、北三面，送目浩淼，余最赏之。而顾无窗棂，不设坐，盖不为俗目所重，虽无情物，亦有数奇之感。异哉！屋至小必悬大扁三四，低压眉宇，楹帖不知纪极，半彭雪芹少司马笔也。彭有书画之癖，世皆重其人，求之笔下颇畅，而芜杂无韵，遇江山胜处必题长联，再三不已，吴城望湖亭遂有字纸篓之诮。将午返舟，丁燕山来邀饮，赴之，至申刻席散，复送余出城游上石钟。岩洞中空盘曲，穿山腹出约十丈馀，其苏子所谓大石当中流，空中而多窍者邪？然上石钟与下石钟并峙称两山，不可曰大石，又与《记》云舟回至两山间，将入港口者不合。今两山间为城，无港口，亦无大石，陵谷变迁不可考而知矣。傍晚风息，棹小舟至对岸梅家洲访何丹臣，敦五，巴陵人，往年熟识。少谭欲返，何坚欲送余回舟，复谭至乙夜乃去。

二十日己亥（11月15日） 晴，顺风

早发，巳刻至乌石矶，有麻石生水中，如拦江矶，颇为行旅病。午过回风矶，未、申间至九江城泊舟候验，遂登岸散步入城，又游城外洋行街，宝顺已歇，徐渭南、郑在东、郁子枚诸伙皆星散，而市屋较余元年在此时大增，沿江无隙地矣。

二十一日庚子（11月16日） 晨微雨，午后晴。西南风

舟不行。

二十二日辛丑(11月17日)　　　晴。西南风

舟不行。

二十三日壬寅(11月18日)　　　晴,顺风

早发九江,辰刻至二套口候验即行。午刻至龙平,尚九江府属,北岸过此即黄州属。南岸至富池口迤东,即武昌属矣。未、申间至武穴候验即行,江市繁会,约数千户,今春为捻氛所及,以前尤盛。酉刻到蟠塘泊,南岸山势枕江而卧,嶙峋突兀,按图则瑞昌之马脊山近之,其殆是邪?是日行凡百四十里。

二十四日癸卯(11月19日)　　　晴,顺风甚微

早发,辰过田家镇小泊,申刻到蕲州,泊城外挂口塘。江自武穴以上夹岸皆山,水面渐窄,至蕲州而山峡始开,复睹浩淼之致。中间以田家镇对岸之半壁山最为隘口,江流仅一里馀,山势直压中洪,山川回薄,真水战必争之地也。粤贼于此,横铁练六条断江,闻数年前系练之桩橛尚在,今已去之矣。江岸菜畦稜稜,环以沟洫,土埂凹凸,非农圃之制,审视之,盖废垒也。甲寅之秋,曾公水师鏖战于此,歼贼以万计,江流呜咽,如闻战声。吾辈衽席川途,安敢忘公喋血之苦。蕲州城据江岸高阜,颇雄峻。上岸入城内一游,人居萧索,有市在城北门外。至药肆,觅蕲蛇观之,龙头虎口,果非常形,欲购寄九兄,以价昂不果。傍晚下舟,是日微感风气,有小恙。闻土人言,今年春捻氛至此城外数里云。

二十五日甲辰(11月20日)　　　晴,逆风

早发,牵拽,午后至沣源口泊,仅二十里耳。

《宋书·乐志》所载古辞及魏武、文二帝之作,皆以诗首二字标题,而下列谲行之名,如《燕谲》、《短谲》、《秋胡行》、《善哉行》等,皆

一名而有数作，疑如词曲之有牌名。乐府之制本如此也。至《江南》、《薤露》、《乌生》、《鸡鸣》、《度关山》、《陌上桑》等，尤类曲调。第其篇制、句法皆非一律，不可解耳。

二十六日乙巳（11月21日）　晴，逆风

早发，行半里，风盛，还泊沸源口。上岸散步，村市数十家，小溪回曲，山势平衍，溪水内通沸源湖，斯地去大冶县凡三四十里。

沸源湖泊

沸源小泊去重来，日晒蕲春云树开。卓笠向江呼渡急，野航受客趁墟回。千艘帆桨争驰骛，百族鹏鸠互笑猜。未尽营营方寸事，夜深灯烬自低徊。

采石补录前月廿七之作

高咏人何在？昔游迹已陈。如何李供奉，翻忆谢将军。白渚波流改，黄山草木新。十年无限事，百感有遗民。

二十七日丙午（11月22日）　晴，顺风甚微

早发，午至西塞山，一矶插江，即道士洑也。山形陡峭，千岩拥其后，青苍万态，至散花料山始伏。史言孙郎击黄祖于此。乐府复载张子和《渔父》之歌，英风逸韵，两不可见，身之者各适其适，安知有后世。后世之士凭吊之，亦有抒写而已，何必必其有无邪？是晡即泊散花料，舟人谓洲为料，不知何所昉。

奉怀湘乡相侯师

钟鼓前堂卫上枢，萧萧丈室动衣襦。金章云节三台相，木榻风灯一老儒。不伐犹嫌名迹在，相忘直遣此心无。自怜剑气空盘郁，但别欧门道已孤。

二十八日丁未（11月23日）　晴，顺风，夜大风作

早发，辰巳间过回风矶，望见兰溪口在北岸，内通英山江中之

州,旧说伍子胥适吴度此,名曰伍州。午刻尽过巴河口,或云周瑜卒于巴丘乃此,而非岳州,不可考。申过武昌县,望樊山秀削,余盖壬戌正月雪中见之,别六年矣。夜泊黄州城东五里,候津吏来验,因不行。对岸樊口灯火可望,默祝坡仙明日羁吾之行,一访雪堂故址。

二十九日戊申(11月24日)　　　　晴,逆风

移舟邾城,泊南门。步登陆,东望一小阜,上有祠屋,私念此必东坡故地邪?趋而往,则为真武观。问庙祝雪堂、东坡所在,不能答。问赤巘、聚宝山则知之。遂倩为导,入一字门,穿城过市,市极寥落。出清源门,西门也。绕城而北约一里许,土山附城,高仅数十尺,有屋数楹,导者曰此赤巘庙也。访二赋堂,苏子像不见,见龙服而坐,手剑指江者,貌儜伧,为之哑然。继搜帷幕间,有纸条宽不盈寸,书苏文忠公位。盖像已毁于兵火,庙僧利祷赛改塑水神晏公,而以苏子附祀,东坡天人,必不恋此尺椠,顾奈何与哙为伍邪!傍复一条书于清端位,则以康熙中守黄州,平寇爱民有异政,且修赤巘亭榭故也。起视庙外,有碑字数通砌墙内,皆明季国初人题咏。山下沙州莽莽数里,僧云水发时尚至山足,山石崒嵂而卑小,不称赋之所云陵谷迁变邪,抑文人之笔固不可稽邪?僧云雪堂、快哉亭皆在城内西北隅府治中,可企而望。月波楼即北门丽谯,临皋亭在南门,竹楼在城内,皆毁。苏子有刻石象及馀碑,胡文忠莅师时徙之府治。顺访太守观诸遗迹,以野服不果。遂遵城坳登聚宝山,求所谓怪石供者,顽确满地,无一中玩弄。下山,循田塍径归,谢导者去,返舟卧。

登洋山矶望九华补录初三日作

云外九华出,群峰半杳冥。风微秋濑净,谷窈午烟停。浪迹遗身世,登高一醉醒。滔滔逝川水,莫照鬓毛青。

大观亭偕竹庄廉使登眺,亭竹庄所建复也补录初七日作

髫龀曾来地，斯游不可攀。风波助凄怆，对此欲潜潜。天阔推衿抱，烟清落髻鬟。使君有杯酒，浑漫破愁颜。

翌数日丁恬生军主峻邀重至亭中赏月补录十一日作

高槛凭烟出，清宵对赏心。江流空万感，明月动孤吟。影乱翻旗尾，风徐弄铎音。韬戈何日事，回顾一沾衿。

石钟山补录十九日之作

平野江湖会，高空氛祲收。此山多劲气，似欲挽横流。石出知楼迥，川分界渚浮。沉沙悲折戟，词客已千秋。

赤嵝山访二赋堂苏子遗象，象已毁，改祀水神晏公

苏髯高歌处，丛祠赛晏公。谁人问二赋，估客但祈风。沙涨烟波远，兵来城郭空。山川自兴废，寥落枉余衷。

望武昌樊山

想见西山上，登坛告类年。三辰属旌旆，四野拥戈铤。鼎玉聊乘兴，林泉一变迁。荣枯各有意，江水正悠然。

三十日己酉(11 月 25 日)　　　晴,顺风

早发，午至团风，未过叶家洲，傍晚至龙口塘，夜到场逻泊。

十一月壬子

朔日庚戌(11 月 26 日)　　　晴,顺风狂作

四鼓舟子即发，平明过五通口，辰刻尽到青山夹内。风甚，泊小洲片刻复行。柂师幼，不知风水之势，至中流浪愈猛，抱舵不知所为。幸渐近岸，舟少平，犹疾如箭，顷刻驰三十馀里，巳正到汉口泊。即上岸一行，市屋鳞栉，较十一年冬在此时大异。

初二日辛亥(11月27日)　　　　晴

巳刻渡江,谒沅浦宫保师,并晤劼刚及宫保次子龙剑,侄静臣,甥王惕来。宫保留久谭至下午,饬余,同座李季荃观察、邵子信、杭州人,先在皖识之。劼刚等。宫保以疾请去,已奉谕旨不日即行。饮后候昆甫叔、刘申孙,匆匆少谭,便出城返舟。写涤师信。初三发,交劼刚。沅老以抚署不利,现居贡院,地势高厂,至公堂面对两山若阙。前月廿五火药局灾,轰药三十万,贡院相去四五里,房屋为之坍损,全城坏民居无算,死者千人。

初三日壬子(11月28日)　　　　晴

度江候曾劼刚送行,并晤何小宋方伯、璟。李申甫廉访久谭。旋舟入武昌门至昆叔处,留下榻,即遣亲兵往发行李。候曾沅帅二子符卿、纪瑞。剑农纪官。少谭。返寓,与昆叔并邀申孙来久谭。夜,同乡杨晴渡、史幹甫、王子卿、刘子明、沅帅巡捕。王子全无锡人,汉阳县。来谭。二鼓尽,申孙去。

初四日癸丑(11月29日)　　　　阴,巳刻后晴

写家信。初九日发,臬署排递。度江候黄冠北,久谭返,复候何小宋布政,贺其权中丞之喜,久谭,并识袁廉叔。□□,奉贤人。又候丁听彝、姜春浦,福源,同里人,伯厚兄之表兄,十一年在此识之。均未晤。又候李申甫廉使,贺其升授湘藩之喜,未晤,返寓。下午昆甫叔设酌,同座申孙、听彝等,至夜乃散。接开孙十月△日信。

初五日甲寅(11月30日)　　　　晨雨即止,晴

谒沅浦宫保久谭。沅公云:"吾此归,清议以为何如?"余对:"舆论惜朝廷轻视疆事,于师无所议。"又问:"归后从此不出,可乎?"余曰:"大臣受恩深重,当视国事如家事,师今出不获于上,不得已而归

则可，若寇乱益深，时君侧席而耽乐林泉，仅仅身计，非古人笃斐之忧矣。"公复言："主上亲政，朝局大明，某如足下之言，亦不敢自画，否则老死林下而已。"余曰："唯。"遂出。候罗茂堂观察、袁廉叔等少谭。谒李筱泉制府翰章，少荃之兄，丙辰识之豫章。久谭。候其弟季荃观察，不晤。候禹汲三、冯洁卿少谭。候同乡史幹甫、刘子明，刘未晤。到申孙处少谭，同赴汤彦泽招饮。饮散，偕昆叔、申孙、彦泽、李新甫登崇福山一望。

接般仲十月廿一日信。

初六日乙卯（12月1日）　　　晴

史幹甫来答候，少谭。同昆叔、申叔、彦泽、新甫、张松培登黄鹄矶。余谒胡文忠祠，瞻拜良久，幸与英杰并生而不获一遇，时事如此，天夺伟人，不禁怆然欲涕。同诸君茗饮后至矶顶眺望，楼尚未建，石址已建，与前来不侔矣。返寓饭后，申孙、彦泽等复来谭。冯洁卿、禹汲三来答候，不值。下午洁卿复来访。孙太夫人，张仲远之姊也，与先淑人相爱，闻余至，来彦泽处相见。

接十月初一日家信，又儿子实九月廿三日来禀，又孟甥十月十七日信。

初七日丙辰（12月2日）　　　晴

同昆叔至申孙处久谭，见董玄宰双钩米宝晋小楷《千文》，笔画跳脱，异物也。返寓，李申甫布政来答候，何小宋布政亦至，俱久谭，陆续去。申孙携尊饮客，同座昆叔、彦泽、李新甫、史幹甫、汪思甫，思甫在里中旧识。席散，同登山一眺。

初八日丁巳（12月3日）　　　晴

早饭后访冯洁卿、同乡杨晴度。写家信，初九日发，臬署排单。孟舆信,九兄信,同发。阿哥信,附。魏般仲信。初九发,臬署递。下午,申孙等谭至三鼓。

初九日戊午(12月4日)　　　晴

早饭后,谒沇浦宫保,久谭释老名理。宫保欲刻内典,命为列单,余略书十馀种,并允下游为觅底本。闻上谕已到,明日即卸抚篆矣。至申孙处不值,返寓。同昆叔访李新甫,并晤申孙,又至申孙家少坐,假得枣柏大士《华严合论》《楞严长水疏》等,返寓,与彦泽等谭。申孙夜复来。

初十日己未(12月5日)　　　晴

黄冠北来答候,久谭。写子迎信,即发,交李申甫。晓晴信,左孟辛、仲敏信。即发,均交曾公子。午刻,到沇浦宫保舟中送行,适宫保拜客,在其郎君符卿、龙剑处久谭。宫保来,同饭后辞返。约明日无风舟不行,再至舟。候李申甫送行,久谭。时沇帅急于交印,而何小宋方伯护院择十一日上任,坚不可移,遂留印于抚院,令武昌府坐守至明日,亦创格也。候杨见山少谭。至孙太夫人处,不晤。返寓,赴史幹甫之招。同座牟浩生△△,黄州府,亦同乡。及申孙诸君。

十一日庚申(12月6日)　　　晴

赴沇浦宫保舟,半道闻已行,遂返。候何小宋,贺其权抚篆之喜,不晤。候粮台委员松茂亭,林,满洲人。不晤。返寓同昆叔至申孙处,又同赴杨晴渡家,吃饼,傍晚归。

十二日辛酉(12月7日)　　　晴

同昆叔访汪思甫、张松茂,少坐。下午,彦泽招饮,同座吕伟伯,曼叔之子也。言陕西米价每石二十馀缗,面十八九缗,官军皆在渭南,贼在渭北云云。

十三日壬戌(12月8日)　　阴,大风

是日欲渡江,觅归舟不果。申孙来谭,杨见山来答候,久谭。

十四日癸亥(12月9日)　　晴

复候何小宋中丞,少谭,并识李玉阶观察,明墀,江西人,前湖南粮道。又晤彭次卿。复候松茂亭,仍不晤。返寓,饭后渡江至汉口,赴彦泽所办川盐局小住,候趁轮舟,汉水流驶甚,仅数里,抵暮乃到。识彦泽族人汤仲甫、汤曾贻,又湖南人鲍辑五,皆局友也。

十五日甲子(12月10日)　　晴

访黄冠北久谭。独游汉皋市,茗于濒江一亭,下午返寓。冠北来久谭。

十六日乙丑(12月11日)　　晴

候查少泉漕帅文经,京山人,先君丙戌同年。久谭,返寓。少翁答候,又久谭。下午同汤仲甫、曾贻、鲍辑五游汉阳归元寺,寺在大别之西,一堤经月湖中过,堤尽,近汉阳郭,村舍环绕,寺在其中。入寺瞻仰,并听晚课梵音和雅,尘襟一涤。日晡返路,买小艇度湖而归。水急靛碧,山影参差,长堤洞桥,仿在灵隐三竺之间。抵寓,陆彦顾祐勤。来谭,并晤吕伟伯、吕椒生。新田之子。黄冠北来久谭。

十七日丙寅(12月12日)　　晴

先夫人诞日,敬舍净财供施归元寺众,以即日成行,未亲往。访冠北辞行。下午冠北来送行。写彦泽信,昆甫信。交彦顾,即发。写沅浦宫保信。即发,交冠北。申刻棹赴洋行趁轮舟,留奴子汪福守书箱等,俟便舟东下携阮钰行。鲍辑五、汤仲甫、汤曾贻、吕伟伯、吕椒生均至舟相送。舟名婺源,双轮双筒,甚宏厂。戌刻舟行,夜半舟搁浅,倒车良久乃脱。

十八日丁卯(12月13日)　　　阴,大逆风

平明至沣源口,辰至蕲州,巳至武穴,未至九江停舟。岸夷方为跑马之戏,舟主上岸往观,傍晚始归。酉刻复行,亥刻过小孤。

十九日戊辰(12月14日)　　　晴,无风

平明过铜陵境,辰至荻港,巳至芜湖,未申间至江宁仪凤门下舟,棹小艇到城下,薄暮入城,遣行李投客邸。步访刚己,正值开孙在彼,狂喜,久谭至二鼓尽归寓卧。

二十日己巳(12月15日)　　　晴

早谒涤师久谭。访袁子根少谭。到开孙处,并晤吴墨庵。在开孙处饭后,同步阛阓中,又同饮旗亭,同返余寓。适逢衣谷,共谭良久。伯房甥亦来。

二十一日庚午(12月16日)　　　晴

开孙来,同茗于市,返寓。吴寿年来,沈慎哉来候。写家信,九兄信,即发马递。欧阳晓岑信,廿二发,寄黄。黄冠北信。廿二发信局。下午,到开孙处,并逢衣谷,晚饭后二鼓归寓。

二十二日辛未(12月17日)　　　晴

写吴竹庄信,即发,马递。张苣堂信。同上。陈和笙来候。早饭后访钱子密、吴致甫、曾劼刚、王惕来、袁子根,王未晤。访倪豹岑,闻祖太夫人逝世。先是,九月初称觞,涤师为书寿障,即告余曰:"倪太夫人不久矣。"余骇问,师言:"吾向为人书障屏等,凡下笔,墨不沁入,不成字者,其人必不利,已屡验。"余漫听之。言此甫匝月而果效,真异事也。访开孙不遇,返寓,则已在寓中。伯甥亦来,衣谷亦来。傍晚,邀开生、衣谷、吴墨庵、寿年等饮于市。

先在鄂中见李少荃家信,言捻首任柱已于赣榆城外为投诚人陈

姓击穿腰眼身死,从此平荡有期,入奏之辞亦仿佛类此,统领俱被优赉。顷闻仅伤右耳,其人尚存。少翁人长厚,为神帅所弄如此。

二十三日壬申(12月18日)　　　晴。巳刻地动

吴寿年来,在此午饭。开孙来,同候魏刚己,谭至二鼓散归。

二十四日癸酉(12月19日)　　　晴

季雨来,同至市早食,沈慎哉来,同食散。与季雨访开孙,并晤洪琴西久谭,饭开孙处,又同茗至晚。共访王鼎臣少谭,归寓。

二十五日甲戌(12月20日)　　　晴

涤师遣要入内下榻。仲言、季垂、熙之来,久谭。开孙来,同至市中早食。下午同访刚己,并晤李壬叔,邀李、魏、刘三君饮,傍晚散。开孙复至余寓,谭至三鼓。

二十六日乙亥(12月21日)　　　晴

巳刻到节署,即遣奴子襆被入内,与劼刚、致甫久谭,同至后园,已筑土山、浚小池矣。至斋中,涤师来少谭。王逸亭来。下午赴刚己招饮,同座开孙、壬叔、杨纯山。初鼓归节署。

二十七日丙子(12月22日)　　　晴。冬至

上谒贺冬,相国不见客。季雨来候。早食后答候沈慎哉,次候程尚斋都转,次候莫善徵,均不晤。次至邓处,晤仲言、季垂、熙之昆季。次候朱汉槎军门,答候陈和笙,次候刘治卿太守,均不晤,晤戴蕴之于刘处。次候杜小舫观察,不晤。次答候曾虎臣,曲阜人。次答候杨子穆观察,各少谭。又候朱春舫观察,不晤。候银钱所高聚卿,列三。不晤。返节署,涤师来久谭,言刘印渠已革职,交新任直隶总督官文差遣委用。又见示《复陈修约事宜》折稿,以为入觐遣使、开拓、传教三层可许,挖煤〈一层〉宜许,铁路、电线、内河轮船、运盐、内

地设行栈各层断不可许云云。折稿另抄。到子密、棣香处一坐。子密云:"足下有博望侯之志,信乎?"余叩其说,子密云:"相国折中请保举可使绝国人员,并云安知无苏武、班超、富弼、洪皓者流,盖暗指足下言,足下已许远行矣。"余曰:"此八月中在此戏言耳。然彼国源源而来,中华大邦,反无一介之使镇抚异俗,不亦羞朝廷、轻当世之士哉!忠信可涉波涛,苟至诚用余,何惮万里。第中国视专对之重不啻投荒,所使皆潦倒末流,以为弃之不足惜,则大非志士之所愿也。"一笑而罢。傍晚,劼刚来少谭。

二十八日丁丑(12月23日)　　　晴

到倪豹岑家作吊。高聚卿来答候,少谭。孟甥自常熟来,闻家中无恙。李壬叔来。开孙来即去。孟甥、壬叔在余处候见涤师,少刻来,略谭而去。又同壬叔等至劼刚处少坐,劼刚、静臣、王惕来、逸亭同来余室去后,刘治卿、莫善徵来答候,各少坐去。晚食后同孟甥到刚己家,初鼓归。

接十月十五、十七,十一月十三日家信。

二十九日戊寅(12月24日)　　　阴,夜微雨飘洒,时不雨两月矣

到开孙处久坐,并晤孟甥及王鼎臣、吴木安,又识木安之居停王治卿,山东人。午刻归。杜小舫、庞省三两观察来候,少谭。涤师来久谭,问鄂中事甚悉。吴挚甫来,劼刚来,同至后园观劼刚等射,识李健斋。克久,迪庵先生之子。见总理衙门九月中密函,条说论修约事宜,言外察之似各条之允驳已有成见在胸者,广咨博访,外收群策,而实以分将来之责望,用心颇深。全稿另抄。

接张芑堂二十五日信。

三十日己卯(12月25日)　　　晴

曾静臣、王惕来、李健斋来约游妙相庵不果。劼刚来。访开孙,

同早食市中，同访周缦云，少谭各散，返节署。朱春舫来答候，少谭①。

十二月癸丑

朔日庚辰（12月26日）　　晴

未刻，涤师来久谭，言及沈幼丹在原籍办理船政颇恣横，两司俱用札饬藩署，经承吏以一言不合，立斩之。与左季高为死党，道员周开锡先为左委署藩司，吴仲宣到任后仍令本任邓△△受事，又裁撤各局，湖南人均无所归。沈遂奏放周为船政帮办，凡湘人之失职者一概入局，故经费浩繁。沈在江西之初，束脩自好，且有胆识，吾常器之，比任西抚，与吾处争饷，哓哓不已，吾以为此褊衷不能任大事，然犹以为硬汉。后吾具折陈沈前后使气取闹情形，沈闻之，递函请罪，有宽其既往与以自新之语。昨又长函为族人之官皖者缓颊求情，而后吾知其进退失据，前此矫厉之风皆由客气，为之怃然。且谓之恬淡，则不应武断乡曲，谓之奔竞，则又不宜坚卧故山。左季高之为人不可向迩，沈居然入其范围，功名闻望戛戛不相下，忽又为其附庸之国，真令人不可解。左到陕后，乔鹤侪已不安其位，叠请病假，左实欲腾此席以畀刘典，乔知之，欲避其祸故也。余曰："殆哉！此唐之藩镇，晋之八王之先声也。不意世风流转，遂成斯局，而其源皆起方寸之中，凌竞不已，幻出种种触背情形，小则眦睚，大则吞啮。佛典有云：众生心净则佛土净。诸公惜未一见耳。"师曰："禀赋太差者，见亦无益。"余曰然。又言："胡咏芝、江岷樵心术端正可共事，亦

---

① 稿本后有"接刘△△日信"。

有英雄气。"余曰:"英雄气亦自心术端正来,心正则无邪曲,无邪曲则襟怀坦夷,襟怀坦夷则不竞鸡虫之得失,济之以才力,虽古豪杰蔑以加矣。烈虽未识胡公,观其遗作,考诸行事,盖当此不愧。"余又问李迪庵之为人,师曰:"甚好,质直厚重,洵名将也。"余曰:"李筱泉较少泉殊太逊。"师曰:"然。李筱泉庸人耳,少泉亦有英雄气。"

孟甥来久谭,劼刚来少谭。

初二日辛巳(12月27日)　　阴雨始寒

下午,涤师来少谭。写阿哥信,即发,寄殷仲处。殷仲信,即发,马递。眉生信,即发,交杜小舫。家信,即发,马递。张茈堂信。即发,马递。

初三日壬午(12月28日)　　阴,下午晴

劼刚来谭。开孙来,同至劼刚处谭。访善徵久谭。傍晚访方小东,不遇归。写竹庄信。即发,马递。

接竹庄十一月廿九日信。

初四日癸未(12月29日)　　晴

到子密、致甫处一坐,并晤黎莼斋少谭。傍晚衣谷来,劼刚来。

初五日甲申(12月30日)　　晴

季雨来。王鼎臣、王逸亭来。钱子密来。涤师来久谭,论修约事宜。余曰:"以愚见测度,内地设行栈一层,似可许之。天下财力以聚而见长,以散而见绌,外夷悉十馀国之物产萃于中国,区区数口之地,故长袖善舞,旋转自如,若听〈其〉流行海内,则彼乌合之势将一散而不可收,胜不相让,败不相救,重之以用度奢靡,数倍中国,商贾不及数年,必至消散尽净,惟须立法使征收税课与华商一律,即无流弊矣。挖煤似可从而其中颇多隐患,盖病不在外夷,而在中国之奸民,甚则伏酿寇之端,否亦将如矿监流毒无已。如欲许彼,亟宜明

立章程,以持其末。"师问:"奉使之事,足下愿之否?"余曰:"乘风破浪,丈夫所为,但使烈专任其事则可,若为随员帮办,幸则公等碌碌,因人成事,不幸则身败名裂,碔玉难分,固不为也。"余又言:"夷人情形,以今度之,或不致再酿大患,然事机叵测,不可不备。"师曰:"现无可恃之人,除少荃一军,馀皆暮气难用,直无可如何。"余请添募湘军,师终以无将为虑。谭次,余请归度岁,师许之,且约明春来幕办事,先支薪水。

访倪豹岑少谭。访刚己,傍晚归。写王霍生信。即发,马封。

初六日乙酉(12月31日)　　阴雨,辰刻闻雷

早饭后,答候庞省三观察,次候陈作梅观察、杜小舫观察,各少谭。到开孙处,并遇孟舆,久谭至傍晚,同赴市楼饮,衣谷来同座,饮散归。写竹庄信,寄去佛经十七种。初八发,交张巡捕觅便。

初七日丙戌(1868年1月1日)　　阴雨

邀开孙同在市楼茗,得宝玉环一,鸡冠之赤,截肪之白,目所未睹。同开孙至其寓,又同出茗。又同访刚己,并遇孟甥。傍晚归节署。

初八日丁亥(1月2日)　　阴

劼刚来,子密来。写沅浦师信,寄去佛经单帐。初九发,交袁子根。涤师来久谭。到任棣香、薛叔云、钱子密处谭,并晤吴致甫、陈小圃。到王惕来、逸亭昆季处不值,遇涤师少谭。劼刚来。写吴竹庄信,荐奴子汪福与之。交孟甥,俟汪福至,令往投。黄冠伯信,即发,信局。昆甫信。同发。杜小舫来送行。

初九日戊子(1月3日)　　晴

孟甥来,张溥斋来候,邓仲言来,黄子春来候。开孙、季雨来,少

谭同去。写李少荃宫保信,贺年。信即发,交袁子根。到陈小圃处,见宫保来信,十一月廿九日铭、松、勋三营剿捻于寿光境内,大获全胜,阵斩数万人,伏尸四十里,生禽万馀人,逆首牛遂子、牛老洪之子。任定、任柱之侄。赖文洸等皆死,全股仅存马贼数百逸去,馀皆剿尽云云。

到袁子根、王子云处,不晤。袁子根来,王逸亭来。二鼓时,劼刚来传涤师命,要余明年来幕中,且定薪水之数。写吴竹庄信。即发,马递。

接十一月廿九日家信。

初十日己丑(1月4日)　　　晴,甚寒

到曾静臣处少坐。善徵来候,并有贶赠。王逸亭来。到涤师处道谢辞行,少谭即出。潘伊卿观察来候送行。劼刚来久谭。到王逸亭、钱子密、吴致甫处辞行,并晤黎莼斋。诸君同来送行。涤师来送行,少谭。到巡捕张瑞生处辞行。出署访开生,并晤孟甥、吴寿年。到刚己处,晤张溥斋。又赴李壬叔招饮,同座赵季梅学博、镇江人。开生、季雨、孟舆。饮散同到刚己处,谭至傍晚,出城下舟。

接初一日家信。又袁子根本日信。

十一日庚寅(1月5日)　　　阴雨,逆风

早发石城,巳刻至下关,小泊买蔬,午未间到燕子矶,泊舟守风。登岸访古铁锁横江处,石壁空荡,昔年过此尚见有铁绳数尺,已无之矣。石最奇,孔穴无算,有如虫窍,濒江诸山之所未有。下山到永济寺遗址,旧殿构石岩下,形象尚可见,有吴道子大士象石刻,断坏为四,存其三而少其一。傍又有佛象碑一通未坏。复登燕子矶,顶有御碑亭,亭存础石,碑亦断仆。下山茗村市,少坐,循山至观音门,门在两山间,式观而已,无所用之也。下舟。

十二日辛卯（1月6日）　　阴雨，逆风

早发燕子矶，过黄天荡，推篷看雨中诸山，雾气蒙其上如晕。午到划子口住舟。

十三日壬辰（1月7日）　　阴雨，顺风

早发，巳刻过东沟，午过沙帽州，未刻到黄泥港，风甚不可行而泊，去瓜洲尚十里。讹言捻匪窜至邵伯镇。申刻风微，舟复行，到七号口泊。遣奴子上岸探信，云败残捻贼数百从盐阜阑入，由范公堤直至海安，掠泰州仙女庙，十一日径由邵伯扑扬州东关，官民闻信闭守，贼复北窜，不知所向云云。

十四日癸巳（1月8日）　　阴雨，顺风

早发，巳刻进越河口守潮。傍晚移舟出闸，至运河泊。

十五日甲午（1月9日）　　晴，顺风

早发，辰至新丰，午至张官渡，未至丹阳东门外。运河水断，绕西南门而行，傍晚到七里桥，舟塞不得行。二鼓尽，郭中丞赴宁旋过此，尾之始得进，四鼓泊陵口。

十六日乙未（1月10日）　　晴，顺风

早发，辰至吕城，巳至奔牛。写家信、即发，信船。孟甥信、即发，信局。开孙信、刘治卿信、张巡捕信。同发附孟。午刻至常州，到六姊新居，在十子街旧宅，重修庭宇甚壮，为之欣喜无量。六姊方自督工指挥匠役，百事井井，真胜丈夫远矣。四姊亦在常，遣迎之至，手足畅谈。午后到开孙家，晤子豫先生及冀季。又到才叔家吊其太夫人之丧，不晤，返六姊处。傍晚访张振远，并晤才叔，各少谭，仍归六姊处，二鼓下舟。

接十一日家信，又槐亭九月初四、十一月十三日信。

十七日丙申(1月11日)　　　　晴,顺风

早发,辰过七墅,已过六社,午到无锡,舟人整柁滞半日程。申刻复行,初鼓抵许关故墟泊舟。

十八日丁酉(1月12日)　　　　晴,无风

早发,打冻而行甚迟。已刻到山塘,上岸观盆梅,小泊复行。午到金昌,步入城,至玄妙观茗。雇骑至紫兄家,紫兄他往,晤诸侄。又到伯厚嫂处一坐。傍晚九兄归,畅谭至二鼓下船。写眉生信。即发,交紫兄。

十九日戊戌(1月13日)　　　　晴

遣要安林至,少谭。到紫兄处一坐,即赁舆谒客。先候李眉生廉访,次候丁雨生布政,均久谭。在丁处知捻匪残党从漕江、淮安直扑扬州,经华字营击歼,生禽赖文洸,前云来自盐阜,误也。在雨生处逢许缘仲观察。次候勒少仲廉访,少谭。次候李伯孟驾部,少谭。返紫兄处,识彭受人、季陶,均文敬公犹子。久谭。两彭去后,子宪兄来自暨阳,在九兄处谭至二鼓,下舟,又久谭乃去。

二十日己亥(1月14日)　　　　晴,逆风

早发,已过齐门,午至蠡口,申至红塔泊舟。

二十一日庚子(1月15日)　　　　阴,逆风

早发,已刻到家,家人无恙。邓铁仙现居余处。写王朴臣信,紫兄信。即发,信船。

二十二日辛丑(1月16日)　　　　晴

早饭后候周滋亭、赵少琴、杨咏春、滨石、书城、李申兰、吴珀卿、杨镜泉、顾竹城、思贤,广东肇庆人,新任昭文县。冯式之、姚朴园、汪罕青、赵次侯,滋亭、咏春、滨石、申兰、朴园未晤。写四、六姊信,即发,交

吴珀卿。李伯孟信,薛安林信。即发,信船。

接薛安林廿一日信。

二十三日壬寅(1 月 17 日)　　　晴

周芝题来。顾竹城来答候,久谭。汪罕青来答候,久谭。王瑞庭来候。写子宪兄信,即发,信船。安林信。同上。

接朴臣廿二日信。

二十四日癸卯(1 月 18 日)　　　薄阴

赵少琴来。写中堂信,即发皋署递。张苣堂信。同上。赴汪罕青、顾竹城招饮,同座张△△。山东人,厘局委员。候叶霭云,不晤。答候王瑞庭。候徐月槎、庞昆甫,贺其子秋捷之喜,徐不晤。返宅。写孟甥信,眉生信,即发,信局。九兄信。即发,信船。汪福来自鄂中。

接六姊廿一日信,又九兄廿二日信,又金陵寄回初二日信,又长生弟△日信,又孟甥十三日信。又眉生△日信,又苣堂初九日信,又儿子实初五来禀。金陵寄回。

二十五日甲辰(1 月 19 日)　　　晴

过年供佛。庞昆甫来答候,未晤。杨咏春、李升兰来久谭。杨镜泉来答候。写李伯孟信。即发,交来人。

接李伯孟廿四日信。

二十六日乙巳(1 月 20 日)　　　阴

过年祀神。冯式之来少谭。觞邓铁仙、季簪。

接紫兄二十五日信。

二十七日丙午(1 月 21 日)

二十八日丁未(1 月 22 日)　　　阴

访咏春观察,并晤滨石太常,久谭。傍晚归,食米团甚饱。

接元徵二十日信。

二十九日戊申(1 月 23 日)　　　晴

接陈甥二十六日信。

三十日己酉(1 月 24 日)　　　晴。除夕

午后悬影象,傍晚荐馈如常。

（以上《能静居日记》二十八）

同治七年（1868）戊辰,余年三十有七

正月甲寅

元旦庚戌（1月25日）　　晴,东南风,天色甚和,下午阴

率家人拜天,拜先师孔子。先祖前献汤。佛前、灶神前、先祖前供糖圆,行礼。至周处及与邓铁仙、季簪贺年。

发笔占流年课:得升至中孚。

妻财双持,世应动爻化巳火回头生劫财落空,岁月均为卦财,今年必大有所获。动爻两重,均化福德,冲克全无,上吉之卦。

《易林》贞卦曰:"禹凿龙门,通利水源。东注沧海,人民得安。"

之卦曰:"百草嘉卉,萌芽将出。昆虫扶户,阳明所得。"

周芝亭来久谭,馀客均未晤。中晡先祖前供食、行礼如往年。

兄官人 酉 卯
　　　　　空
子文父 亥 巳
财 丑 丑
官 〇 酉
父 亥
子财人 丑 卯
　　　　　应

初二日辛亥（1月26日）　　晴

早、中晡供食行礼如往年。早供后同铁仙、季簪率幼子女登虞山眺览,亭午归。

初三日壬子（1月27日）　　晴

早、午供食，落影如往年。东皋增植青桐十枝，枫六株，棕榈一株。

初四日癸丑（1月28日）　　晴，甚暖

出门贺年，晤归深斋、其弟西谷，去年识之。周滋亭昆季、赵次侯。并谒晤嫂氏之父冯俪藩先生。翰，道光辛巳科举人，宜兴、嘉定二县知县。年已七十馀，贫老可叹，久谭乃返。

初五日甲寅（1月29日）　　阴

幼子阿路周晬，抓周供佛。慎甥之子灵年患麻症，疾甚，叠延数医，俱不中病。

初六日乙卯（1月30日）　　晴

灵年麻症不透，俗医治以寒凉，遂至喉闭音哑，水乳不进，面色纯青。余主用升葛等透表之剂，慎甥言其虚寒之象，因改用炮姜、桂心服之。

初七日丙辰（1月31日）　　晴

余有目恙。灵年服药面色转红，微有阳气而痰涌甚，与抱龙丸连服，稍平。徐月槎来候。

初八日丁巳（2月1日）　　雨晴

灵年恙稍减而喉仍闭，不能乳。俗医皆云肺闭，用凉散之品。余思《千金》喉痹各症，皆用升麻，既云肺气雍寒，岂不患其升涌，又往往用射干，既升复降，其理殊奥。盖喉中气、食二管分达肺胃，凡风热僭上之喉闭，皆属阳明，故食管闭则气管益张，食入辄咳逆。气管大，食管小，误入气管也。升麻阳明药，以之升提胃气，射干太阴

药,以之降抑肺气,损益盈虚之理,灼然可知。亟披衣为主方,重用升麻、葛根,佐以射干、杏仁等味。煎令速服。下午得六姊信,知安乐痞气大发,疾病十日,惨于除夕夭折,五中崩裂,惊魂千里,四姊年暮所遭如此,去年为孟甥谋下游差事及保举教职得成,方谓周氏局运殆有转机,不图复有此变,真令人肠断。写九兄信,薛安林信,即发,信船。黄桐轩信。即发,交来足。

接六姊初三日信。又九兄初六日信。又眉生廿五日信。又黄桐轩初七日信,还《水利全书》一部。

初九日戊午(2月2日)　　雨

灵年疾渐瘳,能进乳食,仍服昨方。写四姊信,六姊信,长生信,即发,信船。眉生信。即发,交来足。

初十日己未(2月3日)　　晴

守备王瑞庭招饮,以目羔未赴。

接薛安林初九日信。

十一日庚申(2月4日)　　立春。晴,下午阴,夜雪

灵年疾愈,而长女柔复患痧症,以升葛表发而愈。

十二日辛酉(2月5日)　　阴雨

十三日壬戌(2月6日)　　雨

午刻,延吴珀卿、周滋亭、冯式之、邓铁仙、季簪饮,傍晚始散。写眉生信,交紫兄。紫卿兄信。即发,信船。

接六姊△日信。又眉生十二日信,已到吴门,又李少荃宫保六年十二月信。

十四日癸亥(2月7日)　　晴

吴珀卿邀明日饮,不赴。

十五日甲子（2 月 8 日）　　　晴

杨咏春招饮，不赴。写王朴臣信，即发，信船。李伯孟信。同上。

接阿哥六年十二月廿七日信，又紫卿兄十四日信，又长生弟初七日信，又槐亭初六日信。又孟舆六年十二月二十信，又王朴臣十四日信。

十六日乙丑（2 月 9 日）　　　晴

偕家众楼上观盆梅。

接槐亭初六日信，寄来绍酒等。

十七日丙寅（2 月 10 日）　　　雨

目疾少瘥，巡园塍眺视，临水白梅着花如雪，小桃蕊尤繁。春事方盛，而劳人不已，殊自矧也。写槐亭信，即发，交九兄。九兄信。即发，信船。

十八日丁卯（2 月 11 日）　　　阴

候吴珀卿，贺其胶续之喜。答候范西民久谭。候咏春少谭。答候徐月槎未晤。候汪罕青久谭。候潘子昭、曾君标兄弟，不晤。

十九日戊辰（2 月 12 日）

二十日己巳（2 月 13 日）　　　晴

姚朴园、张麓生来访。杨滨石来候，谭庚申海淀之变及文宗上宾诸奸擅政始末甚悉。渠时充书房差使也。

接阿哥六年十二月△日信，又孟甥初二日信，又般仲六年十二月初八日信，又仲言六年十二月△日信，又眉生六年十月初五、十一月十六，又不载日期信。

二十一日庚午（2 月 14 日）　　　晴

目疾全愈，人乳蒸黄连点目之功也。访周滋亭久谭。访咏春、滨石不晤。送季簪及克儿上学吴先生处，傍晚归。写九兄信。即发，信船。

接九兄二十日信。

二十二日辛未(2月15日)　　晴

增辟东皋地数弓，朱、戈二姓业也，滨彭家场池，沿环秀衖造墙至南河，今日动工。赴杨咏春、滨石之招，同席潘子昭、曾君标，谭至傍晚归。汪罕青来候未值。

二十三日壬申(2月16日)　　晴

买舟欲赴苏沪，而载树舟至，遂止行。沿池共增种垂杨五十株，白梅四株，院墙前易玉兰一株，植红梅一株，移茶花西石台，于故处增紫竹三竿。楼后易直槐一株，东皋增直槐一株。

二十四日癸酉(2月17日)　　晴

亭午种树始毕，冯式之来谭。傍晚下舟赴苏，竟夕行。

二十五日甲戌(2月18日)　　晴，下午阴

早至齐门上岸，候王朴臣之子景孚及金静知，王未晤。到玄妙观邀安林来茗，到九兄处，舟自城外亦至。下午答候郭对山大令连城，钱塘人，到葑门候余数次。少谭。候李眉生不晤。候勒少仲久谭。

西捻自蒲吉渡河，由晋省之太平、坦曲，豫省之滑浚窜入直隶开州，径扑磁、定、邯郸，都门戒严。少帅于今月二十日自洣宁仓卒赴剿，左帅亦自平阳飞追，秦晋当事皆严议镌级。骆籲门揆帅作故，吴仲宣调川督，马穀山升浙闽，李筱泉调浙抚，郭远堂署两湖，丁雨生升苏抚。东捻奏捷，李少帅加一骑都尉，涤相加一云骑尉，沅帅开复顶戴，刘印渠赏二品顶戴。漕帅张之万六塘运河失事免议，亦赏头品顶戴。刘铭传决计乞归，已奏准。直隶枭匪有剿灭之说。

候丁雨生,值请客,未晤。候杜小舫久谭。候黄桐轩不晤。返九兄处,拟明日同游光福,偕九兄下舟。

接眉生△日信。

二十六日乙亥(2月19日)　　大雨

早发,午至木渎,访彭季陶,则已同汪苇塘先行至光福矣。舟复行,傍晚抵镇,饮于镇人李静涵家。

二十七日丙子(2月20日)　　晴

早食后同九兄、彭季陶、汪苇塘、李静涵游光福寺。有六朝时铜观音大士象,瞻礼毕,访陀罗尼幢,已不复睹,存宋嘉熙年寺产公据刊石一通。出寺,过墅野岭,即邓尉之支麓也。东西二淹如镜夹之,下望白梅如微雪初集。下岭过司徒庙,古柏无恙,一别九年,历劫如故,神物哉!庙神初以邓尉之名祀邓禹已非,复因大树之故改祀冯异,讹益传讹,不可究诘。南行至菖蒲潭,自林文忠讲富民之术,香雪海化为桑园,而菖蒲潭之花始推极盛,其实则植梅之利不减植桑,故民趋之不待驱迫。甚矣,为善之无近名也。到天井种树人〈陈〉家啜茗,夹道白榆,杂以松柏,梅根满畦,颇可观览。循潭山下登蟠螭山,入石壁精舍,上万峰台,望具区如见故人。石壁下大竹三百挺,小窗幽帘向之,山僧饭客于内。饭竟下山,古梅百年物甚夥,惜时早,着花仅十分三四。诸山以潭山为最高,蟠螭当其南若屏障,东西湖水却入相抱如偃月,山势陂陀,下滨湖即潭东潭西也。产诸果最为名种。潭山神祀吴汉,附会甚奇。西山为铜井,舆人不能登,玄墓、石楼,以日下春未及游。循径折归,入潭山庙,古柏秀拔,视司徒庙差肩。返至镇已薄暮,移舟赴李静涵之侄李子欣招饮,地名迁溪,过虎山桥而西,晚山青紫万化。时目疾,以风袭重作,不能顾。二鼓饮散返镇。

二十八日丁丑(2 月 21 日)　　　晴，热甚如暮春

早发，午至木渎，彭季陶招饮于端园。季陶赁园之一角，挈眷居之，瓶尊卷帙，事事皆可，乌衣子弟，今亦罕矣。见残熹平石经拓本三纸，黄小松藏物，《论语》"孝乎惟孝"作孝，于诸家之所见，其本此乎？下午下舟返城，偕九兄自胥门步归。九兄第四子卒，患客忤鬼，自言四川人张四，从粤贼死于此，余入视之，目直视而青，时谵语不甚了了。写家信，寄归大帽。廿九发信船。

接廿五、廿七日家信，又阿哥六年十二月廿四日信，又长庚侄六年十二月△信，寄诗数首，清新可喜，又殷仲十八日信。

二十九日戊寅(2 月 22 日)　　　阴

潘宇逵来访。写六姊信，写邓伯紫信。初五发，交勒少仲。长生信，孟甥信。同发，交姚发。眉生信，即发，信局。赵少琴信。即发，信船。下午，候恽次山久谭，闻捻逆一支由蒲绛度河直至畿南，另股潜出榆林边墙，由草地东犯，该匪志在掳掠，关外沙漠千里，毫无所图，此其志不在小，闻之凛凛。次候俞荫甫久谭。次候吴平斋及其子广庵承潞。少谭，返寓。彭季陶、汪苇塘皆来候，久谭。

接二十八日家信。

二月乙卯

朔日己卯(2 月 23 日)　　　阴，大风甚寒

安林来同茗，返寓。吴广庵答候少谭。候裳华、蔚之、子卿、屺堂诸兄，又到伯厚大嫂处久谭。返寓，裳华兄来。下午，黄桐轩来久谭，傍晚始去。

接槐亭正月廿四日信,又眉生六年十二月十一日信,又吴平斋本日信。

初二日庚辰（2 月 24 日）　　　雨,亭午冰雹,霰雪雷电交至,天
气奇寒。自正月温煦,至欲衣袷,仲春反严酷,阴阳交错,与庚申年无异

写家信,寄青梅六枚,光福山中真消梅,入口即碎,珍品也。即发,信船。候丁雨生中丞,廿八日曾下顾也,值出门不晤。次候潘玉泉,亦不晤。次候汪苇堂、彭季陶久谭,留便饭,共言庚申年被难始末,仰瞻天象,俯察人事,如置身寒冰,毛发皆戴。候陈楞香年伯庭桂,吴郡人,先公丙戌同年,以冢宰得罪归里。不值。再候丁雨生久谭,闻西捻已至保定,大兵往援剿者李少帅、左季帅、刘松山、陈湜,军情甚紧。丁自莅巡抚任,极谦下和平,与前如出二人,讲求人材不容口,士论翕然,朝廷之福邪,子遗之幸邪,噫! 其无进锐而退速邪? 候李笙鱼少谭。候孙云叔少谭,候李眉生不值,返寓。同九〈兄〉谭。书局委员潘芝琴来候,不值。

接初一日家信,又阿哥六年十一月三十日信,又孟甥初一日信,已抵虞山,又方元翁六年十二月廿七日信。

初三日辛巳（2 月 25 日）　　　雨

写槐亭信。即发,信局。丁雨生信,送《吴中水利全书》一部。即发。阿哥信。初四日发,附般仲信。俞荫甫来答候,久谭。下午,子卿四兄来答候,并邀明日饮。朱隶卿来访。

初四日壬午（2 月 26 日）　　　雨

写般仲信,即日发,交李眉生。曾中堂信,初五日发,交勒少仲。方元翁信,即日发,附般信。昆甫信。即日发信局。潘玉泉来答候,少谭。安林来,蔚之大兄来,赴子卿四兄之招,下午返寓。孙云叔来候久谭。

候李眉生，并晤吴晋壬。写家信，寄归女帽及丝带等。即发，信船。写杜小舫信，即发。勒少仲信。即发。

初五日癸未（2月27日）　　阴，大风

亭午候朱箓卿少谭。答候潘之琴。树辰，浙江人，候补县。到书局一观，丁中丞邀余书局与名也。候莫子偲不值，子偲新从秣来，亦与局事。又候局员方诚庵保之，浙人。少谭。

候丁雨生中丞久谭，中丞前次晤谭时以时事殷殷下询，余昨寓书，以冲容博大规其琐屑繁碎，今见再三称谢。素闻中丞为人城府不可测，然惟君子不逆诈，不亿不信，善与人同，何忍以小人之腹度之。且以节钺之尊，虚心于下士，其好善亦有不可没者。固为推阐昨言，反复论之。中丞言："江苏官场大小皆惟利是图，难可化诲，奈何？"余曰："王道无近功，彼皆世传其业，视簪绅为恒产，奚能骤责其改移，愿厚奖善而薄惩不肖，端其趋向，则景从之效，岁月可期。且公清勤于上，奚患下之不式，子率以正，孰敢不正。"中丞曰："官场面目转移甚速，但皆面从耳，不能除其习气。"余曰："察见渊鱼不祥，圣人设化，断无窥人隐微之理。如锦之有垢，玉之有瑕，虽病不足以累全体。匿人之过，扬人之善，人将自忘以昵于我，久之久之，人将化之。人之好善而以为非，诚是绝之路而使之行也。奚其可？"中丞曰："先生之言旨矣。余素疾恶，有不肖则怒之，不可以须臾忍。奈何？"余曰："公未忘我为治者，如张明镜，妍则与之为妍，恶则与之为恶，镜非有好恶焉，见妍恶为有好恶者，人之私心也。"中丞喜跃称叹，曰："君之言实愈我疾，愿书诸座右，他日从秣归，幸必过我，留数日以针砭沉痼。"余逊谢，辞出。

候恽次山久谭。闻捻匪自正月初七、八至保定西南二十里之大棘店，十八日已至蠡县，并有至涿州之说。李少帅因刘铭传之不告

而去,奉廷旨诘问,且以进兵迟延褫去双眼花翎、黄马褂等。噫! 赏功甚薄而责之甚厚,艰危之际,用人当如是邪? 返寓,拟明日赴沪。初鼓后辞九兄下舟。写家信,即发,交九兄处。孟甥信。同上。

初六日甲申(2 月 28 日)　　阴,顺风

　　早发葑门,到娄门小泊。安林来同行。辰刻行十五里至外跨塘,巳刻十五里至惟亭,午刻二十里至正仪,未刻廿二里至昆山县,行处距城一二里,乱后荒残未复。申刻廿里至三江口,一望皆浅滩,甚空阔,水至则为湖,娄江之会也。酉刻廿里至陆家浜住舟,咸丰八年尝出此道,盖十馀年矣。

初七日乙酉(2 月 29 日)　　　晴

　　早发,辰刻十八里至潮神港。午刻二十七里至金家桥。闻孔宅去此三四里,有先圣衣冠墓在焉。左近又有慧禅寺,艺梅最盛,停舟往游,适遇村氓赴彼,遂倩为导。行约五里,先至慧禅寺,寺在村坞之后,陆田数十亩环之,周遭皆植修竹,梅共四五百本,其最老者仅三四本,虬干夭矫,不可名状,相传为南宋物,殆近是矣。着花正繁,香气四溢,邓尉花虽多,以去太早,不如是之盛,天若使补不足者然。寺僧延啜茗少坐,问寺缘起,不能对。出寺肃诣孔宅,瞻谒,墓在大殿后石台上,建一亭覆之。墓后东北为御书楼,奉圣祖南巡时所书扁联,旁有碑志,记隋大业中,圣裔宦吴中,奉先圣衣冠瘗此,子孙世守,以逮后人崇奉修建始末。墓中桧柏甚古,殿宇为粤匪损坏,重修尚未毕工,孔氏依以居者凡八九家。督工少年字秀云者,吐属颇雅。归途盘绕村舍,几迷不得出,度危桥三四乃到。下舟复行,酉刻九里至青浦县泊。

初八日丙戌(3 月 1 日)　　阴,逆风

　　早发青浦,牵挽而行。中路诸山罗列,问之盖即九峰山也,以天

马山为最高,大山童童无秀色。抵松江仅三十六里,时已薄暮矣。候杨卓庵郡伯畅谭,留下榻署斋。

初九日丁亥(3月2日)　　　雨

同卓庵候李友琴少谭,饭后下舟。卓庵初仕即为守,精干有作为,到任一年馀,捐修书院至三千缗,冬赈至千缗,筑堤浚河,百废俱举,真剧才也。丁中丞初欲绳之于节相,继有所不满,复掎挖之甚苦,噫,其信然邪? 其勿惮致以疾吾民邪? 卓庵午间即入试场,坚留余数日以俟其出,余固不可。

初十日戊子(3月3日)　　　阴,顺风

早发松江,辰刻十二里至豆腐浜出口。由黄浦江东下,巳刻廿四里至得胜口。午末二十四里至闵行。始出江口,舟向东南行,过得胜渐向东北,风逆不复能行,夹岸市区甚长,舟艘繁会。写眉生信,寄还诗册。十四日发信局。

十一日己丑(3月4日)　　　薄阴,逆风

早发,辰刻十二里至石港。舟直北行,巳刻十八里至周浦。未刻十八里至龙华,西岸有塔。申刻十八里到上海,同安林登岸啜茗,傍晚下舟。写家信。即发,信局。

十二日庚寅(3月5日)　　　雨

下午同安林观剧彻夜,台上扁联器械①,无非灯也。每上一场,灯无虑以千计,杂以鱼龙曼衍,变幻百出。吴下新年,旧盛此戏,自兵后已不复睹,乃以一隅财力,顿复旧观,亦异矣。

---

① 器械,稿本作"旗械"。

十三日辛卯(3月6日)　　　阴

天明赁舆,返舟卧。遣人与孝拱相闻。少选,以舆来迓,遂往剧谭,至傍晚始出返舟。孝拱言英、法、俄各国换约事,要求颇甚,非止铁路、电线各条,盖藉以生衅,非寻盟也。弱肉升桦,老饕环伺,为一国所得,则一国愈强,而诸国均受筶压,故明知用兵不易,竟有不能自己之势。英酋威妥码奉急旨,征回议事,约三月可到,换约已展至九月,其中甚不可测。诸国以俄国兼并之念为最急,英国颇尼其事,威酋尤不欲为。曾见英商条陈要约各事,威怒掷之地。然沪上各商皆停贸易,以待换约后再举,众志如一,英之君臣无如之何也。微闻中国各衙门皆欲设一外国官参酌众事,如是则无中国矣。他事无理取闹类此者尚多。上海道一席,则将来必由外指授,已见诸言论。巴夏里现在日本打仗,彼国初与英人立约,如索赔偿兵费,日本许俟一年后与之,届期则请战,英怒,力攻各海口,日本人豫制一网为守具,开花炮弹皆不能入,屡战不利,减币请和而罢。今复杀数英人以挑衅,使英人不得不战。乘中西有事之秋,为保邦自全之计,心甚深远。而中国各在位方泄泄沓沓,视如无事。惟恭邸心知之,亦无能为谋,真可一喟云云。

接眉生△日信。

十四日壬辰(3月7日)　　　阴

写眉生信、即发,信局。紫兄信。同发。候李树勋副将,不晤。次候应敏斋观察宝时,金华永康人,举人,官上海道。久谭,留饭。出日本国来书见示,意欲遣人游历中国,彼国自给印照为据云云。书式用全副茧纸,一正一副,副亦中国行草,间以日本一二字,不可解,正则翻绎楷书,外装木匣,古致历碌。应言中外相安,换约曷如弗换。以理折之,彼族亦未必不从。闻英人近言,但得轮船、行栈等四事,即可不必重换，是已先有此言矣。又示李少荃节帅复奏修约事宜疏，亦言不必为备。噫！此岂孝拱所言泄泄沓沓邪！换约本以为挑衅之门，使可以理折之，则中外无事久矣。应又言，总理衙门奏派美国人蒲安国为正使，出使泰西英、法二国各一人为协理，而中国人志刚、孙△△二员为会办，已自沪动身，各国俱有国书，其体制则不知。又言中国人天主教者约四十万人，江苏十八万人，四川十八万人，馀各省共数万人。相传入教者，教主计口给钱，又云妇女皆受淫污，及死后取目珠，再三访察，皆无其事。惟所以聚众之道，迄不可解。

到孝拱处久谭，言恭邸颇黩货，胜保在时，曾以二万金为献，误投惠王府。旗人凡赠遗要津，例不具函，惠邸遂欣然纳之，而召醇王与之万金，曰："此非吾辈所有，然至则受之，何用辞让。"醇亦大喜。醇邸之福晋，圣母之亲妹，惠欲结以倾恭邸故也。胜保之诛，恭邸屡佑之。一日，帘内传旨无事，各直员皆散，恭邸甫出而赐胜死之旨从中降，以是恭、醇益切齿。宫中近日传索金珠翠玉甚众，广储司库银，堆积不动，相传留为仓皇奔徙之用。外人逼处肘腋者，动息皆知之，不之避也。总理衙门各官，惟文柏川为外人所重，有敬事结实之誉。故凡事文皆为政，恭画诺而已。宝佩珩素称旗下才子，与恭邸姻连至好，在署惟终日谐笑，群目之曰小小菜。以恭邸无之，食不甘也。外人喜读史，往往来署中问难，不能对，故引卞宝第入署，以备酬答。其用人行政，不过供外人之指索，无所谓求贤待用，备预不虞之事也。

傍晚返舟，复同安林上岸，过杜氏楼，有雏姬字称心，秾丽出侪，修短合度，为之少留。复茗于市，二鼓返。

接眉生初九日信。

十五日癸巳(3月8日)　　阴,下午微雪,夜雨雪彻旦

杨咏春来自虞,与余同泊,来谭至午。孝拱遣舆招赴市中观剧,自京师来者,班名春台,戏皆北调西皮,声音、关目旁及器械,皆与南异,然未见所长。又同饮于同兴楼,亦北来炮制,尤非南人所有,味皆爽适于口。余生未至京师,今一日于海隅得之,天时人事,令人怦怦不已。饮散下舟,复与安林上岸茗,并过称心久谭。陈臧伯衍林,芰裳太守之子也。芰裳已下世。来候,不值。

十六日甲午(3月9日)　　大雨

晨与安林茗,即乘肩舆候陈宝渠,不晤。候应敏斋久谭。答候陈臧伯少谭。候廖养泉,四川人。闻邓树人踪迹,不值。候苏晴山少谭。到孝拱处久谭,傍晚返舟。应敏斋来答候,不值。

十七日乙未(3月10日)　　阴,大风

写杨卓庵信,即发,信局。应敏斋信。即发。赴孝拱同兴楼之招,拉杨咏春同往,饮至午,辞别返舟。舟行返苏,安林留沪。申刻过新闸,小泊候潮,夜三鼓潮至,片刻行十八里,泊周王庙。

十八日丙申(3月11日)　　薄阴,顺风

早发,辰刻十八里至野鸡墩,巳刻十八里至张家泾,午刻十八里至黄渡,未刻十八里至四江口,申刻廿七里至潮神港。酉刻到陆家浜泊,路直向西行,将至陆家浜,有一大湾反向东。

题杨咏春《吉祥敷座图》

五十五年无影象,殑伽沙劫亦如斯。虞胎日已成道竟,莫问华严第几时。

轮王六欲福无端,旷劫曾经失笑看。回首鸡虫如许事,目真邻下一泥丸。

　　心为法界性为王,敷座敷心事不唐。宝庄严殿诸佛入,是故此处最吉祥。

　　菩薛入道名字即,吉祥敷座相似即。福严智严起信修,愿尔图成究竟即。

十九日丁酉(3月12日)　　　阴雨,顺风

　　早发,辰至三江口,巳到昆山县。午过正仪宜亭,风盛,卸帆小泊,复行。未至跨塘,申至苏垣,泊葑门。到九兄处,晤眉生,畅谈至二鼓下舟。写开孙信,唁其丁子豫先生忧。廿日发信船。六姊信。同发。

喝火令

　　神女名如愿,娇童字称心。行来玉笋太亭亭。羞傍碧纹帷子,抽了凤头簪。　　欲去还凝睇,将离且醉吟。才人一例重瑶琴。不信飞鸿,不信坠云屏。不信半天花影,吹上素罗襟。

二十日戊戌(3月13日)　　　晴

　　移舟与眉生舟并,眉过谭良久。到观前与孟甥同茗,甥已住书局中也。下午返九兄处,眉生来,谭彻丙夜,眉欲赴少帅招,下月即行。

二十一日己亥(3月14日)　　　阴,大风雨

　　早发,行三十馀里,舟不进,泊小村,不知名。

二十二日庚子(3月15日)　　　阴雨,逆风

　　早发,辰过红塔,傍晚抵家。

　　接阿哥正月十九日信,已从李少帅北行。又四姊初三日信,又六姊正月廿七,二月初四、十一、又不载日子,又十九共五信,又子宪兄十三日信,又槐亭初四、十一日信,又孟甥十四日信,又董椒生初

一日信,又眉生初四、十九日信,又才叔正月廿四日信,又曾沅浦宫保正月十五日信,又丁雨生中丞△日信。

二十三日辛丑(3月16日)　　　阴

昨感风抱恙,今小愈。写六姊信,即发,信船。眉生信,即发,交九兄。九兄信。即发,信船。

接杨咏春本日信。

二十四日壬寅(3月17日)　　　阴

二十五日癸卯(3月18日)　　　晴

接九兄廿四日信,又眉生廿四日信。

二十六日甲辰(3月19日)　　　晴,夜风雨

写李眉生信。即发,专汪福送。虔生信,朱菉卿信。黄桐轩信,寄去《新唐书》一部。同发。

接六姊廿三日信。

二十七日乙巳(3月20日)　　　阴雨

南阳君欲同赴秣宁其母家,遣季簪先行。春分合祀。

二十八日丙午(3月21日)　　　阴,微雨

邀李升兰、杨咏春、滨石、赵少琴来饮,傍晚散。写安林信。即发,信船。

二十九日丁未(3月22日)　　　晴

接眉生二十六日信。

三十日戊申(3月23日)　　　阴

写孟舆信,九兄信,眉生信。即发,信船。

接六姊△日信,又孟甥二十七日信。

三月丙辰

朔日己酉(3月24日)　　阴,细雨

安林来自苏,即日复去。候赵少琴、吴珀卿、杨镜泉、王瑞庭、顾竹城、汪汉青、赵次候辞行,少琴不晤。写李眉生信,俞荫甫信,潘玉泉信,孟甥信。即发,交安林。

接孟舆二月廿九日信,又李眉生二月廿九日信,又黄桐轩二月△△日信,又朱蓉卿二月廿六日信。

初二日庚戌(3月25日)　　阴

写丁雨生信,交孟甥。孟甥信,即发,信船。九兄信。同发。顾竹城来答候。赴汪罕青、顾竹城之招,同座庞昆甫、曾伯玮。饮散复赴王瑞庭之招,傍晚归。周滋亭来候送行,王瑞庭来送行。

接紫兄初一日信,寄还家谱一部。

初三日辛亥(3月26日)　　阴

汪罕青来答候,未晤。周滋亭来少谭,下午又来。

接黄桐轩初一日信。

初四日壬子(3月27日)　　晴,夜雨

午间赴秾舟来,下午率吉止下舟,归宁其母家。克儿小试旋里,慎甥女返秾,均同行。留两女,两幼子在虞。

初五日癸丑(3月28日)　　晴,顺风

早发,午过洪塔,傍晚抵苏,泊金昌。遣儿子觅孟甥,未晤。

初六日甲寅(3月29日)　　晴,顺风

早发,傍晚抵无锡,欲偕南阳君游皇甫墩不果。

初七日乙卯(3月30日)　　　晴,顺风

早发,申刻抵里门,率儿子实谒恭毅祠。又至六姊处,谈至二鼓下舟。

初八日丙辰(3月31日)　　　阴,下午雨

写才叔信,即日发,交开生。眉生信,九兄信。即日发信船。至审安侄、子全叔、长生弟处,全叔未见。候刘云樵久谭。候史士良、丁辑卿、张振远,史、张不晤。候开孙,唁其尊人之丧,久谭。候洪理初。本处董事。到六姊处,晤王愚溪,映椿侄,为六姊屋后地址未清,约图董等十三日丈量。审安侄来,四姊来久谭,安甥夭折,尚能以空理排解,为之一慰。傍晚同六姊下舟,赴宜扫墓。

初九日丁巳(4月1日)　　　雨,顺风

早发,午抵寨桥,晡抵和桥,泊舟。

初十日戊午(4月2日)　　　雨

早发,巳刻到宜,泊东门,遣治祭馔。

十一日己未(4月3日)　　　晴

辰刻放舟东山,同六姊及南阳君上山祭扫,松楸无恙。午刻下舟即发,夜抵和桥泊。

十二日庚申(4月4日)　　　清明。晴,顺风

早发,巳刻过寨桥,午抵丫河,未刻到常。夹岸桃蕊争发,乱红如锦。折桃柳大枝插舫头,以应佳节。上岸候张叔平、史贤希、徐葆光不晤。到开孙处久谭,到六姊处久谭,下舟。

接阿哥正月二十八日信,又阮钰初八日来禀。

十三日辛酉(4月5日)　　　晴

到六姊处。午后与邻居刘云樵、张子嘉、倬云子。徐葆光、图董

洪雨村、荔初子。图正蒋庚三、原中蒋湘帆、张如熊、地保王荣大等同丈屋后馀地,得二亩七分零,又砖瓦墩三分零。刘开生处圈入五分零,加正屋一亩四分零,共四亩九分零。原额五亩五分零,尚欠六分零。查系徐葆光、张子嘉二家所占,欲彻底清还,必须向原业主理直,若图省事,置此瓯脱于不问,亦睦邻之道也。六姊从余言,遂令图正验图,照图筑墙,以免纠葛。长生来,初鼓时下舟。张叔平、保之二叔来舟,不晤。

接九兄初十日信,又孟舆十一日信,又眉生初六、初八日信,又张芑堂二月廿一日信。

十四日壬戌(4月6日)　　晴

到六姊处,四姊昨日来,同谭。审安来,长生来。初鼓时访开生久谭,下舟。

十五日癸亥(4月7日)　　阴,大风

辰刻到长生处,率长生、通生两弟,儿子实赴祖茔祭扫。先至三堡桥,招地保曹姓携册到茔踏明地址注单,另撰考据录后。次至茶山路祭讫返城。候汤果卿少谭。至子慎十叔、保之二叔处各少谭。访刘云樵不值。至六姊处,谭至初鼓下舟。

接眉生十四日信。

十六日甲子(4月8日)　　阴

长生来久谭。眉生来自苏州,到其舟久谭,渠为李少帅所招,已戒行矣,而为众所尼。噫!鸡虫得失,人苦不能忘,悲哉!眉生既罢北行,此来特与余别,余亦停桡一日,夜复畅谭。写二女信,阮钰信,即发,信船。九兄信,安林信,孟甥信。同上。

接九兄十六日信,又般仲二月十二、廿六两日信,又阮钰十三日

来禀。

十七日乙丑(4月9日)　　　晴,顺风

早发,晡至丹阳泊。

十八日丙寅(4月10日)　　　晴

早发,晡至丹徒镇泊,夜移舟江口。

十九日丁卯(4月11日)　　　阴

守风不行。

二十日戊辰(4月12日)　　　晴,顺风

早发,辰刻至焦山,偕南阳君步登山麓,抵大观台最空阔处,伫立移时,悠然有凌云之思,赋《暗香》一阕记之。南阳君与余同有山水之嗜,家园日对林麓,幽秀至矣,而雄旷为逊,亦为之流连不忍去。既下,复入定慧寺,同礼佛后,下舟即行。午入瓜洲,舟人惮江路绕,由三汊河行,夜抵仪征四源沟。

二十一日己巳(4月13日)　　　晨雨霰,风暄竟日

守风不行。

二十二日庚午(4月14日)　　　晴

风减而舟仍不行。

二十三日辛未(4月15日)　　　晴,顺风

早发,未刻入草鞋夹,夜泊仪凤门。

二十四日壬申(4月16日)　　　晴

巳刻抵水西门,登岸,谒涤师久谭,同至后园新筑厅事一观。访劼刚、静臣、逸亭、子密、致甫、小圃、棣香、叔云,并晤子高、壬叔,唯子密不晤。候刚已不值,返舟。邓季垂、载功、季簪来舟。下午,南阳

君登岸旋其母家。写二女信,阮钰信。廿五日发,官封。九兄信。附发。四姊、六姊信。廿五发官封。

常州茶山路墓田考

谨按:太原府君葬常州〈府〉小南门外之茶山路,共三茔五冢,正中大茔内三冢,中为太原府君、唐恭人;左为程孺人、常安人;右为蒋安人、马孺人。左小茔一冢为高伯祖冒九公及配徐孺人、吴孺人。右小茔一冢为高叔祖量揆公及配蒋孺人。其坟地原契并赵健叙冒九公讳。户内毁字五百零一号田二分单一纸,又同户五百零三号田一亩五分一毛八丝七忽单一纸。又赵克佳朝议府君,一号克谐。户内同号田一亩五分九厘单一纸。又赵景揆系量揆之误。户内五百零四号田一亩七分八厘五毛四丝七忽单一纸。又赵克佳户内同号田四分六厘四丝单一纸。共联单五纸,未知何房收执。其各年钱漕则因冒九公等各房无人,向归朝议府君、乳塘公两房轮管,后按察府君出仕,每年寄费仍托乳塘公分下憩棠二叔祖经手。比道光末年。憩棠二叔祖将花户细号粮数开来,历经三十年,咸丰初年完过钱漕数次存有版串,然仍未知原单下落,亦未细考地土方向,仅仅指为太原府君茔产而已。

兹值清粮给单之际,数次诣茔,仔细推求,见五百零三号两单共田三亩零,即系本茔正地,五百零四号两单共田二亩零,系属护坟田,即在正地之前,两区相联,形势既合,大小亦符。询之乡间遗老,异口一词,毫无疑义。其护坟田向交坟丁陈德二承种,咸丰年间德二身故,无子,因交其侄孙富保经管,但未重立承揽。富保时出外营生,家有妻子,其田查系其家自种,应令立承揽以昭职守。惟两区均属见方,并无挂搭,则五百零一号单之田二分,显非一处,遍觅至墓后,隔一田陇有一区高起,上有五冢,中间一冢碑题宣德郎文麟赵公之墓,地甚狭小,正符二分光景。其旁别姓之田正属五百号,则此地五百零一号亦在无疑。文麟公系冒九公之孙,彼时想是冒九公别置之产,故系冒九公出名立户,而冒九公已附葬太原府君茔之左,故至其孙始用之也。旁列四冢,系文麟公何人,年远无可考订。

至五百零三、五百零四各单,分立三户之故。谨按:太原府君子孙四分,一分兼祧老三房,故坟地止三房分管,其分数多少不同,则因原单参差之故,约略分之也。先经照细数注册,领出原户原号单五纸,暂由烈文敬谨收藏,此次钱漕经减定后必须年清年款,除冒九公、量揆公分内无人承办外,特征府君分内之豫簪公一房久在关东,乳塘公一分亦在外者多,或未成立,无可分任。应由按察府君分下暂管承完钱漕,将来各房归后,应否另立户名分管或轮管之处,再议可也。

再查原开细数内尚有盐字九百零七号田五分五毛,又同号田五分四毛,亦系赵克佳户名,向并指为太原府君茔产。兹查得盐字号坐落与茶山路相距四里,于本茔不相干涉,细思朝议府君分内,别无亲属分葬他处,其为冒九公、量揆公两房坟墓彼时乏人照管,故归朝议府君出名立户经理,断然无疑,当属族中详查清楚,领单归并办理,嗣于六、七两年叠查尚无分晓,应从缓访办。

常州三堡桥墓田考

谨按:特征府君以下葬常州府大南门、东门之间之三堡桥,共三区。前区一大茔内四冢,中为特征府君、许安人,癸山丁向;左为曾伯祖豫簪公、余孺人;右为曾叔祖乳塘公、杨安人。

右稍次为训导府君、恽恭人。茔后廿馀步一区共二茔，大茔内二冢，中为朝议府君、杨恭人，庚山甲向兼申寅，冢内杨恭人柩反在左缘，杨恭人乾隆四十三年下世先葬，比朝议府君嘉庆六年下世合葬启土，则紫藤满棺，不敢移动，又限于地，故奉朝议府君柩于右，碑记分明，茔祭设位皆如之。右为庶曾祖母杨孺人。小茔内一冢为亡嫂刘宜人。前后两区之间，偏右数步另一茔，原系高、钱淑人暂安之所，迁附宜兴东山新阡。后此地尚馀三冢，一伯渊先兄，一亡五姊，一庶母王氏，向无碑记，某冢某人均不可辨。

各茔地单契，亦据道光末年憩棠叔祖开来花户细号粮数。赵克佳户内有岂字一千六百九十八号荡一分，一千六百九十九号田一亩一分九厘八毛。此二号无契无单，仅交到赵俊升未知何人。户内。岂字一千七百零一号田一分五厘分收执据一纸，上业刘姓等契；又一千七百零三号田一分，上业王公堂等契，因未过户无单；又一千七百零五号田一分三厘单一纸，上业马许氏〈等契〉。均经烈文收执，历届完过钱漕数次。兹赴茔叠次细看，见前茔正地一大区，约二亩上下，紧接坟前。护坟田一区，计一亩一分馀，即系岂字一千六百九十九号之田，再前低荡一块相联，即系一千六百九十八号之荡，其田荡向归坟丁王荣德承种，田已注在王荣德名下。经查出收回执业，荡地原数一分，而地保曹姓所执嘉庆廿五年旧册载明本户本号荡有六分之多，是一分显属交帐时笔误，亦经照号收单，仍交王荣德承种，缓令立承以昭职守。惟本茔正地反不知细号田数，昔年憩棠叔祖开来原帐及历届完粮均无此地，反复详思，此项单据必系特征府君分下长房豫簪公一支携至关东，故留常之二房、四房均无底帐。查荡地最前系一千六百九十八号,护田稍后,系一千六百九十九号,则正地又在护田之后,应为一千七百号无疑。又坟右紧贴王氏祖茔,向亦闻此地系王姓卖出,因翻册内一千七百号正系王姓之产,原坟一亩九分八厘一毛零,大小相符,区段吻合。户名王科达,即王荣德之远祖,素知此地久已非王氏执业。谨按:当时不过户之故,殆以特征府君下世系乾隆八年,上距太原府君身后官逋追缴呈报家产尽绝之时不过二十年,未便立户办粮,情理可想。因令地保照数注单,免致无考。

至本茔内训导府君一冢,幼闻故老之言,本非老茔馀地,训导府君下世之时,向王氏买出,因贴近祖茔,并为一区。谨按:岂字一千七百零三号之田一分,系道光元年训导府君下世之年所买,其旁紧靠王氏祖墓,原契又系王公堂卖出,即为此地无疑。但正地系七百号,则此地应七百零一,不应零三,据地保及王荣德言,本图地亩原先全系王氏一姓之产,华离剖裂成数百家,细号久难详订,且乡下卖田不过以单契为凭,未必指明细数,当时所用之地约止一分,即以一分立券,零三、零一谁复细考。语殊近理,遂亦饬令注单。

后茔一区,约地一亩以内。谨按:杨恭人乾隆四十三年下世,则此地当系五十年前后所得,家中遍查并无年数相符之地契,只有岂字一千七百零五号之一分三厘系朝议府君下世之嘉庆六年所买。彼时吾家贫寒至极,或者地系先借后买,均未可定,但地有一亩上下之多,而契单止一分三厘,地保处册内复载本号赵俊升户下,有分坌四分三处不合,然此地上业马许氏册内,本号的系马氏原业,号数七百零五,以地段挨次计之,亦属相符。幼年亦闻此地系数次展广,坟前一段因邻坟挑挖月牙池,侵损风水,恐再挖致拦坟向,故尔买归。则此地初止一分三厘,续展至四分,又展至一亩左右,情事尚可想见。其单据不全,或憩棠叔祖处经手多年,不无遗落之故,事远年湮,难于臆断。第照册载四分之数收单,未敢轻议增减。

中间小茔一区,地约数分,查岂字一千七百零一号之一分五厘,系道光三年所买。谨按:高淑人下世系嘉庆廿年,钱淑人下世系道光二年,是年数相符,数系七百零一。此地在前茔一千七百号之后,偏右不过十馀步,是号数相符。本号内第一户赵仁寿系无锡人,而坟之左紧贴无锡赵坟,是地段相符。其为高、钱淑人原葬之地的确可据,因一并照数收单。

以上共六号,计田四亩四分二厘九毛,新单六纸,均立赵重安户名,以祝赵氏重庆安全之意,领到后亦暂委烈文敬谨收藏。其漕粮除朝议府君茔以下本应按察府君一房承完外,其特征府君大茔并护坟田等应亦暂归一手照办,将来如何分管之处,再听公议。

二十五日癸酉(4月17日)　　　晴

巳刻登岸,候周缦云,并晤张小山。又候李壬叔、戴子高、唐端甫、刘叔俛于书局,唐、刘不晤。又候陈作梅少谭。至节署,下榻西南一院落。黎纯斋来谭。曾劼刚、静臣、王逸亭、陈小圃、任棣香、薛叔云陆续来谭。

接董椒孙二月初一、本月十八日信,又曾符卿六年十二月十五日信。

二十六日甲戌(4月18日)　　　晴,巳刻大雷雨,午后复晴

候同事诸友,内军械所万少村,方田,黄州人。胡少笛,鼎祺,长沙人。黎纯斋、蔡贞甫、唐子明、李竹崖、周小云、兆禧,缦云之子。陈容

斋、王小云。遂至小圃、致甫处各少坐。午间至南阳君家,晤季雨、
载功、季簪诸人。南阳君借居邓氏楼三间,方欲赁屋备余归,未定。
下午复候黄子春少谭。候善徵不晤,返署。涤师先来,不值而去,遂
入内同登山久谭而出。衣谷来,不值。写槐亭信,廿八发信局。六姊
信。同上。

接郭连城△△日信。

二十七日乙亥(4月19日)　　　阴,旋晴

伯房来,褚守然来。下午,衣谷来,同访问渔,并答访褚守然。
又至刚己处,薄暮归。写吴竹庄信,蒋莼顷信。即发马递。

接六姊△△日信,又槐亭十二日信,又沈子焕夫人戴氏二月廿
六日信告帮,又霍生二月廿一日信。

二十八日丙子(4月20日)　　　雨

写槐亭信,加页。六姊信,加页。子卿兄信,子宪兄信,开孙信。
即发,信局。相候夫人来秣,入署,偕众投刺。周缦云来答候。汤小秋
寿铭。来候,曾栗诚纪鸿。来候,王鼎臣、朱星鉴来候。

二十九日丁丑(4月21日)　　　阴,夜大雨

陈作梅来答候久谭。刘南云方伯连捷,湘乡人,沅帅旧部,在雨花台
识之。来候,褚守然来候。至刚刚处,答候栗诚不晤。答候刘南云少
谭。候陈杏孙远谟,长沙人,相候之姻戚。少谭。候内银钱所高聚卿、列
三。潘彬如,文质。潘不晤。至王逸亭处,并晤王鼎臣、朱星鉴、曾静
臣,又识曾访。相候族子。赴涤师招,同座刘南云、陈杏孙、周小云等。
下午同黎莼斋谈。见各路文报,李帅由直隶景州进扎开州,防剿东
路。左帅由定州进扎河南彰德,防剿西路。豫抚李鹤年、皖抚英翰
均驻河北,当其南。贼自饶阳败退,由晋州渡滹沱河西南窜,直至河

南之获嘉、修武,又折返滑、浚,三月十四、五,李部各军拦击大伾山下,贼复败退卫辉境内,畿南已无贼踪云云。写杨卓庵信。即发,信局。

三十日戊寅(4月22日) 雨,下午放晴

到涤师处久谭,以《耕读传家》、《岱顶看云》二图乞题。候倪豹岑、凌小南、杨子木、朱春舫、孙海岑、王鼎臣、朱星鉴、刘治卿、戴蕴之,凌、王不晤。到南阳君家,谭至晚归。陈杏孙来答候。

四月丁巳

朔日己卯(4月23日) 晴

写家信,即发,马封。六姊信、槐亭信。即发,信局。郑枫坪光宸。来候。

初二日庚辰(4月24日) 晴

到陈小圃处少坐。邓熙之来候,同至黎莼斋处谭。吴南屏敏树,巴陵人,积学著书甚多,十一年在湘识之。来候,谭至下午,涤师来同谭。炳甥来。

初三日辛巳(4月25日) 晴

答候南屏久谭,见所著《诗国风原旨》六卷,大旨谓国风之作皆兴托一时时事,如《日月》、《终风》二篇,乃卫庄姜谋讨州吁之事;《燕燕》一篇,欲讨州吁,使戴妫谋之于陈也。解殊新创。候洪琴西不晤。答候汤小秋少谭。答候郑枫坪,又候庞省三,均不晤。下午,莼斋来少谭。髯公族侄曾△△及李△△来候。章旦卿瑞坦,湘乡人。来候。

初四日壬午（4 月 26 日）　　　晴

张小山、戴子高、李壬叔来访，张、李去，子高留至下午。衣谷同冯晴舫熙，丹徒人。来访。共饭后，子高先去，衣谷傍晚始别。伯房来，刘治卿来答候。

初五日癸未（4 月 27 日）　　　雨

访吴南老，同游妙相庵，并邀张小山、李壬叔、唐端甫、戴子高偕饭，下午散归。写屺堂信。初八，马递。

初六日甲申（4 月 28 日）　　　雨

到劼刚、陈杏生处少坐。赴张小山、李壬叔之招，同座周缦云、杨见山、陈倬人等。饭后访杨纯山、钟西白、赵季梅。遂返南阳君家，假其楼三楹以为寓①，即榻家中。写竹庄信。即发，交郑枫坪。

初七日乙酉（4 月 29 日）　　　阴

辰刻返署斋。陈倬人来候，杨纯山答访，朱星鉴来访。吴南翁来，涤师来。赴涤师招饮，同座吴南屏、陈倬人、黎莼斋、吴挚甫。下午，同挚甫访倪豹岑。夜，豹岑、挚甫、棣香、叔云来谭。唐西渠光运。来候，未晤。

接阿哥二月廿三、三月初一信，又六姊初二日信，又方子可△△日信，又魏般仲三月廿三日信。

初八日丙戌（4 月 30 日）　　　晴

王逸亭来久谭。写黄冠北信，即发，附昆甫信。昆甫叔信。即发，信局。阿哥信即日发，附文马递。六姊信，寄还银廿一两。即日发，交信局。般仲信，即日发，交纫甥。椒孙信。即日发，马递。下午返家中。

————————

① 三，稿本作"二"。

接眉生三月廿一日信共四件。

初九日丁亥(5月1日)　　阴,下午大雨

季雨来,同访陈倬人,久谭别去。余又访朱星鉴,不晤。访章旦卿、瑞坦。邓良甫、均湘乡人。唐西渠,光运,湘阴人。晤之,少坐,归署斋。唐西渠复同炳甥来。下午至棣香处坐谭。

初十日戊子(5月2日)　　雨

写沅甫宫保信。十一日发,交曾劼刚。写家信,即发马递。九兄信。附发。

十一日己丑(5月3日)　　晴

何性泉来候。写曾符卿、剑农信,即发,交劼刚。寄去书二部。到劼刚处少坐。吴南翁来,久坐。涤师来。李眉生来候。

十二日庚寅(5月4日)　　晴

方兰槎自海州卸事回,来候。答候方兰槎。候钱子密,并晤周缦云、唐端甫等。答候李眉生,并候李雨亭,均不晤。逢任棣香,陈小圃,同访其友王竹安绍兴人,藩署钱席。到家中,即留未返署。见公牍,捻匪于廿二由滑县窜至南乐、清丰交界,廿三至山东莘县,廿五至东昌府,廿七渡运河,廿八、九到茌平等处。

接六姊初五、初七日信,又长生弟初三日信,又审安侄同日信。

十三日辛卯(5月5日)　　晴

巳刻返署。李壬叔来访。吴南屏来,移榻署中,饭于余所。

接褚守然十一日信。

十四日壬辰(5月6日)　　晴

安林来自苏州。下午涤师来,同赴后园看所制地球仪器。到安林舟中一行。王鼎臣来候,未晤。

接孟甥三月二十九日信。

十五日癸巳(5月7日)　　　晴,下午阴

安林来。善徵来候,久谭。下午,吴南翁来谭,曾劼刚来谭。安林复来,辞旋苏州。写眉生信。十六日发,交来足。

接屺堂十一日信。

十六日甲午(5月8日)　　　阴

写六姊信、即发,信局。长生信、褚守然信。附发。李勉亭、彭笛仙、王少岩来候。到南阳君处,谭至暮归。衣谷来,挚甫来。见公牍,捻匪已由茌平、德州直趋天津,犯津河南岸。

接六姊十四日信,又殷仲初六日信。

十七日乙未(5月9日)　　　阴,下午晴

早食后至劼刚处久谈,又至涤师处久坐。适李雨亭方伯馈蒸鲥、子鸡,师即邀余及南老至后园同食。下午复赴刚己之招,同座问渔、子高、沈戟门。夜归。到南老、挚甫处各一谭。

接阮钰初十日来禀,孩幼均好,花树无恙。又昆甫叔二月二十三日信,又殷仲初四日信。

十八日丙申(5月10日)　　　阴

写张屺堂信。即发,马递。季雨来久谭。戴蕴之来。傍晚返家中。

十九日丁酉(5月11日)　　　晴,甚热

亭午到伯甥处。答候李勉亭、彭笛仙、王少岩不值,即还署斋。涤师招饮,同座吴南老、李雨亭、李眉生、黎莼斋。查南崧来候。

接阿哥三月二十九日信。

二十日戊戌(5 月 12 日) 晴,下午阵云起,夜大雨震雷

写二女信,阮钰信,九兄信,孟甥信,徐月槎信。同发,马递。到家中谭,拟欲令南阳君返虞,以其有恙,并以余欲随相国赴沪故也。下午,候李眉生不晤。候李雨亭少谭。复到昭忠祠会李眉生、许缘仲、桂香亭,嵩庆,抚州人,工程局总办。同看祠旁隙地,有所修建,涤师意也。傍晚归。

二十一日己亥(5 月 13 日) 晴

子密来谭。许缘仲来候,久谭。到刘南云处少谭,又到劼刚处久坐。到涤师处少坐,邓良甫△△,湘乡人。来访。复到劼刚处少坐,晤李眉生。又到王逸亭处少坐,晤朱星鉴等。傍晚返家。黄昌歧军门来候,周缦云来候,李雨亭来答候。

二十二日庚子(5 月 14 日) 晴

写长庚侄信,寄扇一把,殷仲信。同发,交慎娥。答候查南崧不值。候桂香亭、陶鹤亭、陈作梅,陶不晤。答候黄昌歧久谭。答候许缘仲,候曹吉珊,禹门,江夏人,丙辰识之南康军中。均不晤。送慎甥行,尚未下舟。候李勉亭、王少岩,均不晤。返署斋,至南老处,涤师来谭。至挚甫处谭。

二十三日辛丑(5 月 15 日) 雨

李勉亭来访。周玉山来访。桂香亭来答候。戴蕴之来。下午到劼刚处一走,闻涤师明日决行。遂属南阳君留秣,候余归再返。写霍生信,即发,交李勉林。又代阮钰寄家信银六两。同上。夜检行装。

接六姊二十日信,又儿子实二十日来禀并试文五首,又槐亭十六日信。

二十四日壬寅(5月16日)　　　阴雨

早食后到南阳君处话别。亭午出城,至石头城下舟,坐长龙炮船,哨官雷楚材。定国,长沙人,记名总兵。下午,相国暨诸随员各下舟,舟行,夜泊草鞋夹口。同黎莼斋到师舟,未晤。访曾劼刚、静臣、李眉生各少谈,返舟卧。

二十五日癸卯(5月17日)　　　阴,微雨逆风

舟停不行。到刘南云方伯舟中久坐。到帅舟晤涤师,莼斋先在,吴南老亦来,共久谭。师言昨得枢寄,令李少帅部下专主剿贼,限一月扑灭,逾期治罪。左、官诸军皆为沿河防守之师,调度殊异。少帅积劳,而秉国者掎扼之不遗力,恐害大局,如何? 余请师从旁申一公议,为天下计,小嫌不当恤也。师然之,同南老、莼斋至余舟久谭,李眉生亦来,曾劼刚复至,谭至下午始散。曾静臣、刘南云来,同至火轮舟看机器。傍晚莼斋复来,同至南老舟中少坐。

二十六日甲辰(5月18日)　　　晴

早发,午至东沟口小停。未至仪征,申入瓜口泊。倪镜帆来候。涤师邀同赴瓜栈一观,栈在六濠口,内河而外,江楚西皖岸之盐,于此过製,师所创也。乙丑年一荒洲,今年乃万瓦,神矣哉! 栈员程敬之留饮其望江之楼。自涤师外,南老、莼斋及余。二鼓返舟。制《喜吴南屏至,次节相原韵》诗一首。

喜吴南屏先生至,自辛酉冬别,盖八年矣。

次湘乡相国师奉赠原韵

孤樯欲舞舟如筛,岁暮远客心感摧。落帆鹿角两日住,读鲁论首称朋来。清尊不觉寒暄促,好梦如适南枝槐。九江之波日滚滚,逝水争下湍且隈。八年人事两相隔,在迹则远心匪乖。

时清杖笠忽此遇，犹胜暖律嘘寒灰。法书典册理殊众，溃乱虽
处谁能灾。方今氛雾廓南纪，侧目江汉无蒿莱。地川流通国既
活，民气长养圣所孩。行看归昌下灵鸟，岂复磨吮虞长豺。我
闻元德耇造降，治定殆欲赓康哉。声音到耳已狂跃，须鬐入眼
还微猜。胸怀卓荦貌自异，精气弥满神不隤。书称三江辨湘
蠡，君著经说，以《禹贡》不当无洞庭，故用九江为南江，而刊彭蠡故说。
诗始二南笺乐哀。为《国风原旨》△卷，凡风诗不徒作，皆有事以实之，
创论也。卮言日出苦因蹈，且洗眸子除昏霾。广陵城边红尘合，
姑苏台下白日晥。东游曩约事不爽，辛酉奉酬之作，〈曾〉约游吴门，
今偕从相国东下，将由扬以历苏。已连家酿浇深杯。酒酣听子数典
籍，倒箧万卷纵横开。关雎麟趾事犹迩，君书以《关雎》为王季诗，
《鹊巢》为文王诗，《麟趾》美周公，《野有死麕》为伯夷作，皆纪周初事云。
且溯周乘封姜邰。

二十七日乙巳(5月19日)　　　　晴

早发，辰至扬州，泊钞关门。写南阳君信，即发，马递江宁县。同南
屏、莼斋至湖南会馆，刘南云方伯招饮也。旧为包氏棣园，湘人市以
为公产，树石无恙，屋舍素嫌稠叠，馆人复从而益之，有肠肥脑满之
疾矣。李眉生、曾劼刚、静臣皆来。下午，复与南老、莼斋、静臣、南云
游兴教寺、天宁寺、史公祠、平山堂。天宁寺、平山堂皆壬子曾游，天
宁犹存数十椽，平山则新筑一楹而已，荒烟弥望。往时出天宁门，绿
水红桥，十里不绝，真不堪回想矣。访何廉舫，并晤才叔、张石朋、德
坚，怀宁人，乙卯江西识之。吴次垣。眉生、劼刚亦先在，饮至二鼓归。
是日之饮以乐侑。

二十八日丙午(5月20日)　　　　晴

李采臣蹉使元华，六安人。及府县皆来候，遣刺答之。候才叔少

谭。候汤乐民、史花楼、何廉舫、朱子典、张石朋、黄子湘、张菊甫、元恺,屺堂弟。吴次垣、介存,晤史、朱、张三人。午刻返舟。复步访才叔,识缪辑甫芜湖人。久谭,同饭。缪新从甘肃归,言彼处军务甚悉。粮饷尽仰南路,巩、秦、阶三属之民供应额征军粮之外,每处捐办逐年不下百万石,民力罄竭,而兵无已时。楚军及原有之兵勇不下百数十营,时虞饥溃。地方东路宁夏回目投诚,平庆一带虽无大股,而时有剽掠,民居荡尽,千里无烟。西路则肃州尚为贼路,而以南路河州狄道境内之回匪为最强悍。回目马△△投诚授副将,其子亦与官,父子俱在省城,凡事涉回教,必禀其命,官场称之为马老太爷,情形盖与滇中无异云。下午下舟,张菊甫、汤乐民来候。

二十九日丁未(5 月 21 日)　　　晴

早发,已出瓜口,从相国登金山顶,望山下沙洲愈涨,郭璞墓已在洲上,中冷泉不可迹矣。寺毁甫建数楹,苏老玉带犹在,出以传玩,玉苍白色,或方或尖圆,凡十三跨,重逾数斤,中有四跨毁于火,高庙南巡制玉配之,并刊诗玉上。亭午下山,复至焦山一游。蔡乂臣观察△△,钱塘人,常镇道。留饮,见杨忠愍墨迹卷二。饮散,同登山顶,涤师行至半道力乏,同憩土坡,摘楝叶同食。少刻复上,又同到别凤庵,上晡大众下舟。余及南老、莼斋,又至自然庵少坐,香橼花正开,香气幽隽,令人除凡俗想。舟行,夜入丹徒口。

闰四月

朔日戊申(5 月 22 日)　　　晴,热甚

早发,午至丹阳,夜至吕城泊。登岸,同涤师、南老、莼斋闲眺。又过劼刚舟中少谭。写赵少琴信。初三发,交汪福。

初二日己酉（5 月 23 日）　　　晴,热甚,午大雨,晡发大风雷雨,

骤冷

早发,巳刻抵常州,登陆至六姊处及开生、申生处,复返六姊家午饭。开、申两公就访余,少谭。克儿府试八十三名,仍留候院试。下午下船,涤师已先行,夜至石塘湾住船,尚未见。写南阳君信。即发,马递。

接长生四月廿九日信,又槐亭四月廿二、廿七信。

初三日庚戌（5 月 24 日）　　　雨

早发,辰至无锡,陪涤师、南老、莼斋游惠泉,山寺已毁,改建昭忠祠。烹惠泉尝已,即下舟。遣汪福由便道还虞山,为涤师雇山轿至苏也。大队至,傍晚抵山塘,夜泊万年桥。

初四日辛亥（5 月 25 日）　　　晴

涤师昨已上岸,住新臬署,遣人来邀,同南老、莼斋挈装入署。晤莫子偲、王鼎臣、张莼卿及孟甥,识管洵美。庆祚,本地人,陈硕甫先生弟子,长于经学、小学。到九兄处,贺两侄入泮。闻眉生在此,邀来久谭。下午谒丁中丞,适延涤师饭,强留作陪。饮散,又赴李眉生之招,同座南老、莼斋、劼刚、南云。傍晚归,道值孟甥及安林,同茗至初鼓。

接子宪兄四月初十日信。又眉生△△日信,又恽次山本日信。

初五日壬子（5 月 26 日）　　　晴

涤师来谭。同吴南老茗于玄妙观,并晤孟舆、安林,亭午归。杨滨石太常来候,郑子乔镜清。来候。候小舫方伯不值。候书局莫子偲、管洵美等,及局员方子诚、吴广庵诸人。候次山中丞久谭。候少仲廉访少谭。候杨卓庵太守久谭。候俞荫甫编修少谭。到九兄处,

并晤眉生,二鼓归。

初六日癸丑(5月27日)　　　晴

恽次山答候久谭,杨滨石亦来。丁雨生中丞答候少谭。同劼刚、静臣访李眉生,并晤金眉生、潘季玉少谭。复同曾公子、李廉访茗于玄妙观,又同赴李质堂军门招饮,同座南屏、南云、李稚泉、〈凤〉章,少帅之弟。莫子偲、莼斋及余,又二总兵。饮散,赴拙政园眺赏久之,复到程公祠一坐归。写家信,即发,信船。李伯孟信,孟甥信。同送。招南云、南屏、莼斋、劼刚、静臣、李眉生饮,王鼎臣来,同座,二鼓饮散。写九兄信。即送。

初七日甲寅(5月28日)　　　晴

早食后下船,写南阳君信。即发,马递金陵。孟甥来同舟赴木渎,午刻抵镇。小舫、少仲招饮,未赴。同南老、偲老、莼斋至端园,遂登灵岩,涉琴台顶,偃卧石上良久。下后山到无隐庵坐玩移时,望相国方率大队在天平,时将下晡,因亦趋赴至下白云,涤师甫去,中丞、方伯犹在。少坐,诸公下山,余三人鼓勇复上,至中白云而止。又到高义园少参祠,徘徊池上久之,薄暝归。是日游者,曾涤生相国,丁雨生中丞,杜小舫方伯,勒少仲、李眉生两廉访,李质堂军门,刘南云方伯,吴南屏孝廉,俞荫甫编修,莫子偲孝廉,黎莼斋刺史,曾劼刚、静臣两公子,何子永中书,许缘仲、潘季玉两观察。各复携其宾从,下迄舆台从兵,凡数千人,游观之盛,盖数百年而一见。相国素习劳苦,上下山峤皆步行,诸公丰肌脆质,惮于追随,往往尼之,故游不竟十分之一。

写赵少琴信,即发,交舆夫。眉生信。即发,交来足。

初八日乙卯(5月29日)　　　晴

亭午,赴许缘仲、潘季玉之招。午刻返舟即行,晡抵盘门住泊。

登涤师舟,适闻有改武英殿之命,遂入揖贺久谭。师极叹山水清丽,而惜斯游为未畅。傍晚返舟,棹小艇访九兄,并晤眉生、彭寿人、汪苇塘诸君,又名倡陆秀卿亦在座。二鼓归。

初九日丙辰(5月30日) 　　晴,大风。下午阴,微雨

早发,下晡过昆山,夜泊三江口。到莫子偲舟中,与吴南屏、黎莼斋谭。制东游诗一首。

奉陪湘乡相国东游赋呈兼柬同行诸君子再次前韵

嘉谷年年登耆筵,元赤攘攘忘忧摧。相君功成出游豫,民皆曰公侯后来。郊原兵过昔如薙,到眼喜见新松槐。旌旗卷舒山水丽,童卒走看城闉隑。魁儒硕士逐成队,各奏德艺无偏乖。我公乐此日抚掌,顾厌玺组犹土灰。手携德星照吴越,襦被民气除凶灾。忆昨旄头落江介,所向百郡田污莱。千村夜哭绝耕钓,万马昼过空婴孩。群生食践本有素,驱迫到至为虎豺。十年寝馈坐忘味,一洗东南何快哉。每言成败属运定,细事矧尔还疑猜。町畦尽辟外无际,圭璧自严中不隑。因时忻戚责成物,务与遗子同欢哀。长江大湖浩呈秀,旭日晴宇清无霾。纤妍直与至文合,皎洁许共胸怀皑。鲰生无能厕陪列,日弃疏厉叨尊杯。人间适意会有几,况睹隆郅时风开。行看迩俗定移易,远轶秦汉追蟜邰。

初十日丁巳(5月31日) 　　阴

晨发,晡抵黄渡,夜泊野鸡墩。登岸与涤师、南老、眉生野眺。到莼斋舟中,李眉生、曾劼刚皆至,久谭各散。

十一日戊午(6月1日) 　　晴

晨发,巳刻到沪。登岸,步访孝拱久谭。午食后出南门至铁厂,

相国以之为行辕也。至涤师处少谭，南老、莼斋诸人皆同居，奴子携余行李亦至。少选，丁中丞来谭。写汪汉青信。即发，交来人。

接眉生四月△日信，又汪汉青初八日信。

十二日己未(6月2日)　　　晴

涤师偕大众至厂观机器，因识厂员冯卓如、广州人。沈仲薇，△△，吾郡人，与开生有亲。并晤徐雪村、华若汀、容纯甫、陈宝渠、应敏斋诸人。下午邀南屏、南云、莼斋、静臣至戏楼观剧。

接孝拱本日信。

十三日庚申(6月3日)

访同乡沈品莲、即沈仲薇。华若汀、徐雪村，并晤应敏斋。又访杨卓庵不值。同大众至夷场。先访潘季玉、许缘仲，邀赴市楼饮。饮散，同历数夷肆，观诸恢诡，以曾公子故，夷皆捧觞为寿，并及诸人皆沾渥。余惮嚣，与南老先归，莼斋继返。下午，涤师暨丁中丞来谭。晚同南老到涤师处观灯影洋画。写南阳君信。十四发，交莼斋。

十四日辛酉(6月4日)　　　晴

涤师率两公子暨刘南云、黎莼斋由海道轮舟返宁，丁中丞与李眉生、莫子偲等旋苏，吴南屏赴杭州，余乞假归虞寓期，今晨各散。余先偕南老送涤师及诸人行，旋同南老下余舟，新雇吴江快船，原坐炮舟遣发，哨官雷总兵来候送行。南老旋别去。复候杨卓庵于其舟，同至东门登陆，候应敏斋、王荫斋、曾樾，直隶人，与槐亭有亲。李稚泉，皆少谭。即至孝拱处久谭，饭后同赴剧场观剧，下晡又同茗，并遇邓铁仙。傍晚下舟，泊三记码头，夜眉生来谭。

十五日壬戌(6月5日)　　　晴

雷楚材来辞行，即至其舟送之。又至眉生舟中少谭。访铁仙，同过孝拱畅谭，眉生亦至，下午各散下舟。少顷，孝拱、铁仙复来，移时去。

十六日癸亥(6月6日)　　　雨,大风

晨发，过新闸，候潮至后行。风或逆或顺，午至黄渡，夜泊潮神港。

十七日甲子(6月7日)　　　雨,风如故

晨发，巳刻过昆山，自此与苏州分路。十五里坝场，又二十馀里岳家浜，泊舟，问去虞尚几何，则仅廿馀里矣。

十八日乙丑(6月8日)　　　雨

晨发，辰刻抵家，诸雏皆无恙，环舍草树郁茂，四顾欣然。解装天放楼，两女柔、庄殷勤来进食，请席何向，盖暂归数日，家人以客视之矣。写九兄信，孟甥信，安林信。即发，信船。

十九日丙寅(6月9日)　　　雨

写李少荃宫保信。廿日发，交勒少仲。接南阳君初七日信，又邓熙之十三日信，报岳母时宜人之丧，南阳君悲摧不可劝，促余速往。

二十日丁卯(6月10日)　　　晴

潘子昭、李升兰、赵少琴、曾君标来访。写阿哥信，即发，交勒少仲。勒少仲信，即发，交九兄。槐亭信，即发，交九兄。九兄信，即发，交信船。孟舆信，即发，信船。南阳君信，即发，交来足。邓季垂、熙之信。即发，交来足。

接邓季垂十六日来信，南阳君哀痛过甚抱恙，促余速去。

二十一日戊辰(6月11日)　　　阴雨

写孝拱信，即发专人。眉生信。即发，交孝。访咏春、滨石，留饮谭至下午，李升兰、赵少琴亦至。饮散又访吴珀卿，少坐归。

二十二日己巳(6月12日)　　　晴

答访潘子昭、曾君标及其弟君麟,久谭。下午,冯式之来访。傍晚下舟赴苏,夜行达旦,到蠡口。余本拟过节后赴宁,以南阳君疾,不克留。园柳成阴,鸣禽上下,不能为作十日主人,抚棹怅然。

荆溪东山墓田考

道光二十二年夏,因夷警仓卒,借赁宜兴徐理庭坐落荆溪县清泉五区东山下空地一段约五六分,奉厝按察府君棺。二十五年契买执业,价洋三十元。二十九年增找十元。咸丰三年复立杜契给洋五元,前后共四十五元,附来短字三百十三号,山粮一亩,俞姓原推收及徐姓转推各一纸,其时未经过户。至五年三月,有路姓盗葬一事,当至宜访查,知徐姓上业本系路姓之产,当初路姓曾推过粮六分在徐晋丰名下,徐理庭卖地时未及查明转推,反将同号之俞姓户内推收一纸,计地一亩,张冠李戴,写立推付,混蒙唐塞,以致与契载分亩不符。路姓闻风起意取闹,欲思换契增找,当于三月十四日约会徐理庭及原中梅谷二伯、芳洲四叔,议令徐姓收回原交俞姓推付及转推各一纸,另立徐晋丰户下短字三百十三号山粮六分推付交来。系徐理庭之叔△△出名。十五日,两姓同至户书王大处过户注册,其人住宜兴北水关口,名八喜。于在城四图立赵厚子户名办粮执业,并将杜契赴县税讫,其地内盗葬之柩槀官押迁。而本茔前段直至路边之地亦系路姓祖产,路姓业屠凶狡,前此盗葬起衅,见吾家不受讹索,旋即将此地于咸丰六年卖与学霸章湘溪,计图拦向葬坟,重生波浪。吾家因系坟地紧要,且其时按察府君及高、钱、方三淑人已经迁祔安葬,遂用优价于七年五月向章姓买回,取有卖杜契一纸,载明短字三百十三号民山四分九厘五毛,契价三十五千,另一纸契价三千,为过户税契之用,并附路姓原卖契二纸,其钱路得七千,章得廿八千,串弊显然可见。嗣于七月十四日同徐、章、路三姓到山眼同立界讫,又至户书王八喜家将章姓推来山粮四分九厘五毛与前之六分,并归一户办理,其章契未经赴税,粮银于咸丰八年完过一次,擎有版串。

二十三日庚午(6月13日)　　　晴

早至齐门,舟入城泊玄妙观前,遣邀安林、孟舆来同茗,李伯孟亦至同坐,移时皆去。访次山中丞久谭,留饮后到九兄处。傍晚安林为雇赴秣舟至,即下船移装过长行船。夜复到九兄处,并晤子卿四兄,二鼓返舟。写眉生信。即发,交子兄。

接槐亭初十日信,又眉生△△日信。

二十四日辛未(6月14日)　　　晴,夜大雨

候丁雨生中丞少谭。又候孙云叔,又候杜小舫方伯久谭。又候勒少仲、李眉生两廉访,皆未晤。又候龚念匏少谭。又候王鼎臣不晤。至九兄处贺两侄入泮之喜,并晤彭季陶、汪苇塘、陆纯卿、凤桐,本地人,紫兄之亲。彭寿臣季陶堂弟。等。下午访汪苇塘久谭,下舟少坐,复到九兄处饮。恽次山来候长谭。

接南阳君十二日信,时尚未得时宜人凶问。

二十五日壬申(6月15日)　　　大雨

安林来。写孝拱信。即发,信局。汪汉青信,即发,交紫兄。寄还洋四十元。俞荫甫信。即发足送。候高子汾,△△,常州人,寄居于此,闻与高淑人同族。不晤。次候潘玉泉,见所藏竟宁雁足灯,高约四寸许,隶书精整可爱。次候李伯孟少谭。次候王朴臣不晤,次候李质堂军门不值。到九兄处饭。写恽次山信。即送。下午,彭季陶、寿臣、陆

纯卿、汪小樵柳门之父。皆至，同饮九兄处，夜散。余到苏初意一日即行，以昨系九兄喜事，又眉生谆托向次山商办浙盐事，候其复音，不得已盘桓至今，心绪如焚，恨不即刻至秣。乃已定明日晨发矣，而陆纯卿、彭季陶坚恳再留半日，甚至跪拜相挽，不容绝裾而去，归舟殊闷闷不得卧。

接孝拱廿三日信，又槐亭廿二日信，又次山本日信。

二十六日癸酉(6月16日)　　　阴

写家信。即发，信船。至伯厚大嫂处候问，未见。候彭季陶、寿臣不晤。赴陆纯卿、彭季陶之招，同座九兄及彭寿臣又两校书。午后方饮，酒行，余屡促之，至申刻席散。余舟已先遣移泊阊门，乘轿下船即发。傍晚泊枫桥卡，晤黄桐轩久谭，为书一扇。

接李伯孟廿五日信。

二十七日甲戌(6月17日)　　　薄阴，顺风

晨发，辰至浒关市蔬。写槐亭信。廿九发，交六姊。徐慕园信，托清东山坟粮。廿八发，交长生弟。魏般仲信，廿八发，马递。方子可信。廿八发，交般仲。申刻抵无锡，夜泊石塘湾。心绪纷劣，夜不成寐。

二十八日乙亥(6月18日)　　　雨，顺风

晨发，巳刻至横林。写家信，即日发，信船。安林信。同上。午错抵常，至舣舟亭上岸，步到六姊处久谭。孟甥以岁试亦至常。傍晚开、申两公下顾久谭。闻才叔已自扬返，遣邀之，初鼓时来，谭至二鼓。余出城下舟，时泊西门。

接槐亭初四日信。

二十九日丙子(6月19日)　　　晴

早饭后登陆，步到六姊处。写槐亭信加页。即发，交六姊。开生、

申生、才叔来，同至面肆，又同茗，张振远亦至。多年朋旧，乱后复集里闬，且喜且怆。卫生兄来，同茗。茗散，返六姊处。候武进县鹿△△、伯元，河南人。阳湖县张△△，湖州人。俱不见。候知府扎纯山，克丹。久谭，返六姊处。饭后访开生，同来陈处，申生、卫兄亦至，卫兄先去。同开、申二公访刘云樵，少谭归。写眉生信，次山信，初一发，附九兄信。九兄信，初一发信船。家信。初一发信船。开生、申生复来，谭至二鼓，余欲下舟始去。

接南阳君廿四日信，哀痛少定。

五月戊午

朔日丁丑(6月20日)　　晴，顺风

晨发，巳刻至奔牛，申过丹阳，夜泊新丰。

初二日戊寅(6月21日)　　晴，下午阴，顺风

晨发，午至京口小泊，竖船樯。未刻开江，申末过纱帽洲，下晡泊东沟。

初三日己卯(6月22日)　　晴，顺风

晨发，午至草鞋夹，申到下关，暮抵水西门。呼舆登陆，至南阳君家。先晤伯紫晤之，知已奉外姑时宜人之枢于昨到家，拟暂停城外永宁庵，初六发引。又晤季垂诸人，知南阳君先有血疾，已小愈，十三闻耗大痛增剧，至十六日崩不能止，死而复苏，服邑医陈继之药，近始稍定。遂入唁南阳君于内室，相向失声，见其气息啜啜，知前症之笃，此别几不相见，亦危矣哉！

初四日庚辰(6月23日)　　晴

晨起赴节署，晤劼刚久谭。又晤莼斋、挚甫、子密。入谒涤师久

谭。先是,师至沪,余为孝拱通谒请见,师已可之矣,而忌者言孝拱实以师复奏预修和约稿示英人以尼之,师颇怫然。余在沪已为申辨,顷复详言其故。师此稿下游见者甚多,英人耳目甚广,实不借资孝拱。丁雨生、应敏斋皆向孝拱言,师以元年之书督责之甚深,见面必有奇祸。孝拱问余,余力言无之,并劝修谒。而丁、应二公知之,立即进此谗。丁复向余言,欲用孝拱,其言语之反复,一至于此。昨过苏时,丁又言应敏斋与孝拱甚下不去,前语皆应所说。顷询之师,则实丁说而非应说,其诬罔又如此。噫! 以封疆大吏而所为一婢妾之伎俩,吁,可危矣哉!

下午出城,到外姑柩船迎哭尽哀,并喑季簪于丧次。复归视南阳君疾,并慰解之。

初五日辛巳(6 月 24 日)　　　晴。端午节

留刺谒贺相国而未入署。遣邀衣谷,不至。同伯紫、季垂诸人谭。

初六日壬午(6 月 25 日)　　　晴,下午雨

晨起,同季雨诸人至外姑柩舟助执绋送至永宁庵,又伯紫幼弟早殇,柩亦同返附停一处。同人奠后散归。余访刘治卿及英人马格里,留饭后到邓处。医生陈继之来,与谭颇细致。

接般仲闰月十七日信。

初七日癸未(6 月 26 日)　　　雨

晨起赴节署,王逸亭来谭。到任棣香处少坐。任棣香、陈小圃、吴挚甫来。写六姊信,克儿信,孟甥信,长生弟信,槐亭信,即发,交扎太守。扎仁山信。即发马递。下午归邓氏寓楼。

接阿哥四月廿三、闰四月初九日信,又幼静三月廿五日信。

初八日甲申(6月27日)　　　晴

晨起入署，到挚甫、陈小圃处谭。下午到劼刚处久谭。傍晚归寓楼。

接四姊四月十三日信，又六姊四月十九、廿三日信，又子宪四月十七日信，又槐亭四月十八日信，又金逸亭四月廿三日信，又欧阳晓岑六年九月初四信。以上皆余赴苏、沪时到秣。又董椒孙闰月廿七、廿九日信，又阮钰四月△日信。此系误递椒孙处寄回者。

初九日乙酉(6月28日)　　　阴雨

晨起到署，挚甫来谭。写李勉林信。即发，交发子。伯房来。

接六姊初六日信，又槐亭闰月廿七日信，又眉生初四日信，又汪汉青闰月廿七日信。

初十日丙戌(6月29日)　　　雨

巳刻到署斋。陈逸山乔森，广东雷州遂溪人，辛酉举人。来访久谭，为人挺拔有气干，而急于用世，介许仙屏书来谒觏侯者。下午入晤涤师，同至后园久谭而出。到莼斋处谭。是日以南阳君疾少瘳，始榻署中。

十一日丁亥(6月30日)　　　晴

写四姊信，六姊信，孟甥信，槐亭信，金逸亭信，即发，交金专足。眉生信，即发，交来足。紫兄信，即发，交来足。家信，阮钰信。即发，交金足。亭午，答访陈逸山，不晤。遂至刚己处，与刚己及溥斋久谭，并邀子高来谭。溥斋为购金冬心画一帧，松下小桃，笔势秀绝。下晡返邓氏寓楼。

十二日戊子(7月1日)　　　晴

与南阳君谭竟日，未他适。下午医士陈继之来，与商定煎剂。

接五月初一阮钰来禀,又六姊初九日信,克儿患疟甚重,考期在十四,不能入场。

十三日己丑(7月2日)　　晴

晨返节署,下午曾劼刚来谭。

十四日庚寅(7月3日)　　晴

张溥斋来候少谭。陈逸山来访。张小山、唐端甫、李壬叔陆续来,将午始去。

十五日辛卯(7月4日)　　晴

写六姊信,克儿信。即发,马递。到挚甫处谭。饭后答候陈作梅观察,久谭。又候善徵久谭,并识莼斋之兄蕉园。名庶蕃。到南阳君寓楼。

接才叔四月二十日信。

十六日壬辰(7月5日)　　晴,夜大雨

未他往。

十七日癸巳(7月6日)　　雨

衣谷来,伯房甥来。

接六姊十一、十四日信,克儿恙已愈,仍于十三晚进场。又阮钰初十来禀,家中安好。又槐庭初九日信,又安林初八日信,又扎纯山太守信。

十八日甲午(7月7日)　　阴

十九日乙未(7月8日)　　晴

巳刻入节署,晤挚甫、小圃谭。莫子偲来久谭。写沈羲民信。即发,交陈发。吴子受来访。霍山人。

二十日丙申(7月9日)　　　晴

戴蕴之来。同挚甫至潘伊卿家作吊,并晤曾劼刚、朱星鉴、汤小秋。又候洪琴西少谭。又答候薛抚屏。叔云之兄。又答候莫子偲,见明抄《北堂书抄》足本,未经陈禹谟所审改者,又《开元占经》抄本。又候黎蕉园不值。写家信,阮钰信,即发,马递。安林信。即发,附家信。阿哥信,幼静信,即日发,附殷仲信。殷仲信。即日发,马递。

接六姊十六日信,克儿已倅弋一衿,可喜可喜。又克儿十六日来禀,又孟甥十六日信。

二十一日丁酉(7月10日)　　　阴,下午大雨

写六姊信,克儿信,孟甥信,寄银二十两为入学诸费。下午到南阳君寓楼。

二十二日戊戌(7月11日)　　　晴

陈作梅到节署答候,不值。

二十三日己亥(7月12日)　　　晴

戴蕴之来谭。访善徵久谭,至晡返节署。写克儿信,孟甥信,廿四发信局。柔女信,阮钰信。同发。到涤师处久谭。

接孟甥十七日信。

二十四日庚子(7月13日)　　　晴,热甚

写孟甥信加页,即发,信局。寄去党参、椒边等。到劼刚处久谭。写槐亭信,子宪兄信,六姊信。即发,信局。朱星鉴来候久谭。下午同挚甫答访吴子受不晤,晤其祖竹如先生,少谭。又同雇小凉篷船访衣谷于东关头,同游秦淮。傍晚至南阳君寓楼。容纯甫来候,不值。

二十五日辛丑(7月14日)　　　晴

答访杨纯山少谭。访子高,视其疾。答访容纯甫及李壬叔、张

小山。又至刚己处,谭至傍晚归。撰《连理竹笔房铭》,属刚己书之。

连理竹笔房铭

交柯玉并,比节琼骈。珠英下鸶,绮翼来鹣。截鹭鸣双,雕华韵偶。宝趺敏腰,翡床离手。管城启封,湘滨不挥。讓苏可代,永对璇闱。

二十六日壬寅(7月15日)　　晴

张溥斋来谭。写孟甥信,克儿信,长生信。即发,信局。下午,挚甫、莼斋来谭。黎蕉园答候。傍晚到南阳君寓楼。

接阮钰二十日来禀,又董椒生十六日信。

二十七日癸卯(7月16日)　　晴

侵晨返节署。夜与吴挚甫、王逸亭谭。写孟甥信,九兄信。即发,信局。

接阿哥十一日信,又孟辛又四月十六日信。

二十八日甲辰(7月17日)　　阴

写董椒侄信。廿九发,交来便。吴竹庄信,寄去《诗古训》一部。丁恬生信,寄去竹扇骨三柄。廿九发,寄董椒侄转交。下午,炳甥同陈子昭来访。以南阳君多病惮暑,未能即归,而寓楼甚烦热,欲觅屋为避暑之所,陈君有屋可借故也。同去看屋,颇合意,拟初一即移居之。

接顾竹城△△日信。

二十九日乙巳(7月18日)　　晴,下午大风雨,旋止。夜复雨

朱子典来候。到劼刚处久谭。何廉舫来候。下午,答候何廉舫,并候庄守斋。又答候朱子典及朱星鉴,均不遇。候刘治卿少谭。候黄子春,并晤汤小秋、邓良甫、朱星鉴、陈峻亭少谭。到南阳君寓楼。

接丁松侪△△日信,又眉生十六日信。

三十日丙午(7月19日)　　　倏雨倏晴

巳刻旋署,朱子典来候。写汪罕青信,顾竹城信,李伯孟信。初一发,交顾来人。写克昌信。即发,马递。下午到陈小圃处谭。

接六姊二十七日信,已定初一成行赴浙。又槐亭二十日信,又孟甥二十八日信,克儿考毕入学,名列第五。又曾沅浦宫保十五日信。

（以上《能静居日记》二十九）

六月己未

朔日丁未(7月20日)　　　晴

戴蕴之来谭。写沅浦宫保信,即发,交劼刚。欧阳晓岑信,同上。眉生信,紫兄信。即发,马递。下午到绫庄巷口新寓,傍晚迎南阳君至,其群从皆送之来。奴子潘升遣去。

初二日戊申(7月21日)　　　晴

辰刻入署,至劼刚处,贺栗诚生子之喜,涤师不受贺,上刺而已。即与其甥、侄等同食汤饼筵。下午,到何廉舫处谭,并晤朱子典等。傍晚归寓。闻武定桥菜圃中种御米皆成人头,眉目颧鼻口齿悉具,巡捕张瑞生来告,邓季垂亦亲见之。又江北来禀,言甘露寺铁塔今年正月十四夜失其顶,明万历时曾有此事。童谣云:"风吹铁宝塔,水漫京口闸。"是年海潮溢,死者数十万人,惧复有是灾,请发帑修建云云。

初三日己酉(7 月 22 日)　　　晴

辰刻入署,同吴挚甫赴朱星鉴之招,共食后后游秦淮,携亲兵八人,持鼓笛以从,据舫疾呼"郭子仪上寿",挚甫乐甚,得未曾有。余曰五百年秦淮扫地尽矣。傍晚,舟至文德桥,登陆径归寓。

初四日庚戌(7 月 23 日)　　　晴

在寓与南阳君闲谈至下午。访刚己、薄斋久谭。又访廉舫,并晤朱春舫、杨子穆、庄守斋,二鼓返寓。

初五日辛亥(7 月 24 日)　　　晴

辰刻入署。傍晚涤师邀至后园山头揽翠亭久谭。闻京朝官多困迫不聊生,部中得缺向艰,恭邸悉以总署人序补,众怨颇滋。余因言:"在上位者当以众人之心为心,惠及数人则为君子,量周千百则为贤杰,普遍万物则为圣人,由之则治,反之则乱,乘高而自用,其不疾颠者,未之闻也。且京师乃天下根本,朝士为外僚所瞻,使况瘁至此,何以为国,尤不第恭邸一人之休戚而已。"师深颔之。初师有建通志局之议,理学某君谏以为粉饰太甚而止。余曰:"通志之成否有无尚不足计,士者四民之秀,先圣慧命之所系托。今四方来者纷纷,奈何弃之? 一局之费月不过数百金,而庇寒士数十人,其用大矣。乃曰粉饰,岂湖山歌舞之比邪?"师未坚诺,然亦未之非。初鼓后返寓。

初六日壬子(7 月 25 日)　　　晴

辰入署,刘治卿来候久谭。莫子偲、洪琴西答候久谭。定更后返寓,晤季垂、载功。

初七日癸丑(7 月 26 日)　　　晴,热甚

寓屋颇凉,避暑不出。莫善徵来候久谭。接克昌初一日来禀,

已定是日返虞。并寄试文,颇通顺。又柔女五月三十日来禀,宅园为水所淹,西首大梧枯死,为之甚怅。又阮钰五月三十日来禀,又六姊初一日信,又紫兄五月廿二日信,又槐亭五月廿三日信,又孟甥初一日信,同克旋虞。又汪汉青△日信,收到借款四十元回字。又彭季陶△日信。

初八日甲寅(7月27日)　　晴,热甚

傍晚访何廉舫不值。房东陈子昭来,邓季垂、熙之、载功来。廉舫、子穆各赠茉莉二盆,着花如雪,与南阳君终日坐卧其下。

接子迎初三日信,时改官登莱道,旋里后赴山东,路出京口所寄也。

初九日乙卯(7月28日)　　晴

辰入署。写家信,即发,马递。孟甥信,同上。张屺堂信。同上。下午同钱子密、陈容斋赴何廉舫、庄守斋祖基。之招,席设朱星鉴处,以军乐为侑,坐客甚多,不可记,二鼓散,归寓。阮钰来自虞寓。

接四姊初四日信,又六姊同日信,家眷赴浙之行复止。

初十日丙辰(7月29日)　　晴

饭后邓季垂、季簪来。访莫善徵久谭,并晤黎蕉园。

十一日丁巳(7月30日)　　晴,夜大风,继之大雨

辰刻入署。桂实之正华,石埭人,在皖时熟识。来候。下午到挚甫处谭,见预议修约委员孙士达等来禀,英酋换约欲求二十九条,总理衙门分别准驳其要者九条:一,距海关三十里内不设厘卡。议驳。二,洋盐欲进口行销照苏浙章程。议驳。三,轮船入内河先行江西之鄱阳湖及汉口以上长江、广东内地东西北面江路三处,其馀可行之地续增。议驳。四,内地买土货之处造屋或租地设行栈。议驳。

五,黄州、武穴、东流、安庆、大通、芜湖、金陵、仪征、江阴、吴淞十处俱设通商马头,议许安庆、大通、芜湖三处。六,海面温州添立口岸,议将广东琼州口岸撤去相抵,否则不能。七,各通商处官设行栈议准。八,北京宛平属、江南句容属产煤处挖煤,其馀可挖之处陆续推广。议以煤山系中国自己产业,应由自己开挖,其应否雇用洋人,租买机器,由南洋通商大臣主政。九,通商地方词讼交涉,须另议通商律例。议准。馀皆货物税则低昂小事。初鼓后返寓。

接张屺堂初五日信。

十二日戊午(7月31日)　　　明

凌晨入署。写四姊信,六姊信,即发,信局。槐亭信,附发。汤彦泽及昆甫叔信。廿六发,交阮钰。刘治卿招饮,未赴。到子密处谭。任棣香来谭。初鼓返寓。

接李勉林初五日信。

十三日己未(8月1日)　　　晴,下午小雨

下午伯甥来,同到何廉舫处,并晤刘治卿、陶鹤亭、庄守斋、杨子木。

接般仲初五日信。

十四日庚申(8月2日)　　　晴

辰刻入署,到劼刚处一谭。傍晚返寓。

接赵舜臣信。

十五日辛酉(8月3日)　　　晴

邓伯紫来谭竟日。写朱子典信。即发,信局。

十六日壬戌(8月4日)　　　晴

下午访刚己、溥斋少谭。接儿子实初十日来禀,又紫卿兄初七

日信,又槐亭五月廿九日信。

十七日癸亥(8月5日)　　晴

以寓居凉静,避暑翘卧茉莉花下,俱未入署。写赵舜臣信。即日发,交来便。

十八日甲子(8月6日)　　晴

辰刻入署。写阿哥信,即发,交胡附递。家信,附紫。紫兄信,即发,马递。槐亭信,附紫。孟甥信。附紫。傍晚旋寓。子宪兄来自江西,邀入署谭。

十九日乙丑(8月7日)　　晴

伯甥来,遣邀子宪兄来寓谭。傍晚到何廉舫处谭,并晤陶鹤亭,约明日游秦淮。

接儿子实十三日来禀。

二十日丙寅(8月8日)　　晴

巳刻入署,在劼刚处久谭。又到棣香处与薛抚平、叔云谭。下午答访桂实之正华,石埭人。少谭。赴陶鹤亭之招,同游秦淮,同座朱春舫、杨子穆、何廉舫、钱子密、刘治卿、庄守斋。河中灯火繁会,盛于去年远矣。遇衣谷、挚甫、叔云、星鉴诸人。三鼓始返寓。写家信,寄银十二两六钱。廿二发,交薛抚平。

接阿哥五月十五日信,又儿子实十四日来禀,又槐亭初十日信,自言抱病危笃,此为绝笔,为之惊忧不定。

二十一日丁卯(8月9日)　　阴雨骤凉

遣邀宪兄来谭。写槐亭信,譬慰之。即发寄苏州。

二十二日戊辰(8月10日)　　晴

辰刻到宪兄寓久谭。入署到叔云处,晤令兄抚平及挚甫。少选,抚平来辞行,久谭,又同在莼斋处久谭。傍晚返寓,写才叔信、即发,交何廉舫。孝拱信。廿七发,交刘治卿。

接眉生△△日信并诗四首。

二十三日己巳(8月11日)　　阴,旋霁

接孟甥初十日信,又般仲初七日信,又朱子典十四日信。

二十四日庚午(8月12日)　　晴,午后日隐

辰刻入署,莼斋来谭。下午到涤师处久谭。闻捻首张总愚受伤死,不日可荡平。言及淮扬水利事,师曰:“吾将逐年增培运堤,永禁开坝,则下河从此无水灾矣。”余曰:“善。第逐年增培之款不易筹,继之者或未必尽力,不如仍使淮有去路之为妙。康熙时盈庭聚讼,一时正人皆不以靳紫垣为然,迄今思之,由车逻筑堤束水,道白驹以入海之说,终无以逾也。”师颔之,继曰:“向者虞黄水倒灌,故必讲求去路,今黄北徙,孤淮不能成稽天之患,或可缓图邪。”余复言:“苏松水利,自苏迄禾一线,陆路原筑之水中,以通挽运,以当震泽下流,恐阻宣泄,故不半里辄数桥,自兵燹之后,桥尽毁圮,下堙水道,故频年微潦,常、湖上流已见灾象。使遇宣庙末年之水,则汩陈泛滥,有不止曩时之祸,可为寒心,不独吴淞、刘河之狭小为无去路也。此时急浚治犹可为计,费不过数十万,与其遇荒而赈,毋宁先为彻桑。”师询水道来去情势甚悉。会夜遂退。访何廉舫久谭,返寓。

二十五日辛未(8月13日)　　晴

辰刻入署。下午在挚甫处久谭。郑枫坪来访。傍晚归。

二十六日壬申(8月14日)　　雨

已刻入署,初鼓后归。遣奴子阮钰赴鄂。

《国朝先正事略》六十卷,平江李元度撰。

康熙十六年十月，谕阁臣曰："朕不时观书习字，欲得文学之臣朝夕置左右，讲求文义①，给内庐居之，不令与外事。"遂设南书房，命学士张英入直。

圣祖亲政方冲龄，索额图首建谋黜辅臣专横者，百僚慑服。

康熙中，江南布政司张万禄亏库金三十馀万，制府阿山上言，费由南巡，非侵年。或谓张于制府为姻家，上震怒，下九卿议。左都御史某讼言法当诛，韩文懿焱时任宗伯，正色曰："果有连其情私，其语则公也。且斯言得上达，所益不细。"

雍正中改土归流，至末年黔苗乱，连年用兵不能定。乾隆初，杨文定名时疏言"贵州境内生苗在南，汉人在北，熟苗居中，生苗处深林密箐中，有熟苗为限隔，尝声内地兵威以慑之，故不敢萌窥伺。自开拓议行，生苗界上咸屯官兵，日寻干戈，而生苗始不安其所。至熟苗无事则供力役，有事则为乡导，军民待之若奴隶，生苗疾之若寇仇，或官军偾事，每屠戮熟苗以邀功，怨毒积，是以勾结生苗乘机作乱。台拱本在化外，自有司迎合，辄谓苗人愿献其地，上官不察，竟议驻兵，遂使生苗煽乱，屡覆官兵"云云。时鄂文端为首辅，公谓之曰："自公用师于苗，吾数言其不可，天道甚神，人不可多杀，惟君子为能改过，公其图之。"上卒从公议，撤兵，除新疆之赋，黔人乃安。

二十七日癸酉(8月15日)　　　阴

戴蕴之来久谭。访刘治卿少谭。访邓伯紫兄弟。又访莫善徵久谭，并晓喻觐训总戎。又访子宪兄少谭。傍晚到廉舫处，并晤朱星鉴辈。

---

① 求，稿本作"究"。

二十八日甲戌(8月16日)　　　　阴

访戴子高、张小山、李壬叔、唐端甫于书局,久谭,又同壬叔访魏刚己、张溥斋,并答访郑枫坪。邓伯紫来,衣谷来。

接董椒孙二十二日信。

二十九日乙亥(8月17日)　　　　阴

辰刻入署。写眉生信,即发,寄苏。般仲信,即发,马递。李勉林信,七月十一发,马递。家信,即发,马递。紫兄信,即发,附家信。六姊信。即发,马递。莫偲翁来久坐。任棣香、陈小圃来谭。初更后返寓。

《国朝先正事略》:

雍正七年,西北两路用兵,上以内阁在太和门外儤值者多虞泄漏,始设军机处于隆宗门内,为承旨出政之总汇,命鄂尔泰、张廷玉同为军机大臣,其职掌在恭拟谕旨,内外臣工所奏皆面取进止,凡指授兵略,诰诫臣工及查核刑政之失当者,为寄信上谕密封交兵部驰递,无日不召对,上所巡幸无不从,而四方章奏亦皆以折代本,径达军机处,其内阁本章率依例题达而已。

陈文恭公宏谋,乾隆二十一年授两广总督,公疏辞,谕不必回避。二十九年,特设汉协办大学士以任公。

军机大臣初止一人承旨,乾隆十二、三年,金川用兵,大学士讷亲承旨,出辄令汪文端公由敦撰拟,屡易稿,令再撰。一稿甫削,又传一旨,公颇以为苦。傅文忠在旁,窃不平。迨平金川,归首揆席,自陈不能多识,恐有遗忘,乞令军机诸大臣同进见,遂沿为例,然秉笔之任率推公。其后满司官欲借为见才地,文忠稍假借之,令其代拟。公见满司员如此,乃亦听司员代拟,日久遂为章京之专责矣。

漕船之数,凡六千九百六十九艘。

乾隆六年,梁文庄诗正奏请八旗闲散人丁旋黑龙江宁古塔等处分置边屯。

七月庚申

朔日丙子(8 月 18 日)　　薄阴,下午大雨

季雨来久谭。辰刻入节署,到挚甫、棣香、叔云处各少坐。写子迎信、初八发,李雨亭布政转递。孟辛信。同发。阅军报,李帅片奏:捻首张总愚于六月初七日商河之战亲督黑旗队攻扑官军,被鸟枪由背后击穿小腹,闻已殒命。又粮台道员钱鼎铭禀,据张秋来信,捻首张总愚于六月十二为宋庆军生禽。又提督刘松山来禀,六月十六日与张总愚接仗大胜云云。计剿捻各军统帅钦差都兴阿、左宗棠、李鸿章凡三人,总督官文一人,巡抚丁宝桢、英翰、李鹤年三人,侍郎崇厚、恩承二人,适合九节度之数,同幕恒以为笑剧。初鼓后返寓。

初二日丁丑(8 月 19 日)　　晴,复暑

子宪二兄来少谭。

初三日戊寅(8 月 20 日)　　清晨雨,旋晴霁

辰刻入署,钱子密来,即至其斋少谭。相国以丁中丞欲办沙洲事见访同幕,余曰:"此不过言利而已,沙洲俗称沙糊涂,岂有彻底澄清之理。欲恤民,惟有罢其事不行。"因不下议。挚甫、莼斋来谭。写六姊信,寄去洋钱等。即发,信局。

下午,入见涤师,论沙田事。师曰:"吾初次已会衔,难中止,今将补课之,老沙田分别应补、不应补及坍没,应除三等,庶不为厉民之举,何如?"余曰:"不应补之田多于应补者,补救最善。"师即属拟致丁中丞函稿。余又言:"洋人欲于内地挖煤,总理衙门议由南洋大

臣主政,应否顾募洋人,租买机器,悉听裁度,此事颇有关系。江浙地狭人稠,山野较少,有则必为居民坟冢所聚,如许洋人寻图开矿,民必大扰,非如传天主耶稣邪教所争犹为虚文也。"师曰:"江南不过镇江一处,或不致碍民。"余曰:"一处即有一处之坟墓,且洋人贪欲无厌,一开其端,岂肯中止,助以汉奸煽诱,甚必至指无矿为有矿,以供吓诈,有明矿监之虐,即殷鉴也。"师曰:"明立章程,不许洋人与闻,何如?"余曰:"师在此可镇压,后者无此威望,终忧越俎。然去年已奏,以为可行,则今亦第可防范之而已。"会洋员马格里求见,余遂退。傍晚返寓。

初四日己卯(8月21日)　　　晴

凌晨入署。拟丁中丞信稿一件,自三月至此,仅作一函,而月糈至厚,盖皇甫湜之一字一缣,不足言矣。下午,吴南翁来,涤师邀赴后园同谭。初鼓后返寓。是日庄仲白见访,忠械,丹徒人,工词。不晤。

接四姊六月廿六日信,闻槐亭已转疟疾,可无碍,六姊已亲赴杭视疾。又阿哥闰月十九、六月十八二信。又般仲六月二十八日信,言嫂氏在徐已于六月二十五日寅时添一侄。又孟舆六月廿七日信。

初五日庚辰(8月22日)　　　晴

巳刻入署。南翁来久谭,见示为作《耕读传家》、《岱顶看云》二图序各一篇,文笔高古,殊可感佩。伯甥来。下午同南翁访何廉舫,又访朱春舫少谭。南老旋署,吾返寓。

接儿子实六月二十六日来禀,又长生弟六月十三日信。

初六日辛巳(8月23日)　　　晴

同南老、莼斋、叔云、挚甫访周缦云及其子小云,又同赴书局访子高、啸山、壬叔、端甫,留午饭,谭至下舂,馀子归。余同南叟访刚己、溥斋,复少坐。南叟旋署,余返寓。

初七日壬午(8月24日)　　　晴

巳刻入署,南老来久谭。下午,郑枫坪来访。答访庄仲白,并晤沈戟门。坐小舟赴何性泉之招,适衣谷以其舟代迓客,遂过船偕住。同座万小汀凤阳人。及主人之同事林子洁、胡芰裳与衣谷共六人。饮散,复下舟,燃灯数十,照耀中流,听歌于文德桥。遇星鉴及汤小秋,少谭,返寓。

接丁松侪△△日信。

初八日癸未(8月25日)　　　晴

杨子木送兰数枝,把玩移时始出。访子宪兄久谭。午刻入署,到南叟处久谭。下午,南叟来久谭。衣谷来,同过南叟。傍晚返寓。

初九日甲申(8月26日)　　　晴

辰刻入署,南叟来谭。张啸山、唐端甫来。见军报,捻匪已于六月二十七、八两日经淮、豫、东、直诸军在武定府境全股歼除,逆首张总愚已投水死,尚未搜葬尸身云云。同南叟、莼斋访莫子偲少谭,又访何廉舫不遇。返寓。

接张屺堂六月廿八日信。

初十日乙酉(8月27日)　　　阴,下午雨

辰刻入署,邓良甫贵伦。来候。写家信,长生信,即发,马递。孟舆信,紫兄信,即发,附家信。槐兄、六姊信,即发,附紫信。丁松侪信,十三日发,交何廉舫。南叟来。戴蕴之来久谭。下午,邓守之来访。答访邓守之,少谭返寓。

接孟舆初七日信,又王朴臣△△日信。

十一日丙戌(8月28日)　　　阴

辰刻入署。写开孙信,即发马递。屺堂信。同上。到同幕诸人处一走。南老来谭,初鼓后返寓。

接儿子实初二日来禀,又紫兄六月廿八日信。

十二日丁亥(8月29日)　　　晴

已刻入署。在南叟处谭,见黄左田《岁朝图卷》。黄微时与友金叶山、戚象山客武昌,岁除,金、戚二人绘鸡、鱼伏腊之品以为馈岁,黄装为卷,自六十后迄九十馀,每岁首必有题咏或小跋,蝇头小行楷,工整可爱,福寿人真有过人处哉。卷中皆大老题咏,亦极台阁一时之选。戴蕴之来,朱仲武来。下午赴朱星鉴、黄子春诸人招,饮于会馆,于时金陵始有演剧之会,距甲子庆功亦七月十二日,适四浃岁矣。人事如流,为之爽然。二鼓尽归寓。

接阮钰初三日信,已抵皖。

十三日戊子(8月30日)　　　晴

邓季垂来。已刻入署,访劼刚久谭,又访文案李翰臣衡阳人。少谭。下午,南叟有恙邀处方。傍暮返寓。

十四日己丑(8月31日)　　　晴

季雨来访,少谭。辰刻入署,南叟来谭。相国命来日游玄武湖。

十五日庚寅(9月1日)　　　晴

卯刻入署,同邓守丈、汪梅村、吴南叟、莫子偲、伍嵩生、肇龄,四川邛州人,丁未翰林。钱子密、吴挚甫、黎莼斋、王子云、任棣香、陈小圃、薛叔云游玄武湖。相国微恙不行,劼刚为主人。荷花零落无几,秋气瑟然,半湖而返。复至昭忠祠、妙相庵各少憩,反饭于祠中。遂下船道青溪、秦淮而归。至署通名谢毕,遂返寓。

十六日辛卯(9月2日)　　晴

十七日壬辰(9月3日)　　晴

辰刻入署。到南老处谭。午间,李壬叔来少谭,约明日书局中与缦云、啸山、端甫饯吴南老,为作陪。下午,同南老步至文德桥,棹小舟访衣谷、何性泉,傍晚归。

十八日癸巳(9月4日)　　晴

巳刻赴书局诸公招,南老、莼斋、叔云、挚甫续至,饮至下午散。余又候刚己、溥斋久谭,乃归寓。

十九日甲午(9月5日)　　晴,夜雨

巳刻入署,到邓守丈处一谭。子高来谭。下午舣舟秦淮,邀南老、守丈游河,莫偲翁亦至,遂同行。舟至东关登陆,饮于衣谷寓中。以南老明日行,余薄设为饯也。客自三叟外,性泉、衣谷为馔,初鼓时饮散,复舟返。南老入署,余旋寓。

接阿哥初三日信。

二十日乙未(9月6日)　　雨

巳刻入署,送南老行。南老与余情独至,颇有不忍之色,既为述别一篇留赠,余亦有文以送之,而所作未惬意,未出以示之也。南老行。余以涤师有恙,入问候,方寝未晤。遂到书局与啸山、子高、端甫、汪梅村、庄仲白公分送李壬叔行,将应征入都也。饮至下午,余复访廉舫,少谭归寓。

接长生十七日信。

二十一日丙申(9月7日)　　阴雨

巳刻入署。写家信、即发,马递。紫兄信、孟甥信。附发。吴寿年来。

二十二日丁酉(9月8日)　　　晴

辰刻入署。偕众贺相国奉旨优叙之喜,赏平捻也。李帅授协办大学士,晋太子太保。都、左诸帅尚无明文。赋《游玄武湖诗三首》。下午,访劼刚少谭。喻觐训总戎来谭。傍晚返寓。

接阿哥初九日信,已蒙保以直隶州,留安徽。又般仲同日信。

奉教游玄武湖归,公子劼刚先有诗,答上兼呈同会。

时吴叟南屏行还巴陵

鸡鸣埭口万荷丛,小艇瓜皮屈曲通。四叟须眉照湖水,会者邓守之丈,七十有四;汪梅村孝廉,六十有七;吴南屏学博,六十有四;莫子偲大令,五十有八,皆须眉①皓然。诸贤裙屐动清风。携来春茗浮浮碧,吟到秋花淡淡红。何事梁园惭授简,陈王八斗擅词雄。

捷音昨夜到江头,北极风尘顷洞收。折屐已觇黄阁喜,卷书先醉碧湖秋。万方戈甲销忠骨,廿载筝琶感旧游。闻道秦淮有烟景,与君重上木兰舟。

真同社燕寄修椽,此日看花为惘然。细数朋簪一回首,去夏同游彭丽生孝廉、俞荫甫编修皆他去。那堪尊酒又明年。江湖水满浮归楫,池馆秋清落绮筵。但遣心神专一壑,何须定买颍东田。

二十三日戊戌(9月9日)　　　阴雨

在寓庀行计,将遣南阳孺人返虞也。下午赴何廉舫招饮,同席周缦云、李壬叔、陶鹤亭、庄守斋,有扬州二校书为侑。主人赋诗前后已六十首,仍索余赠,走笔为十绝贻之。二鼓后返寓。

何廉舫太守招饮席间赋

六朝金粉古扬州,五万莺花逐水流。我是江南倦游客,不

---

① 须眉,稿本作"头须"。

堪重听四弦秋。

清愁水部擅名场，酒胆诗心两不唐。一缕春魂谁唤起，人间真有返魂香。

坠欢千种久成灰，说到名花半笑猜。此日金酤新刮目，碧纱窗下看诗材。

玉貌珠喉未用夸，只论才调斗风华。竹西自古多明月，压倒秦淮卖酒家。

从来名士比名姬，惜墨如金我所知。看到神光飞洒处，最怜一样不逢时。

臂钏敲铿纵酒兵，玉杯到处岂辞倾。解颐妙语文心曲，不数如饴汉郭生。

繁花压鬓斗眉痕，合手筝琶酒正温。一曲柘枝围四座，就中谁与赋公孙。

干斋试学太常妻，蒙叟承蜩曲项低。蜀国青莲彭泽菊，一时移上武陵溪。

每觉新欢触旧愁，铅波流尽为谁收。尊前重有唐天宝，长笛何须更倚楼。

丝竹东山良宰事，烟花南部古人传。酒徒若上中兴颂，钟阜应镌第一篇。

《国朝先正事略》：

溧阳史文靖于雍正八年署两江总督，九年还朝。

稽文敏公曾筠、子文恭公璜，均自河督大拜。

彭定求及孙芑丰皆会、状。

本朝两举博学鸿词科，康熙己未中选者五十人，海盐彭孙遹第一。乾隆丙辰中选者十五人，补试得四人，武进刘纶第一。

乾隆四年，诏以廷试进士对策，撰拟颂联献谀非体且启请托弊，命大臣集议，制策当取通达治体，以汉晁错、董仲舒，唐刘贲，宋苏轼为式。

乾隆朝庄公有恭抚江苏，大修三江水利。疏略云：太湖北受荆溪百渎，南受天目诸山之水，为吴中巨浸，而分疏之大干，则以三江为要。三江者，吴淞江、娄江、东江也。东江自宋已湮，明永乐间别开黄浦，宽广足当三江之一，今亦为之东江，其出水之口不独宝带桥一处，如吴江之十六港、十七桥，吴县之鲇鱼口、大阙口，为湖水穿运河入江之要道，今皆浅阻。又如入吴淞之庞山湖、大斜港、九里湖、淀山湖溆浦，迩因小民贪利，遍植芦苃，圈筑鱼荡，亦多侵占。昆山外壕为刘江正道，浅狭特甚，苏州娄门外江面仅宽四五丈。法当于运河以西，凡太湖出水之口皆为清厘占塞。其运河以东三江故道，惟黄浦现尚深通，其吴淞江自庞山湖以下，娄江自娄门以下，均宜复治宽深，其植芦插簖及冒占之区，尽数铲除，此后仍严为之禁。请先动帑兴工，仍于各州县分年按亩征还，则民力纾而工可速集。疏入，诏可。工始于癸未十二月，至甲申三月告成，乾隆二十八、九年。凡用白金二十二万有奇。

裘文达曰修两次丁忧回籍，均于未服阕时奉特召入京视事。

嘉庆初，朱文正珪任户部尚书时，上禁浮收漕米之弊。外省以运丁贫，仰资州县，州县取民不得不浮。于是安徽有加增银，江苏有加耗米之请。部议将拟行矣，公思之不寐，综其数较原征加倍，乃决计驳曰："小民未见清漕之益，先受加赋之害，不可行。"并令曹司以后凡事近加赋，皆议驳，以体皇上损上益下之意。

本朝二百年来，由大魁陟宰辅者，顺治丙戌则聊城傅公以渐，丁亥则武进吕公宫，己亥则昆山徐公元文，乾隆丁巳则金坛于公敏中，己未则番禺庄公有恭,戊辰则会稽梁公国治,辛巳则韩城王公杰,己亥则大庾戴公衢亨,癸丑则吴县潘公世恩。

国初沿明故制,票拟承宣皆由内阁。至宪庙许内外职掌官具折奏事,凡事有出入者,皆奏定然后循例具题,每日寅刻奏事处纳折匣,上秉烛批览毕,即发军机处录入档,乃面谕大臣,寄信各原奏官可否之,名曰廷寄。

仁庙巡幸,返自关东,召见戴文端、董文恭及吴槐江宫保。熊光。上曰:"此行有言道风略无可观者,人言可尽信哉?"为吴曰:"卿苏州人,朕少扈跸过苏州,风景诚无匹矣。"吴公叩头曰:"臣从前侍皇上谒太上皇帝,蒙谕曰'朕临御天下六十年,并无失德,唯六次南巡,劳民伤财,实为作无益害有益,将来皇帝如南巡,而汝不阻止,必无以对朕矣'。"

嘉庆二十年,英吉利入贡,其使不能行三跪九叩首礼,廷议以其崛强遣之,睿庙不怿。广督孙公玉庭适述职京师,召见垂问,公密奏:"乾隆五十八年英使至京,已不能效中国礼仪,然其国大班曰哂哴咚,尝于广东巡抚署拜领赏物,弓身俯伏,臣亲见之。今贡使即哂哴咚,未有谨于彼而骄于此者。"又云:"如其妄有干求,当折以天朝之法度;如其归心恪顺,不必责以中国之仪文。"反复开陈,仁宗优旨褒之。

乾隆五十八年,英吉利入贡,请于天津、宁波海口贸易,并求给附近珠山小海岛及广东附城地方各一处居商存货。上既严谕指驳,复虑其沿途生事,特命松文清公筠护行,凡所要求,皆严词拒绝,途中安谧,诏嘉其得体。

道光初,尚书英和以州县陋规日甚,奏请分别查明以定限制。汤文端公金钊奏言:"陋规皆出于民,州县犹未敢公然苛索,恐上知之而治以罪也。今若明定章程，即为例所应得，势必明目张胆，求多于额例之外，虽有严旨，不能禁矣。况名目碎杂，所在不同，逐一检察，转滋纷扰，殆非区区立法所能限制也。"时总督孙公玉庭、蒋公攸铦，尚书汪公廷珍，俱先后奏阻，事遂不行。元年公兼户部侍郎，时孙公玉庭以南漕浮收不能尽去，请八折收漕，公又争之曰："康熙中奉有永不加赋之明诏，此大清亿万年培养国脉之至计也。前有议加征耗米及公费银者，均经户部以事近加赋议驳，今准其略为浮收，则不肖者益无顾忌，而浮收且十倍于往日，虽告以收逾八折，即予严参，而前此逾额者何尝不干严遣，卒不闻为之减少，独于新定之额恪遵而不敢逾，无是理也。在督抚奏定之后，不虑控告浮收，在州县，纵有发觉，又将巧脱其罪，是限制仍同虚设，徒为盛朝开加赋之端。臣窃惜之。"疏入，事亦寝。

二十四日己亥（9月10日）　　　阴雨

巳刻入署。伯甥来。下午，为友人书楹帖、条幅以习字。到薛叔云处谭。到邓守之丈处谭。见陈国瑞骂左季高书，甚畅达。盖陈往见不为所礼，而陈故狡悍，新得援于恭、醇诸邸，又刺左不满人口事，故大放厥辞。夫人必自侮，而后人侮之，岂不信欤！初鼓后返寓。写龚念匏信，寄还《己亥杂诗》一本，又朱萚卿条幅一张。初一发，交汪福。

接儿子初十日来禀，言舍旁枯桐复生，为之欣快不已。

二十五日庚子（9月11日）　　　晴

巳刻访刚己、溥斋，识僧妙因，本扬州廪生，郑姓，名学川。生好释典，专心念佛，甫四十，竟剃染出家，可谓勇矣。亭午归寓，邓守丈来候辞行，不晤。

二十六日辛丑(9 月 12 日)　　　晴

写屺堂信。即发，交来足。已刻入署。莫子偲遣字邀游摄山，以南阳君将行，为雇舟楫无暇谢之。戴蕴之来久谭。傍晚返寓。

二十七日壬寅(9 月 13 日)　　　晴

子宪二兄来。辰刻入署，偕众贺相国改调直隶总督之喜，旋见少谭而退。闻后任为马穀山，窃维捻寇虽平，伏莽正多，非曾公威望无以镇之。彭雪芹侍郎亦得请回籍。同时去楚军中两尊宿，朝廷虑患，可谓疏矣。淮军亦将遣撤，自徐、兖之郊，盗贼充斥，已不可问。从此北则散勇及徐孽，南则江湖哥老会，呼啸成群，遗黎复入水火。吾固疑甲子之后，人心侈泰，无治平之理，而时有敉宁之绩，盖不如此不足以造第二篇文字也。如何如何？搔首而已。

亭午，复返寓，拟料理南阳君行计，而邓载功奉其太夫人至，谭至暮时。笠夫复来，应酬竟日。

接儿子实二十日来禀，又李勉林十九日信。

二十八日癸卯(9 月 14 日)　　　晴

巳刻入署，写槐亭、六姊信，初一发，附四姊信。四姊信，寄银七十两。初一发，交南阳君。眉生信，即发，附紫兄信。紫兄信，孟甥信，即发，附家书。家信，即发马递。开孙信，即发马递。安林信。初一发，交南阳君。

初鼓后，入谒涤师久谭，言已具折谢恩，辞新命，如必不得请，亦不敢固执求退。余曰："朝廷用人，自有深意，以疮痍未复之两江，加之反侧不安之民气，遽移人心胶固之重臣于闲地，诚非草茅所能窥度其权衡之道，师亦知之乎？"师默然良久，曰："去年年终考察，吾密保及劾者皆未动，知圣眷已差，惧不能始终，奈何？"余曰："不至是。

师之重德,足以上格君心,下摄群异,所虑者师去后,江南复有衅祸,更为民灾,烈忧之非一日矣。"师逊谢。余复曰:"淮军遣撤,自因节省饷需起见,然当此新旧交易之际,愿姑徐徐云尔,以谧乱原。"师领之,余出返寓。

二十九日甲辰(9月15日)　　　晴

邓季雨来。在寓检料行李,以南阳君明日行也。下午,邓伯紫昆季来,子宪兄、伯房甥来。夜,季雨复来。

接孟甥十六日信,又眉生十九日信,又孝拱廿一日信。

八月辛酉

朔日乙巳(9月16日)　　　晴

晨起发行李入舟。邓季垂、熙之、载功来。午刻自下舟相度,遣舆迎南阳君至。申刻舟遂行,予上岸返署中。刘菉卿源清。来候。

初二日丙午(9月17日)　　　晴

早食后到劼刚处一走,闻合幕均不同行。下午候周缦云,以《先世图卷》乞题,又答候刘菉卿。赴朱春舫、陶鹤亭等戏筵之招,二鼓返署。

接南阳君初一舟中来信。

初三日丁未(9月18日)　　　晴

早食后至劼刚处一走。予以受涤师之知已十四年,相从复八年,不忍遽别。闻师欲轻骑入都,幕府中皆不行,予拟自备资斧送师北上,俟出处奉有成命,余即南归,终老畎亩,以全终始之谊。托劼刚为上达。少选,劼刚以师命来,述师之言:"惠甫天分至高,心地尤厚，曾见其因毁甫身后坠泪二次，汝九叔始甚优待，继颇不欢，而惠甫至今犹不忘之，于吾尤恋恋，中间别去数年，终不愿受人一字嘘拂，其志趣有异于人。时人如周缦云等，皆以吾待之过优，且有毁短之者。其在秭营时报捷之折，人以为中有语病，然汝九叔岂未之见，而以为人过邪？皆不平之论也。今与之约，吾此行不能同往，如到直隶任，即奏调到直，畀以地方，伊必是一好官，能做事。如吾为京官，亦必为之位置，伊可于明春附吾行李舟由海道北行，川资一切皆吾为具。倘吾休官得请，则作罢论"云云。劼刚述之未竟，予不觉涕泪横集，师相知之深，相爱之厚至此，灰身不足以为报，真不知多生是何缘法。因属劼刚致谢，谨奉师命。劼刚于予亦独厚，予初以为贵介，不敢自昵，比年相待益亲敬，坚欲序兄弟行，凡予一诗什，咸推服再三。连日因余有惜别之意，今复见余涕泪，喟然曰："吾识人亦多矣，未尝有真挚如君。"去移晷，复来谭话良久而去。李质堂军门来候。

接汪汉卿七月廿五日信。

初四日戊申（9 月 19 日）　　晴

写眉生信。初五发，交来人。候莫善徵，又至邓处，均久谭。答候李军门不遇。赴劼己招，同座何春林，衡阳人。张溥斋、郑枫坪，傍晚散归。写阮钰信。初五发，交轮船去便。

接阮钰七月廿八来禀，已于廿五抵武昌。

初五日己酉（9 月 20 日）　　晴

何廉舫招看戏，不赴。杨纯山来属撰募刻全藏疏文及章程，僧妙空愿肩此任，拟先立刻经处于江宁，纠同志十人按月捐资以为常，其外来之缘随时增入。子宪兄及伯甥来。撰募全藏疏一首。写阮钰信，寄银二十两。即发，交张巡捕转交轮船去便。

接南阳君初三日信,已入京口。又儿子实七月廿七日来禀,又阿哥六月廿五日信,又紫卿兄七月廿二日信。

代僧妙空募刻全藏疏

盖闻三藏肇兴,将烛迷情于暗室;一音流播,普拯失路于歧途。白马东来,兆始汉明之梦;金人夜见,夙开罗什之风。澍法雨于支那,种药王于震旦。时更世代,数逾千祀。金府宵启,腾神采于山林;贝叶晨翻,炯灵光于南北。猗欤美哉!可谓盛矣。

而乃世丁厄运,法当象末。悲心虽广,未息修罗之瞋;福果将衰,遂失化城之范。际江之南,梵宇鞠为茂草;自明以上,古刻化为云烟。虽四目六臂,藕孔之隙终摧;而八筐五津,芬陀之华竟萎。痛矣迦文,虚垂度人之金筒;伤哉含识,忽忘出险之丹梯。龙藏难探,狮弦中绝,神天失怙,善信椎心。

妙空不揣微躬,致肩弘愿,誓竭半生之精力,募镌全藏之原文。窃以江河之大,滥始于涓流;泰岱之隆,积先于纤壤。行远自迩,登高必卑。爰于金陵省垣,先设刻经处所。纠合同志,已成经久之资;简别要编,用著流通之渐。然窥天目穷于一管,饮海志切于全波。苟非檀信宏施,曷广天人慧命。夫一四句偈,尚留法种于心田;十二部文,孰测福缘之宝聚。信为道原,功德毋譬,操嘉谷而植膏腴;檀在六度,禅定先况,播法施以拯迷网。舍不坚财,成无上果,十方智士,谅有同心。更望护法王臣,不忘付属大权,菩萨普现化身,或加被而却魔尘,或助资以广胜业。难陀龙雨,一滴而众海俱增;香积佛馀,半钵而同会尽饱。机缘法力,有不可思议者矣。

呜呼!一闻佛名,千劫不堕。慈忍之风既迪,瞋恚之习何生。拔本塞源,语奇义核。倘使慧光重耀,觉苑宏开。宝华王座,不绝狮子之貌;胜摩尼幢,能出雷音之吼。行见凡外革心,化秽土为香殿;抑且魔罗合掌,变刀仗为天花。真决定义,是如实语。妙空头髓可舍为香灯,皮骨可折为纸笔。唯一身之所资有尽,而普德之合力无穷。故引善缘,共成妙举。凡诸大士,乐证修者,妙空愿阿僧祇劫,共警策而不离;求功勋者,妙空愿妙高福聚,悉回施而无吝。尘尘刹刹,永报洪恩。将此深心,尚其鉴察。谨疏。

初六日庚戌(9月21日)　　晴

曾静臣来候辞行,即答候送行。戴子高来久谭。候朱星鉴,并答候邓良辅,均不遇。候刘治卿,并看子宪二哥,已荐入其局中也。候汪△△。罕青之尊人。返署。写李中堂贺信。初七发,附阿哥信。写眉生信,附紫兄信内。紫兄信,附家信。孟舆信,附家信。家信。初七发,马递。衣谷来。

初七日辛亥(9月22日)　　晴

黎友林太守福保,寿民之弟。来候。写阿哥信。即发,马递。到刚己处,晤张溥斋、杨壬山谭。又到何廉舫处,晤朱星鉴、陶鹤亭谭,初鼓时返署。

初八日壬子(9月23日)　　晴

邓季雨来久谭。本地人欲公禀将军,奏留节相,属余为点定禀稿也。下午,衣谷来久谭。

接南阳君初四日信,已到常州。又长生初一日信。

初九日癸丑(9月24日)　　阴雨骤凉

初十日甲寅(9月25日)　　雨

写阿哥信,长庚侄信,即发,交般仲。般仲信,即发,马递。家信,同上。长生信。同发。衣谷来谭。

接阿哥七月廿五日信。

十一日乙卯(9月26日)　　　雨

十二日丙辰(9月27日)　　　晴

到王逸亭处少谭。访子高不遇。与刘叔俛谭。又访张小山、唐端甫谭。又访杨壬山不遇。与赵季梅、钟西伯谭。访刚己、溥斋久谭至下午。申孙来,开孙亦继至,狂喜,谭至傍晚旋署。

见公牍,长江水师均饬驾驭原领船只各归汛地,定于今冬往支薪粮,开正照水师经制开发。湖南岳州、湖北汉口、江西湖口、安徽大通、江苏瓜洲,各留厘卡一处,提银共八十二万以赡其用。

十三日丁巳(9月28日)　　　晴,下午阴,夜雨

李勉林来候。季雨来。到劼刚处一谭。戴子高邀赴彩霞茗饮并饭,同座者开孙、申孙,子宪兄亦至。下午又同赴刚己处,谭至二鼓返署,呼门而入。是日杜小舫、李眉生皆来候,不遇。

接张芑堂初八日信。

十四日戊午(9月29日)　　　雨

程敬之来候。李勉林又来候。吴寿年来。写张芑堂信。即发,马递。到子密、挚甫、叔云处一走。彭雪琴宫保来候久谭。方元徵表兄师来自徐州,久谭。到纯斋处一走。杨壬山来。方仲舫来候。

接长庚侄六月廿九信,又般仲七月廿七信。

十五日己未(9月30日)　　　晴,夜雨,渐复霁,月甚朗

晨起,即有客至。早食后答贺同署友人,相国止贺,并不上谒,出署。答候元师少谭。次候彭雪琴侍郎,不晤。次候开孙、申孙,次答候黎友林,次答候李眉生廉访,次答候李勉林,次答候程敬之,均

不晤。返署后，步至元师处久谭，并晤开、申两公。下午同至魏刚己处，并晤杨壬山，谭至傍晚归。是日方存之宗诚。来候，不遇。

十六日庚申(10 月 1 日)　　　晴

李勉林来候，戴子高来谭。朱春舫、陶鹤亭等邀观剧，不赴。伯紫来候，言本城公禀挽留，已于今日呈递。下午到刚己处，与开、申、溥、壬谭，初鼓归，复过元师处少坐。

十七日辛酉(10 月 2 日)　　　晴

中饭后候彭雪琴侍郎，不遇。候黄昌歧军门少谭。候陈作梅观察久谭，并晤凌筱楠观察。答候方仲舫少谭，又步访何廉舫、杨子穆诸君，二鼓返署。接王霍生△日信。

《先正事略》：

道光二十七年，李文恭公星沅督两江，户部以连年蠲复绌度支，筹实库为备豫计。于是廷臣条五事以上，其大者，则漕粮改征折色，入银京师，于奉天、陕、豫采买，以充仓庾。公疏言："州县兼收折色，以钱抵银，本无定价，若著为令而示价于通省，则银价日昂，民且重困。"奏入，廷臣犹以为言。再下议，公再疏言："例价甚轻，北方粮贵，又水陆运费不赀，势不得不议增，而例有明文，迥非州县通融办法，若就州县分别重轻，无论各州县情形不同，即一州一县中亦各不同，且不能舍户部定例而转执州县之勒价为准，多则输纳不前，少则采买不足，此国计之难也。至以漕项应折若干，注明粮册、粮票，畸零细碎，开载既烦，且银价时有长落，将今日少完，明日复多完乎？岁收时有丰歉，将今岁少取，明岁复多取乎？小民正愁谷贱，兼值银荒，以有易无，转辗亏折，此民生之难也。至州县之私改折色，只以解费为辞，今若明示折改，则张目而无所顾忌，以公济私，浮勒必益甚，而粮役之勾串诈混，亦必日出而滋弊。多一名色，即多一利孔，脂膏胲削，究维编民任之，此防州县浮勒、吏胥讹索之难也。"奏入，成皇帝韪之，事遂寝。

鄂文端任江苏布政时，以大学试士得五十三人，有《南邦黎献集》之刻。后乾隆初元开词科，亦文端奏请也。

康熙时，乔石林莱官翰林，河督靳辅请筑堤束运河异涨之水以达海。莱与给事中刘国辅等十人合疏，言其四不可。略云：河臣议开大河，筑长堤，堤在内地者，高丈六尺，河宽百五十丈；近海者堤高一丈，河宽百八十丈。势必毁村落，坏庐舍，掘冢墓，惨有不忍言者。不可行一。河臣议先筑围埝，用桔槔汲去埝内之水，取土筑堤，不知臣乡地卑，原无干土，况积潦已久，一旦取土，积水中投诸深渊，工安得成，虽成易坏。不可行二。河臣欲以丈六之堤束水一丈，是堤高于民间庐舍多矣。伏秋风雨骤至，势必溃，溃而南，则邵伯以南皆为鱼鳖，溃而北，则高邮以北靡有孑遗。即未溃之时，潴水于屋庐之上，岂能安枕而卧乎？不可行三。至七州县之田，向没入于水，今束河使高，田中之水岂能倒流入河，不能入河，即不能归海，淹没之田何由复出？不可行四。

乾隆三十年间，严长明以中书直军机，刘文正统勋最奇其才。户部奏天下杂项钱粮名目繁多，请去其名并入地丁征收。严曰："杂项既经折色，即为正供，若并去其名目，他日吏忘之，谓其物官所需，必再征，是重民困也。"白文正奏寝之。

十八日壬戌（10 月 3 日）　　　晴

丁燕山总戎来候，久谭。新授长江水师湖口镇。到劼刚处少坐，并晤许缘仲。下午到元师处久谭，并晤开孙、申孙。散后又访善徵不值，返节署。

十九日癸亥(10月4日)　　晴

曾栗诚来谭。张苣堂自芜湖来,来候久谭。庄仲白来访。亭午访善徵不值。访元师久谭。下晡旋节署。王少岩来访,久谭。写家信,二十发,马递。王霍生信,即发,交王少岩转交来人。彭季陶信。二十发,交紫兄。俞荫甫来候少谭。勒少仲来候不晤。

接初九日、十二日家信,南阳君已于初八傍晚到家。又四姊十四日信。又六姊十五日信,已自浙返常。又紫兄初四日信,又孟甥十二日信,又彭季陶初二日信,寄改七艿《天女象》一幅,妙笔无双,又碧萝春二器。

二十日甲子(10月5日)　　晴

孙海岑来候辞行,候孙海岑送行,不晤。答候勒少仲、俞荫甫,晤俞少谭。又答候周缦云少谭。又答候许缘仲、张苣堂久谭。返署。访开生昆季,并遇元师,同茗。又至元师处久坐,傍晚返。写紫兄信,孟甥信。即发家信。

阅公牍,黄河于六月杪在河南荥泽县漫口分溜,由郑州、中牟入贾鲁河、沙河入淮,正溜尚在清河。

二十一日乙丑(10月6日)　　阴,微雨

开、申二君来同茗,遇童问渔少谭,至彩霞楼饭。又同过刚己,并遇元师,问渔亦踵至,初鼓时归。吴竹庄中丞来候不值,金逸亭亦来候,不值。

二十二日丙寅(10月7日)　　晴

巡捕官张瑞生来。李勉林来候辞行。吴寿年来。到劼刚处少坐。访方存之少谭。李次青《先正事略》遗吾里之庄方耕、珍艺两先生,刘文恪、程文恭两相国,而李申耆、刘申受两先生皆附传。余为

补六篇,是日成,约八千言,不及录此。

写四姊、六姊信,廿五日发信局。槐亭信。附发。下午,吴竹庄中丞复偕劼刚来久谭。吾去年募刻佛经已刻将半,可为快哉! 傍晚答候竹庄,并晤劼刚、廉舫、李眉生按察、陶鹤亭、杨子木、刘治卿、朱春舫、张芑堂诸观察,同饮,至二鼓归署。

二十三日丁卯(10月8日)　　　阴

到开孙处,同元师、开申昆季荡舟,访衣谷于东关,旋赴城北季雨处小饮。循青溪望鸡笼、覆舟远接钟阜,秋岚泼眼,青苍万态。茗于妙相庵赏桂,盖金陵燹后,此已不可多得,非吾吴一至中秋,即成金粟世界之比矣。归舟季雨同行,傍晚仍在开处登岸。复访竹庄中丞于廉舫处,忽晤何镜海观察,握手狂喜。朱子典观察亦至,相与泥饮。又访朱春舫,并晤芑堂、鹤亭、治卿。二鼓归。写孟甥信,寄经书三部,即发,交许缘仲。写家信。附孟。

二十四日戊辰(10月9日)　　　雨

朱子典来候不遇。何镜海来候久谭,同访吴挚甫等。亭午,答候何镜海,并晤芑堂,又遇方小东太守久谭。答候金逸亭于开孙处,并晤元师、子宪兄,同饭。下午,访张溥斋送行,少选归。汪福自虞来。王鼎丞来访。

接儿子实十四、十六来禀,又九兄十六日信,又孟甥十八日信,又眉生十五日信,又才叔十九日信,又张纯卿△△信,又朱棐卿十七日信。

二十五日己巳(10月10日)　　　雨

答访王鼎丞,并晤曾栗诚、王逸亭。入至涤师处久谭。闻廷旨,命彭雪芹侍郎回籍穿服百日,即出统理长江水师。又闻前皖学政鲍源深奏留师在此,苏皖宁三处绅民纷纷乞留,或能挽回成命。师狂笑,余曰:"烈已荷师厚意,许始终栽植,唯下江子遗无所倚,不得不作此妄想。"师极誉余昨补撰《先正事略》之文,且曰:"毗陵得足下一表扬,有功于诸先生不浅。"余逊谢。师又劝余到直做官,曰:"足下去必是好官,能做事,不可终自匿,且家计亦不可无此举。"余亦诺之。又为友人乞数事,皆格外垂允,可感特甚。

访元师,会逸亭亦至,同至彩霞酒楼,邀开、申二君及宪兄,饮至下午。复至廉舫处,晤刘省三军门、铭传,淮军名将。李眉生、何镜海、朱子典、陶鹤亭诸人同饮。饮散,又至吴竹庄中丞处久谭送行,言椒侄事,许诺。二鼓返署。张廉卿裕钊,武昌人,古文名家。来候久谭。杨卓庵来候不值。写椒孙信。即发马递。

接赵舜臣初十日信。

二十六日庚午(10月11日)　　阴

写竹庄信,劝刻《华严经》。即发。方元徵师来少谭。吴寿年来。写竹庄信,交去《华严合论》三函二十四本。即发。答候张廉卿少谭。出署,答候喻觐训不值。候善徵久谭,候方小东不值。候邓伯紫昆季少谭。答候杨卓庵,并晤黄子春久谭。答候朱子典不值。到开孙处不值,返署。朱子典来候,不值。写芑堂信。即发,马递。劼刚来谭。傍晚,访竹庄中丞久谭,并晤朱春舫、杨子穆两观察。二鼓返署。写朱菉卿信。廿七发,交王鼎丞。

接吴竹庄本日信。

二十七日辛未(10月12日)　　晴

蒋莼颀来候。到子密处一走。闻新任马制府已有信至,廿二到济宁发捐后即来南。到张廉卿处一走。王鼎丞来辞行。访元师、开孙、申孙不遇。途值霡雨,同至茗肆,适三人皆在,遂同茗,又同饭,金逸亭亦至。下午复茗饮，傍晚到元师处，二鼓散归。

总理衙门密函云："台湾人与法国教士为难，法国欲派兵船往弹压。又布国欲至山后生番地界驻兵，〈其意〉皆在窥伺，甚为隐忧，欲借樟脑出息，设法钳制"云云。

接阿哥十五日信。

二十八日壬申(10 月 13 日)　　　晴

张溥斋来候辞行。写家信，即发，马递。孟甥信，安林信，紫兄信，附家信。眉生信。附紫信。吴寿年来。下午，到何廉舫处送行，并晤陶鹤亭、庄守斋、杨子穆诸君。又到张溥斋处送行，并晤开申二君、刚己、童问渔。傍晚同开、申、问渔茗，又至元师处少坐。

二十九日癸酉(10 月 14 日)　　　雨，甚寒

约元、开、申三人今日游城北，为雨阻不果。

接二十日家信。

三十日甲戌(10 月 15 日)　　　晴

季雨来谭。题汉竟宁雁足灯一首。下午，答候蒋莼顷不值。答候陈右铭宝箴，江右人。不值。赴朱子典之招，廉舫尚未行，与眉生、鹤亭、庄守斋皆同座，亦州间之会也。二鼓散归。见廷寄，相国俟新任到后，将散勇事宜及交代一切面商妥当后，再行来京陛见。又丁雨生奏留折片奉旨并递呈绅士冯桂芬等申饬。

汉竟宁雁足灯歌为潘四丈观察曾玮作

椒风合殿群火张，九枝百树光荧煌。红罗绰縩发帷幕，曾照玉璧函金缸。维时沙麓兆阴祸，诸于绛缘天所昌。入来丙殿再周纪，冯傅过欲相低昂。卷卷一玺乃知悔，妇哲往往灰城防。时移世改仅此在，土花深碧人久藏。青磷吐光烛今古，千九百

载何荒唐。背文刻镂五十四，生蛟逸凤蟠且翔。谁能断画辨毫
黍，苏斋老翁问礼汪。翁覃溪、汪容甫两先生皆有此灯考释。至今半
笔世争讼，互以得失为雌黄。长篇大文供覆瓿，好古一字逾琳
琅。丈人斋头许客到，彝鼎灿烂列两厢。摩挲使我眼欲眯，左
右趋走如风狂。独于燹后耆古物，俾度浩劫传无疆。搜罗盛心
俗所罕，俯视珠玉犹粃糠。铜仙灞水泪横落，虽伟不遇徒嗟伤。
歌诗芜陈丈所属，笺考已谢前人详。君不见木门仓琅微物耳，
一谣千古终难亡。

九月壬戌

朔日乙亥(10 月 16 日)　　　阴

蒋莼颀来候少谭。陈新泉观察濬，安庐凤道。来候未晤。入谒涤
师少谭，闻交卸后须遵旨少留，大约十月成行。邀金逸亭、元师、开
申二人舟至季雨处小饮。亭午到粮台同行，下午归。访善徵少谭。
又赴廉舫、眉生招饮，座客如昨。二鼓归，扣门而入。

见户部议奏江北河运定章，内称同治三年漕督吴棠奏，于军需
款内拨项采买米三万石一案，正价每石银二两四钱，运费每石银一
两三钱零。五年，江督李鸿章江北漕粮河运一案，折色采买正价每
石银二两三钱，运费每石一两二钱七分零。请嗣后江北办理河运，
除米价长落无定，应临时专折奏明外，其运费即以此次准销一两二
钱七分之数，作为定额，仿照海运之例，由该省通融匀用，事竣免其
报销云云。

写阮钰信。即发，信局。

初二日丙子(10月17日)　　晴

张廉卿来谭。到子密、挚甫处一谭。同逸亭及子宪兄茗饮,元师亦至,遂同赴彩霞楼午食,并邀开、申二君到。食毕,同开孙行市中。傍晚独访镜海久谭,初鼓后返节署。是日,庄仲白来访,不值。

初三日丁丑(10月18日)　　晴

写家信,寄会票银二十两;即发,附孟甥信。孟舆信,即发,附紫兄信。紫兄信。即发,信局。吴挚甫、薛叔云来谭。候庄仲白不值。候朱星鉴,祝尊甫寿旦,留饮观剧,二鼓始散归。

接六姊八月三十日信,又槐亭八月廿四日信。

初四日戊寅(10月19日)　　晴

朱子典来候久谭。赴书局张啸山之招,同座元师及周缦云、唐端甫、子高。见局中所植白桃开花,连年睹此异,未知其祥。上晡散,觅开、申、金逸亭,遇之茗肆,子宪兄亦在。傍晚又同到元师寓,初鼓归。逸亭明日成行,与话别,故晚。写屺堂信。初五发,交来足。

接欧阳晓岑八月十八日信,又张屺堂初一日信。

初五日己卯(10月20日)　　晴

陈鉴堂大令兆荣,绩溪人。来候。写晓岑信。即发,交劼刚处专便。访何镜海,并识陈右铭、宝箴,义宁州人,候选知府。朱平州,宽成,泾县人。同至机器局访刘治卿,并看机器,归,复偕饮彩霞楼。傍晚访莫偲翁,渠以余言访得梁朝萧宏、萧憺、萧景墓碑、石阙于摄山,大事毡墨,余先取萧秀碑额一纸归。

初六日庚辰(10月21日)　　阴,夜雨

王逸亭、黎莼斋来谭。见孙文川来禀,和约修换尚无成议,英酋仍邀索铁路、铜线诸款,而多增内江瓜州口岸一处,外海温、台、泉、

漳、廉口岸五处。其中内地居住,内河诸湖行轮船,开挖诸矿三层志在必行。又允于洋商内地买土货到口售卖及出此口后运赴别口均加半税。总署尚未照复,大约换约今年又不能矣云云。

初七日辛巳（10 月 22 日）　　阴

早食后踏泥泞访开生,同午饭后,访刚已少谭,又至元师处,又同问渔偕茗。李季荃观察来候。

初八日壬午（10 月 23 日）　　阴

到任棣香〈处〉一走。元师来,吴寿年来。到劼刚处久谭。逢开孙,遂同在劼刚处午饭,又同至其家,并遇元师。又同访问渔,又同茗,游至傍晚,返节署。

接阮钰八月三十日信。

初九日癸未（10 月 24 日）　　微雨

答候李季荃少谭,又访镜海,同至陈右铭寓,又同赴桂艻亭观察之招于妙相庵,傍晚散归。王协亭丧室,往唁。写孟甥信,初十发,马递。九兄信,长生信,安林信,初十发,附家信。家信。初十发,马递。

接八月三十、初三两日家信,又九兄八月廿九日信,又孟甥八月廿八日信。

初十日甲申（10 月 25 日）　　阴

到子密处一走。候王协亭,于其舟中吊之。遂到开生处,并遇元师,同饭后,复同茗于肆,又同到元师寓。初鼓动,乃归署中。

十一日乙酉（10 月 26 日）　　大雨

才叔来自里门,同庄守斋见访,少谭即去。访张廉卿,遇涤师久谭。才叔复来,同至元师处,又同茗。邀开生来久谭,仍同过元师,二鼓散归。邹和之觐皋,忠泉先生之子。来候,不值。

十二日丙戌(10 月 27 日)　　　晴

吴寿年来,才叔来。亭午到飞霞阁与元师,开、申、才三君,张啸山,唐端甫及子高诸人持螯,下午同茗于肆,傍晚散归。李眉生廉访来候,不值。

十三日丁亥(10 月 28 日)　　　晴

何镜海来访,劼刚亦来,同久谭。子宪兄来谭。邹和之来候少谭。写吴竹庄信,寄去佛经序文一首①。十五发,交才叔。朱子典信。即发,信局。下午到劼刚处,遂谒涤师久谭。又到劼刚处,同访凌小南少谭,同返。刘湘生宗海,无锡人。来候。

刻《释氏十三经序》,代吴坤修作。

十四日戊子(10 月 29 日)　　　晴,始寒

方兰槎来候。早饭后觅诸友于茗肆,开、申、才、问渔、子高、庄仲白、刘叔俛皆集,同饭彩霞楼。遇衣谷,又同茗。傍晚至才叔寓、杨子穆家,并晤陶鹤亭,少谭归。

接六姊初十日信,又槐亭八月三十、本月初三日信。

十五日己丑(10 月 30 日)　　　晴

见应宝时禀称,制造局翻书洋人玛高温禀称"美国开山采金之处,附近田地尽被矿砂填废。该国农政大臣出示议论利害,示云:为开山采矿有妨田圃,大害农政事。查金山一省,附近开矿之处,田圃尽被矿砂涌至填厚,废弃无用。以一邑计之,废田约八千亩,合中国田至四十八千亩之多。其田价值每亩一百元至一百五十元,今卖三元亦无人接手。且邻邑有已废者,有始及者,更难枚举。向者该处

---

①　去,稿本作"刻"。

烟景满野,今则永为荒白之区。由此观之,开山取金不过一时之利,妨农害政,遗患无穷"等语。目下洋人于烟台等处窥伺开采金矿,此示所论之利害,亦可备诤议时措辞之助云云。

已刻,出候朱星鉴未晤,遂至开孙处,并晤子高。亭午地大震,屋宇岌岌,亟趋院中,少顷而止。才叔亦来开孙处,饭后同茗,又同访刚已。晚剧分公饮,二鼓归。

十六日庚寅(10月31日)　　　晴

元师来少谭,题衣谷《旧游图》七律一首。吴寿年来。写汪罕青信,即日发,马递。槐亭信,即日发,附六姊信。六姊信。即发,马递常郡。才叔来,在此晡食。何镜海、陈右铭来访,久谭。萧敬孚来谭。李季荃来候辞行,未晤。三鼓,地复大震。

题汤衣谷裕皖城旧游图

皖公山月照觥筹,燕子矶风动客舟。已信浮云今古异,那堪磐石姓名留。心期皓首终无隔,踪迹黄尘任不侔。光景奔轮勤检点,莫劳神思赋闲愁。

十七日辛卯(11月1日)　　　晴

子宪二兄来久谭。候镜海送行,久谭。答候邹和之,并遇张佑之。答候刘湘生,并候方小东。候邓伯紫,贺其弟熙之入泮之喜。答候陈鉴堂少谭。又答候李季荃送行,不遇。到开孙处饭后,同赴刚已之招,二鼓归。朱平州来候不值。

十八日壬辰(11月2日)　　　晴

到棣香处一谭。亭午,访镜海不遇。访眉生久谭。访方小东、刘湘笙,并晤其居停刘省三军门,留同饭。访善徵不遇,归途遇开、申二君,同访问渔不遇,同茗而散。又访镜海,仍不遇。返署,萧敬孚来谭。

接苣堂十二日信。

十九日癸巳(11月3日)　　晴

莫偲翁同张廉卿来,久谭。候丁雨生中丞不遇。答候方兰槎少谭。候镜海送行,久谭,洪琴西亦至,开孙复来,开先去,余又谭良久。下午至茗肆重遇之,并晤元师、申孙、问渔,同到刚己家,听问渔弹琴,初鼓后归。丁雨生来候不值。王协亭来候辞行,不值。

接初十日家信,又紫兄初八日信。

二十日甲午(11月4日)　　晴

入谒涤师少谭,又至劼刚处少坐。吴寿年来。答候王协亭送行,并遇黄子春。答候朱平州送行,并晤镜海、陈右铭,返节署。写家信,即发,马封。紫兄信。附家信。李甥来。写阿哥信,长庚侄信,即发,附般仲信。般仲信,即发,马封。苣堂信。同上。下午在萧敬孚处谭。

二十一日乙未(11月5日)　　晴

吴寿年来,衣谷来,子高同唐端甫来。黄子春来候,久谭乃去。是日始修订家谱。始读毕氏《续通鉴》第二过。见本月总署为宁波厘卡扣留华商冒充洋商货物罚捐一案,复咨内称华商贩运洋货,江宁壬寅和约第十款及天津和约第二十八款,均载有各货纳税后,即准由中国商人遍运天下。又称洋货内地税在海口输纳给票,为他子口毫不另征之据等语。是洋货入内地无论华商、洋商,但执有半税单均不得再征厘税。若谓华商贩运洋货,执有半税单,若不交厘,即属影射偷漏,此系厘卡章程,并非条约所载云云。

二十二日丙申(11月6日)　　晴

寄雨来,方存之来。早食后同寄雨访元师,并晤方兰槎久谭。

又同访开、申,留午食后同茗于肆,并遇元师、问渔,下晡散归。

接十四日家信,又长生同日信,又孟甥同日信。

二十三日丁酉(11月7日)　阴雨

方兰槎来谭。丁雨生中丞来少谭。吴寿年来。下午张莒堂来。傍晚到魏刚己处一走即归。

接欧阳晓岑初十日信。

二十四日戊戌(11月8日)　阴

邓守之丈来候谭。早食后在莼斋处谭,并晤守翁、萧敬孚、刘功甫。劼刚来邀,为其太夫人诊疾,因偕入谒见,诊脉已,出处方。答候守之丈,并晤张廉卿、方存之。洪琴西来少谭。下午,霍生来自庐州,少谭。到陈小圃处一走,并晤子密。

二十五日己亥(11月9日)　晴

答候丁雨生不值。候黄昌歧军门拜寿,不晤。答候张莒堂不值。返署。衣谷来。有洋酋来议扬州设教堂事,以兵至,入节署者约七十人,与众人同观。复偕衣谷访李眉生,久谭。又同至开孙处,并晤元师,霍生亦到,谭至傍晚散。又访莒堂久谭,并遇刘绳庵姻丈,闻近庵丈尚康健云云。初鼓后返署。恽次山来候不值。写朱子典信,即发,信局。朱星鉴信。即发。

接朱子典二十二日信。

二十六日庚子(11月10日)　阴。下午雨

刘绳庵丈来候。子宪二兄来久谭。吴寿年来。莒堂来久谭。到张廉卿处少谭。到劼刚处少谭,并晤汤小秋。雷哨官定国来候。访霍生,同赴善徵之招,狂谭痛嚼至初鼓乃归。相国是日卸事。恽次山来候不值。

二十七日辛丑(11月11日)　　　阴,亭午晴

答候刘绳庵少谭。又在芑堂处少谭。答候恽次山久谭。答候雷定国,并识杨云帆。湘,衡州人。返署。同元师、恽次山、钱子密赴相国招饮,申刻散。

接孟甥二十二日信。

二十八日壬寅(11月12日)　　　晴

芑堂来,霍生来,均在此饭,久谭。倪镜帆来候,吴寿年来。到张廉卿处谭。出署到开孙处,并晤子高、季雨、郭星槎、元师及庄仲白,次至下午,同茗市中,并识朱默存。合肥人,闻甚博雅有品。又到刚己处谭,又到芑堂处谭。初鼓返节署。写家信,即发,马封。长生信。附发。

二十九日癸卯(11月13日)　　　晴

芑堂来辞行返鸠兹,久谭乃去。相国介弟澄侯先生来署,往候少谭。杨云帆、常笛渔常兰陔之孙。来候,少谭。张啸山来。邓伯紫来久谭。恽次山来久谭。下午,访霍生及史贤希,并晤开、申二君,二鼓归。写家信,克儿信,寄银十九两九钱零,初一发,附紫兄信。紫兄信。初一日发,交恽次山便。

接二十日家信,家中油漆已完工。又儿子实十五日来禀,又阿哥十三日信,尚在德州。又紫兄十六日信。

十月癸亥

朔日甲辰(11月14日)　　　晴

任棣香来谭,将移入新任署,话别也。到莼斋处一走,又到劼刚

处,并晤凌小岚。又到任棣香处少谭,送之。出署候子高、刘叔俛、张啸山、唐端甫诸君,为余题《先世图》,谢之也。又候黄昌歧军门少谭。答候杨云帆、常笛渔未值。答候恽次山送行,久谭。又候张佑之送行,少谭。又候郭子贞,阶。并遇张廉卿少谭。返署。

初二日乙巳(11月15日)　　　阴,下午雨

早食后到方存之、张廉卿处一谭。写李次青信,寄去《补撰先正事略》一本、《廉访府君行述》一本。初八日发,交中堂。季雨来。写沅甫宫保信。初三发,交劼刚。庄仲求、刘湘生来访。傍晚到霍生处,与霍生、贤希久谭,初鼓后归。

接才叔九月廿五信。

初三日丙午(11月16日)　　　雨

霍生来久谭,同饭。张廉卿来谭。入谒涤师久谭,见示李协揆来信,已于九月望间出都。信中言厘金之不可遽议裁撤,及散勇之不可太骤,均切中事理,殊可敬也。余因言:"师到直隶任后,不可无先后御侮之人,海疆难保无事,尤不可尽废武备,致来不逊。筹饷固艰,然苏省出入各款,皆师手创,稍藉河润,未为不可。"师颔之而已。到劼刚处一谭。出署访开、申,饭后同茗肆中,并晤元师。傍晚雨甚,驾肩而归。

接九月二十三日家信,又九兄九月廿日信。

初四日丁未(11月17日)　　　阴,午有日色

到同乡邹钟泉先生鸣鹤,广西巡抚,奉旨协防江宁,死于贼中。处,陪吊其孤觐皋,奉衣冠招魂,将返葬也。与元、开二人公祭,凌晨而往,下午始散,吊者寥寥,殊可慨也。散出,复同开孙到霍生处,并遇何丹臣。初鼓返署中。

初五日戊申(11月18日)　　　阴

刘绳庵丈来候辞行。到邹处送殡出城,辰刻返。吴寿年来。下午,何丹臣来候。傍晚劼刚来谭。写张苣堂信,即发,马递。紫兄信同上。

初六日己酉(11月19日)　　　阴

作赠张廉卿孝廉、方存之大令诗一首。子高来,周△△来。邹和之来候谢。答候何丹臣不遇。相国赠新拓梁碑一分。写眉生信。十二发,附紫兄信。

赠武昌张廉卿孝廉裕钊、桐城方存之大令宗诚

去年舣舟齐安郭,欲食樊口艖头鳊。风狂浪高不得度,遥望九曲心悠然。幽居山中邻里不知姓,况复行路容易闻高贤。龙眠山光旧晨夕,桐城之号素所虔。布帆经过正思一握手,乃亦交臂相失空拳拳。今年幕府见两子,快得所愿时开颜。形容伟硕气清古,俯视尘下如飞仙。掉头争欲入山去,与世若浇情何坚。方今中兴急民俗,庸众莫起谁为肩。生平志事久明辨,曷不三复鸿雁风诗篇。朔风始与客帆动,逝水东下悲流川。茫茫独立者谁子? 慎弗空谷称婵娟。

初七日庚戌(11月20日)　　　阴

到张廉卿、方存之处一谭。到莫偲翁处谭,并逢霍生、何丹臣。又到开孙处,谭至晚归。

接阮钰九月廿七来禀,已下舟待发。又杜小舫方伯△△日信,言卫生兄拍照已函托原经手人宗大令,得仁。据云经书在扬州,前次询问,云尚未奉发刻,又再函查问,到即寄至杜处云云。又顾竹城大令△△日信。

初八日辛亥（11月21日）　　阴

到陈小圃、薛叔云处一走，并晤庄守斋。写李次青信副函，言《先正事略》中载太原府君事。即发，交中堂。张廉卿来谭。下午到涤师处久谭，闻扬州洋务已了，意欲即行，而夫人病笃，不能不少留。又以劼刚须同行，乏人顾家事，颇为踌躇。

初九日壬子（11月22日）　　阴雨骤寒

午后到霍生处，开孙亦来，谭至初鼓归。

接六姊初三日信，又槐亭九月廿七日信。

初十日癸丑（11月23日）　　晴

早食后至劼刚处，逢澄侯丈久谭，其意味仿佛与沅师类而坦率过之，大较君子人也。吴寿年来。访庄守斋不遇，访朱春舫久谭。访元师，遇途同茗，方兰槎偕往，开孙、申孙、郭星槎陆续来，未申间散。同开、申及郭饭于肆，又至刚己处，初鼓后归。

十一日甲寅（11月24日）　　晴

涤师生日，与同人入贺，不见，见澄侯丈与劼刚，食汤饼而归。季雨来，元师及唐端甫来，同到元师寓，并晤兰槎。开孙、申孙、庄仲求皆至，同至南门市，开孙欲市裘也。又同茗。既散，开、申及余访霍生，二鼓归。

十二日乙卯（11月25日）　　晴

潘季玉观察来候。写顾竹城信，即发，马递。家信，同发。紫兄信，即发，附家信。杜小舫信。即发，马递。莫偲翁来谭。劼刚来谢。赴刚己招，同座开、申及汤小秋，夜归。

十三日丙辰（11月26日）　　晴，寒甚，冰至二寸

到劼刚处，又见惠梁碑二分。汪梅村先生来访，并代题《先世图

卷》,诗文皆高淡。到吴挚甫处谭。彭雪琴宫保来候,久谭。答候潘
季玉不值。赴季雨之招于城北,以时尚早,答候成芙卿于妙相庵。
芙卿欲为国朝诸儒学案,余言宜以汉、宋之学为两大纲,而别分子
目。如汉学中今、古文,宋学中朱、陆之类,条分派别,则眉目自清。
芙卿大服余言,请助襃辑,并抄余《补撰先正事略》去。复至季雨处,
季垂、熙之、载功皆至,同食畅谭。下春出石城门,答候彭侍郎不值,
道望翠微古亭,颇婴别思。候陈作梅,畅谭洋务,挖煤矿之有弊及洋
商各口聚散之利害,陈深然之。返署,衣谷来谭。相国撰先人神道
碑文一首送来。

接殷仲初三日信。

十四日丁巳(11月27日)　　　晴

见李相来函,系初七在东平州所发,前月廿七抵德州。又云八
月杪大疏豫陈补制,上意甚不为然。恭邸以前岁倭相乞病,李兰孙
请终制,上滋不悦,曾费许多调停。其所倚重之人,最恶言退,请训
时问及,但从旁婉陈。嗣与枢廷熟商可否留京办事,恭邸谓目前畿
辅断不能不借重,即莅任后〈引〉退,决不准行。窃揣今上亲政后或
当入赞机枢耳。直省穷极,庶政颓疲,徐图整顿,内外须有帮手。卢
藩张臬,均系正人,才气较弱,幕中尤不可无熟人,乞毋草草成行。
鸿章本思尽撤军,奈左公入觐,物议颇哗,群以西事相责望,是兵事
终难脱然云云。

访庄仲白久谭,到邓处久谭。访霍生不遇,遇贤希。下午,赴善
徵招饮,霍生、贤希、何丹臣以次至。初鼓时孟甥来自苏,觅至善徵
处,遂同过霍生,小坐返署。

接九月廿八、今月初五家信,寄到皮衣等。又长生初五日信,又
安林初五日信。

十五日戊午(11 月 28 日) 　　　晴,下午微雨

入谒涤师,谢制神道碑文,久谭。曾虎山来候。到张廉卿、方存之处少谭。孟甥来,移装与吾同居。霍生来。方兰槎来候辞行。开孙来。李质堂军门来候。同开孙、孟舆到元师处,不值。复到开处,元师先在,庄仲白续来,晡食后同著。散又至霍生处,并晤何丹臣、方仲舫。初鼓后同孟甥返节署。

接椒孙初五日信。

十六日己未(11 月 29 日) 　　　晴

曾澄侯丈来久谭。到李眉生处,并晤潘季玉,少谭即返。成芙卿、刘叔俛、刘公甫来候。张笛帆来候。写才叔信。即发,马递。陈右铭来访。戴子高、庄仲白来谭。傍晚到劼刚处一走,并晤澄丈久谭。写苣堂信。即发,马递。是日吴清卿来候未值。

十七日庚申(11 月 30 日) 　　　晴

吴挚甫来谭,金调卿来候。答候吴清卿不值,并候吴广庵。答候李质堂,又候汪梅村、汤小秋、朱星鉴、谭碧理,均不值。又候刘治卿,留饭。与宪兄久谭。至霍生处,是日治具携至霍寓,邀丹臣、霍生、贤希、开、申诸人饮,二鼓归。

接初九日家信,又眉生初四、十一日信。

十八日辛酉(12 月 1 日) 　　　晴,午阴,晡后雨

邓季雨来,同早食。庄仲白来,欲与余换帖,已持帖至,虽初交,情不可却,许之。谭碧理来答候未晤。薛叔云来,曾虎山来,朱星鉴来,陈作梅来答候,戴子高来。为《送行赋》一首,涤师将行也。

送行赋

同治著雍执徐之岁,日在娵訾之次,湘乡君侯将去江南以行,江

南之人倾郭走送。时则井邑晏晏，百僚宾宾，乃自黄骀以还，迨于童赤，咸若有所遗佚阙失，默不自得，内相寻察，莫举其说。予为赋之，以释邦人之思，叙明德焉。其辞曰：

惟玄冥之司纪，风烈烈而降霜。纷百卉之具腓，景驭疾以欲藏。羌寂历以沉寥，七骀告予以将行。于是鸣钲戒途，横戈启路，白羽飒沓，朱旗布濩。材官扶舆以翼飞，武骑按镳而隼怒。遵广术以若流，望高闉而齐骛。中江之汭，浮以朦艟；石城之津，杙以黄龙。旌曳縿而蔽日，笳腾声而入空。咽咽填填，充逵压川，千官鹄陈，万夫飙旋。则有搢绅先生，白屋之贤，连袂捧手，峨冠并肩。敞高堂而结绮，列层台而肆筵。盈觞罍以雁进，争有陈于君前。思泉发而未吐，心坌飞而莫宣。涉宾席以翕张，终不罄于所言。津途之首，肩相排，踵相蹑，空闾阎，倾城邑。高者舒胆，短者躔屦，群众若一，进却不得。亿兆京垓，巧历莫稽。曾林林之不可殚，而心志一齐。无智与愚，自旄及倪，望都亭而容悴，攀襜帷而色凄。各征营以屏立，或回旋而累欷。彼室家之安堵，繄惠政之未亏。曩疏贱之莫接，欲为是而何希。故夫天道诚实，黔黎壹平。非肌髓之沦浃，虽挞之而莫听。昔舆歌于郑国，羌毁誉之迭更。信由衷而弗饰，犹永垂夫令名。矧吾君之乐凯，合万喙而同声。穆神功其无朕，盍观效于群情。稽简籍之所载，每纷纶而旁午。试程德而量才，孰泰岱之可伍。纵予目以上下，旷千世而无所。混日用之不知，彼斯民其犹鲁。予将力以殟属，诚何为兮南浦。

乃有后车之士，作而言曰：君侯之行，实总畿南。位万国之首赤，达中外之具瞻。故进元老，移上宰，将使之文德劳集，武乱克戡。近庶安和，远化洽覃。然后宅黄枢，负玉铉，弼农虞，

佐五三。领区宇而一俗,庸何间于朔炎。如江南者,固惠泽之
所始,岂若乡曲之子,限畛域,重离别,而为是詹詹也哉? 爰为
棹歌,以遗榜人。曰:

至化洽兮神哉沛,邈君德兮廓无外。度江流兮无津崖,非
君之舟兮孰为之载。君去兮来还,活民兮阛阓。来还兮民乐,
君之行兮,孰与予以信宿。君食兮予飧,君息兮予堂。千秋万
岁兮,使君寿兮乐康。

十九日壬戌(12月2日)　　　晴,午间阴,下午雨

答候张笛帆不遇。钱子密来。阮钰来自鄂省。子宪兄、伯甥
来。涤师来少谭。方仲舫来。李少石文杏,嘉兴人。来候。到劼刚处
一走,并晤澄侯丈、李质堂。写家信,即发马递。长生信。附发。

接昆甫叔九月十三日信,又张苣堂初八日信。

二十日癸亥(12月3日)　　　晴

潘玉泉来候。元师来。刘叔偗来候。入谒涤师少谭,师将以廿
五日启节,余拟先一日行。开孙来,同到陈小圃处。赴涤师招饮,同
幕皆与,而主人不在坐。朱仲武来。下午到霍生处,并晤开、申、何
丹臣、史贤希。二鼓归。

接般仲十四日信。

(以上《能静居日记》三十)

二十一日甲子(12月4日)　　　晴

到澄侯丈处,未晤。到劼刚处,并晤孙琴西观察,衣言,浙人,在皖
识之。少谭。挚甫来谭。候善徵辞行,久谭。候庄仲白送讳谱,不

遇。到伯紫处辞行,久谭。赴宪兄招饮于彩霞楼,元师、开孙、申孙、子高、孟舆、庄仲白、倪元庆浙人,宪兄同事。同席,下午散,复茗。遇霍生、贤希、庄仲求。傍晚到霍生家,二鼓归。是日刘治卿招饮,不赴。

接阿哥十六日信,已告假旋徐。

二十二日乙丑(12月5日)　　　晴

张啸山、唐端甫来候送行,写家信。即发,马递。候潘玉泉久谈,并晤李质堂军门。答候黄子春、朱星鉴,并识黎竹林。候洪琴西辞行不晤。答候李少石文杏。不晤。候孙琴西久谭。赴庄仲白、戴子高、倪元庆之招,同座如昨。到霍生处送行,初鼓归。写阿哥信,即发,交般。般仲信。即发,马递。

二十三日丙寅(12月6日)　　　晴

季雨来,邓伯紫来送行。张苢堂来候。下午,汤小秋来答候。到张廉卿处少谭。

接十二、十五日家信,又实儿十五日来禀,又长生十一日信,又阿哥九月廿八日信。

二十四日丁卯(12月7日)　　　晴

张苢堂来久谭。孙琴西来答候,久谭。庄仲白来、戴子高来。开孙来即去,庄守斋来即去。仲白、子高在此午饭。刘叔俛来,同三人至茗肆,并晤元、开、申、子宪、倪元庆诸君。傍晚同至刚己处,知有客,未入。复到元师处,二鼓返。

二十五日戊辰(12月8日)　　　晴

曾栗诚来谭。入谒涤师久谭。余以直隶吏事、军事皆敝荼,朝廷特命重臣移莅,自不得因陋就简。惟振兴诸物必资经费,直省库款动须报部,不得不于正款之外,别求生法。拟定四条:一、请拨江海关洋税奏留之二成。一、请固本京饷仍归藩库。一、请拨皖南茶税。一、请拨上海洋药税。师然余筹款之言,而存条陈俟细阅。又谭良久而出。

访刘公甫并晤郭子贞。又访庄守斋不值,又访朱春舫、杨子穆,又访孙琴西,各久谈。到开孙处,并晤元师、季雨,同茗。刘叔俛、戴子高、衣谷亦至。茗散,访何丹臣、史贤希不晤,返署。写槐亭信,即发,附六姊信。六姊信。廿六发信局。恽次山信。同上。

二十六日己巳(12月9日)　　晴

元师来,张苣堂来,子宪兄来。到劼刚处长谈。写晓岑信。即发,交唐子明。戴蕴之来。遣奴子押行李下舟,涤师初四日启节,余先行至扬候之也。衣谷来久谭。夜到张苣堂处久谭。

接十七日家信。

二十七日庚午(12月10日)　　阴,微雨

寄雨来。同孟舆谒李少荃协揆,候久乃得见,神为之疲。申刻返署。入谒涤师辞行,并至劼刚处,又晤澄侯丈。傍晚访孙琴西观察久谭。至元师处不遇,访陈右铭久谈。返署,遣奴子押行李下舟。到吴挚甫处久谈,并晤张廉卿、方存之。写萧敬孚信。即发,交张巡捕。

接六姊廿一日信,又孙琴西本日信,又萧敬孚十五日信。

二十八日辛未(12月11日)　　晴

张廉卿、吴挚甫、曾栗诚来谭,到同事诸人处辞行。出署候王少岩少谭,又候戴子高、刘叔俛、张啸山、唐端甫各少谭。又候周缦云少谈,又候黄昌歧、朱仲武、陶鹤亭、桂香亭不值。到开孙处不晤,晤申孙,宪兄亦至,同饭。饭后,误传紫卿兄至此,觅之,乃刘向斋来,少

谭。到茗肆同开孙、宪兄、伯甥茗，又同到刚己处。傍晚出城下舟，宪兄送余，元师已先在，孟甥亦来，同谭至三鼓。

接紫兄廿四日信。

二十九日壬申(12月12日)　　　晴

早发，巳刻至下关，未刻至燕子矶。泊舟，同元师、孟甥登眺茗饮，傍晚返舟。

三十日癸酉(12月13日)　　　阴,下午见日

早发，辰至摄山，午至方山，申至瓜州泊，同元师、孟甥登岸散步。

十一月甲子

朔日甲戌(12月14日)　　　晴

早发，午至扬州，登陆。写家信，即发，马递。紫兄信。同发。候张菊甫、朱子典不遇。候何廉舫，闻眉生在此，狂喜，适廉舫处有戏筵，留余同会。下午眉生来畅谭，又晤吴次垣侍御、戴丹亭大令、张菊甫，并识于六鸥、山东人，竹虚之弟。程桐阶。敬之之弟。二鼓席方半，余潜返舟，吕定之在舟与元师谭，盖赴袁浦，与元师途遇也。

初二日乙亥(12月15日)　　　晴

同乡汤敦之、沈仲昭来，吕定之来。同元师、孟甥赴汤君邀吃扬州面，并晤吴墨憨，又同茗。余先下舟，张菊甫来候未值。候万篪轩方伯、程桐阶不值。候黄子湘，并遇眉生、吴次垣，识姚秋士观察。绍兴人。子湘留饮，菜极佳。见端砚一方，背有石纹成古衣冠人，眉目生动，石淡紫色，纹正黄色，异物也。下午，候戴丹亭不值，候朱子典，

并晤廉舫、次垣、刘省三军门,识郭子美军门、松林,湘潭人,忆辛酉秋谒
沅帅,曾为余通谒。刘孟求太守。长沙人。子典留观剧,余潜返,候眉生
舟中,畅谈至晚,并晤金力甫。返舟后,金力甫来,史花楼来候。又
过眉生舟长谭。又过定之舟话别,又过力甫舟。

初三日丙子(12月16日)　　晴

　　早至眉生舟少谭,眉即旋沪。同元师、孟甥至市中吃面,并要汤
敦之至,又同茗。余先下舟,汤春舫、世熙,同里人。黄子湘来候,不
值。写家信,附紫信。紫兄信。即发,交眉生。候张菊甫、吴次垣、姚秋
士,均不遇,答候汤春舫少谭。候于六鸥不遇。到廉舫处,并晤吴次
垣、戴丹亭。朱子典来招饮,赴之,复遇戴丹亭于门。以时尚早,与
陈右铭、吴省庵泾人,子典帐友。至市中一游。旋至子典处。闻戴丹
亭暴卒,距相遇一时未匝也,面貌扬扬,如平常充满,无病容,一跌中
藏而死,人命呼吸间,殆哉! 殆哉! 饮子典处,二鼓散,下舟。张苣
堂归,遣人来告。

初四日丁丑(12月17日)　　晴

　　刘向斋来少谭。史花楼来谈。候张苣堂、菊甫昆季久谭。到朱
子典处,并晤刘湘生。访黄子湘,并晤史花楼久谭,留饭后,同花楼、
子湘游市中,临晚复回子湘处,二鼓下舟。姚秋士、朱子典答候不
值。得大理石几屏一,山峦胜于画工,又玉玦一、建炉一。

　　接眉生初三日信。

初五日戊寅(12月18日)　　晴

　　同元师、孟甥、徐函叔、沈仲昭肆中吃面,旋下舟。写吴竹庄信。
即发,交廉舫。赴廉舫招饮,同座周缦云,朱星鉴、朱子典、吴次垣、黄
子春。优乐糅杂,未至初鼓余即遁去。

初六日己卯(12 月 19 日)　　晴

史花楼来候。谒彭雪琴宫保久谭,旋来答候久谭。张苣堂来候。涤师舟至,进谒,并晤澄侯丈、李质堂军门、彭雪琴、何廉舫。又候吴挚甫、曾栗诚送行,同至余舟少谭。朱子典来候。元师别去,先赴徐州。下午赴廉舫招观剧,同座李眉生、许缘仲、万篪轩、潘玉泉、周缦云,昆曲甚佳,近所未见。二鼓下舟,开孙来趁余舟。

接眉生十月廿九、今月初五日信。

初七日庚辰(12 月 20 日)　　阴,微雨

黄昌歧军门来候。候曾澄侯送行,又晤吴挚甫。又候潘莲塘、史光圃等送行。答候黄军门,并晤熊登武军门。入谒涤师少谭。候史花楼不晤。赴廉舫处陪涤师觞饮,傍晚返舟。万篪轩来答候,不值。

初八日辛巳(12 月 21 日)　　阴

黎明发舟,赴邵伯候送,黄军门遣炮舟来曳纤,水流甚急。今夏河决荣泽,分溜走中牟、郑州,趋沙河入淮,幸未掣溜,故不至成大灾。闻现办河工全不认真,明年春伏二汛万一再开,淮扬必有昏垫之患,人心颇为惴惴。傍晚舟抵邵伯泊,登陆欲访童老八,中道开孙欲返,遂归。炮船哨官谢守备来谈。开孙、孟舆复同访问渔,少刻偕来,三鼓乃去。

初九日壬午(12 月 22 日)　　晴

辰刻涤师舟至,同开孙、孟舆登舟送行,久谭。余两送师于此地,虽别不久,不能无黯然,又至栗诚舟少坐。赴问渔招饮,饮散,下午顺流返扬,顷刻而至,泊便易门。

初十日癸未（12月23日） 雨

登陆访史花楼久谭，将为苎萝之游，约雇舟明日迎余同行。访廉舫，值有剧宴，并晤李眉生、张苣堂、许缘仲、潘玉泉、周缦云、万箟轩、吴次垣、朱子典诸人，初鼓散归。寄还六姊五十金，张振远二十一金，又助安乐葬费等三十金，均交孟甥。

十一日甲申（12月24日） 晴

同开孙、孟舆吃面市中。少刻，苎萝舟至，过舟属孟甥先归。移舟东关，访朱子典少谭，访李眉生、潘玉泉不晤，下舟。下午舟行赴宜陵，夜泊湾头，水流甚急不敢下，月明如昼，濑声相答。

十二日乙酉（12月25日） 阴、〈大〉雨

早发湾头，卧闻篙声玎玶，则已下濑矣。巳刻至仙女庙，晡抵宜陵。与花楼相闻，来请明日饭。

十三日丙戌（12月26日） 阴，微雨

辰刻登陆，赴花楼之招，见某氏女，余意未惬，花楼复为搜罗，约明日再看。闻有苏州人避乱居带桥者，遣车迎之。

十四日丁亥（12月27日） 阴雨，夜大风雪

辰登陆，吴姬不至，偕花楼观剧神祠。晡下舟，同赴仙女镇访择，此处凡见数人，皆未当也。风大利，舟行顷刻即至。花楼上岸，少选携妓来破岑寂，弹弦玎玎。余倦，遂早卧，花楼与谭，多言沦落之苦，三鼓冒风雪去。呜呼！民生之艰，能无恻然耶？

十五日戊子（12月28日） 大雪严寒

花楼登岸，亭午携一女童至，眉目如画，而靥辅间可议，却之。是日花楼为观数人，知不当，不复偕来。

十六日己丑(12 月 29 日)　　　　晴。严寒锢冻,河无行舟

花楼上岸,数往返,阅人咸非佳眷。闻有李氏女,身价至高,不可问,余意倦矣。

十七日庚寅(12 月 30 日)　　　　晴,寒少减

花楼晨上岸,往返二次,李氏女已见,品格非凡,价尚可通融,惟须家中一人同去伴之,余坚持不可。南阳君多疾,且数年来屡欲迎其亲,以余力薄不能遂,使抱永恨。今纳婢妾,而其家人无不如志,相形之下,何以为情。花楼奋然曰:"君宅心如此,此女虽孤寄何害?吾誓成之,事可行,当迎君相视。"余笑诺之。下午果来迎,着屐登岸,积雪相映①,无耷玉宇。度田塍入草舍,芦帘纸阁颇雅洁。少选女出,姿貌在中上,余赏其闲静,粗可入选,遂偕花楼下舟问故,据云已定议,不复留人在彼,但须一送,价亦甚廉,约明日行事。

写定家谱世系图成。

十八日辛卯(12 月 31 日)　　　　晴

花楼登岸,余亦继至女室,审视右眉微高,眼鼻无可议,唇太厚,双湾颇纤,肤色不为白,赞之者云,天寒衣薄,故使肌粟不舒。或然耶。年十九,与董姬同岁生而长数月。回忆得董姬时已七年,新故之感,能无恻然。下午,花楼下舟,已为庀衣饰、香簏、镜槛,无物不具,俟余阅后即付工制之。余咎其过费,花楼狂笑云:"穷措大露蔺盐本色耶? 纳宠而使荆布,君枉称解人,此戋戋不足令君空乏也。"又言女系扬州人,避难至此,一姊一妹已俱适人,惟女在室,日者言当事贵人,母珍惜之。昨见君丰格,以为得所,故不复论价。惟女已

---

① 映,稿本作"耀"。

悲泣一昼夜，幸宽其期，至廿四成约下舟，届时河冰当已泮，尚欲屈如夫人至宜陵与室人一晤云云。余念冰坚不可移尺寸，早令下舟亦无益，遂许之。此女余意中尚不能甚惬，第以花楼之意太殷，风雪之中，连晨彻夜，仅获一平平之眷，故降格相从，其至家后一一循婢礼，谆嘱花楼皆与要结，弗片言欺之。

十九日壬辰(1869 年 1 月 1 日)　　　　晴

黎明花楼坐车返宜陵，为李姬制衣物，约明日再来。日者送喜帖至，择下月初二与李姬定情，惟廿四日下舟日期不吉，且恐归程尚赊不能及，余欲改廿二，俟花楼归言之。又为推命，庚戌、己卯、壬戌、甲辰。无非吉语，姑信其真，以自怡悦。遣送香粉等物与李姬，并告改期之故。天寒暑短，乃自闻佳约，遂觉长日如年，绮思纷来，一何可笑！

二十日癸巳(1 月 2 日)　　　　晴

市河冰微解，一出聚落，则锢冻如故。自十六日至今不通刀艇者五日矣。拟定家谱新例。写彭雪琴宫保信，廿一日发，交史花楼。黄昌歧军门信。廿一发，附伯紫信。

二十一日甲午(1 月 3 日)　　　　晴

写家信告知纳李姬事。廿二发信局。亭午，花楼来自宜陵，即至李氏，归云下船日期已改明日，惟其母必欲为制金首饰二事。余曰："金饰不过银十馀两，事固微，但余家自乱后迄今，内子及小女辈皆无之，不可。"花楼云："身价过廉，此事不可更拂其意。"余曰："金饰与女邪？抑其母得之耶？如母以价廉故欲自得之，余愿再增银二十两听其自制，如以与女，则到家后不使簪戴，渠能问耶？"花楼杜口而去。

二十二日乙未(1月4日)　　　晴

写邓伯紫信,寄季簪零用四两及黄昌歧信。即发,交史花楼觅便。下午,花楼襆被登陆。傍晚李姬来归,移榻中舱,以房舱与居。花楼送酒看来贺。

二十三日丙申(1月5日)　　　晴

河冰仍锢不解,闻扬州路一二日可通,拟仍绕扬州而归。花楼来贺,适宜陵送新衣至,命李姬装竟,出谢媒妁。姬以离家远适,摽擗终宵,再三慰藉之,双眉始展。傍晚,其母携其弟来视,见余均叩拜如礼。母先欲同行,余命姬阻止之,诺而去。治肴觞花楼,二鼓始登陆。

二十四日丁酉(1月6日)　　　晴

河中始有行舟,定明日解维。花楼来舟揖,笑出袖中金饰二事与李姬,云以助装,且谢方命之罪。余坚不纳,良久,花楼请仍受工价,属李姬弗戴,归呈南阳君,姬唯唯,余不得已许之。花楼去,傍晚复来送。

二十五日戊戌(1月7日)　　　晴

辰刻舟行,万福桥江路不通,仍赴扬州绕行,途见水面积冰至厚三尺,皆出水上如磊石,亦奇观也。午至六闸,傍晚至扬州,泊东关。

二十六日己亥(1月8日)　　　晴

早发,午刻至瓜州,出口行数里,泊七濠。写定入城六房谱第五成。

二十七日庚子(1月9日)　　　晴

早发七号,巳刻至丹徒进口,行数里,木筏挤塞河路,至下午始乘潮得进,夜泊新丰。

二十八日辛丑(1 月 10 日)　　雨

四鼓发新丰,辰刻至丹阳,昨过焦山未泊,回忆与南阳君同游十阅月矣,人事如流,虽日处温柔,犹为之爽然若失。李姬纤妍秾冶,惟胸无书史,殊乏清光,以视南阳君之品格出尘,神情洒落,始知凡艳难与为偶。午刻舟过陵口,夜泊奔牛。

二十九日壬寅(1 月 11 日)　　阴

五鼓发奔牛,辰至常州。遣探六姊赴浙行未,使归,知尚未行,命舆登陆晤谭,恳来岁为实儿完姻,蒙许诺。槐亭在浙如故,眷属已定下月十二赴浙矣。四姊前十日与孟甥返虞。留午饭后,下舟即行,夜泊戚墅堰。

三十日癸卯(1 月 12 日)　　雨

早发,冒雨曳纤行。亭午风顺张帆,申至无锡,与姬凭槛望惠山,雾气蒙茸,如美人晓妆理发未竟也。停帆少刻乃行,初鼓泊新安市。

十二月乙丑

朔日甲辰(1 月 13 日)　　雨

早发,辰至浒关。写眉生信,即日发,交紫兄处。昆甫信,即日发信局。开生信。即日发,信船。午至阊门泊船,冒雨登陆,候恽次山中丞久谭,留晡食。候杜小舫方伯不晤。到紫兄处久谭,留榻其斋中。

初二日乙巳(1 月 14 日)　　阴

写勒少仲信。即送。早食后离紫兄处,谒丁雨生中丞久谭,闻相国于十三抵袁浦,十七上路。候纯斋于幕中,少谭。候李眉生久谭。即下舟遣要安林至,少谭即解维,夜泊齐门陆墓市。

初三日丙午(1月15日)　　　阴

早发,午过洪塔,夜抵家,家人及四姊以下皆安好。南阳君遣舆迎李姬入门,见其柔顺,亦赏爱之,为设欢帐于天放楼之左室。

初四日丁未(1月16日)　　　阴

与四姊、南阳君巡行园塍,观群树。实儿自馆中来省。写安林信。即发,信船。

接阿哥十月廿三、十一月初三日信,又宪兄十一月廿日信。

初五日戊申(1月17日)　　　阴

南阳君为李姬易吴下梳妆,姿态较胜于旧。写孟甥信,安林信。即发,信船。

接阿哥十一月廿四日信,又槐亭十一月初七日信。

初六日己酉(1月18日)　　　阴

候沈羲民大令不值,候杨咏春、李升兰、吴珀卿,各少谈。候赵少琴、杨镜泉不值。候顾竹城大令少谈。候季君梅、冯△丈,各少谭,返家。写九兄信,黄桐轩信,还《指日录》等四种。即发,专汪福。曾君表招饮,不赴。

初七日庚戌(1月19日)　　　微雪旋止

季君梅、李升兰来答候。顾竹城来答候。接孟甥初六日信。

初八日辛亥(1月20日)　　　晴

吴珀卿、杨镜泉来答候。写六姊信、槐兄信、即发,信船。孟甥信、同上。顾竹城信。即发。是夕与李姬定情于天放楼,赐名阿纤,南阳君庀肴酒合卺并觞,家人咸沾渥。

初九日壬子(1月21日)　　阴

赵少琴来候久谭。接紫兄初七日信,又孟甥初八日信,又眉生初四日信。

初十日癸丑(1月22日)　　雨

孟甥之妇杨氏三十寿往贺,四姊少谭,甥妇最贤淑,昕夕事奉尊章,家赤贫,典赁以度,未尝有不足之色,戚郦中不乏懿行,然必以斯人为巨擘。下午与南阳君登天放楼看雨,池波皱皱,寒柳蒙烟,微有绿意,盖去春期止十馀日矣。纤姬瀹茗为供,人间雅乐,无以逾此。

十一日甲寅(1月23日)　　阴

与南阳君行园塍归。赴李升兰、赵少琴招,同座曾君表、杨书城、曾伯伟、庞叔廉、吴子硕、魏伯钦,下午归。沈羲民、顾竹城招饮,不赴。

十二日乙卯(1月24日)　　阴

写紫兄信,即发,信船。眉生信,附发。孟甥信,即发,信船。苣堂信,即发马递。史花楼信。即发,信局。

接紫兄十一日信,又孟甥十一日信,又眉生△△日信,又黄桐轩△△日信。

十三日丙辰(1月25日)　　阴

十四日丁巳(1月26日)　　晴

访曾君表不遇。访赵次侯久谭。

十五日戊午(1月27日)　　阴

写张苣堂信,即发马封。史花楼信。即发,信局。

十六日己未(1月28日)　　阴

十七日庚申（1 月 29 日）　　　阴

张鲁孙斯桂,宁波人。来候。四姊明日五十寿旦,夜间率家人
预祝。

十八日辛酉（1 月 30 日）　　　晴

四姊处称祝,孟甥偕其姑子李伯盂自省中归。

十九日壬戌（1 月 31 日）　　　阴

邀张鲁孙、李伯盂饮。伯盂是日去。

接六姊十八日二信,已至苏城,即赴浙。又紫兄十八日信,又槐
亭十五日信。

二十日癸亥（2 月 1 日）　　　阴

写紫兄信,即发,信船。才叔信。即发,信局。

二十一日甲子（2 月 2 日）　　　雨

邓季雨来自上海,留榻度岁。下午觞季君梅、杨咏春、李升兰、
赵次侯、曾君表、邓季雨,杨、赵不至。

二十二日乙丑（2 月 3 日）　　　阴

二十三日丙寅（2 月 4 日）　　　雨。立春

沈羲民来贺春。答贺沈羲民,并候曾伯玮,均不晤。候庞昆甫
久谭。长生弟来自里中,送租米十馀石至。

二十四日丁卯（2 月 5 日）　　　阴

长生是日返里。

二十五日戊辰（2 月 6 日）　　　阴

写紫兄信。即发,信船。

二十六日己巳(2月7日)　　晴

写眉生信,即发,交紫兄。紫兄信。即发,信船。

接紫兄二十五日信,又眉生十六日信。

二十七日庚午(2月8日)　　晴

率行客巡园塍,剪柳条补植堤隙。

二十八日辛未(2月9日)　　晴

阿哥同嫂侄归自彭城,于时别已三载馀矣。除内室一楹居兄嫂,话别后事甚畅。

二十九日壬申(2月10日)　　晴。除夕

悬影奉祀,子侄奔走执豆。廉舫公之孙已有六人,乱后同聚一所,亦快事也。